JN028555

民法判例集

担保物権・債権総論

［第4版］

瀬川信久・内田 貴・森田宏樹

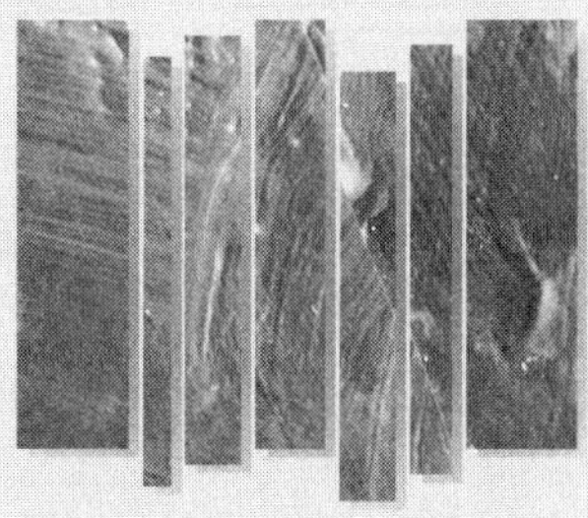

有斐閣

はしがき

法律家の仕事は，さまざまな法律問題に解決策を示すことであり，法律の勉強の最終目標はこの能力をつけることである。だから，実際の紛争に裁判所が与えた解決を学習することの重要性は，いくら強調しても強調し過ぎることはない。本書は，『民法判例集』の他の巻と同じく，その学習を手助けしようとするものである。本書は，民法典第2編の後半（担保物権）と第3編の前半（債権総論）をあわせているが，これも，債権の履行を確保する担保物権は，債権総論と関連させて勉強するのが適切だと考えるからである。

本書では，判例とされる最上級審判決のほかに，制度の理解を助ける資料を付した。各判決については，事実関係をやや詳しく要約し，その中で必要に応じて地名，当事者名（法人に限る）を挙げるとともに，判決末尾に担当裁判官名を付記した。また，必要な場合に原審判決・差戻審判決を掲げた。これらにより，裁判をより身近なものとして感じ，生身の裁判官の判断として判決を読むことを促し，法律論が当事者の争い方や裁判官の見方によって訴訟の過程で動くことを理解してほしいと考えたからである。解説では，裁判例の理解に有益と思われる最小限の情報を提供するとともに，ときに，編者自身の見解や問題意識も述べた。これらの工夫によって，多くの裁判例を読み，実際の事件に即して法律論を理解し，民法の学習が一層促進されることを願っている。

2014年に本書第3版を出版した後，新たな判例が相当数出された。また，債権法・契約法に関する部分について，2017年に改正法が成立し，2020年4月より施行されている。これらの変化に対応するために，今回の改訂では，重要と考える新判決12件を加え，第3版収録の判決のうち重要性が小さくなった5件を削除した。さらに，解説では，2017年改正法以前の判例が改正法の下でどのような意味を持つかを少し詳しく説明した。以上の改訂は，民法を今生きている形で理解し，その理解をさらに深めるのに役立つであろう。

本書のうち，担保物権の部分は内田が担当し，債権総論の「詐害行為取消権」までは瀬川が，「多数当事者の債権および債務」以降は森田が担当した。そして，有斐閣編集部の井植孝之さんには，今回の改訂作業全体について周到なお世話をいただいた。多大なご尽力に心より御礼申し上げる。

2023年8月

瀬川 信久
内田 貴
森田 宏樹

凡　例

⑴ 担保物権・債権総論の学習上重要な「主裁判例」160 件と資料 4 件を選び，小見出しを付けて教育上の観点から配列した。また，主裁判例に準ずる重要性を持つもの，主裁判例の理解に資するものも 29 件選び，「関連裁判例」として収録した。

⑵ 各裁判例につきいくつかの判例研究を掲げた。そのうち最高裁調査官による判例解説は，原則として『最高裁判所判例解説民事篇』の各年度版を掲げ，「最判解」と略記した。

⑶ 原則として，事実と判決理由の中の X は原告，Y は被告，A，B，C 等はそれ以外の関係者である。

⑷ 戦前の判決文は，カタカナをひらがなにし，原文にない句読点，濁点を打ち，漢字表記は新字体とした。なお，一部の難読漢字に読みがなを付した。

⑸ 判決文中で引用される他の判決の表記は簡略化した。たとえば，最高裁昭和 48 年(オ)第 383 号同 50 年 2 月 25 日第三小法廷判決・民集 29 巻 2 号 143 頁を，「最㈢判昭和 50 年 2 月 25 日民集 29 巻 2 号 143 頁」に改めている。

⑹ 裁判例に付した事件名のうち，89，90，98，99，119 については，一粒社刊の『民法基本判例集』掲記の事件名を使用させていただいた。

目　　次

※　編・章・節は民法典のものを示す。
※　目次中の判例番号に付した＊は関連裁判例を示す。

第2編　物　　権

第7章　留 置 権

第8章　先 取 特 権

第9章 質　　権

第10章 抵当権

［1］ 抵当権の性質

［2］ 目的物

［3］ 法定地上権

［4］ 実行前の抵当権の効力

［5］ 共 同 抵 当

第2節　債権の効力

［2］ 保証債務

［3］ 根保証・継続的保証

第4節　債権の譲渡

第2編　物　　権

➡ 1・2

第7章　留 置 権

1 「その物に関して生じた債権」

最(一)判昭和43年11月21日民集22巻12号2765頁
(最判解〈昭43下〉1310頁，民商61巻3号469頁，百選Ⅰ〈第4版〉166頁，百選Ⅰ〈第5版新法対応補正版〉170頁)

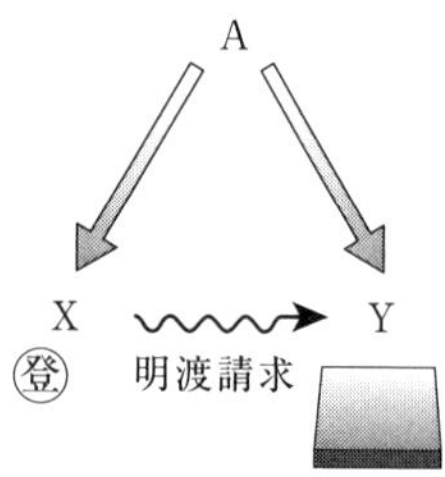

【事実】（判旨に関わる部分を単純化して紹介する）
ＡからＹとＸに対して不動産の二重譲渡がなされ，Ｘが登記を得たので，占有しているＹに対して明渡請求がなされた。これに対してＹは，Ａに対する履行不能を理由とする損害賠償請求権ないし不当利得返還請求権を理由とする留置権を主張した。

【判決理由】　上告棄却　「Ｙら主張の債権はいずれもその物自体を目的とする債権がその態様を変じたものであり，このような債権はその物に関し生じた債権とはいえない旨の原審の認定判断は，原判決挙示の証拠関係に照らして首肯できる。」（裁判長裁判官　岩田　誠　裁判官　入江俊郎　長部謹吾　松田二郎　大隅健一郎）

［関連裁判例］

2 商事留置権の目的物

最(一)判平成29年12月14日民集71巻10号2184頁・不動産は「物」事件
(最判解〈平29下〉740頁，商法百選72頁)

【事実】　生コンクリートの製造販売を業とする会社であるＸは，販売した生コンクリートの運搬を自動車運送業を営むＹに委託し，ＸはＹに対し，Ｙが使用する駐車場として，Ｘが所有する本件土地を賃貸していた。その後，Ｘが生コン製造事業を廃止したことからＸに労働争議が生じ，労組側にＹが加功したことなどからＸはＹとの土地賃貸借契約を解除した。ＸがＹに対して本件土地の明渡しを求めたのに対し，Ｙは，賃貸借契約の終了前からＸとの間の運送委託契約によって

→ 3

生じたXに対する運送委託料債権を有しており，これを被担保債権とする商法521条の留置権が成立すると主張して明渡しを拒んだ。

1，2審が商事留置権を認めたので，Xは上告し，不動産は商法521条が定める「物」に当たらないと主張した。

【判決理由】 上告棄却 「民法は，同法における「物」を有体物である不動産及び動産と定めた上（85条，86条1項，2項），留置権の目的物を「物」と定め（295条1項），不動産をその目的物から除外していない。一方，商法521条は，同条の留置権の目的物を「物又は有価証券」と定め，不動産をその目的物から除外することをうかがわせる文言はない。他に同条が定める「物」を民法における「物」と別異に解すべき根拠は見当たらない。

また，商法521条の趣旨は，商人間における信用取引の維持と安全を図る目的で，双方のために商行為となる行為によって生じた債権を担保するため，商行為によって債権者の占有に属した債務者所有の物等を目的物とする留置権を特に認めたものと解される。不動産を対象とする商人間の取引が広く行われている実情からすると，不動産が同条の留置権の目的物となり得ると解することは，上記の趣旨にかなうものである。

以上によれば，不動産は，商法521条が商人間の留置権の目的物として定める「物」に当たると解するのが相当である。」（裁判長裁判官　小池　裕　裁判官　池上政幸　大谷直人　木澤克之　山口　厚）

3　過失ある占有者の留置権

最(一)判昭和51年6月17日民集30巻6号616頁
（最判解〈昭51〉248頁，法協95巻2号420頁，民商76巻5号707頁，百選Ⅰ〈第5版新法対応補正版〉172頁，昭51重判60頁）

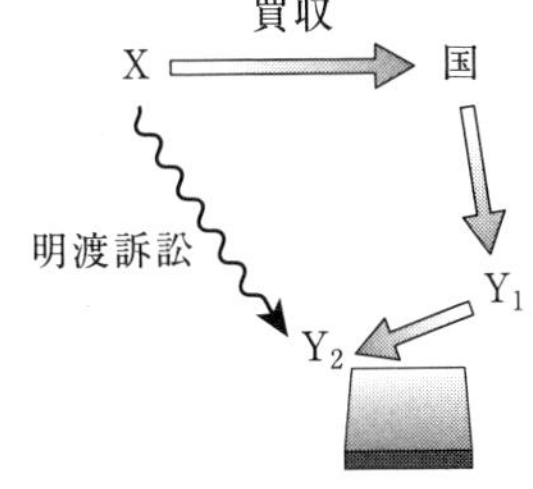

【事実】 本件土地はXの所有地であったが，1948年に国が自作農創設特別措置法に基づいてこれを買収し，1951年にY_1に売り渡した。しかし，この買収は違法なものであったため，Xが買収計画取消訴訟を提起し，1965年に取消判決が確定した。Y_1は1959年に本件土地をY_2に譲渡したが，翌1960年にXはY_2に対して，買収及び売渡しが無効であ

➡ 3

るとして，所有権に基づく本件土地明渡訴訟を提起し，訴状はY_2に送達された。他方，Y_2は1962，63年ころ，本件土地の地盛工事，下水工事，水道引込み工事に当時の金額で30万円の有益費を支出した。1審で敗訴したY_2は原審で有益費償還請求権に基づく留置権を主張したが，容れられなかったため上告。

【判決理由】 上告棄却 「国が自作農創設特別措置法に基づき，農地として買収したうえ売り渡した土地を，被売渡人から買い受けその引渡を受けた者が，土地の被買収者から右買収・売渡処分の無効を主張され所有権に基づく土地返還訴訟を提起されたのち，右土地につき有益費を支出したとしても，その後右買収・売渡処分が買収計画取消判決の確定により当初に遡って無効とされ，かつ，買主が有益費を支出した当時右買収・売渡処分の無効に帰するかもしれないことを疑わなかったことに過失がある場合には，買主は，民法295条2項の類推適用により，右有益費償還請求権に基づき土地の留置権を主張することはできないと解するのが相当である。」

「土地占有者が所有者から所有権に基づく土地返還請求訴訟を提起され，結局その占有権原を立証できなかったときは，特段の事情のない限り，土地占有が権原に基づかないこと又は権原に基づかないものに帰することを疑わなかったことについては過失があると推認するのが相当であるところ，原審の確定した事実関係のもとにおいて，右特段の事情があるとは未だ認められない。したがって，右事実関係のもとにおいて，Yが，所論の有益費を支出した当時，本件土地の占有が権原に基づかないものに帰することを疑わなかったことについては，同Yに過失があるとした原審の認定判断は，正当として是認することができる。そうすると，右のような状況のもとでYが本件土地につき支出した所論の有益費償還請求権に基づき，本件土地について留置権を主張することが許されないことは，前判示に照らし，明らかであり，これと結論を同じくする原審の判断は正当である。」（裁判長裁判官　岸上康夫　裁判官　下田武三　岸盛一）

➡ 4

4　留置物の一部引渡し

最(三)判平成3年7月16日民集45巻6号1101頁（最判解〈平3〉872頁，民商106巻4号504頁，平3重判62頁）

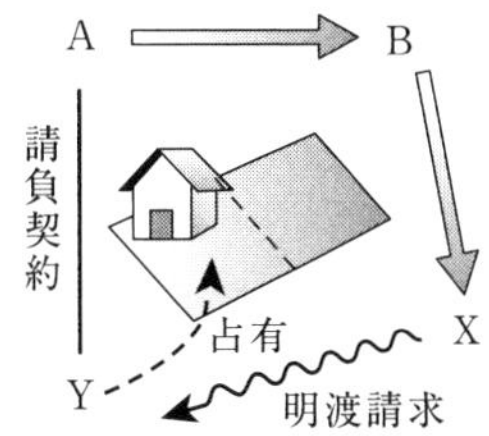

【事実】　YはAから宅地造成工事を2300万円で請け負い，工事が完了した部分を順次Aに引き渡すとともに，代金のうち1000万円の支払を受けた。本件訴訟の対象となっている土地（本件土地）は，造成地の一部で，造成工事が完了しているがまだ引き渡されることなくYが占有している（同地上にはYがAの依頼で建てた建物があるが，Aが代金を支払わないので，譲渡担保としてYが取得したものである）。本件土地の所有権はAから訴外Bを経てXに譲渡された。XからYに対する建物収去土地明渡請求に対して，Yは残債権に基づく留置権を主張した。1審，原審は，YがAに造成工事の完了した土地を引き渡したのはその部分に対応する留置権を放棄したものと解し，本件土地が造成地全体に占める割合を工事代金に乗じた額である190万円余りと引換えにXの請求を認める判断をした。Yから上告。

【判決理由】　破棄自判　「1　民法296条は，留置権者は債権の全部の弁済を受けるまで留置物の全部につきその権利を行使し得る旨を規定しているが，留置権者が留置物の一部の占有を喪失した場合にもなお右規定の適用があるのであって，この場合，留置権者は，占有喪失部分につき留置権を失うのは格別として，その債権の全部の弁済を受けるまで留置物の残部につき留置権を行使し得るものと解するのが相当である。そして，この理は，土地の宅地造成工事を請け負った債権者が造成工事の完了した土地部分を順次債務者に引き渡した場合においても妥当するというべきであって，債権者が右引渡しに伴い宅地造成工事代金の一部につき留置権による担保を失うことを承認した等の特段の事情がない限り，債権者は，宅地造成工事残代金の金額の支払を受けるに至るまで，残余の土地につきその留置権を行使することができるものといわなければならない。

2　これを本件についてみるのに，前記事実関係によれば，Yは，本件造成地の工事残代金の全額の支払を受けるまで，本件造成地の全部につき留置権を行使し得るところ，本件土地は本件造成地の一部で，YはAから本件工事代金

➡ 5

中1300万円の支払を受けていないというのであるから，右の特段の事情の存しない本件において，Yは，Aから残代金1300万円全額の支払を受けるに至るまで，本件土地を留置し得るものというべきである。

3　そうすると，Xの請求は，YがAから1300万円の支払を受けるのと引換えに本件土地上の本件建物を収去してその敷地の明渡しを求める限度で認容し，その余を棄却すべきものである。以上と異なる原判決には，民法296条の解釈適用を誤った違法があり，右違法は判決の結論に影響を及ぼすことが明らかである。これと同旨をいう論旨は理由があり，原判決はこの点において破棄を免れず，第1審判決は右の趣旨に変更すべきものである。」（裁判長裁判官　可部恒雄　裁判官　坂上壽夫　貞家克己　園部逸夫　佐藤庄市郎）

5　留置物の使用等の承諾

最(一)判平成9年7月3日民集51巻6号2500頁（最判解〈平9中〉823頁）

【事実】 Y会社（株式会社星建設工業所）はAから本件建物の建築を請け負い，これを完成させてAに引き渡した。しかし，請負代金の約半分をAが支払わないので，その回収のため，Y会社は本件建物の使用につきAから包括的な承諾を得て，その引渡しを受け，Y会社の車庫及び事務所として使用を開始した。やがて本件建物につき競売が開始され，差押登記がされたが，その後，Y会社はBに対し本件建物の一部を倉庫として賃貸している。競売手続において買受人となったXが，Y会社に対して建物の明渡し，賃料相当損害金の支払等を求めたのに対して，Y会社は未払い請負代金を被担保債権とする留置権を主張した。そこでXは，Y会社が留置物の使用をしていること等を理由に留置権の消滅請求の意思表示をした（298条3項）。原審が留置権の消滅請求の主張を認めなかったので，Xは上告し，Y会社がAから得た建物使用に関する承諾は債権的効力しか有さず，留置物の新所有者には対抗できない，等と主張した。

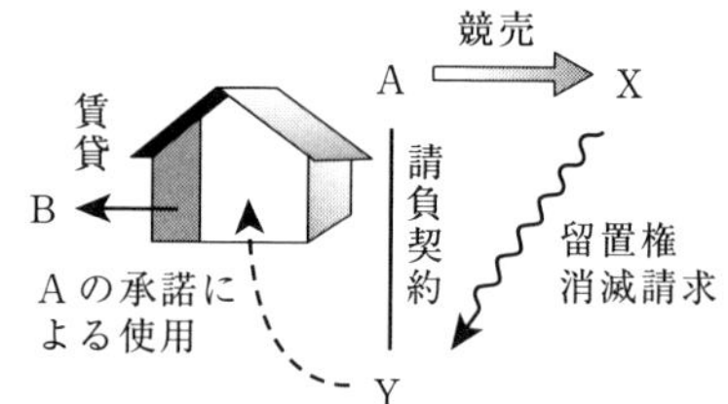

【判決理由】 上告棄却「留置物の所有権が譲渡等により第三者に移転した場合において，右につき対抗要件を具備するよりも前に留置権者が民法298条2

➡ 6

項所定の留置物の使用又は賃貸についての承諾を受けていたときには，留置権者は右承諾の効果を新所有者に対し対抗することができ，新所有者は右使用等を理由に同条3項による留置権の消滅請求をすることができないものと解するのが相当である。

原審の適法に確定した事実関係等によれば，Y会社は，A商店に対する第1審判決添付物件目録一の3記載の建物の建築請負残代金債権に関し，同建物につき留置権を有し，Xが右建物の所有権を取得する原因となった不動産競売が開始されるよりも前に，A商店からその使用等について包括的な承諾を受けていたというのであるから，Xに対し，右建物の使用及び右競売開始後に第三者に対してした賃貸を対抗することができるものというべきである。そうすると，Y会社による右建物の使用及び賃貸を理由とするXの留置権の消滅請求の主張は採用することができず，Xの本件建物の所有権に基づく明渡請求に対するY会社の留置権の抗弁は理由があり，原審の判断は，右と同旨をいうものとして，是認することができる。」(裁判長裁判官　小野幹雄　裁判官　高橋久子　遠藤光男　井嶋一友　藤井正雄)

［関連裁判例］

6 悪意の占有者の留置権

最(二)判昭和46年7月16日民集25巻5号749頁

(最判解〈昭46〉319頁，法協90巻6号939頁，民商66巻5号910頁，百選Ⅰ〈第6版〉162頁，百選Ⅰ〈第9版〉154頁)

【事実】 Yの先代Aの賃料不払により建物の賃貸借契約が解除されたが，賃貸人Xからの明渡請求に対して，Yは，解除後に支出した有益費の償還請求権に基づく留置権を主張した。原審がYの主張を認めなかったため，Yから上告。

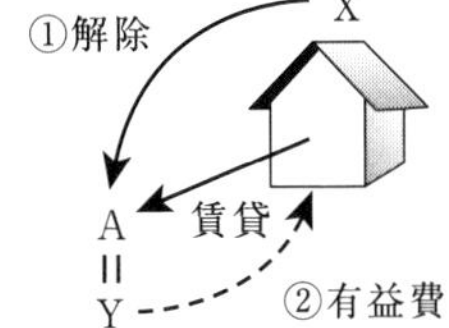

【判決理由】 上告棄却 「亡A（Yの先代）が，本件建物の賃貸借契約が解除された後は右建物を占有すべき権原のないことを知りながら不法にこれを占有していた旨の原判決の認定・判断は，挙示の証拠関係に徴し首肯することができる。そして，Aが右のような状況のもとに本件建物につき支出した有益費

➡ 7・解説

の償還請求権については，民法295条2項の類推適用により，Ｙらは本件建物につき，右請求権に基づく留置権を主張することができないと解すべきである（最㈠判昭和41年3月3日民集20巻3号386頁参照)。したがって，原審のこの点に関する判断は正当である。」(裁判長裁判官　村上朝一　裁判官　色川幸太郎　岡原昌男　小川信雄)

［関連裁判例］

7　留置物使用の限界

最(二)判昭和30年3月4日民集9巻3号229頁 (*最判解〈昭30〉18頁, 海事百選〈増補版〉22頁*)

【事実】 船舶（第五日和丸）の売買契約が買主Ｙの代金不払を理由に解除された。売主Ｘからの返還請求に対し，Ｙは自ら費やした修繕費に基づき船舶の留置権を主張したが，ＸはＹが留置物である船舶を遠方まで航行させて，貨物の運送業務に使用していたことを理由に298条3項による留置権の消滅請求をした。

【判決理由】 上告棄却「原判決は，Ｙが本件売買契約の解除後もＸの承諾なく本件船舶（木造帆船，総屯数46屯81，純屯数29屯94，昭和8年2月進水のもの）を名古屋，大阪から遠く山口県下方面にまで航行せしめて貨物の運送業務に従事し，運賃収益をえていたとの事実を確定した上，Ｙのかかる遠距離にわたる船舶の使用は，よしや契約解除前と同一の使用形態を継続していたものであったとしても，その航行の危険性等からみて，留置権者に許された留置物の保存に必要な限度を逸脱した不法のものと認むべく，したがってこのことを理由としてＸのなした留置権消滅の請求は有効である旨判示したのであって，右判断は相当と認められる。(裁判長裁判官　栗山　茂　裁判官　小谷勝重　藤田八郎　谷村唯一郎　池田　克)

解　説

⑴　留置権の要件は，「その物に関して生じた債権」であることである。*1*は二重譲渡の事案で，売主に対する損害賠償請求権や不当利得返還請求権を理由に優先する買主からの明渡請求を拒めないことを判示した。判決は，「その物自体を目的とする債権がその態様を変じたもの」であることを理由としてい

→ 解説

るが，判断基準として必ずしも明確ではない。*1*の事案が，債務者と引渡請求権者がもともと別人で，留置権を認めることが公平に反する場合である点に注目すべきではないだろうか。

(2) 民法295条2項は「占有が不法行為によって始まった場合には」留置権が生じないと定めている。判例は，大審院時代から，占有者の占有権原が事後的に失われた場合についてもこの規定を類推適用し，必要費，有益費の支出当時悪意または過失のある占有者に留置権を否定している。*6*はその例のひとつで，占有者の賃料不払を理由とする賃貸借契約の解除がされた事案である。これに対して*3*は，不動産（農地）の前主に対する売渡処分の無効を理由とする明渡訴訟が提起されていたことを理由とするもので，占有者の「過失」の程度は低いともいえる。このため*3*判決に対しては批判も多い。いったん留置権を認めたうえで，196条2項ただし書の期限許与で対応することもできた事案である。

(3) 298条2項は留置権者が債務者の承諾なしに留置物を使用・賃貸し，担保に供することができないと定める。では債務者が承諾していた場合，それは第三者に対抗できるのだろうか。これを扱った初めての最高裁判決が*5*である。なお，たとえ債務者の承諾がなくても「その物の保存に必要な使用をする」ことは可能である（298条2項ただし書）。その限界を超えたとされた事例が*7*である。

(4) 留置権には，担保物権として不可分性があり，296条がこれを定めているが，留置権者が留置物の一部を債務者に引き渡した場合にもこの原則が妥当することを認めたのが*4*である。

(5) 商取引においては，民法上の留置権と並んで商事留置権が重要である。商法521条に規定があり，債権者は「債務者との間における商行為によって自己の占有に属した債務者の所有する物又は有価証券を留置することができる」とされており，被担保債権と物との牽連性は要求されていない。*2*は，上記規定の「物」に不動産が含まれるかが争われ，これを肯定した事例である。

➡ 8

第8章 先 取 特 権

8 動産売買先取特権（1）――物上代位と債務者の破産

最(一)判昭和59年2月2日民集38巻3号431頁
（最判解〈昭59〉67頁，民商92巻2号240頁，民事執行法百選234頁，昭59重判74頁，倒産百選〈第6版〉114頁）

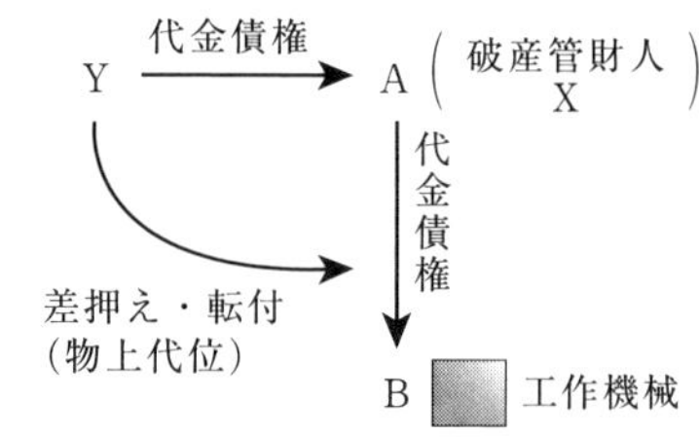

【事実】 Y（新日本工機株式会社）はA（三昌機械株式会社）に工作機械を売り渡し，Aはこれを B（東洋エンジニアリング株式会社）に転売した。翌年，Aは破産し，Xが破産管財人に選任された。Yは，上記転売代金債権のうち665万円について，動産売買の先取特権に基づく物上代位権の行使として，Xを債務者，Bを第三債務者とする差押え・転付命令を得，同命令はBに送達された。Bが債権者不確知を理由に665万円を供託したので，XはYに対して還付請求権存在確認の訴えを提起し，Yも同趣旨の反訴を提起した。1，2審ともにXの請求を認容した。その理由は，先取特権者は，物上代位権の対象となる債権が，他から差押えを受けたり，譲渡，転付される前に差し押さえない限り，差押債権者などの第三者に物上代位に基づく優先権を対抗できないと解したうえで，破産宣告は差押えや譲渡と同様，304条1項ただし書の「払渡」（平成16年改正前の表記）に該当するという点にある。Yから上告。

【判決理由】 破棄自判 「民法304条1項但書において，先取特権者が物上代位権を行使するためには金銭その他の払渡又は引渡前に差押をしなければならないものと規定されている趣旨は，先取特権者のする右差押によって，第三債務者が金銭その他の目的物を債務者に払渡し又は引渡すことが禁止され，他方，債務者が第三債務者から債権を取立て又はこれを第三者に譲渡することを禁止される結果，物上代位の対象である債権の特定性が保持され，これにより物上代位権の効力を保全せしめるとともに，他面第三者が不測の損害を被ることを防止しようとすることにあるから，第三債務者による弁済又は債務者による債権の第三者への譲渡の場合とは異なり，単に一般債権者が債務者に対する債務名義をもって目的債権につき差押命令を取得したにとどまる場合には，これによりもはや先取特権者が物上代位権を行使することを妨げられるとすべき理由はないというべきである。そして，債務者が破産宣告決定を受けた場合においても，その効果の実質的内容は，破産者の所有財産に対する管理処分権能が剥奪されて破産管財人に帰属せしめられるとともに，破産債権者による個別的な権利行使を禁止されることになるというにとどまり，これにより破産者の財産の所有権が破産財団又は破産管財人に譲渡されたことになるものではなく，これを前記一般債権者による差押の場合と区別すべき積極的理由はない。したがって，先取特権者は，債務者が破産宣告決定を受けた後においても，物上代位権を行使することができるものと解するのが相当である。これと異なる原審の判断には民法 304 条 1 項の解釈適用を誤った違法があるといわざるをえず，右違法は原判決の結論に影響を及ぼすことが明らかであるから，論旨は理由がある。」（裁判長裁判官　藤崎萬里　裁判官　中村治朗　谷口正孝　和田誠一）

9 動産売買先取特権（2）――物上代位と一般債権者の差押え

最(二)判昭和 60 年 7 月 19 日民集 39 巻 5 号 1326 頁

(*最判解〈昭 60〉314 頁，法協 107 巻 1 号 150 頁，民商 94 巻 5 号 634 頁，百選Ⅰ〈第 9 版〉158 頁，民事執行・保全百選〈第 3 版〉116・156 頁*)

【事実】 X が A に動産を販売し，A はこれを B に転売したが，A が代金を支払わないので X は動産売買の先取特権の物上代位権の行使として A の B に対する債権を差し押さえ，転付命令を得た。ところが，その直前に A に対する一般債権者である Y が A の B に対する債権について仮差押命令を得て，その命令が B に送達されていた。B は代金額を供託し，執行裁判所は X の優先権を認めなかったので X が配当異議の訴えを提起した。1，2 審とも X 敗訴。

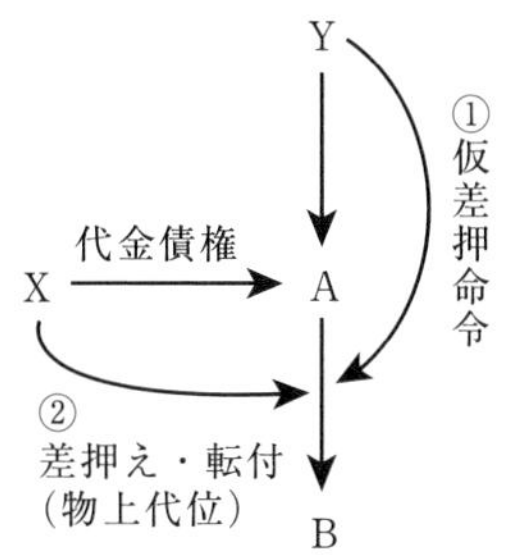

【判決理由】 破棄自判 「民法 304 条 1 項但書において，先取特権者が物上代位権を行使するためには物上代位の対象となる金銭その他の物の払渡又は引渡前に差押をしなければならないものと規定されている趣旨は，先取特権者のす

➡ 10

る右差押によつて，第三債務者が金銭その他の物を債務者に払い渡し又は引き渡すことを禁止され，他方，債務者が第三債務者から債権を取り立て又はこれを第三者に譲渡することを禁止される結果，物上代位の目的となる債権（以下「目的債権」という。）の特定性が保持され，これにより，物上代位権の効力を保全せしめるとともに，他面目的債権の弁済をした第三債務者又は目的債権を譲り受け若しくは目的債権につき転付命令を得た第三者等が不測の損害を被ることを防止しようとすることにあるから，目的債権について一般債権者が差押又は仮差押の執行をしたにすぎないときは，その後に先取特権者が目的債権に対し物上代位権を行使することを妨げられるものではないと解すべきである（最㈠判昭和 59 年 2 月 2 日民集 38 巻 3 号 431 頁参照）。

これを本件についてみると，前記事実関係によれば，一般債権者たるＹらは，本件転売代金債権について仮差押の執行をしたにすぎないから，その後にＸが本件物上代位権を行使することは妨げられないものというべきである。これと異なる原審の判断には民法 304 条 1 項の解釈適用を誤った違法があるといわざるをえない。」（裁判長裁判官　島谷六郎　裁判官　大橋　進　牧　圭次）

10 動産売買先取特権（3）——目的債権の譲渡との優劣

最（三）判平成 17 年 2 月 22 日民集 59 巻 2 号 314 頁 （*最判解〈平 17 上〉133 頁 157 頁，法協 126 巻 1 号 225 頁，平 17 重判 75 頁*）

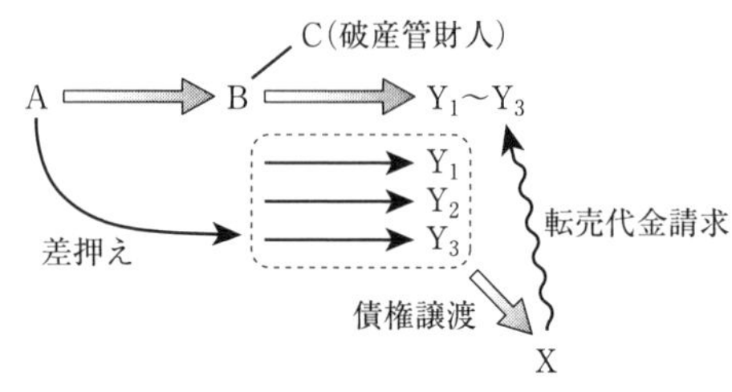

【事実】 Ａ社（三共製粉株式会社）は，Ｂ社（土屋カオリン工業株式会社）に対し，商品（エスカロンＭ等）を売り渡し，Ｂ社は，Y_1（荒川塗料工業株式会社）Y_2（大橋化学工業株式会社）Y_3（メーコー株式会社）にこれを転売した。その後Ｂ社は，2002 年 3 月 1 日に破産宣告を受け，Ｃ弁護士が破産管財人に選任された。

Ｙらは 2002 年 3 月 11 日から 25 日の間にＡ社に売買代金額相当の金員を任意に交付した（これは物上代位権の行使としての差押後に売買代金の支払として処理する旨合意された預入金であったと認定されている）。

破産管財人Cは，2003年1月28日，破産裁判所の許可を得て，X（個人）に対し，本件転売代金債権を譲渡し，同年2月4日，Yらに対し内容証明郵便により債権譲渡の通知がされた。他方，A社は，動産売買の先取特権に基づく物上代位権の行使として，本件転売代金債権について差押命令の申立てをしたところ，差押命令がY_1については2003年1月22日，Y_3には5月1日に送達された。他方，Y_2に対する差押命令の申立ては却下された。

以上の事実関係の下において，XがYらに対し，転売代金債権の支払を求めた。1審がXの請求を棄却したが，2審は物上代位による差押命令の送達が債権譲渡通知より先になされているY_1については1審を維持し，Y_2Y_3についてはXの請求を認めた。Y_3から上告受理申立て。

【判決理由】 上告棄却 「民法304条1項ただし書は，先取特権者が物上代位権を行使するには払渡し又は引渡しの前に差押えをすることを要する旨を規定しているところ，この規定は，抵当権とは異なり公示方法が存在しない動産売買の先取特権については，物上代位の目的債権の譲受人等の第三者の利益を保護する趣旨を含むものというべきである。そうすると，動産売買の先取特権者は，物上代位の目的債権が譲渡され，第三者に対する対抗要件が備えられた後においては，目的債権を差し押さえて物上代位権を行使することはできないものと解するのが相当である。」

「前記事実関係によれば，A社は，Xが本件転売代金債権を譲り受けて第三者に対する対抗要件を備えた後に，動産売買の先取特権に基づく物上代位権の行使として，本件転売代金債権を差し押さえたというのであるから，Y_3は，Xに対し，本件転売代金債権について支払義務を負うものというべきである。」（裁判長裁判官　上田豊三　裁判官　濱田邦夫　藤田宙靖）

11 動産売買先取特権（4）——請負代金債権への物上代位

最(三)決平成10年12月18日民集52巻9号2024頁
（最判解〈平10下〉1045頁，百選Ⅰ〈第6版〉164頁，百選Ⅰ〈第9版〉156頁）

【事実】 工場へのターボコンプレッサーの据付工事をB（松下電子部品株式会社）から請け負ったA（エヤー・工販株式会社）は，Y（商船三井興業株式会社）から当該機械を購入して据付工事をした。その後，Aが破産したため，Yが動産売買

➡ 11

先取特権に基づいてAのBに対する請負代金債権を仮差押えし，Bは仮差押債権額を供託した。そこでYはAの破産管財人Xの有する供託金還付請求権を差し押さえ，転付命令を得た。Xはこれに対して執行抗告を申し立て，原審がこれを棄却したので，許可抗告がなされた。

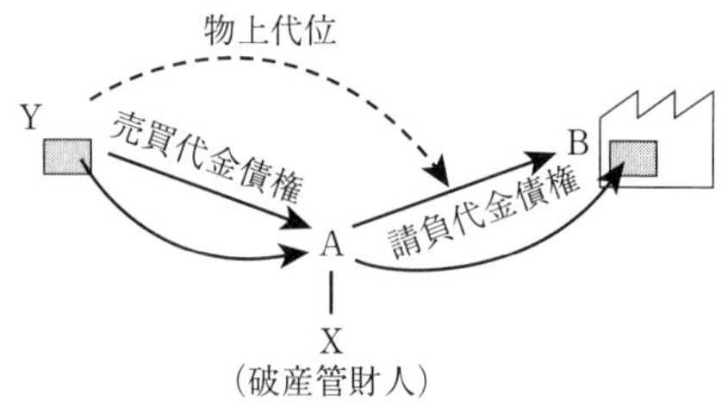

【決定理由】 抗告棄却 「動産の買主がこれを他に転売することによって取得した売買代金債権は，当該動産に代わるものとして動産売買の先取特権に基づく物上代位権の行使の対象となる（民法 304 条)。これに対し，動産の買主がこれを用いて請負工事を行ったことによって取得する請負代金債権は，仕事の完成のために用いられた材料や労力等に対する対価をすべて包含するものであるから，当然にはその一部が右動産の転売による代金債権に相当するものということはできない。したがって，請負工事に用いられた動産の売主は，原則として，請負人が注文者に対して有する請負代金債権に対して動産売買の先取特権に基づく物上代位権を行使することができないが，請負代金全体に占める当該動産の価額の割合や請負契約における請負人の債務の内容等に照らして請負代金債権の全部又は一部を右動産の転売による代金債権と同視するに足りる特段の事情がある場合には，右部分の請負代金債権に対して右物上代位権を行使することができると解するのが相当である。

これを本件について見ると，記録によれば，破産者Aは，Bからターボコンプレッサー（TX-210 キロワット型）の設置工事を代金 2080 万円で請け負い，右債務の履行のために代金 1575 万円で右機械をYに発注し，YはAの指示に基づいて右機械をBに引き渡したものであり，また，右工事の見積書によれば，2080 万円の請負代金のうち 1740 万円は右機械の代金に相当することが明らかである。右の事実関係の下においては，右の請負代金債権をYがAに売り渡した右機械の転売による代金債権と同視するに足りる特段の事情があるということができ，Bが仮差押命令の第三債務者として右 1740 万円の一部に相当する 1575 万円を供託したことによってAが取得した供託金還付請求権がYの動産売買の先取特権に基づく物上代位権の行使の対象となるとした原審の判断は，正当として是認することができる。

（裁判長裁判官　園部逸夫　裁判官　千種秀夫　尾崎行信　元原利文　金谷利廣）

12 不動産賃貸の先取特権の範囲

大判大正3年7月4日民録20輯587頁

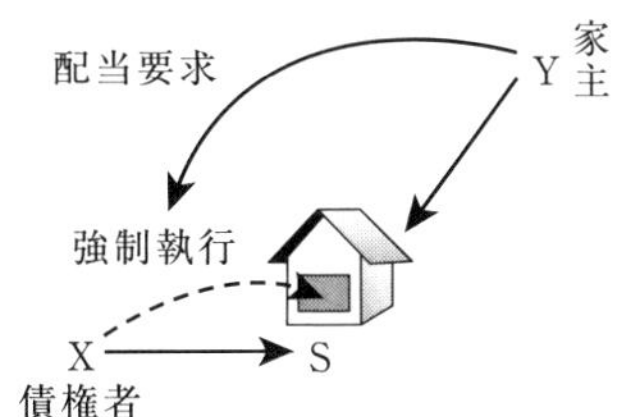

【事実】 借家に住むSの債権者Xが建物内の動産に強制執行をしたところ，家主Yが不動産賃貸の先取特権に基づいて配当要求した。本件はXから提起された配当異議の訴えである。争点は先取特権の及ぶ範囲で，建物内の「簞笥，長火鉢，畳，花瓶，唐紙障子，ちゃぶ台，座布団」などに先取特権が及ぶことには争いがなかったが，借家人の母，妻子などが内職に使う「糸挽鍋」「小枠」「座繰」「揚台枠付き」（蚕の繭から糸挽きをする道具のようである）のような建物の利用と関係のない動産まで含まれるかが争われた。

【判決理由】 上告棄却「民法第313条第2項に『建物の賃貸人の先取特権は賃借人か其建物に備付けたる動産の上に存在す』と規定したる所以は，建物の賃借人が賃借人として其建物内に或時間継続して存置する為め持込みたる動産は賃貸借の結果其建物内に存在するに至りたるものにして，賃借人は之が存置の為め建物を利用するものなるが故に，之に付き賃貸人に先取特権を付与するを適当なりとしたるに依る。是故に，建物の賃貸人の先取特権の目的たる動産は賃借人が賃貸借の結果或時間継続して存置する為め其建物内に持込みたる動産たるを以て足り，其建物の常用に供する為め之に存置せらるる動産たるを要することなし。従て，建物賃貸人の先取特権は金銭，有価証券，賃借人其家族の一身の使用に供する懐中時計宝石類，其他全く建物の利用に供する目的なく又之に常置せられざる物の上にも存在することを得るものなりと謂はざるを得ず。之を沿革に徴するも，民法第313条第2項の規定は旧民法債権担保編第147条第1項に，「居宅倉庫其他の建物の賃貸人は賃借人の使用又は商業の為め此建物内に備へたる動産物に付き先取特権を有す」とありしを修正したるに依り生じたるものなり。旧民法に「此建物内に備へたる動産物」とありしは単に此建物に置きたる動産と云ふの意に過ぎざるや明かなり。若し然らずして建物の常用に供する為め存置したる動産の意なりとせば，同条第3項の「賃貸人の先取特権は現金に付き又賃借人及ひ其家族の一身の使用に供したる金玉宝石に付き又無記名なるも証券に付き之を行ふことを得す」との規定なきも現金其他は先取特権の目的たる動産中に包含せざるべく，第3項の規定を設くるの必要あらざればなり。而して民法は賃借人の使用又は商工業の為め建物内に置きたるものなることの制限を撤去したる外旧民法の趣旨に変更を加へたる形跡の観るべきものなく，且前示第3項の如き除外例を設けざるが故に，建物の賃貸人の先取特権は賃借人が賃貸借の結果或時間継続して存置する為め其建物内に持込みたる動産の上には総て存在するものなりと為さざるべからず」

解　説

動産売買先取特権が売掛代金債権の回収手段として注目される契機のひとつとなったのが*8*判決である。物上代位に304条1項ただし書で差押えが要求されている理由については，特定性維持のためとする説（特定性が維持されている限り物上代位権の行使は可能）と，優先権を保全するためとする説（ただしいくつかのバリエーションが考えられる）が対立しているとされてきた。最高裁は，破産の事例である*8*において，債権が譲渡されたり転付命令が出される前であれば先取特権者が物上代位権を行使できることを認め，これを一般債権者による差押えの事例に適用したのが*9*である。優先権保全説の一種と見ることができる。

その後，抵当権による物上代位に関する新たな判例（*19*）の出現に伴い，これらの判決の位置づけについても改めて検討が必要となっていたが，*10*は公示のない担保である動産売買先取特権について，差押えが債権の譲受人等の第三者の利益を保護する趣旨を含むことを判示し，登記で公示されている抵当権とは区別することを明らかにした。

*11*は，動産売買先取特権による物上代位の対象を，請負代金債権にも広げることを認めた。目的物の転売代金債権と同視しうる特段の事情を要件としている。

先取特権の具体例として，不動産賃貸の先取特権が及ぶ目的物の範囲につい

て判示した *12* 判決を紹介しておく。目的物の範囲を極めて広く解している点が注目される。

➡ *13・14*

第9章　質　　権

13　設定者による代理占有

大判大正5年12月25日民録22輯2509頁

【事実】　YはAに対する貸金債権を担保するため，A所有の不動産に質権を設定し登記を経由したが，現在は質権設定者であるAが本件不動産を占有している。そこで，X（不動産の第三取得者か？）は345条違反を理由に質権の消滅等を主張した。

【判決理由】　上告棄却　「民法第345条には単に質権者は質権設定者をして自己に代はりて質物を占有せしむることを得ざる旨の規定あるに過ぎざるを以て，質権者が一旦有効に質権を設定したる後右規定に違背し質権設定者をして質物を占有せしめたりとするも，其占有が法律上代理占有の効力を生ぜざるに止まり，之が為め質権が消滅に帰すべきものにあらずと解するを相当とす。而して，質権者が有効に質権を設定したる後占有を失ひたる場合に於ては，動産質にありては其質権を以て第三者に対抗することを得ざる結果を生ずべきも，本件の如き不動産質にありては質物の占有は第三者に対する対抗条件にもあらざるを以て，原院が質権者たるYに於て一旦質物の現実引渡を受けたる後之を質権設定者たるAに引渡したる事実を認めたるに拘はらず該事実は本件質権の効力に何等の影響なしと判示したるは洵に相当にして本論旨は其理由なきものとす」

14　債権質の対抗要件

最(一)判昭和58年6月30日民集37巻5号835頁 (*最判解〈昭58〉290頁，民商90巻2号281頁，昭58重判66頁*)

【事実】　AのBに対する敷金返還請求権にY（大新商事株式会社）のための質権が設定され，これと相前後して，AはBから同債権を「担保として他に差し入れることを承諾する」旨の承諾書を受け取り，Yはこれに確定日付を得た。その後，同債権はAからX（三大物産株式会社）に譲渡され，確定日付ある通知がされた。

➡ 14

本件は，Bが債権者不確知を理由に供託した供託金の還付請求権をめぐる争いである。1審がYを，原審がXを優先させたので，Yから上告。

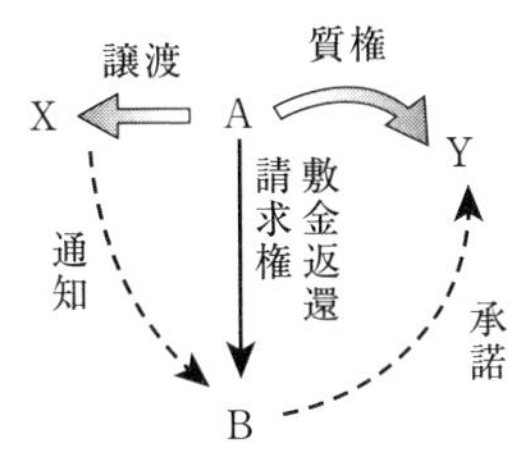

【判決理由】 上告棄却 「民法364条1項，467条の規定する指名債権に対する質権設定についての第三債務者に対する通知又はその承諾は，第三債務者以外の第三者に対する関係でも対抗要件をなすものであるところ，この対抗要件制度は，第三債務者が質権設定の事実を認識し，かつ，これが右第三債務者によって第三者に表示されうることを根幹として成立しているものであり（最㈠判昭和49年3月7日民集28巻2号174頁参照），第三債務者が当該質権の目的債権を取引の対象としようとする第三者から右債権の帰属関係等の事情を問われたときには，質権設定の有無及び質権者が誰であるかを告知，公示することができ，また，そうすることを前提とし，これにより第三者に適宜な措置を講じさせ，その者が不当に不利益を被るのを防止しようとするものであるから，第三者に対する関係での対抗要件となりうる第三債務者に対する通知又はその承諾は，具体的に特定された者に対する質権設定についての通知又は承諾であることを要するものと解すべきである。

本件において原審が適法に確定した事実関係によれば，第三債務者であるBの質権設定についての確定日付のある承諾書には，単に抽象的に，債権者であるAが同人の債務の担保として本件敷金返還請求権を他に差し入れることを承諾する旨の記載があるにすぎず，BにおいてAがYのために本件敷金返還請求権に対し質権を設定することを承諾する趣旨で右承諾書を作成したものとは認められないというのであるから，右承諾書による承諾は，Yが本件敷金返還請求権に対し質権の設定を受けたことをもってXに対抗するための対抗要件としての承諾にはあたらないというべきである。」（裁判長裁判官　谷口正孝　裁判官　藤崎萬里　中村治朗　和田誠一）

➡ 15

15 設定者の担保価値維持義務

最(一)判平成18年12月21日民集60巻10号3964頁

(最判解〈平18下〉1349頁，百選Ⅰ〈第9版〉160頁，倒産百選〈第6版〉36頁，平19重判70頁)

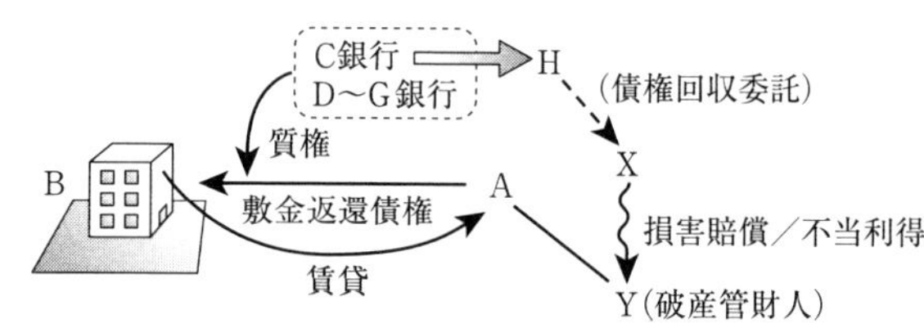

【事実】 ⑴ A（トーア工業株式会社）は，1998年2月13日，B（住友不動産株式会社）から，東京都港区所在の鉄骨鉄筋コンクリート造地下2階，地上9階建ての建物のうち，地下1階事務所部分（「本件第1賃貸借」），8階，9階居室部分（「本件第2賃貸借」），駐車場部分（「本件第3賃貸借」），倉庫部分（「本件第4賃貸借」）を賃借し，その引渡しを受けた（以下，併せて「本件各賃貸借」という）。

⑵ Aは，本件各賃貸借に際し，Bに対し，合計6050万8750円（本件第1賃貸借につき4961万5000円，本件第2賃貸借につき777万3750円，本件第3賃貸借につき294万円，本件第4賃貸借につき18万円）の敷金（以下「本件敷金」という）を差し入れた。

⑶ Aは，1998年4月30日，C銀行（第一勧業銀行），D銀行（富士銀行），E銀行（横浜銀行），F銀行（あさひ銀行）およびG銀行（東京三菱銀行）（以下，これらの銀行を「本件各銀行」という）に対し，Aが本件各銀行に対して負担する一切の債務の担保として，本件各賃貸借に基づきAがBに対して有する本件敷金の返還請求権のうち6000万円につき質権を設定し，Bは，同日，確定日付のある証書により質権の設定を承諾した。

⑷ 本件各銀行およびAは，質権の設定に際し，その実行による敷金の配分割合を，C銀行262分の87，D銀行262分の65，E銀行262分の50，F銀行262分の30，G銀行262分の30とする旨合意した。

⑸ Aは，1999年1月25日に破産宣告を受け，Yが破産管財人に選任された。

⑹ C銀行は，1999年9月20日，オランダ法人であるH（プロモントリアホールディングツービーヴィ）に対し，Aに対して有する債権（元本合計75億9884万0303円）を付随する一切の担保等と共に譲渡し，確定日付のある書面による債権譲渡通知を行った。

Hは，X（やまと債権管理回収株式会社）に対し，債権管理回収業に関する特別措置法に基づき，上記債権の回収を委託した。

⑺　Yは，破産裁判所の許可を得て（ただし，本件第3賃貸借を除く），1999年3月から10月にかけて，Bとの間で，本件各賃貸借を順次合意解除し，本件敷金6050万8750円のうち6043万4590円を本件各賃貸借に関して生じたBの債権に充当する旨を合意した（「本件充当合意」）。

⑻　本件敷金が充当された上記債権のうち，本件第1賃貸借に係る未払賃料および未払共益費の一部3163万0257円，同賃貸借に係る原状回復費用1021万3714円ならびに本件第2賃貸借に係る未払賃料および未払共益費の一部317万6574円の合計4502万0545円は，破産宣告後に生じた債権である（併せて「本件宣告後賃料等」という）。

⑼　Aの破産財団には，本件第2および第4賃貸借が合意解除された1999年3月31日現在で約2億2000万円の，本件第3賃貸借が合意解除された同年6月21日現在で約5億8000万円の，本件第1賃貸借が合意解除された同年10月31日現在で約6億5000万円の銀行預金が存在した。

⑽　Xは，本件充当合意は破産管財人の善管注意義務に違反するものであり，これにより破産財団が本件宣告後賃料等の支払を免れ，Hの有する質権が無価値となって優先弁済権が害されたとして，Yに対し，旧破産法（平成16年法律第75号による廃止前のもの。以下同じ。）164条2項，47条4号に基づく損害賠償または不当利得の返還として（両者の関係は選択的併合），本件充当合意により本件敷金が充当された本件宣告後賃料等4502万0545円からHに対する債権譲渡がされる前に充当がされた317万6574円を控除した4184万3971円の262分の87に当たる1389万4752円およびこれに対する遅延損害金の支払を求めた。

1審は，Xの旧破産法164条2項，47条4号に基づく損害賠償請求を一部認容したが，2審は，Xの請求をいずれも棄却した。

Xから上告受理の申立て。

【判決理由】　一部破棄自判，一部上告棄却（才口裁判官の補足意見がある）

一　Yの善管注意義務違反を理由とする損害賠償請求について

「1　債権が質権の目的とされた場合において，質権設定者は，質権者に対し，当該債権の担保価値を維持すべき義務を負い，債権の放棄，免除，相殺，更改等当該債権を消滅，変更させる一切の行為その他当該債権の担保価値を害するような行為を行うことは，同義務に違反するものとして許されないと解すべきである。そして，建物賃貸借における敷金返還請求権は，賃貸借終了後，建物の明渡しがされた時において，敷金からそれまでに生じた賃料債権その他賃貸

➡ *15*

借契約により賃貸人が賃借人に対して取得する一切の債権を控除し，なお残額があることを条件として，その残額につき発生する条件付債権であるが（最(二)判昭和48年2月2日民集27巻1号80頁参照），このような条件付債権としての敷金返還請求権が質権の目的とされた場合において，質権設定者である賃借人が，正当な理由に基づくことなく賃貸人に対し未払債務を生じさせて敷金返還請求権の発生を阻害することは，質権者に対する上記義務に違反するものというべきである。

また，質権設定者が破産した場合において，質権は，別除権として取り扱われ（旧破産法92条），破産手続によってその効力に影響を受けないものとされており（同法95条），他に質権設定者と質権者との間の法律関係が破産管財人に承継されないと解すべき法律上の根拠もないから，破産管財人は，質権設定者が質権者に対して負う上記義務を承継すると解される。

そうすると，Ｙは，Ｈに対し，本件各賃貸借に関し，正当な理由に基づくことなく未払債務を生じさせて本件敷金返還請求権の発生を阻害してはならない義務を負っていたと解すべきである。

2　以上の見地から本件についてみると，本件宣告後賃料等のうち原状回復費用については，賃貸人において原状回復を行ってその費用を返還すべき敷金から控除することも広く行われているものであって，敷金返還請求権に質権の設定を受けた質権者も，これを予定した上で担保価値を把握しているものと考えられるから，敷金をもってその支払に当てることも，正当な理由があるものとして許されると解すべきである。他方，本件宣告後賃料等のうち原状回復費用を除く賃料及び共益費（以下，これらを併せて「本件賃料等」という。）については，前記事実関係によれば，Ｙは，本件各賃貸借がすべて合意解除された平成11年10月までの間，破産財団に本件賃料等を支払うのに十分な銀行預金が存在しており，現実にこれを支払うことに支障がなかったにもかかわらず，これを現実に支払わないでＢとの間で本件敷金をもって充当する旨の合意をし，本件敷金返還請求権の発生を阻害したのであって，このような行為（以下「本件行為」という。）は，特段の事情がない限り，正当な理由に基づくものとはいえないというべきである。本件行為が破産財団の減少を防ぎ，破産債権者に対する配当額を増大させるために行われたものであるとしても，破産宣告の日以後の賃料等の債権は旧破産法47条7号又は8号により財団債権となり，破産債権に優先して弁済すべきものであるから（旧破産法49条，50条），これを現実に支払わずに敷金をもって充当することについて破産債権者が保護に値する期待を有するとはいえず，本件行為に正当な理由があるとはいえない。そして，本件において他に上記特段の事情の存在をうかがうことはできない。

以上によれば，本件行為は，YがHに対して負う前記義務に違反するものというべきである。

3 破産管財人は，職務を執行するに当たり，総債権者の公平な満足を実現するため，善良な管理者の注意をもって，破産財団をめぐる利害関係を調整しながら適切に配当の基礎となる破産財団を形成すべき義務を負うものである（旧破産法164条1項，185条～227条，76条，59条等)。そして，この善管注意義務違反に係る責任は，破産管財人としての地位において一般的に要求される平均的な注意義務に違反した場合に生ずると解するのが相当である。この見地からみると，本件行為が質権者に対する義務に違反することになるのは，本件行為によって破産財団の減少を防ぐことに正当な理由があるとは認められないからであるが，正当な理由があるか否かは，破産債権者のために破産財団の減少を防ぐという破産管財人の職務上の義務と質権設定者が質権者に対して負う義務との関係をどのように解するかによって結論の異なり得る問題であって，この点について論ずる学説や判例も乏しかったことや，Yが本件行為（本件第3賃貸借に係るものを除く。）につき破産裁判所の許可を得ていることを考慮すると，Yが，質権者に対する義務に違反するものではないと考えて本件行為を行ったとしても，このことをもって破産管財人が善管注意義務違反の責任を負うということはできないというべきである。そうすると，Yの善管注意義務違反を理由とする旧破産法164条2項，47条4号に基づく損害賠償請求を棄却した原審の判断は，結論において是認することができる。論旨は理由がない。」

二 不当利得返還請求について

「1 前記事実関係の下で，原審は，Yが本件宣告後賃料等に本件敷金を充当してその支払を免れても，それと同額が破産財団に属する敷金返還請求権か

➡ 15
ら減少するから，これにより破産財団に利得が生じないことは明らかであると判断して，Xの不当利得返還請求を棄却すべきものとした。

2　しかしながら，原審の上記判断は是認することができない。その理由は，次のとおりである。

本件質権の被担保債権の額が本件敷金の額を大幅に上回ることが明らかである本件においては，本件敷金返還請求権は，別除権である本件質権によってその価値の全部を把握されていたというべきであるから，破産財団が支払を免れた本件宣告後賃料等の額に対応して本件敷金返還請求権の額が減少するとしても，これをもって破産財団の有する財産が実質的に減少したとはいえない。そうすると，破産財団は，本件充当合意により本件宣告後賃料等の支出を免れ，その結果，同額の本件敷金返還請求権が消滅し，質権者が優先弁済を受けることができなくなったのであるから，破産財団は，質権者の損失において本件宣告後賃料等に相当する金額を利得したというべきである。これと異なる原審の判断には，判決に影響を及ぼすことが明らかな法令の違反がある。」

「そして，前記事実関係及び上記に説示したところによれば，破産財団は，本件賃料等3480万6831円について，法律上の原因なくこれを利得したものであり，Yは，3480万6831円からHに対する債権譲渡がされる前に本件充当合意がされた317万6574円を控除した3163万0257円の262分の87に相当する1050万3176円につき，これを不当利得としてHに返還すべき義務を負うというべきである。」（補足意見1がある）

才口千晴裁判官の補足意見

「私は，法廷意見に賛同するものであるが，本件は破産管財人の善管注意義務という重要かつ微妙な問題に関する事案であるから，補足して意見を述べることにする。

1　破産管財人の善管注意義務は，民法上のものと同趣旨であり，破産管財人としての地位，知識において一般的に要求される平均的な注意義務であるとされ，破産管財人は，職務を執行するに当たり，総債権者の共同の利益のため，善良な管理者の注意をもって，破産財団をめぐる利害関係を調整しながら適切に配当の基礎となる破産財団を形成する義務と責任を負うものである。」

「2　本件は，破産管財人が負う上記の各義務，すなわち，破産債権者のために破産財団の減少を防ぐという職務上の義務と破産者である質権設定者の義務を承継する者として質権者に対して負う義務とが衝突する場面において，破産管財人がいかに適正に管財業務を処理するかの問題であり，正に破産管財人の資質や力量が問われるところである。破産管財人は，多種・多様な職務に追われ，時間的な余裕に乏しく多忙である中で，現在及び将来の破産財団や財団債権等の状況を把握したり，予想したりしながら管財業務を遂行することが一般的であるが，各種の権利関係に細やかな目配りをして公平かつ適正な処理をすべきであり，特に法律の専門家である弁護士が破産管財人となっている場合には，その要請は高度のものとなるというべきである。」

「3　ところで，破産管財人は，自然人であれば弁護士ではない一般人であってもよく，必ずしも法律的知識や会計に関する知識等に堪能であるとは限らない。また，新破産法は，破産管財人は自然人に限らず，法人を選任することができるとした（74条2項）。しかし，実務では，破産管財人のほとんどに弁護士が選任されているのが現状である。そして，法律の専門家である弁護士は，高度な専門的知識及び経験を有する者として，各種の権利関係等に細やかな目配りをしながら，公平かつ適正に管財業務を遂行することが求められているのである。

当審が，本件における破産管財人の行為につき善管注意義務違反の責任を問わないのは，前述のとおり，本件が，破産債権者の利益の保護と質権者に対する義務の履行のいずれを優先すべきかという困難かつ微妙な問題であって，これらの義務の関係等について論ずる学説や判例も乏しく，破産債権者の利益のために破産財団を維持することを優先させた破産管財人の判断を一概に不合理であるとはいえないからである。破産管財人が，法律の無知や知識の不足により利害関係人の権利を侵害した場合には，善管注意義務違反の責任を問われることはいうまでもなく，その場合の破産管財人の責任は，利害関係人に対し，破産管財人個人が損害を賠償する義務を負う（旧破産法164条，新破産法85条）という極めて重いものであることを改めて認識すべきである。」（裁判長裁判官　才口千晴　裁判官　横尾和子　甲斐中辰夫　泉　徳治　涌井紀夫）

→ 解説

解　説

判例は質権者による占有を質権の効力要件とはせず，とくに登記が対抗要件となる不動産質について，*13*は，たとえ質物を設定者に占有させても質権は何ら影響を受けないとしている。しかし，学説の多くは留置的効力を質権の本質的効力と考え，判例に批判的である。

指名債権に対する質権の対抗要件は債権譲渡と同じであるが，*14*は，通知・承諾制度の趣旨を踏まえ，質権者を特定しない債務者の承諾は第三者に対して有効な対抗要件にならないとした。

*15*は，債権質の質権設定者は当該債権の担保価値を維持すべき義務があることを初めて明確に判示し，敷金返還請求権を目的とする債権質について，正当な理由に基づくことなく賃料の未払債務を生じさせて敷金返還請求権の発生を阻害することはその義務違反になるとした。もっとも，この事案は，破産管財人が破産財団の減少を防ぐために破産裁判所の許可を得て行った行為であるという特殊性があった。このため，破産管財人の善管注意義務違反の有無や不当利得返還義務の有無をめぐって興味深い判断が示されている。破産法にかかわるが，法廷意見の全文と才口裁判官の補足意見の骨子を掲載したので，よく検討されたい。なお，同日付で同じく第一小法廷から，同じ破産会社の別の質権者（および別の被担保債権譲受人）についての同様な事件の判決が出されており，敷金返還請求権の質権者に不当利得の返還がされる場合に，破産管財人を悪意の受益者ということはできないとの判示がされた（法定利率での利息を付す時点が違ってくる。判時1961号53頁参照）。

➡ *16*

第10章 抵 当 権

［1］ 抵当権の性質

16 付 従 性

最(二)判昭和44年7月4日民集23巻8号1347頁
(最判解〈昭44上〉464頁，法協87巻9＝10号988頁，民商64巻5号968頁，百選Ⅰ〈第5版新法対応補正版〉22頁，百選Ⅰ〈第6版〉168頁，百選Ⅰ〈第9版〉162頁)

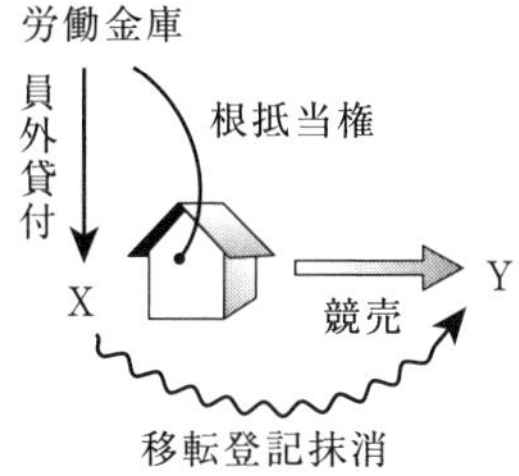

【事実】 労働金庫から融資を受けるためには会員資格が必要であったが（現在ではこの要件はない），非会員のXは自分を代表者とする架空の従業員組合を作り，これに会員資格を取得させて融資を受け，その担保に自己所有不動産に根抵当権を設定した。その後，Xが債務の弁済を怠ったため，根抵当権が実行され，Yが競落した。これに対しXは，会員外への貸付けは無効であり，したがって，それを担保する抵当権も無効であるからYは所有権を取得しない，と主張して，所有権移転登記の抹消等を求めた。1，2審ともX敗訴。

【判決理由】 上告棄却 「労働金庫法が58条においてその事業の範囲を明定し，その99条において役員の事業範囲外行為について罰則を設けていること，同法がその会員の福利共済活動の発展およびその経済的地位の向上を図ることを目的としていることに鑑みれば，労働金庫におけるいわゆる員外貸付の効力については，これを無効と解するのが相当」である。

「しかしながら，他方原審の確定するところによれば，Xは自ら虚無の従業員組合の結成手続をなし，その組合名義をもって訴外労働金庫から本件貸付を受け，この金員を自己の事業の資金として利用していたというのであるから，仮りに右貸付行為が無効であったとしても，同人は右相当の金員を不当利得として訴外労働金庫に返済すべき義務を負っているものというべく，結局債務のあることにおいては変りはないのである。そして，本件抵当権も，その設定の趣旨からして，経済的には，債権者たる労働金庫の有する右債権の担保たる意

➡ 解説・17

義を有するものとみられるから，Xとしては，右債務を弁済せずして，右貸付の無効を理由に，本件抵当権ないしその実行手続の無効を主張することは，信義則上許されないものというべきである。ことに，本件のように，右抵当権の実行手続が終了し，右担保物件が競落人の所有に帰した場合において，右競落人またはこれから右物件に関して権利を取得した者に対して，競落による所有権またはこれを基礎とした権原の取得を否定しうるとすることは，善意の第三者の権利を自己の非を理由に否定する結果を容認するに等しく，信義則に反するものといわなければならない。」（裁判長裁判官　草鹿浅之介　裁判官　城戸芳彦　色川幸太郎　村上朝一）

解　説

抵当権は，担保権の一般的性質として付従性を有する。したがって，被担保債権が無効の場合は，抵当権も無効となるのが原則である。*16*はこの原則を動かさずに，信義則を用いて例外を認めた。結論には異論はないが，法的構成として，一般に抵当権は被担保債権が無効となった場合も，不当利得返還債権等が生ずるときは，これを担保するものとして有効に存続すると解する余地もある。

［2］ 目 的 物

17 抵当権の及ぶ範囲――従物

最(二)判昭和44年3月28日民集23巻3号699頁 (*最判解〈昭44上〉141頁，民商62巻1号137頁，百選Ⅰ〈第9版〉164頁*)

【事実】 X（鞍手町農業協同組合）はSに対する債権を担保するためA所有の宅地・建物に根抵当権を有する。宅地上には，根抵当権設定前に，Aが庭園としての風致を与えるため付設した石灯籠，庭石，植木などがあったが，Aの債権者Y（豊和殖産株式会社）がこれらを差し押さえたため，Xが第三者異議の訴えを提起した。原審ではXが勝訴し，Yから上告。

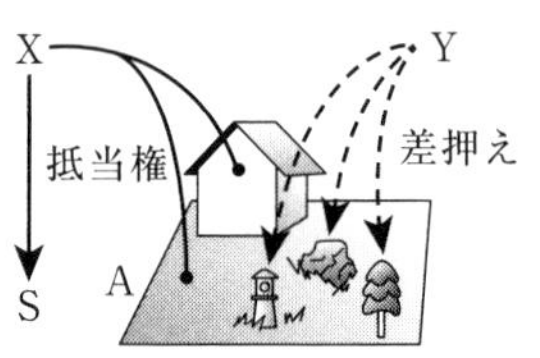

【判決理由】 上告棄却 「本件石灯籠および取り外しのできる庭石等は本件根

抵当権の目的たる宅地の従物であり，本件植木および取り外しの困難な庭石等は右宅地の構成部分であるが，右従物は本件根抵当権設定当時右宅地の常用のためこれに付属せしめられていたものであることは，原判決の適法に認定，判断したところである。そして，本件宅地の根抵当権の効力は，右構成部分に及ぶことはもちろん，右従物にも及び（大判大正8年3月15日民録25輯473頁参照），この場合右根抵当権は本件宅地に対する根抵当権設定登記をもって，その構成部分たる右物件についてはもちろん，抵当権の効力から除外する等特段の事情のないかぎり，民法370条により従物たる右物件についても対抗力を有するものと解するのが相当である。そうとすれば，Xは，根抵当権により，右物件等を独立の動産として抵当権の効力外に逸出するのを防止するため，右物件の譲渡または引渡を防げる権利を有するから，執行債権者たるYに対し，右物件等についての強制執行の排除を求めることができるとした原判決（その引用する第1審判決を含む。）の判断は正当である。」（裁判長裁判官　城戸芳彦　裁判官　色川幸太郎　村上朝一）

18 ガソリンスタンドへの抵当権の及ぶ範囲

最(一)判平成2年4月19日判時1354号80頁（民商103巻3号495頁）

【事実】 訴外A会社（マルク石油株式会社）が借地上に所有するガソリンスタンド店舗建物に設定された根抵当権が実行され，これを競落したX（株式会社山茂商会）が，同建物及び地下タンクを含む本件諸設備を占有するY（本富士産業株式会社）に対し，建物の明渡しと諸設備の引渡しおよび損害金の支払を求めた。争点は，本件根抵当権の効力が地下タンクその他の諸設備に及ぶかである。

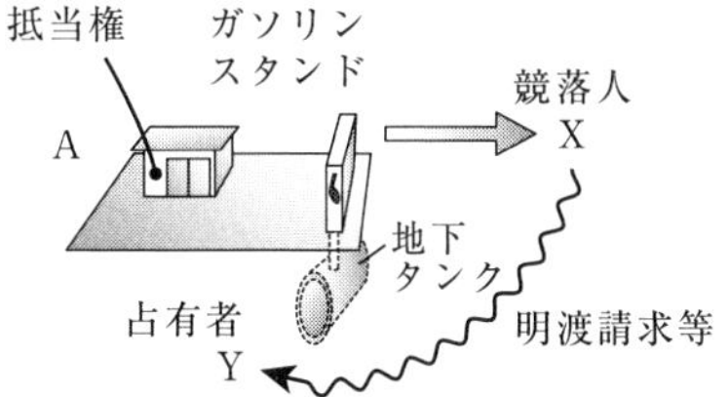

【判決理由】 上告棄却 「原審の適法に確定したところによれば，(1) 本件建物（第1審判決添付第一物件目録㈠記載の店舗）は当初からガソリンスタンド店舗として設計，建築されているところ，訴外Aは，昭和44年ころ，各所有者から本件建物及びその公道に面した敷地上又は地下に設置されたガソリンス

➡ 19
タンド営業のための地下タンク3基，固定式W型計量機1基，オイル用タンクなどの諸設備を買い受け，併せて右敷地を堅固な建物（ガソリンスタンド）所有の目的をもって賃借する旨の契約を結んだ，(2) 訴外Aは，同46年ころ，地下タンク1基，洗車機1基，ノンスペース型計量機3基などの諸設備を追加して設置した，(3) 訴外Aは，以上の諸設備（同第二物件目録記載の物件。以下「本件諸設備」という。）を使用してガソリンスタンド営業を継続したが，本件諸設備はすべて右賃借地上又は地下に近接して設置されて本件建物内の設備と一部管によって連通し，本件建物を店舗とし，これに本件諸設備が付属してガソリンスタンドとして使用され，経済的に一体をなしている，(4) 訴外Aは，本件建物につき同52年1月22日受付をもって本件根抵当権を設定していたが，該債権者の申立により本件建物が競売に付され，Xが同56年3月2日これを競落し，その代金を支払って所有権を取得した，というのであり，右事実関係の下においては，地下タンク，ノンスペース型計量機，洗車機などの本件諸設備は本件根抵当権設定当時借地上の本件建物の従物であり，本件建物を競落したXは，同時に本件諸設備の所有権をも取得したとする原審の判断は，正当として是認することができ，その過程に所論の違法はない。」（裁判長裁判官　大堀誠一　裁判官　角田禮次郎　大内恒夫　四ツ谷巌　橋元四郎平）

19 物上代位と債権譲渡

最(二)判平成10年1月30日民集52巻1号1頁

（最判解〈平10上〉1頁，民商120巻6号1004頁，百選Ⅰ〈第9版〉170頁，平10重判68頁）

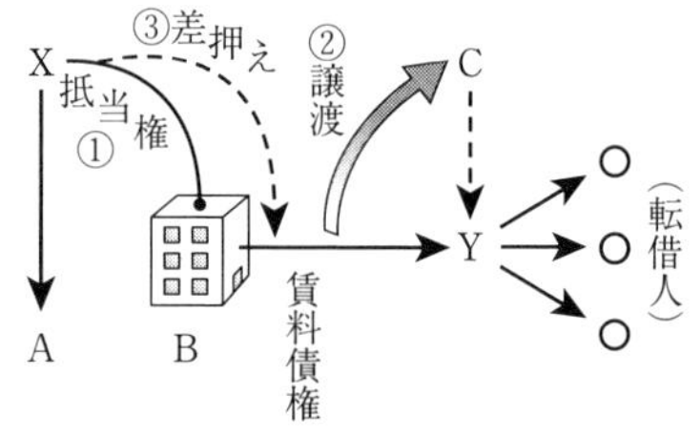

【事実】 X（大和ファイナンス株式会社）はA（東京ハウジング産業株式会社）に30億円を融資し，担保としてB（大協建設）の所有する本件建物（地上5階建の共同住宅兼店舗）に抵当権の設定を受けた。その後Aは倒産したが，その直後に，Bと本件建物の多数の賃借人の間にY（株式会社カスタミー）が入り，Yが一括して本件建物を賃借してもとの賃借人に転貸する形式がとられた（もとの賃料収入は月額700万円余りだが，

Ｙへの一括賃貸の賃料は200万円で敷金が1億円とされている)。続いて，Ｃ（大心）がＢに7000万円を融資し，その翌日にＢのＹに対する賃料債権3年分が代物弁済としてＣに譲渡され，Ｙにより確定日付ある承諾がなされた。ちなみに，Ｃの代表取締役はＹの取締役であるなど，両社には密接な関係がある。Ｘが抵当権に基づく物上代位としてＢの将来の賃料債権のうち38億円余に満つるまでの部分を差し押さえ，Ｙに対して賃料を請求した。原審は，物上代位による差押えの前に対抗要件を備えた債権譲受人に対して物上代位の優先権を主張することはできないとして，Ｘの請求を認めなかったので，Ｘから上告。

【判決理由】 一部破棄自判「1　民法372条において準用する304条1項ただし書が抵当権者が物上代位権を行使するには払渡し又は引渡しの前に差押えをすることを要するとした趣旨目的は，主として，抵当権の効力が物上代位の目的となる債権にも及ぶことから，右債権の債務者（以下「第三債務者」という。）は，右債権の債権者である抵当不動産の所有者（以下「抵当権設定者」という。）に弁済をしても弁済による目的債権の消滅の効果を抵当権者に対抗できないという不安定な地位に置かれる可能性があるため，差押えを物上代位権行使の要件とし，第三債務者は，差押命令の送達を受ける前には抵当権設定者に弁済をすれば足り，右弁済による目的債権消滅の効果を抵当権者にも対抗することができることにして，二重弁済を強いられる危険から第三債務者を保護するという点にあると解される。

2　右のような民法304条1項の趣旨目的に照らすと，同項の「払渡又は引渡」には債権譲渡は含まれず，抵当権者は，物上代位の目的債権が譲渡され第三者に対する対抗要件が備えられた後においても，自ら目的債権を差し押さえて物上代位権を行使することができるものと解するのが相当である。

けだし，㈠民法304条1項の「払渡又は引渡」という言葉は当然には債権譲渡を含むものとは解されないし，物上代位の目的債権が譲渡されたことから必然的に抵当権の効力が右目的債権に及ばなくなるものと解すべき理由もないところ，㈡物上代位の目的債権が譲渡された後に抵当権者が物上代位権に基づき目的債権の差押えをした場合において，第三債務者は，差押命令の送達を受ける前に債権譲受人に弁済した債権についてはその消滅を抵当権者に対抗することができ，弁済をしていない債権についてはこれを供託すれば免責されるので

➡ *20*

あるから，抵当権者に目的債権の譲渡後における物上代位権の行使を認めても第三債務者の利益が害されることとはならず，㈢抵当権の効力が物上代位の目的債権についても及ぶことは抵当権設定登記により公示されているとみることができ，㈣対抗要件を備えた債権譲渡が物上代位に優先するものと解するならば，抵当権設定者は，抵当権者からの差押えの前に債権譲渡をすることによって容易に物上代位権の行使を免れることができるが，このことは抵当権者の利益を不当に害するものというべきだからである。

そして，以上の理は，物上代位による差押えの時点において債権譲渡に係る目的債権の弁済期が到来しているかどうかにかかわりなく，当てはまるものというべきである。」（裁判長裁判官　大西勝也　裁判官　根岸重治　河合伸一　福田博）

20 物上代位と一般債権者の差押え

最(一)判平成 10 年 3 月 26 日民集 52 巻 2 号 483 頁

(最判解〈平 10 上〉319 頁，法協 120 巻 6 号 1275 頁，民商 120 巻 4＝5 号 833 頁，百選 I〈第 5 版新法対応補正版〉186 頁，民事執行・保全百選〈第 3 版〉160 頁)

【事実】 A は自己の所有する本件建物を B に賃貸していたが，A の債権者 Y（株式会社アイチ）は，1991 年 6 月，A が B に対して有する 1991 年 7 月以降の賃料債権のうち 2 億円余の部分を差し押さえた。一方，X（三和銀行）は A に対する 5500 万円の貸金債権の担保として 1991 年 7 月に本件建物に根抵当権の設定を受けて登記を経由し，1992 年 9 月に物上代位権の行使として A の B に対する賃料債権のうち 1992 年 9 月以降の分を差し押さえた。B が供託した 1000 万円余について配当が行われ，執行裁判所は XY について債権額で按分した配当を行ったので，X が優先権を主張して Y に配当金を不当利得として返還するよう求めた。原審は X の請求を認めなかったので，X から上告。

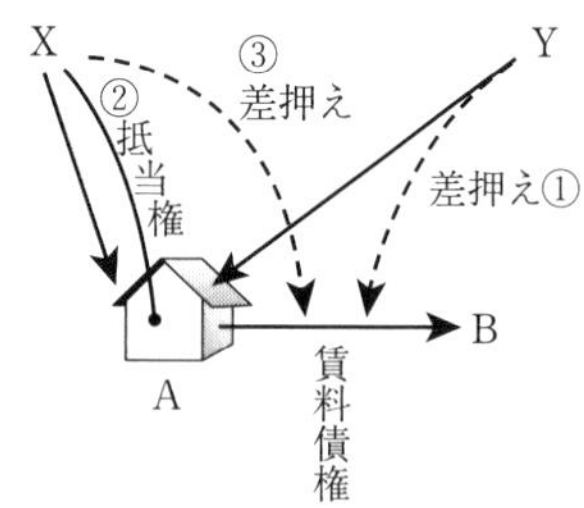

【判決理由】 上告棄却 「一般債権者による債権の差押えの処分禁止効は差押命令の第三債務者への送達によって生ずるものであり，他方，抵当権者が抵当権を第三者に対抗するには抵当権設定登記を経由することが必要であるから，

債権について一般債権者の差押えと抵当権者の物上代位権に基づく差押えが競合した場合には，両者の優劣は一般債権者の申立てによる差押命令の第三債務者への送達と抵当権設定登記の先後によって決せられ，右の差押命令の第三債務者への送達が抵当権者の抵当権設定登記より先であれば，抵当権者は配当を受けることができないと解すべきである。

以上と同旨に帰する原審の判断は正当として是認することができ，論旨は採用することができない。」（裁判長裁判官　大出峻郎　裁判官　小野幹雄　遠藤光男　井嶋一友　藤井正雄）

21 賃料への物上代位と相殺

最(三)判平成13年3月13日民集55巻2号363頁
（最判解〈平13上〉257頁，法協121巻10号1720頁，民商128巻2号221頁，百選Ⅰ〈第9版〉172頁，平13重判70頁）

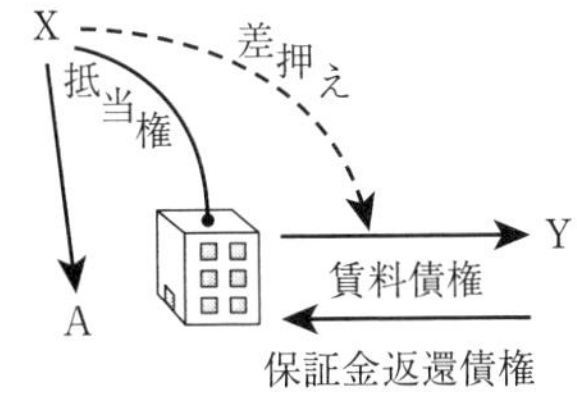

【事実】 X（京都銀行）はA（京都新建築株式会社）に対する債権を担保するため，A所有の本件建物に抵当権の設定を受け登記を経由した。その後Aは本件建物をY（からふね屋珈琲株式会社）に賃貸し，Yは合意に基づいて3000万円余の保証金を預託したが，11年余り後に，AYは保証金を330万円とする新契約を締結し，残りの保証金は月30万円の賃料と相殺する旨の合意が成立した。ところが，Xが抵当権に基づく物上代位として賃料を差し押さえ，Yに対して賃料の支払を求めた。原審は，Yからの相殺の抗弁は認めなかったので，Yから上告。

【判決理由】 上告棄却「抵当権者が物上代位権を行使して賃料債権の差押えをした後は，抵当不動産の賃借人は，抵当権設定登記の後に賃貸人に対して取得した債権を自働債権とする賃料債権との相殺をもって，抵当権者に対抗することはできないと解するのが相当である。けだし，物上代位権の行使としての差押えのされる前においては，賃借人のする相殺は何ら制限されるものではないが，上記の差押えがされた後においては，抵当権の効力が物上代位の目的となった賃料債権にも及ぶところ，物上代位により抵当権の効力が賃料債権に及ぶことは抵当権設定登記により公示されているとみることができるから，抵当

➡ 22

権設定登記の後に取得した賃貸人に対する債権と物上代位の目的となった賃料債権とを相殺することに対する賃借人の期待を物上代位権の行使により賃料債権に及んでいる抵当権の効力に優先させる理由はないというべきであるからである。

そして，上記に説示したところによれば，抵当不動産の賃借人が賃貸人に対して有する債権と賃料債権とを対当額で相殺する旨を上記両名があらかじめ合意していた場合においても，賃借人が上記の賃貸人に対する債権を抵当権設定登記の後に取得したものであるときは，物上代位権の行使としての差押えがされた後に発生する賃料債権については，物上代位をした抵当権者に対して相殺合意の効力を対抗することができないと解するのが相当である。

以上と同旨の見解に基づき，本件建物について賃貸借契約を締結したYとAとの間においてYが本件根抵当権設定登記の後に取得したAに対する債権とAのYに対する賃料債権とを対当額で相殺する旨を合意していたとしても，Xによる物上代位権の行使としての差押えがされた後に発生した賃料債権については，上記合意に基づく相殺をもってXに対抗することができないとした原審の判断は，正当として是認することができ，原判決に所論の違法はない。」（裁判長裁判官　千種秀夫　裁判官　元原利文　金谷利廣　奥田昌道）

22 賃料への物上代位と敷金充当

最(一)判平成14年3月28日民集56巻3号689頁 (*最判解〈平14上〉358頁，民商130巻3号142頁，平14重判65頁*)

【事実】 A（株式会社ワールド・ベル）は自己のX（三菱信託銀行）に対する債務を担保するため，その所有する本件建物（鉄骨鉄筋コンクリート造10階建）に根抵当権を設定し登記もなされた。その後，Aは本件建物をB（株式会社ベル・アンド・ウィング＝不動産の賃貸等を目的とする会社）に賃貸し，Bは本件建物の3階部分をY（社団法人公開経営指導協会）に賃料月約100万円で転貸し，YはBに対して保証金1000万円（敷金の性格を有するものと認定されている）を交付した。平成10年6月，Xは根抵当権に基づく物上代位権の行使としてBのYに対する賃

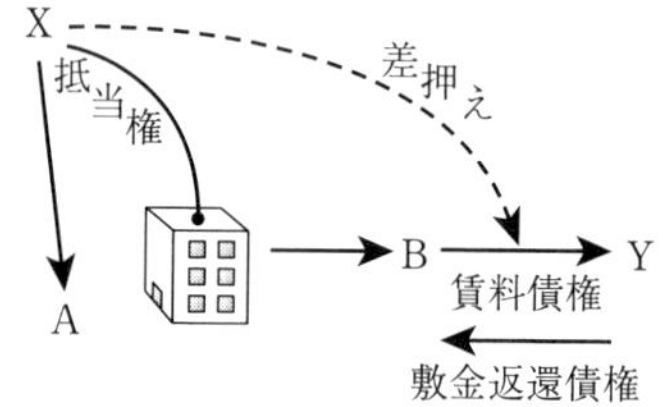

料債権を4億6000万円に満つるまでの部分について差し押さえ（転貸賃料に対する物上代位であるが，この点は争点となっていない），Yに対して賃料の支払を求めた。これに対し，Yは，1998年3月30日に同年9月30日をもって本件賃貸借契約を解除する旨の通知をし，9月30日に本件建物から退去するとともに，解除の通知後退去までの未払賃料債務と保証金（敷金）返還債権を相殺する旨の意思表示を行った。一審ではXの請求が認められたので，原審でYは，未払賃料は相殺するまでもなく保証金（敷金）から当然控除されるから，賃料債権は消滅していると主張し，これが容れられた。そこで，Xから上告。

【判決理由】 上告棄却「本件は，抵当不動産について敷金契約の付随する賃貸借契約が締結されたところ，抵当権者が物上代位権を行使して賃料債権を差し押さえ，取立権に基づきその支払等を求めた事案であり，賃貸借契約が終了し，目的物が明け渡された場合における敷金の賃料への充当は，上記物上代位権の行使によって妨げられるか否かが争点となっている。

賃貸借契約における敷金契約は，授受された敷金をもって，賃料債権，賃貸借終了後の目的物の明渡しまでに生ずる賃料相当の損害金債権，その他賃貸借契約により賃貸人が賃借人に対して取得することとなるべき一切の債権を担保することを目的とする賃貸借契約に付随する契約であり，敷金を交付した者の有する敷金返還請求権は，目的物の返還時において，上記の被担保債権を控除し，なお残額があることを条件として，残額につき発生することになる（最㈡判昭和48年2月2日民集27巻1号80頁参照）。これを賃料債権等の面からみれば，目的物の返還時に残存する賃料債権等は敷金が存在する限度において敷金の充当により当然に消滅することになる。このような敷金の充当による未払賃料等の消滅は，敷金契約から発生する効果であって，相殺のように当事者の意思表示を必要とするものではないから，民法511条によって上記当然消滅の効果が妨げられないことは明らかである。

また，抵当権者は，物上代位権を行使して賃料債権を差し押さえる前は，原則として抵当不動産の用益関係に介入できないのであるから，抵当不動産の所有者等は，賃貸借契約に付随する契約として敷金契約を締結するか否かを自由に決定することができる。したがって，敷金契約が締結された場合は，賃料債権は敷金の充当を予定した債権になり，このことを抵当権者に主張することが

➡ 23

できるというべきである。

以上によれば，敷金が授受された賃貸借契約に係る賃料債権につき抵当権者が物上代位権を行使してこれを差し押えた場合においても，当該賃貸借契約が終了し，目的物が明け渡されたときは，賃料債権は，敷金の充当によりその限度で消滅するというべきであり，これと同旨の見解に基づき，Xの請求を棄却した原審の判断は，正当として是認することができ，原判決に所論の違法はない。」（裁判長裁判官　井嶋一友　裁判官　藤井正雄　町田　顯　深澤武久）

23 転貸賃料債権への物上代位

最(二)決平成12年4月14日民集54巻4号1552頁

（最判解〈平12上〉466頁，法協119巻6号1201頁，民商124巻2号226頁，平12重判59頁）

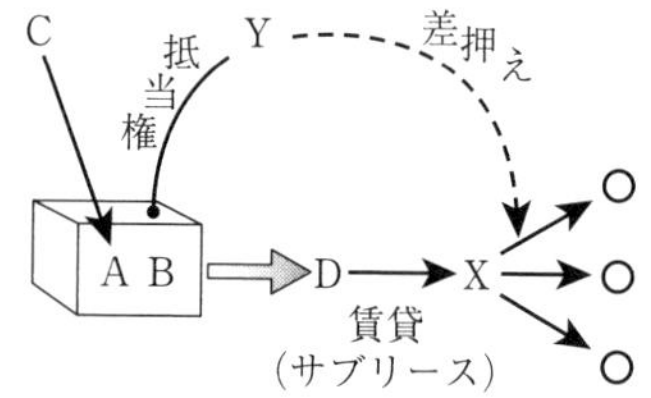

【事実】 本件土地建物（3階建店舗兼共同住宅）は，もとAB夫婦の共有に属し，各部屋が第三者に賃貸されていたが，AはC（大和銀行）から総額2億円を借り，Y（大和ギャランティ株式会社）との間で支払保証委託契約を締結するとともに，ABはこの保証委託契約に基づくYの求償債権を担保するため，本件土地建物に，極度額約2億円の根抵当権を設定した。Aは債務の弁済を怠り，Yは，1997年10月28日に代位弁済を行うとともに，その求償債権を回収するため本件土地建物について前記根抵当権を実行し，同年12月18日付で競売開始決定に基づく差押登記が経由された。

ところが，本件土地建物は同年10月30日にABからDへの移転登記がなされ，翌10月31日付でDを賃貸人，Xを賃借人とする建物賃貸借契約書（サブリース契約）が作成されるとともに，同日，合計9名との間で本件建物の各部屋の賃貸借契約書が作成された。サブリース契約の内容は，賃料月額50万円，保証金1500万円，期間10年というものである。なお，前記9名の者は，もともとAから本件建物を賃借していた賃借人で，これらの者からXが受領する賃料額は1か月78万円であった。

Yは1998年9月10日に本件根抵当権に基づく物上代位権の行使としてXの転貸賃料債権を差し押さえた。原審が，転貸賃料債権にも物上代位ができるとしてXからの執行抗告を棄却したので，Xが許可抗告を申し立てた。

【決定理由】 破棄差戻し「民法372条によって抵当権に準用される同法304条1項に規定する『債務者』には，原則として，抵当不動産の賃借人（転貸人）は含まれないものと解すべきである。けだし，所有者は被担保債権の履行について抵当不動産をもって物的責任を負担するものであるのに対し，抵当不動産の賃借人は，このような責任を負担するものではなく，自己に属する債権を被担保債権の弁済に供されるべき立場にはないからである。同項の文言に照らしても，これを『債務者』に含めることはできない。また，転貸賃料債権を物上代位の目的とすることができるとすると，正常な取引により成立した抵当不動産の転貸借関係における賃借人（転貸人）の利益を不当に害することにもなる。もっとも，所有者の取得すべき賃料を減少させ，又は抵当権の行使を妨げるために，法人格を濫用し，又は賃貸借を仮装した上で，転貸借関係を作出したものであるなど，抵当不動産の賃借人を所有者と同視することを相当とする場合には，その賃借人が取得すべき転貸賃料債権に対して抵当権に基づく物上代位権を行使することを許すべきものである。

以上のとおり，抵当権者は，抵当不動産の賃借人を所有者と同視することを相当とする場合を除き，右賃借人が取得すべき転貸賃料債権について物上代位権を行使することができないと解すべきであり，これと異なる原審の判断には，原決定に影響を及ぼすことが明らかな法令の違反がある。論旨は理由があり，原決定は破棄を免れない。そして，Xが本件建物の所有者と同視することを相当とする者であるかどうかについて更に審理を遂げさせるため，本件を原審に差し戻すこととする。」（裁判長裁判官　河合伸一　裁判官　福田博　北川弘治　亀山継夫　梶谷玄）

24 物上代位と転付命令

最(三)判平成14年3月12日民集56巻3号555頁

（最判解〈平14上〉276頁，法協124巻7号1743頁，民事執行・保全百選〈第3版〉162頁，平14重判129頁）

【事実】 Sはその所有する土地につきC県（愛媛県）と用地買収契約を締結し，これに伴い，同地上の建物について移転補償金債権を取得した。その後Sの一般債権者Xがこれを差し押さえ，転付命令を得て，同命令は第三債務者Cに送達さ

➡ *24*

れた。ところが，転付命令が確定する前に，同建物にかねてから抵当権を有していたA（いよぎん保証株式会社），Y_1（愛媛県信用保証協会），Y_2（株式会社伊予銀行）がそれぞれ物上代位による差押えを行った。Cが補償金を供託し，執行裁判所が物上代位を優先する配当表を作成したのに対し，Xが配当異議の訴えを提起した。原審が，物上代位が転付命令より優先すると判断し，Xの請求を棄却したので，Xから上告。

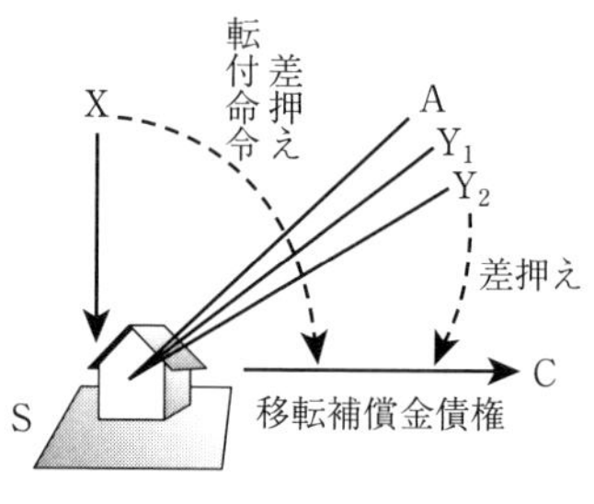

【判決理由】 一部破棄自判 「⑴転付命令に係る金銭債権（以下「被転付債権」という。）が抵当権の物上代位の目的となり得る場合においても，転付命令が第三債務者に送達される時までに抵当権者が被転付債権の差押えをしなかったときは，転付命令の効力を妨げることはできず，差押命令及び転付命令が確定したときには，転付命令が第三債務者に送達された時に被転付債権は差押債権者の債権及び執行費用の弁済に充当されたものとみなされ，抵当権者が被転付債権について抵当権の効力を主張することはできないものと解すべきである。けだし，転付命令は，金銭債権の実現のために差し押さえられた債権を換価するための一方法として，被転付債権を差押債権者に移転させるという法形式を採用したものであって，転付命令が第三債務者に送達された時に他の債権者が民事執行法159条3項に規定する差押等をしていないことを条件として，差押債権者に独占的満足を与えるものであり（民事執行法159条3項，160条），他方，抵当権者が物上代位により被転付債権に対し抵当権の効力を及ぼすためには，自ら被転付債権を差し押さえることを要し（最㈠判平成13年10月25日民集55巻6号975頁），この差押えは債権執行における差押えと同様の規律に服すべきものであり（同法193条1項後段，2項，194条），同法159条3項に規定する差押えに物上代位による差押えが含まれることは文理上明らかであることに照らせば，抵当権の物上代位としての差押えについて強制執行における差押えと異なる取扱いをすべき理由はなく，これを反対に解するときは，転付命令を規定した趣旨に反することになるからである。」（裁判長裁判官　金谷利廣　裁判官　千種秀夫　奥田昌道　濱田邦夫）

25 買戻代金債権への物上代位

最(三)判平成11年11月30日民集53巻8号1965頁

(最判解〈平11下〉953頁，民商123巻3号431頁，百選Ⅰ〈第5版新法対応補正版〉184頁，平11重判75頁)

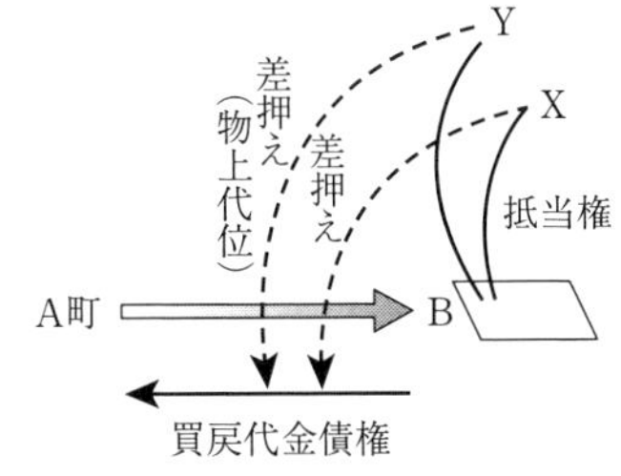

【事実】 A町は，町有地甲を，引渡日から3年以内に文化施設用地として使うという条件を付けてBに売却し，Bが合意に反したときはAは甲地を買い戻すことができるとの買戻特約を登記した。その後甲地にはY（信用組合関西興銀）とX（河内信用組合）が相次いで抵当権の登記を経由している。AがBの違約を理由に買戻権を行使したところ，XはBに対する一般債権者として買戻代金債権を差し押さえ，Yは抵当権に基づく物上代位権の行使として同じ債権を差し押さえたので，Aは買戻代金を供託した。執行裁判所は，Yを優先させる配当表を作成したので，Xが配当異議の訴えを提起した。原審はXの請求を棄却したので，Xから上告。

【判決理由】 上告棄却 「買戻特約付売買の買主から目的不動産につき抵当権の設定を受けた者は，抵当権に基づく物上代位権の行使として，買戻権の行使により買主が取得した買戻代金債権を差し押さえることができると解するのが相当である。けだし，買戻特約の登記に後れて目的不動産に設定された抵当権は，買戻しによる目的不動産の所有権の買戻権者への復帰に伴って消滅するが，抵当権設定者である買主やその債権者等との関係においては，買戻権行使時まで抵当権が有効に存在していたことによって生じた法的効果までが買戻しによって覆滅されることはないと解すべきであり，また，買戻代金は，実質的には買戻権の行使による目的不動産の所有権の復帰についての対価と見ることができ，目的不動産の価値変形物として，民法372条により準用される304条にいう目的物の売却又は滅失によって債務者が受けるべき金銭に当たるといって差し支えないからである。

以上と同旨に帰する原審の判断は是認することができ，原判決に所論の違法はない。論旨は採用することができない。」(裁判長裁判官　元原利文　裁判官　千種秀夫　金谷利廣　奥田昌道)

［関連裁判例］

26 抵当建物の敷地の賃借権

最(三)判昭和40年5月4日民集19巻4号811頁
(最判解〈昭40〉165頁，法協83巻2号220頁，民商54巻1号60頁，百選Ⅰ〈第9版〉166頁)

【事実】 借地上の建物に設定された抵当権が，借地権に及ぶかが争われた事例。

【判決理由】 上告棄却 「土地賃借人の所有する地上建物に設定された抵当権の実行により，競落人が該建物の所有権を取得した場合には，民法612条の適用上賃貸人たる土地所有者に対する対抗の問題はしばらくおき，従前の建物所有者との間においては，右建物が取毀しを前提とする価格で競落された等特段の事情がないかぎり，右建物の所有に必要な敷地の賃借権も競落人に移転するものと解するのが相当である。」「けだし，建物を所有するために必要な敷地の賃借権は，右建物所有権に付随し，これと一体になって一の財産的価値を形成しているものであるから，建物に抵当権が設定されたときは敷地の賃借権も原則としてその効力の及ぶ目的物に包含されるものと解すべきであるからである。したがって，賃貸人たる土地所有者が右賃借権の移転を承諾しないとしても，すでに賃借権を競落人に移転した従前の建物所有者は，土地所有者に代位して競落人に対する敷地の明渡しを請求することができないものといわなければならない。」（裁判長裁判官　横田正俊　裁判官　石坂修一　五鬼上堅磐　柏原語六　田中二郎）

［関連裁判例］

27 法定果実は果実にあらず

大判大正2年6月21日民録19輯481頁 (百選Ⅰ〈第3版〉184頁，百選Ⅰ〈第5版新法対応補正版〉182頁)

【事実】 抵当権の実行により農地の競落人となったXから小作人Yに対して，未払小作料の支払を求めた裁判である。判旨に関わる争点は，抵当不動産の差押えがあるまでは抵当権が「果実」に及ばないことを定めていた旧371条1項が，法定果実についても適用されるか否かであった。

➡ 28

【判決理由】 上告棄却 「民法第370条は抵当権が抵当地の上に存する建物を除く外其目的たる不動産に附加して之と一体を成したる物に及ぶことを規定したる迄なれば，不動産に附加して之と一体を成すものにあらざる法定果実に抵当権の及ばざること勿論にして，同第371条に所謂果実も天然果実のみの謂にして法定果実を包含せざること亦多言を竢たず」

［関連裁判例］

28 物上代位——供託賃料の還付請求権

最(二)判平成元年10月27日民集43巻9号1070頁

(*最判解〈平元〉351頁，民商102巻5号587頁，百選Ⅰ〈第9版〉168頁，平元重判73頁*)

【事実】 Aはその所有する本件建物をBに賃貸したのち，同建物にY（株式会社殖産相互銀行）のために根抵当権を設定した。その後，本件建物はAからX（株式会社新洋）に譲渡され，Xは賃貸人の地位を承継した。数年後，Yより先順位の抵当権者の申立てにより本件建物に競売開始決定がなされた。Bが賃料を供託したので，Yは供託金還付請求権に対して物上代位権を行使し，還付を受けた。これに対してXは，非占有担保権である抵当権は目的物利用の対価である本件供託金還付請求権に物上代位することはできないとして，Yにその返還を求めた。1，2審ともにXの請求を棄却したので，Xから上告。

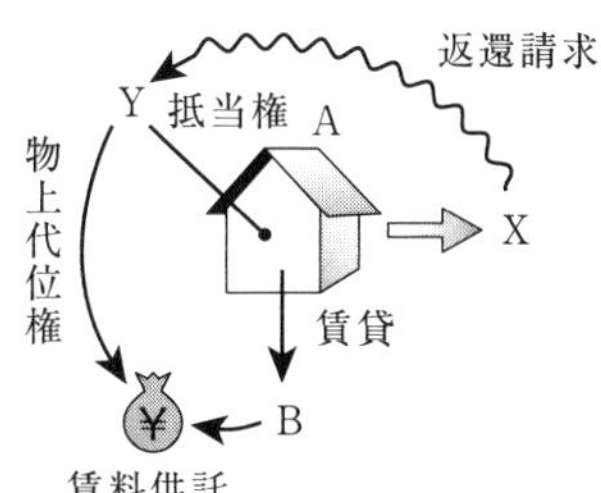

【判決理由】 上告棄却 「抵当権の目的不動産が賃貸された場合においては，抵当権者は，民法372条，304条の規定の趣旨に従い，目的不動産の賃借人が供託した賃料の還付請求権についても抵当権を行使することができるものと解するのが相当である。けだし，民法372条によって先取特権に関する同法304条の規定が抵当権にも準用されているところ，抵当権は，目的物に対する占有を抵当権設定者の下にとどめ，設定者が目的物を自ら使用し又は第三者に使用させることを許す性質の担保権であるが，抵当権のこのような性質は先取特権と異なるものではないし，抵当権設定者が目的物を第三者に使用させることによって対価を取得した場合に，右対価について抵当権を行使することができる

ものと解したとしても，抵当権設定者の目的物に対する使用を妨げることにはならないから，前記規定に反してまで目的物の賃料について抵当権を行使することができないと解すべき理由はなく，また賃料が供託された場合には，賃料債権に準ずるものとして供託金還付請求権について抵当権を行使することができるものというべきだからである。

そして，目的不動産について抵当権を実行しうる場合であっても，物上代位の目的となる金銭その他の物について抵当権を行使することができることは，当裁判所の判例の趣旨とするところであり（最㈠判昭和45年7月16日民集第24巻7号965頁参照），目的不動産に対して抵当権が実行されている場合でも，右実行の結果抵当権が消滅するまでは，賃料債権ないしこれに代わる供託金還付請求権に対しても抵当権を行使することができるものというべきである。」

（裁判長裁判官　牧　圭次　裁判官　島谷六郎　藤島　昭　香川保一　奥野久之）

解　説

抵当権設定時に存在した従物は，付加一体物として抵当権の効力が及ぶ。これを判示したのが *17* である。石灯籠や庭石など風流な従物が登場する事例であるが，もう少し現代的な事例として，ガソリンスタンドの建物に設定された抵当権がどこまで及ぶかを問題とした *18* を紹介しておく。なお，借地上の建物に抵当権が設定された場合は，敷地の賃借権にも抵当権が及ぶ（*26*）。その理由として，敷地賃借権は建物の従たる権利だから，という点が挙げられる。

抵当権に基づく物上代位をめぐっては，重要な判例法の展開がある。まず，*19* は，最高裁がいわゆる「第三債務者保護説」を採用することを明らかにしたリーディングケースであり，債権譲渡の対抗要件に後れて物上代位の差押えがなされても，抵当権の登記が債権譲渡より早ければ物上代位が優先するとした。もっとも，事案は詐害的な債権譲渡のケースであり，果たしてこのような大上段の一般論を展開するにふさわしい事案であったかには疑問も残る。しかし，最高裁は，*20* において，同じ立場から，一般債権者による差押えとの関係でも抵当権設定登記と差押命令の第三債務者への送達の先後で優劣を決することを明らかにした。*21* は相殺との関係で，同様な議論を展開したものである。

➡ 解説

これらの，物上代位を極めて優遇する判例の流れの変化を感じさせるのが，*22*，*23*，*24* である。*22* は敷金が未払賃料に当然に充当されることを理由に，敷金返還債権を有する賃借人を保護したが，元来，敷金が賃貸人にとっての担保であったことを重視すれば，異なる結論もありえないわけではなかった。*23* は，転貸賃料への物上代位を否定したが，下級審には，肯定する流れも有力に存在していた。*24* は，転付命令と物上代位の衝突の事案で，転付命令を優先する立場を採用したが，第三債務者保護説を徹底すれば，逆の結論が導かれるようにも見える。こうして，最高裁は，第三債務者保護説の持つやや強すぎるインパクトを微妙に修正しつつあるようにも見える。なお，動産売買先取特権に基づく物上代位に関する *9*，*10* も参照されたい。

なお，物上代位をめぐる判例の理論は，賃料債権への物上代位というやや特殊な事案で展開されてきた（*20*～*23*）。賃料への物上代位が可能かについては，かつて争われたが，これを無条件に肯定する立場を明らかにしたのが *28* である。その前提として，民法の（旧）371 条 1 項の「果実」が法定果実を含むかが問題となり（含むなら物上代位は否定される），判例は古くから，含まない旨を判示していた（*27*）。しかし，2003（平成 15）年の民法改正により 371 条が改正され，天然果実・法定果実を問わず，被担保債権が債務不履行に陥った後には抵当権が及ぶことが明示された。あわせて，民事執行法に収益からの債権回収のための担保不動産収益執行の手続が導入されたが，賃料への物上代位は依然として可能であると解されている（民事執行法にはそれを前提とした規定が置かれた。同法 93 条の 4，188 条）。担保不動産収益執行については *53* 参照。

以上のほか，物上代位の可否が問題となったやや特殊な事件として，買戻代金債権をめぐる事案がある（*25*）。形式論としては物上代位は問題とならないように見えるが（買戻権が行使されれば抵当権は遡及的に消滅するから），判例は，実質的な考慮を入れて，物上代位を肯定した。

→ 29

[3]　法定地上権

29　建物の登記名義

最(三)判昭和48年9月18日民集27巻8号1066頁（最判解〈昭48〉213頁，民商71巻1号128頁）

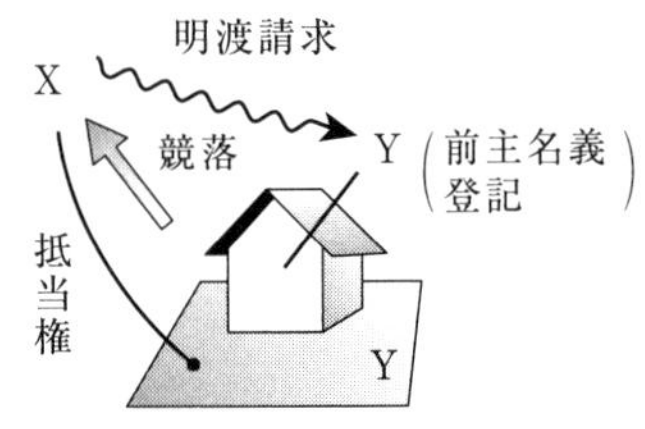

【事実】 Xは訴外Aに対する債権を担保するため，Y所有の土地に抵当権を取得した。当時，同土地上にはYの所有する建物が建っていたが，その登記名義は，Yが前主から買い受けた後も前主のままであった。その後Xの抵当権が実行され，自ら競落したXはYに対して土地の明渡し等を請求した。争点はYのための法定地上権が成立するかであり，原審がXの請求を認めたので，Yから上告。

【判決理由】 破棄差戻し「土地とその地上建物が同一所有者に属する場合において，土地のみにつき抵当権が設定されてその抵当権が実行されたときは，たとえ建物所有権の取得原因が譲渡であり，建物につき前主その他の者の所有名義の登記がされているままで，土地抵当権設定当時建物についての所有権移転登記が経由されていなくとも，土地競落人は，これを理由として法定地上権の成立を否定することはできないものと解するのが相当である。その理由は，つぎのとおりである。

民法388条本文は，『土地及び其上に存する建物が同一の所有者に属する場合に於て其土地又は建物のみを抵当と為したるときは抵当権設定者は競売の場合に付き地上権を設定したるものと看做す』と規定するが，その根拠は，土地と建物が同一所有者に属している場合には，その一方につき抵当権を設定し将来土地と建物の所有者を異にすることが予想される場合でも，これにそなえて抵当権設定時において建物につき土地利用権を設定しておくことが現行法制のもとにおいては許されないところから，競売により土地と建物が別人の所有に帰した場合は建物の収去を余儀なくされるが，それは社会経済上不利益であるから，これを防止する必要があるとともに，このような場合には，抵当権設定者としては，建物のために土地利用を存続する意思を有し，抵当権者もこれを予期すべきものであることに求めることができる。してみると，建物につき登記がされているか，所有者が取得登記を経由しているか否かにかかわらず，建物が存立している以上これを保護することが社会経済上の要請にそうゆえんであって，もとよりこれは抵当権設定者の意思に反するものではなく，他方，土地につき抵当権を取得しようとする者は，現実に土地をみて地上建物の存在を了知しこれを前提として評価するのが通例であり，競落人は抵当権者と同視すべきものであるから，建物につき登記がされているか，所有者が取得登記を経由しているか否かにかかわらず，法定地上権の成立を認めるのが法の趣旨に合致するのである。このように，法定地上権制度は，要するに存立している建物を保護するところにその意義を有するのであるから，建物所有者は，法定地上権を取得するに当たり，対抗力ある所有権を有している必要はないというべきである。

したがって，これと異なる見解にたつ原判決の前示判断には法令違背があり，この違法は判決に影響を及ぼすことが明らかである。それゆえ，この点に関する論旨は理由があるから，その余の論旨について判断を示すまでもなく，原判決中Ｙ敗訴部分は破棄を免れない。そして，本件はなお審理の必要があるから，右の部分を原審に差し戻すのが相当である。」（裁判長裁判官　江里口清雄　裁判官　関根小郷　天野武一　坂本吉勝　高辻正己）

30 建物の再築

最（三）判昭和52年10月11日民集31巻6号785頁

（*最判解〈昭52〉270頁，法協95巻12号1931頁，民商79巻1号95頁，百選Ⅰ〈第4版〉188頁*）

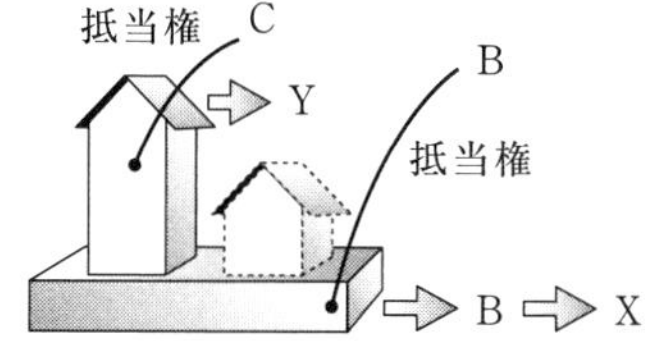

【事実】 菓子製造業を営むＡ（株式会社陣屋多門）は本件土地と同地上の旧建物（非堅固建物）を購入し，その資金を融資したＢ（株式会社東京相互銀行）のために土地に抵当権を設定した。建物が抵当権の目的から除外されたのは，Ａが近い将来建物を取り壊し，堅固な新建物（工場）を建築する予定だったからである。その後ＡはＣから融資を受けて新建物を建築し，これにＣのための抵当権を設定した。土地建物の抵当権がそれぞれ実行されて，土地はＢ自らが競落してＸ（三利建設株式会社）に譲渡され，建物はＹ（東洋熱工業株式会社）が競落した。ＸがＹに対して建物収去土地明渡しを請求し，Ｙは堅固建物

➡ 31

のための法定地上権を有することの確認を求めた。原審がＹの主張を認めたのでＸから上告。

【判決理由】 上告棄却「同一の所有者に属する土地と地上建物のうち土地のみについて抵当権が設定され，その後右建物が滅失して新建物が再築された場合であっても，抵当権の実行により土地が競売されたときは，法定地上権の成立を妨げないものであり（大判昭和10年8月10日民集14巻1549頁参照），右法定地上権の存続期間等の内容は，原則として，取壊し前の旧建物が残存する場合と同一の範囲にとどまるべきものである。しかし，このように，旧建物を規準として法定地上権の内容を決するのは，抵当権設定の際，旧建物の存在を前提とし，旧建物のための法定地上権が成立することを予定して土地の担保価値を算定した抵当権者に不測の損害を被らせないためであるから，右の抵当権者の利益を害しないと認められる特段の事情がある場合には，再築後の新建物を規準として法定地上権の内容を定めて妨げないものと解するのが，相当である。原審認定の前記事実によれば，本件土地の抵当権者であるＢは，抵当権設定当時，近い将来旧建物が取り壊され，堅固の建物である新工場が建築されることを予定して本件土地の担保価値を算定したというのであるから，抵当権者の利益を害しない特段の事情があるものというべく，本件建築すなわち堅固の建物の所有を目的とする法定地上権の成立を認めるのが，相当である。」

（裁判長裁判官　天野武一　裁判官　江里口清雄　高辻正己　服部高顧　環　昌一）

31 共同抵当建物の再築

最(三)判平成9年2月14日民集51巻2号375頁

（最判解〈平9上〉197頁，民商120巻3号469頁，百選Ⅰ〈第5版新法対応補正版〉190頁，百選Ⅰ〈第9版〉180頁，平9重判64頁）

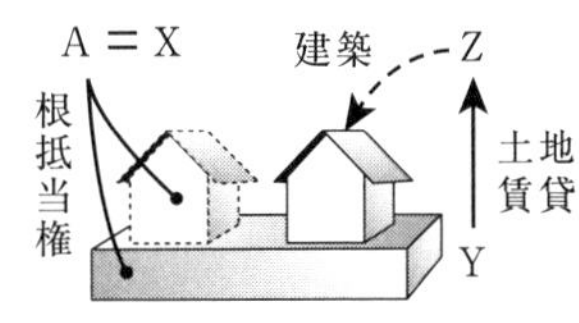

【事実】 ＹはＡ（東洋信用金庫）のために自己所有の土地・建物（旧建物）に根抵当権を設定した。旧建物はその後Ａの承諾を得て取り壊され，土地が更地となった状態でＡの根抵当権の極度額も4度にわたって増額された。その後，土地がＺ（株式会社静基）に賃貸され（短期賃貸借），Ｚは同地上に新建物

➡ 31

を建築した。A は根抵当権に基づき土地の競売を申し立て，A から事業の譲渡を受けた X（水都信用金庫）が本訴を提起して，395 条ただし書〔平成 15 年改正前〕により YZ の賃貸借の解除を求めた。これに対して Y らは法定地上権の成立を主張した。1，2 審とも X の請求を認めたので，Y らから上告。

【判決理由】 上告棄却 「所有者が土地及び地上建物に共同抵当権を設定した後，右建物が取り壊され，右土地上に新たに建物が建築された場合には，新建物の所有者が土地の所有者と同一であり，かつ，新建物が建築された時点での土地の抵当権者が新建物について土地の抵当権と同順位の共同抵当権の設定を受けたとき等特段の事情のない限り，新建物のために法定地上権は成立しないと解するのが相当である。けだし，土地及び地上建物に共同抵当権が設定された場合，抵当権者は土地及び建物全体の担保価値を把握しているから，抵当権の設定された建物が存続する限りは当該建物のために法定地上権が成立することを許容するが，建物が取り壊されたときは土地について法定地上権の制約のない更地として担保価値を把握しようとするのが，抵当権設定当事者の合理的意思であり，抵当権が設定されない新建物のために法定地上権の成立を認めるとすれば，抵当権者は，当初は土地全体の価値を把握していたのに，その担保価値が法定地上権の価額相当の価値だけ減少した土地の価値に限定されることになって，不測の損害を被る結果になり，抵当権設定当事者の合理的な意思に反するからである。なお，このように解すると，建物を保護するという公益的要請に反する結果となることもあり得るが，抵当権設定当事者の合理的意思に反してまでも右公益的要請を重視すべきであるとはいえない。大判昭和 13 年 5 月 25 日判決民集 17 巻 12 号 1100 頁は，右と抵触する限度で変更すべきものである。

これを本件について見ると，原審が適法に確定したところによれば，Y は，X に対し，Y 所有の本件土地及び地上の旧建物に共同根抵当権を設定したところ，その後，旧建物は取り壊され，本件土地を賃借した Z が本件土地上に新建物を建築したというのであるから，新建物のために法定地上権が成立しないことは明らかである。のみならず，旧建物が取り壊された後，Y 及び X は，本件土地を更地として 4 度にわたって再評価をして被担保債権の極度額を変更してきたから，新建築のために法定地上権の設定があったとする当事者の意思

➡ 32

を推定することができず，したがって，その後にＺがＹから本件土地を賃借して建築した本件建物のために法定地上権の成立を認めるべきものではない。したがって，本件建物に法定地上権の成立が認められないとした原審の判断は，正当として是認することができ，原判決に所論の違法はない。」（裁判長裁判官　尾崎行信　裁判官　園部逸夫　可部恒雄　大野正男　千種秀夫）

32　要件充足の時期（1）

最(二)判平成2年1月22日民集44巻1号314頁

（最判解〈平2〉34頁，法協108巻11号1904頁，民商103巻4号635頁，百選Ⅰ〈第5版新法対応補正版〉188頁，平2重判72頁）

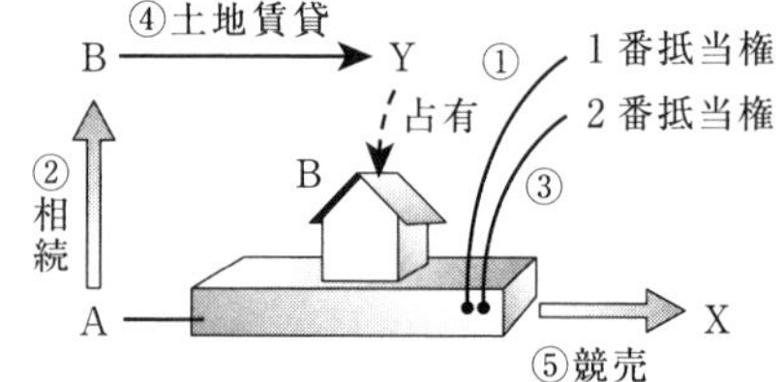

【事実】（若干簡略化する）Ａの所有する本件土地上には息子Ｂの所有する建物が建っていた。Ａは土地に抵当権を設定したが，その後死亡し，相続の結果，土地・建物の双方をＢが所有するに至った。Ｂは本件土地にさらに２番，３番，４番の抵当権を設定した。１番抵当権に基づいて競売手続が開始されたが，手続進行中に，建物が火災にあったのでＢはこれを取り壊し，Ｙに土地を賃貸し，Ｙは新たに建物を建てて占有している。土地の競落人となったＸは，Ｙに建物収去土地明渡し等を請求した。原審は，法定地上権の要件を充足しない１番抵当権に基づいて競売が行われた場合でも，後順位抵当権について成立要件が満たされている以上法定地上権が成立するとした，建物抵当権の事案の大判昭和14年7月26日民集18巻772頁，最㈡判昭和53年9月29日民集32巻6号1210頁を引用して，法定地上権の成立を認めたため，Ｘから上告。

【判決理由】　破棄一部自判一部差戻し　「土地について１番抵当権が設定された当時土地と地上建物の所有者が異なり，法定地上権成立の要件が充足されていなかった場合には，土地と地上建物を同一人が所有するに至った後に後順位抵当権が設定されたとしても，その後に抵当権が実行され，土地が競落されたことにより１番抵当権が消滅するときには，地上建物のための法定地上権は成立しないものと解するのが相当である。けだし，民法388条は，同一人の所有に属する土地及びその地上建物のいずれか又は双方に設定された抵当権が実行され，土地と建物の所有者を異にするに至った場合，土地について建物のための用益権がないことにより建物の維持存続が不可能となることによる社会経済上の損失を防止するため，地上建物のために地上権が設定されたものとみなすことにより地上建物の存続を図ろうとするものであるが，土地について1番抵当権が設定された当時土地と地上建物の所有者が異なり，法定地上権成立の要件が充足されていない場合には，1番抵当権者は，法定地上権の負担のないものとして，土地の担保価値を把握するのであるから，後に土地と地上建物が同一人に帰属し，後順位抵当権が設定されたことによって法定地上権が成立するものとすると，1番抵当権者が把握した担保価値を損なわせることになるからである。なお，原判決引用の判例（大判昭和14年7月26日民集18巻772頁，最㈡判昭和53年9月29日民集32巻6号1210頁）は，いずれも建物について設定された抵当権が実行された場合に，建物競落人が法定地上権を取得することを認めたものであり，建物についてはこのように解したとしても1番抵当権者が把握した担保価値を損なわせることにはならないから，土地の場合をこれと同視することはできない。

これを本件についてみると，本件根抵当権設定当時においては，本件土地と旧建物は所有者を異にしていたのであるから，いずれにしても本件土地の抵当権の実行によりXが競落した本件土地について法定地上権は成立しないものというべきである。したがって，本件土地に法定地上権が成立するとした原判決には，民法388条の解釈適用を誤った違法があり，Yにおいて Xに対抗し得る土地の用益権の主張立証をしていない本件において，この違法が判決に影響を及ぼすことは明らかであるから，この点に関する論旨は理由があり，原判決は破棄を免れない。」（裁判長裁判官　島谷六郎　裁判官　藤島　昭　香川保一　奥野久之　草場良八）

33 要件充足の時期（2）——土地の先順位抵当権消滅の場合

最(二)判平成19年7月6日民集61巻5号1940頁

（最判解〈平19下〉523頁，民商137巻4＝5号87頁，百選Ⅰ〈第8版〉184頁，百選Ⅰ〈第9版〉178頁，平19重判72頁）

【事実】 本件土地はY_1が，その上に存する本件建物はY_1の夫であるAが，それ

➡ *33*

ぞれ所有していたが，1969 年 5 月 29 日，本件土地建物について，A を債務者，B 信金（宮城第一信用金庫）を根抵当権者とする共同根抵当権（以下「本件 1 番抵当権」という）が設定され，同月 30 日その旨の登記がされた。

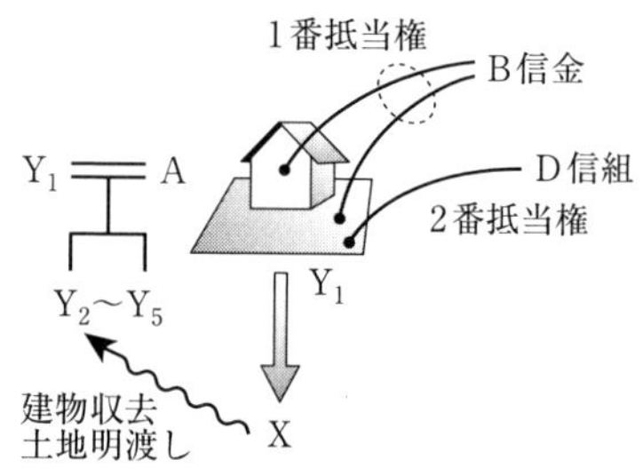

A は 1978 年 9 月に死亡し，妻 Y_1 および子 Y_2〜Y_5 がこれを相続して本件建物の共有者となった。

1992 年 10 月 12 日，本件土地について，C（株式会社フジ活性油）を債務者，D（朝銀宮城信用組合）を根抵当権者とする根抵当権（以下「本件 2 番抵当権」という）が設定され，同月 15 日その旨の登記がされた。その後，本件 1 番抵当権の設定契約は，1992 年 10 月 30 日に解除され，同年 11 月 4 日に根抵当権設定登記の抹消登記がされた。

本件 2 番抵当権が実行され，2004 年 7 月 2 日，X（株式会社ココエステートジャパン）が本件土地を競売により買い受けてその所有権を取得して，Y らに対し，建物収去と土地の明渡しを請求した。これに対し，Y らは法定地上権の成立を主張した。

1 審，2 審ともに X の請求を認容したが，その理由は，土地について 2 つの抵当権が設定され，先順位抵当権設定当時は土地と地上建物の所有者が異なっていたが，後順位抵当権設定当時は同一人の所有に帰していた場合において，抵当権の実行により先順位抵当権が消滅するときには，法定地上権の成立は認められないとする判例（最㈡判平成 2 年 1 月 22 日〔*31*〕）の趣旨は，後順位抵当権の設定後に先順位抵当権の設定契約が解除された場合においても妥当するというにある。なぜなら，この場合に法定地上権の成立を認めると，法定地上権の負担のない土地としての担保余力を把握していた後順位抵当権者の利益を不当に害する結果となるからである。Y らから上告受理申立て。

【判決理由】 破棄自判 「⑴土地を目的とする先順位の甲抵当権と後順位の乙抵当権が設定された後，甲抵当権が設定契約の解除により消滅し，その後，乙抵当権の実行により土地と地上建物の所有者を異にするに至った場合において，当該土地と建物が，甲抵当権の設定時には同一の所有者に属していなかったとしても，乙抵当権の設定時に同一の所有者に属していたときは，法定地上権が成立するというべきである。その理由は，次のとおりである。

➡ 33

上記のような場合，乙抵当権者の抵当権設定時における認識としては，仮に，甲抵当権が存続したままの状態で目的土地が競売されたとすれば，法定地上権は成立しない結果となる（前掲平成2年1月22日第二小法廷判決参照）ものと予測していたということはできる。しかし，抵当権は，被担保債権の担保という目的の存する限度でのみ存続が予定されているものであって，甲抵当権が被担保債権の弁済，設定契約の解除等により消滅することもあることは抵当権の性質上当然のことであるから，乙抵当権者としては，そのことを予測した上，その場合における順位上昇の利益と法定地上権成立の不利益とを考慮して担保余力を把握すべきものであったというべきである。したがって，甲抵当権が消滅した後に行われる競売によって，法定地上権が成立することを認めても，乙抵当権者に不測の損害を与えるものとはいえない。そして，甲抵当権は競売前に既に消滅しているのであるから，競売による法定地上権の成否を判断するに当たり，甲抵当権者の利益を考慮する必要がないことは明らかである。そうすると，民法388条が規定する「土地及びその上に存する建物が同一の所有者に属する」旨の要件（以下「同一所有者要件」という。）の充足性を，甲抵当権の設定時にさかのぼって判断すべき理由はない。

民法388条は，土地及びその上に存する建物が同一の所有者に属する場合において，その土地又は建物につき抵当権が設定され，その抵当権の実行により所有者を異にするに至ったときに法定地上権が設定されたものとみなす旨定めており，競売前に消滅していた甲抵当権ではなく，競売により消滅する最先順位の抵当権である乙抵当権の設定時において同一所有者要件が充足していることを法定地上権の成立要件としているものと理解することができる。原判決が引用する前掲平成2年1月22日第二小法廷判決は，競売により消滅する抵当権が複数存在する場合に，その中の最先順位の抵当権の設定時を基準として同一所有者要件の充足性を判断すべきことをいうものであり，競売前に消滅した抵当権をこれと同列に考えることはできない。

⑵　これを本件についてみるに，同一所有者要件の充足性の判断は，本件2番抵当権の設定時を基準とすべきであり，この時点では，本件建物の共有者の一人であるY_1が本件土地を単独で所有していたのであるから，本件では法定地上権の要件を充足している（最㈢判昭和46年12月21日民集25巻9号

1610頁〔31〕参照)。よって，本件建物のために法定地上権が成立しているというべきである。」

「以上と異なる原審の判断には，判決に影響を及ぼすことが明らかな法令の違反がある。論旨は理由があり，原判決は破棄を免れない。そして，以上説示したところによれば，Xの請求は理由がないというべきであるから，これを認容した第1審判決を取消し，Xの請求をいずれも棄却することとする。」(裁判長裁判官　今井　功　裁判官　津野　修　中川了滋　古田佑紀)

34 要件充足の時期(3)——仮差押えの場合

最(一)判平成28年12月1日民集70巻8号1793頁(最判解〈平28〉459頁，民商154巻2号62頁，平29重判73頁)

【事実】 Aは，甲土地，乙土地，およびこれらの土地上にある本件建物を所有していた。本件建物および乙土地につき，仮差押え(本件仮差押え)がされたが，その後，Aは甲土地をX(Aの妻)に贈与した。本件建物および乙土地につき，強制競売手続の開始決定による差押えがされた。本件強制競売手続は，本件仮差押えが本執行に移行してされたものである。

Yは，本件強制競売手続における売却により，本件建物および乙土地を買い受けてその所有権を取得した。そこで，甲土地の所有者であるXが，本件建物の敷地として甲土地を占有するYに対し，甲土地の明渡しおよびYが占有を開始した時から明渡し済みまでの賃料相当損害金の賠償を求めた。

争点は，本件仮差押えがされた時点で，本件建物とその敷地の一部である甲土地が同一の所有者に属していたことによって，本件建物につき法定地上権が成立するかどうかである。

1審，原審はともに，土地および地上建物が仮差押えの時点で同一の所有者に属していたとしても，土地の譲渡の際に地上建物につき土地の使用権を設定することが可能であるし，また，「差押え」時に土地および地上建物が同一の所有者に属することを要件とする民事執行法81条の明文に反することを理由に，本件建物につき法定地上権の成立を否定した。Yから上告。

【判決理由】 一部破棄差戻し，一部棄却「(1)　地上建物に仮差押えがされ，その後，当該仮差押えが本執行に移行してされた強制競売手続における売却により買受人がその所有権を取得した場合において，土地及び地上建物が当該仮差押えの時点で同一の所有者に属していたときは，その後に土地が第三者に譲渡された結果，当該強制競売手続における差押えの時点では土地及び地上建物が同一の所有者に属していなかったとしても，法定地上権が成立するというべきである。その理由は次のとおりである。

民事執行法81条の法定地上権の制度は，土地及び地上建物が同一の所有者に属する場合には，土地の使用権を設定することが法律上不可能であるので，強制競売手続により土地と地上建物の所有者を異にするに至ったときに地上建物の所有者のために地上権が設定されたものとみなすことにより，地上建物の収去を余儀なくされることによる社会経済上の損失を防止しようとするものである。そして，地上建物の仮差押えの時点で土地及び地上建物が同一の所有者に属していた場合も，当該仮差押えの時点では土地の使用権を設定することができず，その後に土地が第三者に譲渡されたときにも地上建物につき土地の使用権が設定されるとは限らないのであって，この場合に当該仮差押えが本執行に移行してされた強制競売手続により買受人が取得した地上建物につき法定地上権を成立させるものとすることは，地上建物の収去による社会経済上の損失を防止しようとする民事執行法81条の趣旨に沿うものである。また，この場合に地上建物に仮差押えをした債権者は，地上建物の存続を前提に仮差押えをしたものであるから，地上建物につき法定地上権が成立しないとすれば，不測の損害を被ることとなり，相当ではないというべきである。

(2)　これを本件についてみると，前記事実関係等によれば，本件強制競売手続は本件仮差押えが本執行に移行してされたものであり，本件仮差押えの時点では本件建物及び甲土地の所有権はいずれもAに属していたから，本件強制競売手続によりYが本件建物の所有権を取得したことによって，本件建物につき法定地上権が成立したというべきである。」（成立した法定地上権がその後消滅したか否か等について更に審理を尽くさせるため，差戻し）（裁判長裁判官　櫻井龍子　裁判官　池上政幸　大谷直人　小池　裕　木澤克之）

35 共有地上の建物

最(一)判昭和29年12月23日民集8巻12号2235頁（最判〈昭29〉195頁，民商32巻5号679頁）

【**事実**】 YとAが共有する土地の上に，YがAの承諾を得て建物を所有していた。

➡ *35*

Ｙは土地に対する自己の共有持分の上にＢのための抵当権を設定し，これが実行されてＸが買受人となった。その後，ＸとＡとの間で共有物分割の協議が調わず，Ｘの申立てにより本件土地の競売がなされてＸが競落し，単独所有権を取得した。そこでＸは地上に建物を所有するＹに建物収去土地明渡しを請求した。原審はＹの法定地上権を認めてＸの請求を棄却したので，Ｘから上告。

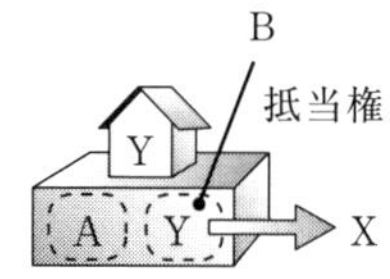

【判決理由】 破棄差戻し 「元来共有者は，各自，共有物について所有権と性質を同じくする独立の持分を有しているのであり，しかも共有地全体に対する地上権は共有者全員の負担となるのであるから，共有地全体に対する地上権の設定には共有者全員の同意を必要とすること原判決の判示前段のとおりである。換言すれば，共有者中一部の者だけがその共有地につき地上権設定行為をしたとしても，これに同意しなかった他の共有者の持分は，これによりその処分に服すべきいわれはないのであり，結局右の如く他の共有者の同意を欠く場合には，当該共有地についてはなんら地上権を発生するに由なきものといわざるを得ないのである。そして，この理は民法388条のいわゆる法定地上権についても同様であり偶々本件の如く，右法条により地上権を設定したものと看做すべき事由が単に土地共有者の一人だけについて発生したとしても，これがため他の共有者の意思如何に拘わらずそのものの持分までが無視さるべきいわれはないのであって，当該共有土地については地上権を設定したと看做すべきでないものといわなければならない。しかるに，原審は右と異なる見解を採り，根拠として民法388条の立法趣旨を援用しているのであるが首肯し難い。けだし同条が建物の存在を全うさせようとする国民経済上の必要を多分に顧慮した規定であることは疑を容れないけれども，しかし同条により地上権を設定したと看做される者は，もともと当該土地について所有者として完全な処分権を有する者に外ならないのであって，他人の共有持分につきなんら処分権を有しない共有者に他人の共有持分につき本人の同意なくして地上権設定等の処分をなし得ることまでも認めた趣旨でないことは同条の解釈上明白だからである。それ故原審の見解はその前段の判示とも矛盾するものというべく是認できない。されば，かかる見解を前提として単に原審認定の事実関係だけでＹが本件共有土

地に地上権を取得したと判断した原判決は法律の解釈を誤つた違法があるものというべく，論旨はその理由があって，原判決は，破棄を免れない。」（裁判長裁判官　斎藤悠輔　裁判官　岩松三郎　入江俊郎）

36 抵当地上の共有建物

最(三)判昭和46年12月21日民集25巻9号1610頁（最判解〈昭46〉269頁，法協91巻5号878頁，民商67巻3号391頁）

【事実】Aの所有する土地の上にABCの共有する建物が建っていたが，Aは土地にGのための抵当権を設定した。その後，建物はYに譲渡され，また土地の抵当権が実行されてXが競落した。XがYに対して建物収去土地明渡しを請求したところ，原審はYの法定地上権を認め，Xの請求を棄却したので，Xから上告。

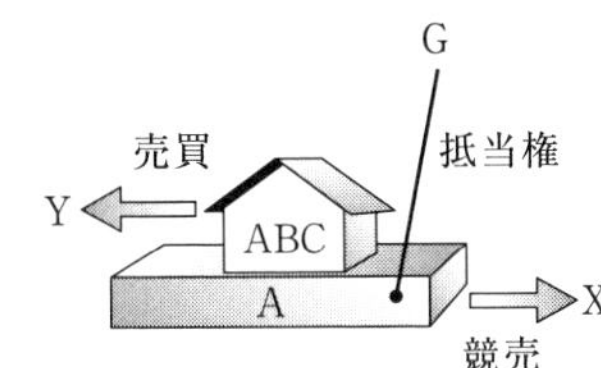

【判決理由】上告棄却「建物の共有者の一人がその建物の敷地たる土地を単独で所有する場合においては，同人は，自己のみならず他の建物共有者のためにも右土地の利用を認めているものというべきであるから，同人が右土地に抵当権を設定し，この抵当権の実行により，第三者が右土地を競落したときは，民法388条の趣旨により，抵当権設定当時に同人が土地および建物を単独で所有していた場合と同様，右土地に法定地上権が成立するものと解するのが相当である。」（裁判長裁判官　田中二郎　裁判官　下村三郎　関根小郷　天野武一）

［関連裁判例］

37 抵当権設定後の建物の改築

大判昭和10年8月10日民集14巻1549頁（民商3巻3号512頁，判民昭和10年度98事件）

【事実】建物の建っている土地への抵当権設定後，建物が取り壊され，新建物が建築改築された。争点は，新建物のために法定地上権が成立するかである。

【判決理由】破棄差戻し「民法第388条には，土地及其の上に存する建物が同一の所有者に属する場合に於て，其の土地又は建物のみを抵当と為したると

➡ 38

きは抵当権設定者は競売の場合に付地上権を設定したるものと看做すとありて，右所有者は土地のみに付抵当権を設定したる以上建物の所有者としては其の設定と共に後日競売の場合に付地上権者として土地の利用を継続し得らるべき地位を取得したるものと解すべきものなれば，当該建物が抵当不動産の競売前既に朽廃したる場合は格別なるも，然らざる限り其の所有者は縦令建物が滅失することあるも再築の上当該土地の利用を継続し来たりたる以上，依然競売の場合に付地上権者と看做さるべき地位にあるものと解するを相当とすべく，且此の事は建物使用の都合上之を改築したる場合に於ても亦同一にして，此の場合に限り解釈を異にすべき理由あるを見ず。然れども，上記の如く土地のみを抵当と為したる場合に於て，抵当権実行の際建物が依然旧態の儘存したるに於ては，其の所有者は競売の場合に付当該建物其のものの所有の為めにする地上権を取得するに過ぎざるものなるが故に，再築改築等の為め建物の状態に変更ある場合に於ても，其の所有者の取得すべき地上権は旧建物の存したる場合に於けると同一のものたるべく，即ち其の所有者は競売の場合に付旧建物の存したるならむには有し得べかりしと同一の範囲に於てのみ地上権者として当該土地を利用し得べきものと云ふべく，其の権利の存続期間の如きも亦旧建物の種類其の存在の場合に有すべかりし状況其の他抵当権設定当時の事情を斟酌して之を定むるを相当とす」

［関連裁判例］

38　更地への抵当権設定後の建物建築

最(二)判昭和36年2月10日民集15巻2号219頁（最判〈昭36〉33頁，民商45巻3号304頁）

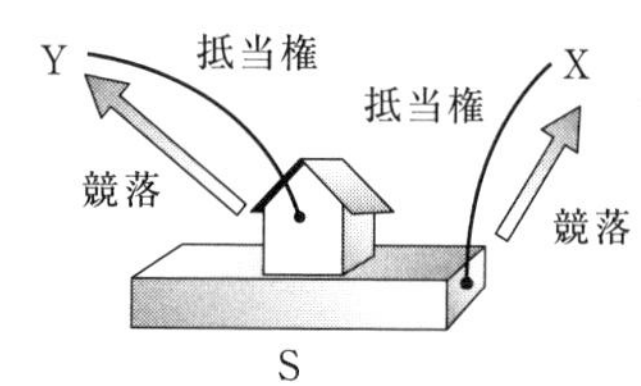

【事実】 X（永大商事株式会社）がS所有の土地に抵当権を設定したが，その時点では，同地上に建築中の建物はまだ土台しかできていなかった。Xは建物の建築を承認していたが，抵当権設定当時は建築に着手していることを知らず，土地は更地として評価していた。完成した建物にはYのための抵当権が設定され，その後Xが抵当権を実行して土地をXが建物をYが競落した。XからYに対する建物収去土地明渡請求に対

し，Yは法定地上権を主張した。1，2審ともXの請求を認めたので，Yから上告。

【判決理由】 上告棄却 「民法388条により法定地上権が成立するためには，抵当権設定当時において地上に建物が存在することを要するものであって，抵当権設定後土地の上に建物を築造した場合は原則として同条の適用がないものと解するを相当とする。然るに本件建物は本件土地に対する抵当権設定当時完成していなかったことは原審の確定するところであり，またXが本件建物の築造を予め承認した事実があっても，原判決認定の事情に照し本件抵当権は本件土地を更地として評価して設定されたことが明らかであるから，民法388条の適用を認むべきではなく，この点に関する原審の判断は正当である。」(裁判長裁判官 藤田八郎 裁判官 池田 克 河村大助 奥野健一)

［関連裁判例］

39 土地建物の共同抵当の事例

最(一)判平成9年6月5日民集51巻5号2116頁 (最判解〈平9中〉697頁，民商118巻1号119頁)

【事実】 (若干簡略化する) XはSの所有する土地・旧建物に1番抵当権を有していたが，その後旧建物が取り壊され，新建物が建築された。Xは新建物にも順位1番の抵当権を取得した。Xの申立てにより土地・新建物が競売に付されたが，Y（国）はSに対して国税債権を有しており，国税債権は原則としてすべての債権に優先するが，法定納期限以前に設定された抵当権に劣後する（国税徴収法8条，16条）。このため，Yの債権は土地に対するXの抵当権には劣後するが，新建物に対するXの抵当権に優先することとなった。執行裁判所は，国税債権に優先的に配当されるのは，新建物の価額に新建物のための法定地上権の価額を加えたものであるとして配当表を作成したので，Xが配当異議の訴えを提起し，本件では法定地上権は成立しないから，新建物から国税債権に配当されるのは新建物の材木価額にとどまる，と主張した。原審がXの主張を認めなかったので，Xから上告。

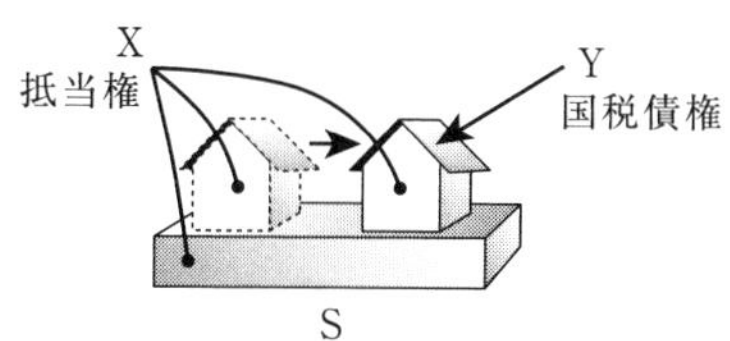

【判決理由】 破棄差戻し 「所有者が土地及び地上建物に共同抵当権を設定した後，右建物が取り壊され，右土地上に新たに建物が建築された場合には，新

➡ *39*

建物の所有者が土地の所有者と同一であり，かつ，新建物が建築された時点での土地の抵当権者が新建物について土地の抵当権と同順位の共同抵当権の設定を受けたなどの特段の事情のない限り，新建物のために法定地上権は成立しないと解される（最㈢判平成9年2月14日民集51巻2号375頁〔*30*〕)。そして，新建物の所有者が土地の所有者と同一であり，かつ，新建物が建築された時点での土地の抵当権者が新建物について土地の抵当権と同順位の共同抵当権の設定を受けた場合であっても，新建物に設定された抵当権の被担保債権に法律上優先する債権が存在するときは，右の特段の事情がある場合には当たらず，新建物のために法定地上権が成立しないものと解するのが相当である。けだし，新建物に土地と同順位の共同抵当権が設定された場合は，抵当権者は，旧建物に抵当権の設定を受けていたときと同様に土地全体の価値を把握することができるから，新建物のために法定地上権の成立を認めても不利益を被ることがない。しかし，新建物に設定された抵当権の被担保債権に法律上優先する債権が存在する場合は，新建物に右抵当権に優先する担保権が設定されている場合と実質的に異なるところがなく，抵当権者にとっては，新建物に抵当権の設定を受けないときは土地全体の担保価値を把握することができるのに，新建物に抵当権の設定を受けることによって，かえって法定地上権の価額に相当する価値を把握することができない結果となり，その合理的意思に反するからである。なお，このように解すると，建物を保護するという公益的要請に反する結果となるが，抵当権設定当事者の合理的意思に反してまでも右公益的要請を重視すべきであるとはいえない。

これを本件について見ると，Xは，本件土地の所有者であるSによって建築された新建物に本件土地と同順位の共同抵当権である新抵当権の設定を受けたが，Yの国税債権は国税徴収法8条，16条によりこの新抵当権の被担保債権に優先するから，右の特段の事情がある場合に当たらず，新建物のために法定地上権は成立しないものというべきである。そうすると，新抵当権によって把握される担保価値は，法定地上権のない新建物自体の価値にすぎず，本件土地全体の担保価値は，本件土地に設定された抵当権によって把握されているということができ，本件配当において，Yの国税債権がXの債権に優先するのは，新建物自体の価値についてだけであるといわざるを得ない。したがって，

➡ 40

これと異なる原審の判断には民法388条の解釈適用を誤った違法があり，右違法は原判決の結論に影響を及ぼすことが明らかである。論旨は理由があり，原判決は破棄を免れない。そして，本件について更に審理を尽くさせる必要があるから，これを原審に差し戻すのが相当である。」（裁判長裁判官　小野幹雄　裁判官　高橋久子　遠藤光男　井嶋一友　藤井正雄）

［関連裁判例］

40 土地共有の事例

最(三)判平成6年12月20日民集48巻8号1470頁（最判解〈平6〉621頁，百選Ⅰ〈第8版〉188頁，百選Ⅰ〈第9版〉182頁）

【事実】 土地をYAB（ABはYの妻子）が共有し，地上の建物をYが別の8名の共有者と共有していた。Yの債務を担保するため，YABがそれぞれの持分に共同して抵当権を設定した。抵当権が実行され，買受人となったXがYを含む建物の共有者に建物収去土地明渡しを請求した。1審は建物のための法定地上権の成立を否定したが，原審が肯定したので，Xから上告。

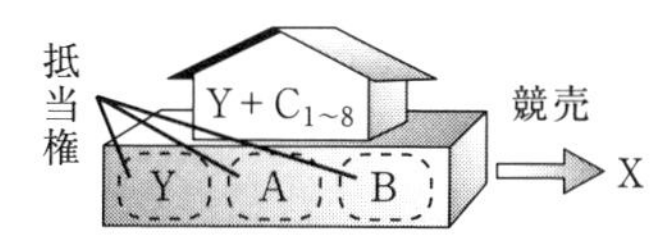

【判決理由】 破棄自判（千種裁判官の補足意見がある）

「1　共有者は，各自，共有物について所有権と性質を同じくする独立の持分を有しているのであり，かつ，共有地全体に対する地上権は共有者全員の負担となるのであるから，土地共有者の1人だけについて民法388条本文により地上権を設定したものとみなすべき事由が生じたとしても，他の共有者らがその持分に基づく土地に対する使用収益権を事実上放棄し，右土地共有者の処分にゆだねていたことなどにより法定地上権の発生をあらかじめ容認していたとみることができるような特段の事情がある場合でない限り，共有土地について法定地上権は成立しないといわなければならない（最㈠判昭和29年12月23日民集8巻12号2235頁，最㈢判昭和44年11月4日民集23巻11号1968頁参照）。

2　これを本件についてみるのに，原審の認定に係る前示事実関係によれば，本件土地の共有者らは，共同して，本件土地の各持分についてYを債務者と

➡ *40*

する抵当権を設定しているのであり，Ｙ以外の本件土地の共有者らはＹの妻子であるというのであるから，同人らは，法定地上権の発生をあらかじめ容認していたとも考えられる。しかしながら，土地共有者間の人的関係のような事情は，登記簿の記載等によって客観的かつ明確に外部に公示されるものではなく，第三者にはうかがい知ることのできないものであるから，法定地上権発生の有無が，他の土地共有者らのみならず，右土地の競落人ら第三者の利害に影響するところが大きいことにかんがみれば，右のような事情の存否によって法定地上権の成否を決することは相当ではない。そうすると，本件の客観的事情としては，土地共有者らが共同して本件土地の各持分について本件建物の９名の共有者のうちの１名であるＹを債務者とする抵当権を設定しているという事実に尽きるが，このような事実のみからＹ以外の本件土地の共有者らが法定地上権の発生をあらかじめ容認していたとみることはできない。けだし，本件のように，９名の建物共有者のうちの１名にすぎない土地共有者の債務を担保するために他の土地共有者らがこれと共同して土地の各持分に抵当権を設定したという場合，なるほど他の土地共有者らは建物所有者らが当該土地を利用することを何らかの形で容認していたといえるとしても，その事実のみから右土地共有者らが法定地上権の発生を容認していたとみるならば，右建物のために許容していた土地利用関係がにわかに地上権という強力な権利に転化することになり，ひいては，右土地の売却価格を著しく低下させることになるのであって，そのような結果は，自己の持分の価値を十分に維持，活用しようとする土地共有者らの通常の意思に沿わないとみるべきだからである。また，右の結果は，第三者，すなわち土地共有者らの持分の有する価値について利害関係を有する一般債権者や後順位抵当権者，あるいは土地の競落人等の期待や予測に反し，ひいては執行手続の法的安定を損なうものであって，許されないといわなければならない。」

「そうすると，これと異なる原審の判断には，法定地上権の成立に関する法令の解釈適用を誤った違法があり，右違法は判決の結論に影響を及ぼすことが明らかであるから，その趣旨をいう論旨は理由があり，原判決は破棄を免れない。そして，前示事実関係に照らしても，本件において他に法定地上権の成立を肯定すべき事情はない。」

➡ 40

千種秀夫裁判官の補足意見

「法定地上権は競売によって生ずるものであるから，その成否の解釈に当たっては，競売手続の適正迅速な進行とその結果として形成される法律関係の確実性の確保という観点を看過することはできない。そうでなければ，取引の安全と競売手続への信頼を確保することができないからである。従来，法定地上権の解釈論は，先に掲げた民法の趣旨，目的のゆえに，実体法学者から，なるべく建物所有者の土地利用権を確保する方向で論じられてきたかに思われる。しかし，その結果の妥当性もさることながら，競売手続が終了した後になって法定地上権の有無が訴訟で争われること自体にも問題のあることを指摘しなければならない。

今日，このような問題が実務上注目されるようになったゆえんは，一に土地利用権が一個独立の価値権として評価され，ひいては課税あるいは取引の対象とされるに至ったことにある。その上，地価の上昇に伴い，課税その他の理由から土地を単独で所有することができず，そのために土地共有関係が増加しつつあるという社会経済的事情があり，これが背景となって，問題の解決を更に困難にしている。

地上権はもとより土地賃借権が法的に手厚い保護を受け，それ自体が財産権とみなされるということは，反面，こうした用益権の付着した土地の底地価格が低下することを意味する。その結果，土地の競売手続においては，その地上に建物が存するか否か，また，その建物の所有者がいかなる土地利用権を有するかが大きな問題となり，競落後法定地上権が生ずるか否かも売却価額に大きな影響を与えるに至る。競売の対象とされた土地の売却代金によりどれだけの被担保債権の弁済が受けられるか，はたまた，競売後地上建物の所有者又はその居住者はその建物をそのまま保持し又はこれに居住し続けることができるかどうか，こうした問題は，関係者としては無視できない大きな利害関係のある問題である。その結果，競売手続を進行させる執行裁判所としては，競売物件の評価に当たって，これらの権利の有無を適確に判断しなければならないこととなる。

通常，競売不動産については，執行裁判所の執行官が不動産の現況を調査し，土地利用関係を確認し，この報告を基礎として評価人が右不動産の評価をし，

➡ *40*

しかる後裁判所により物件明細書が作成され，最低売却価額が決定されるのであるが，もしこの段階で複雑な事実認定と困難な法律判断を要することになると，競売手続を適正迅速に処理することは困難とならざるを得ない。したがって，この段階において判断の資料に供しうるのは，登記簿の記載等公示されだれにでも分かる客観的資料のみに限る必要がある。先にも触れたとおり，本件においては，土地共有者らは主債務者とその妻子であって，対債権者の関係のみに限ってみれば，主債務者の妻子はこれと同一視し得ないではない。しかし，そのような内部事情は登記簿上だれでも確知できるものではなく，多くの場合訴訟手続ないしはそれに準ずる事実認定手続を経なければ明確にし得ない事情である。そのような事情を競売手続において考慮することは適当とはいえない。

それならば，こうした主観的事情を捨象し，ただ土地の共有者３名がその１人の債務のため同一債権者に対し各共有持分について共同して抵当権を設定したという事実（これは登記簿上確認できる)。だけで他の土地共有者らの地上権設定の意思を認め，法定地上権の成立を肯定してよいかが問題となる。しかし，これまた，直ちに積極の結論を導くことは容易ではない。３名の各共有持分は，それぞれの共有者の資産であるから，一般論としていえば，各人はそれぞれの持分を他に処分しあるいはそれに自己の債務のため抵当権を設定することも可能であり，また逆に，それぞれの債権者からそれぞれの持分を差し押さえられた結果これらが各個に競売され，他の者がその共有持分を取得することも考えられる。このように，現実の競売の時点においては，３名が共同して抵当権を設定した時と異なった状況の生じている場合もあり得るのであって，そのような場合に，どの時点のどのような事情をもって法定地上権の発生を確定しうるかは一律に決し難く，立法等による明確な基準の設定をまたない限り，統一的な処理は困難である（また，本件にあっては，Ｙは９名の建物共有者のうちの１人にすぎないという事情も考慮されなければならないであろう。)。

以上のように考えると，先に述べたように他の土地共有者らについても建物所有者のために地上権を設定したとみなし得るような特段の事情がある場合（最㈢判昭和 44 年 11 月 4 日民集 23 巻 11 号 1968 頁参照）を除いて，土地共有持分の競売に当たっては，当然には法定地上権は発生しないものとし，なるべく画一的に処理することが相当であるといわなければならない。

なお付言するに，立法論としていうならば，法定地上権の目指す目的は，必ずしも地上権という用益物権の成立を認めなくとも，賃借権あるいは使用借権その他何らかの敷地利用権を確保してやれば足りるといえる。

ただ，民法制定当初は，他人の土地を利用して建物を建築所有する方法としては地上権の設定が予想されていたためこのような制度が設けられたにすぎない。しかし，その後の土地利用の実態をみると，建物敷地として他人の土地を利用する場合には，賃貸借又は使用貸借契約を利用する場合が多く，かつまた，その後の立法によって，土地の賃借権は地上権と同様に手厚く保護され，物権に劣らぬ強力な権利とされるに至ったため，今日では，建物所有のために地上権が設定されることはまれであり，専ら賃借権が利用されるに至っている。加えて，借地権に関しては，累次の法改正により，今日では，共有の建物に関しては，他の者と共に有することとなるときに限り，自己借地権の設定も認められ（借地借家法15条），また借地権をめぐる問題の処理のためには非訟手続も整備されるに至っている。そのような状況の下においては，現行の法定地上権の制度は陳腐化し，解釈によって今日の複雑な事態に適応させていくことは困難であるばかりでなく，土地利用権の確保に偏重することは競売手続への信頼をおびやかすおそれなしとしない。そのような意味からすれば，法定地上権の制度は，法定借地権等今日通常行われている土地利用権を内容とするものに改め，かつ，その内容を法定し，あるいは借地非訟事件手続により一定の範囲内でその条件を確定する道を開く（現在でも，法定地上権成立後その地代は裁判所が定めなければならないこととされている（民法388条但書）。）等今日の社会経済の実情に合致した制度とすることが望ましいと考える。」（裁判長裁判官 千種秀夫　裁判官　園部逸夫　可部恒雄　大野正男　尾崎行信）

解　説

⑴　法定地上権の要件は，比較的緩和されてきた。*29*は建物の登記名義が前主名義のままでも，土地に設定された抵当権との関係で法定地上権の成立を認めた。また，建物が再築されても法定地上権の成立は妨げられない。ただし，旧借地法のもとでは建物が堅固か非堅固かで地上権の存続期間に差があったため，再築後の建物のために成立する法定地上権がいずれの建物を基準とするか

が問題となった。原則は，土地に対する抵当権者の期待を保護するため旧建物を基準とした法定地上権となるが（*37*），抵当権者が新建物の建築を前提に土地の担保価値を評価していたような場合は，例外的に新建物を基準とした法定地上権が成立するとされた（*30*）。この論理を推し進めると，抵当権設定時に更地でも，後に建物を建築することを前提に担保価値が評価された場合には，法定地上権の成立を認める余地がありそうである。***38*** は結論として法定地上権の成立を否定したが，そのような可能性を示唆した。しかし，そのような扱いは，競落人の期待を害する恐れがあり，事後的に建物が建築された事例で法定地上権の成立を認める判例はその後も現れていない。

他方，土地と旧建物に抵当権者が共同抵当を有していた場合に，土地・建物の担保価値の全体を把握するという抵当権者の期待を保護するため，再築後の建物のための法定地上権は原則として成立しないという新たな法理を打ち出したのが ***31*** である（例外となる場合が明示されている）。そして，同判決から数か月後に，最高裁は再び同趣旨の判決を出し（*39*。小法廷は異なる），例外則をさらに明確化する判断を示した。

⑵　所有者を異にする土地・建物の一方に抵当権が設定され，その後，後順位抵当権設定の時点では土地・建物の所有者が同一人に帰属していたという場合に，最高裁は，建物抵当権の場合と土地抵当権の場合とで異なった判断をしている。後者に関するのが ***32*** で，法定地上権の成立を認めなかった。あくまで先順位抵当権を基準に考えるという立場である。もっとも，後順位抵当権が実行された時点で先順位抵当権がすでに消滅していた場合について，***33*** は，法定地上権を肯定した。担当調査官は，過去に遡って消滅した抵当権の設定時の土地建物の権利関係を調査することの実務上の困難さも指摘している。他方，建物に抵当権が設定された場合については法定地上権の成立を認める。利害関係者に対する影響という点では，判例の立場でも大きな不都合はなさそうにも見えるが，物権法の原則からすると異論の余地がある。

⑶　土地または建物が共有の場合に，法定地上権の成否がどのように判断されるかも困難な問題である。判例は，建物共有者の一部が土地を単独所有する場合には，土地に対する抵当権が実行された場合に法定地上権の成立を認めるが（*36*），土地が共有の場合には厳格な要件を課して法定地上権の成立を制限

し（35），しかも，その要件の充足をほとんど認めない。そのことを示す事例が 40 である。詳細な補足意見が付されて最高裁の立場が説明され，さらに立法論にまで及んでいるので，長めに引用しておいた。

(4) 民法 388 条と同趣旨の規定が民事執行法 81 条に置かれており，強制執行の場面においても法定地上権の成立が認められる。同法 81 条の要件は，土地または建物の差押えがあった時点で，土地および地上建物が債務者の所有に属することとされている。では，仮差押えの時点で債務者の所有に属する場合はどうか。これが争われたのが 34 であり，最高裁は仮差押えを含める解釈を採用した。

[4] 実行前の抵当権の効力

41 抵当権の侵害（1）——山林の伐採

大判昭和 6 年 10 月 21 日民集 10 巻 913 頁

【事実】 X（株式会社東銀行）は Y に対する債権の担保として Y 所有の山林の地盤と樹木に抵当権の設定を受けた。その後，X が抵当権に基づいて競売の申立てを行い，Z に競落許可決定が出されたが，Z は競落代金を支払わず，それどころか，競売手続の完結しない状態で，Y と Z は無断で樹木の他への売却を図った。そこで X は，樹木に対する抵当権の確認，ならびに売買譲渡その他伐採運搬等を禁止する旨の判決を求めた。原審が，抵当権を実行しうる段階に至ればもはや抵当権の侵害に対する妨害の排除を求める必要はないとして X のこの点に関する請求を排斥したので，X から上告。

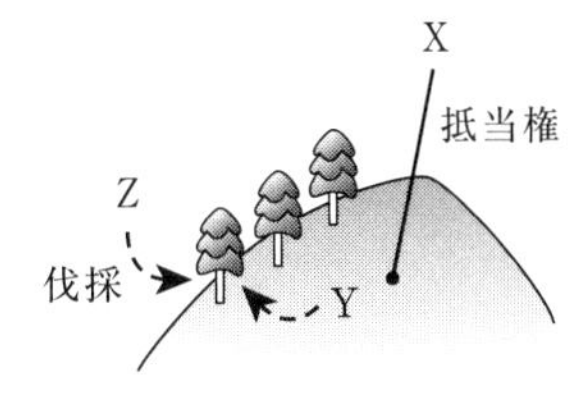

【判決理由】 破棄差戻し「抵当権に基く競売開始決定ありたる場合には，其の送達に因り債権者の為め差押の効力を生するが故に，爾後債務者の為す法律行為に因る処分行為は之を以て債権者に対抗することを得ず，従て右差押の現存する以上は更に判決を以て債務者の為す法律行為に因る処分行為を禁止することを要せざるは勿論なりと雖，債務者が滅失毀損等事実上の行為を以て抵当物に対する侵害を敢行する場合に於ては，其の侵害行為が抵当権者の有する債権の弁済期後なると或は抵当権の実行に著手したる後なると否とを問はず，抵

➡ *42*

当権者は物権たる抵当権の効力として之が妨害の排除を訴求し得べきは当然なりと云はざるを得ず。然らば原審が前示理由の下に上告人請求の趣旨が売買譲渡其の他法律行為に因る処分行為の禁止を求むるものなりや或は又伐採運搬其の他事実上の侵害行為の禁止を訴求するものなりや否を明確ならしめずして，輙く其の請求を排斥したるは結局法則を不当に適用したる違法あるのみならず，尚原判決に於ては Y に依り X の有する抵当権と相容れざる事実状態の作為せられたりや否の事実を確定せざる審理不尽あるを以て到底破毀を免れず」

42 抵当権の侵害（2）——不法占有者

最大判平成 11 年 11 月 24 日民集 53 巻 8 号 1899 頁

（*最判解〈平 11 下〉833 頁，百選 I〈第 5 版新法対応補正版〉178 頁，平 11 重判 71 頁*）

【事実】 X は S に対する貸付債権を担保するため，S の所有する本件土地建物に根抵当権の設定を受けた。その後，S が債務の弁済を怠って期限の利益を喪失したので，X は根抵当権の実行としての競売を申し立てた。しかし，根抵当権の実行前に，Y が本件建物を権原なく占有しはじめ，このため買受人が現われず競売手続の進行が阻害されるに至った。そこで X は，本件貸付債権を被保全債権として，S の Y に対する所有権に基づく妨害排除請求権を代位行使し，Y に対して建物の明渡しを求めた。

原審判決は，最高裁判例（*48*）に反して X の請求を認めたため，Y から上告。

【判決理由】 上告棄却（奥田裁判官の補足意見がある）

一「抵当権は，競売手続において実現される抵当不動産の交換価値から他の債権者に優先して被担保債権の弁済を受けることを内容とする物権であり，不動産の占有を抵当権者に移すことなく設定され，抵当権者は，原則として，抵当不動産の所有者が行う抵当不動産の使用又は収益について干渉することはできない。

しかしながら，第三者が抵当不動産を不法占有することにより，競売手続の進行が害され適正な価額よりも売却価額が下落するおそれがあるなど，抵当不動産の交換価値の実現が妨げられ抵当権者の優先弁済請求権の行使が困難となるような状態があるときは，これを抵当権に対する侵害と評価することを妨げるものではない。そして，抵当不動産の所有者は，抵当権に対する侵害が生じ

➡ 42

ないよう抵当不動産を適切に維持管理することが予定されているものということができる。したがって，右状態があるときは，抵当権の効力として，抵当権者は，抵当不動産の所有者に対し，その有する権利を適切に行使するなどして右状態を是正し抵当不動産を適切に維持又は保存するよう求める請求権を有するというべきである。そうすると，抵当権者は，右請求権を保全する必要があるときは，民法423条の法意に従い，所有者の不法占有者に対する妨害排除請求権を代位行使することができると解するのが相当である。

なお，第三者が抵当不動産を不法占有することにより抵当不動産の交換価値の実現が妨げられ抵当権者の優先弁済請求権の行使が困難となるような状態があるときは，抵当権に基づく妨害排除請求として，抵当権者が右状態の排除を求めることも許されるものというべきである。

最㈡判平成3年3月22日民集45巻3号268頁は，以上と抵触する限度において，これを変更すべきである。」

二「本件においては，本件根抵当権の被担保債権である本件貸金債権の弁済期が到来し，Xが本件不動産につき抵当権の実行を申し立てているところ，Yらが占有すべき権原を有することなく本件建物を占有していることにより，本件不動産の競売手続の進行が害され，その交換価値の実現が妨げられているというのであるから，Xの優先弁済請求権の行使が困難となっていることも容易に推認することができる。

右事実関係の下においては，Xは，所有者であるSに対して本件不動産の交換価値の実現を妨げXの優先弁済請求権の行使を困難とさせている状態を是正するよう求める請求権を有するから，右請求権を保全するため，SのYらに対する妨害排除請求権を代位行使し，Sのために本件建物を管理することを目的として，Yらに対し，直接Xに本件建物を明け渡すよう求めることができるものというべきである。」

三「本件請求は，本件根抵当権の被担保債権をもって代位の原因とするが，本件根抵当権に基づいて，その交換価値の実現を阻害するYらの占有の排除を求めるため，所有者に代位して，Yらに対して本件建物の明渡しを請求する趣旨を含むものと解することができるから，Xの請求を認容すべきものとした原審の判断は，結論において是認することができる。」

→ *42*

奥田昌道裁判官の補足意見

「一　第三者の行為等による抵当権侵害の成否について」

「抵当権に認められる抵当不動産の交換価値に対する排他的支配の権能は，交換価値が実現される抵当権実行時（換価・配当時）において最も先鋭に現われるが，ひとりこの時点においてのみならず，抵当権設定時以降換価に至るまでの間，抵当不動産について実現されるべき交換価値を恒常的・継続的に支配することができる点に，抵当権の物権としての意義が存するものとみられる。したがって，抵当権設定時以降換価に至るまでの間においても，抵当不動産の交換価値を減少させたり，交換価値の実現を困難にさせたりするような第三者の行為ないし事実状態は，これを抵当権に対する侵害ととらえるべきであり，かかる侵害を阻止し，あるいは除去する法的手段が抵当権者に用意されていなければならない。

また，抵当不動産の交換価値は競売手続において実現されるものであるから，第三者の行為等が抵当不動産の交換価値を減少させ，又は交換価値の実現を困難にさせるものとして抵当権の侵害に当たるか否かについては，当該行為等の内容のみならず，競売手続における当該抵当権者に対する配当の可能性等も考慮すべきである。けだし，すべての抵当権者に同等の救済を認めることは適当ではなく，配当を受ける可能性が全くない後順位抵当権者による救済手段の濫用を防止することも，考慮しておかなければならないからである。」

「二　抵当権に基づく妨害排除請求権について」

「抵当権は目的物に対する事実的支配（占有）を伴わずにその交換価値を非有形的・観念的に支配する権利であるが，本件におけるように，第三者が抵当不動産を何らの正当な権原なく占有することにより，競売手続の進行が害され，抵当不動産の交換価値の実現が妨げられ抵当権者の優先弁済請求権の行使が困難となるような状態が生じているときは，右不法占有者に対し，抵当権者は，抵当権に基づき，妨害の排除，すなわち，不動産の明渡しを請求することができるものといわなければならない。」

「三　抵当権者による所有者の妨害排除請求権の代位行使について

抵当権の侵害に対する救済手段として，抵当権そのものに基づく妨害排除請求権が認められるならば，更にそれ以外に，抵当不動産の所有者の有する妨害

➡ 42

排除請求権を抵当権者が代位行使することを認めることについては，異論があり得よう。第1の問題点は，民法423条の定める債権者代位権は「自己の債権を保全する為め」に認められるものであるところ，抵当権侵害の場合において被保全債権となるものは何かである。第2の問題点は，債権者代位権のいわゆる転用事例（不動産所有権の相次譲渡の場合における転得者による中間者の登記請求権の代位行使や，不動産賃借権に対する侵害の場合における賃借人による所有者の妨害排除請求権の代位行使）においては，権利の代位行使は，他に適切な救済手段が存しないためにやむなく認められた便法とされているのに，抵当権侵害の場合には，抵当権者について抵当権に基づく妨害排除請求権を認めることで十分ではないかとの反対論が考えられることである。

第1の点については，次のように考えられる。抵当権設定者又は抵当不動産の譲受人は，担保権（抵当権）の目的物を実際に管理する立場にある者として，第三者の行為等によりその交換価値が減少し，又は交換価値の実現が困難となることのないように，これを適切に維持又は保存することが，法の要請するところであると考えられる。その反面として，抵当権者は，抵当不動産の所有者に対し，抵当不動産の担保価値を維持又は保存するよう求める請求権（担保価値維持請求権）を有するものというべきである。そして，この担保価値維持請求権は，抵当権設定時よりその実行（換価）に至るまでの間，恒常的に存続する権利であり，第三者が抵当不動産を毀損したり抵当不動産を不法占有したりすることにより，抵当不動産の交換価値の実現が妨げられるような状態が生じているにもかかわらず，所有者が適切な措置を執らない場合には，この請求権の存続，実現が困難となるような事態を生じさせることとなるから，抵当権者において，抵当不動産の所有者に対する担保価値維持請求権を保全するために，抵当不動産の所有者が侵害者に対して有する妨害停止又は妨害排除請求権を代位行使することが認められるべきである。

第2の債権者代位権の転用事例における補充性（他に適切な救済手段がないこと）の点については，抵当権に基づく妨害排除請求権の要件及び効果（請求権の内容）につき論議が尽くされているとはいい難く，なお検討を要する点が存する現状においては，代位請求による救済の道を閉ざすべきではないと考える。

ところで，代位権行使の効果として抵当権者は抵当不動産の占有者に対して

➡ *43*

直接自己への明渡しを請求することができるかの点については，抵当権者は抵当不動産の所有者の妨害排除請求権（明渡請求権）を同人に代わって行使するにすぎないこと，抵当不動産の所有者の明渡請求権の内容は同人自身への明渡しであることからすれば，抵当権者による代位行使の場合も同じであると考えるべきもののようにもみえるが，抵当不動産の所有者が受領を拒み，又は所有者において受領することが期待できないといった事情があるときは，抵当権者は，抵当不動産の所有者に代わって受領するという意味において，直接自己への明渡しを請求することができると解するのが相当である。そして，本件のような事実関係がある場合は，原則として，抵当権者は，直接自己に抵当不動産を明け渡すよう求めることができるものというべきである。その場合に抵当権者が取得する占有は，抵当不動産の所有者のために管理する目的での占有，いわゆる管理占有であるといい得る。

なお，いかなる場合に代位権を行使することが認められるかについては，事案に応じ検討すべき問題があるが，本件のように抵当権者による競売申立てがなされている事案においては，代位権行使を認めることに何の支障もないと考える。」（裁判長裁判官　山口　繁　裁判官　小野幹雄　千種秀夫　河合伸一　遠藤光男　井嶋一友　福田　博　藤井正雄　元原利文　大出峻郎　金谷利廣　北川弘治　亀山継夫　奥田昌道　梶谷　玄）

43 抵当権に基づく妨害排除——賃借人

最(一)判平成17年3月10日民集59巻2号356頁

(最判解〈平17上〉153頁，民商133巻4＝5号211頁，百選Ⅰ〈第9版〉174頁，平17重判77頁)

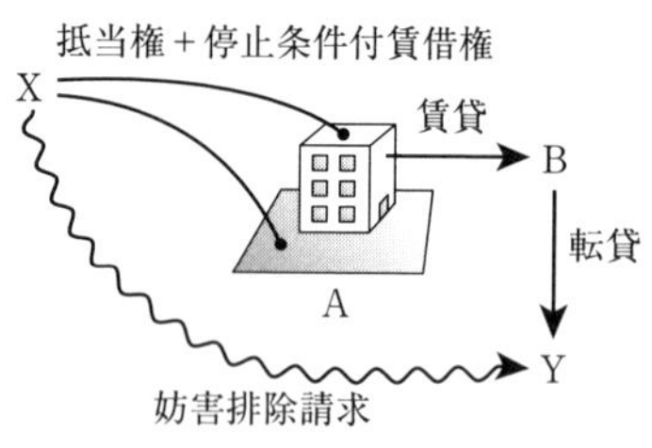

【事実】 X（五洋建設株式会社）は，A社（株式会社コスモスジャパンインターナショナル）との間で，A社所有の土地上に地下1階地上9階建ホテル（「本件建物」）を請負代金17億9014万円で建築する旨の請負契約を締結し，1991年4月30日，本件建物を建築して完成させたものの，A社が請負代金の大部分を支払わなかったため，その引渡しを留保した。

➡ 43

A 社は，1992 年 4 月ころ，X との間で，請負残代金を同年 5 月から 8 月まで毎月末日限り 500 万円ずつ支払い，同年 9 月末日に残りの全額を支払うこと，X の請負残代金債権を担保するため，本件建物およびその敷地につき，X を権利者として，抵当権および停止条件付賃借権を設定すること，本件建物を他に賃貸する場合には X の承諾を得ることを合意した（「本件合意」）。停止条件付賃借権は，本件抵当権が実行されることなどを停止条件とするものであって，使用収益を目的とするものではなく，本件建物およびその敷地の交換価値の確保を目的とするものであった。そして，同年 5 月 8 日，抵当権設定登記と停止条件付賃借権設定仮登記がされたため，X は，A 社に対し本件建物を引き渡した。

ところが，A 社は，分割金の弁済を一切行わず，しかも，1992 年 12 月 18 日，X の承諾を得ずに，B 社（株式会社ナポレオン商事）に対し，賃料月額 500 万円，期間 5 年，敷金 5000 万円の約定で本件建物を賃貸して引き渡した。その後，1993 年 3 月に敷金を 1 億円に増額し，同年 5 月 1 日に賃料を月額 100 万円に減額するとの合意がそれぞれされたが，敷金が実際に交付されたか否かは定かでない。

B 社は，1993 年 4 月 1 日，X の承諾を得ずに，Y（株式会社オーセンティック）に対し，賃料月額 100 万円，期間 5 年，保証金 1 億円の約定で本件建物を転貸して引き渡した。本件建物の適正賃料額は，1995 年 1 月 31 日時点で月額 592 万円，1998 年 10 月 26 日時点で月額 613 万円とされており，転貸借契約の賃料額は，適正な額を大幅に下回っている。なお，Y と B 社の代表取締役は同一人であり，また，A 社の代表取締役は，1994 年から平成 8 年にかけて Y の取締役の地位にあった者である。A 社は，1996 年 8 月 6 日に銀行取引停止処分を受けて事実上倒産した。

X は，1998 年 7 月 6 日，本件建物およびその敷地につき，抵当権の実行としての競売を申し立てた。本件建物の最低売却価額は，2000 年 2 月 23 日に 6 億 4039 万円であったものが，同年 10 月 16 日には 4 億 8029 万円に引き下げられたものの，売却の見込みは立っていない。このように，本件建物およびその敷地の競売手続による売却が進まない状況の下で，A 社の代表取締役は X に対し，本件建物の敷地に設定されている抵当権を 100 万円の支払と引換えに放棄するように要求した。

そこで X は Y に対し，本件停止条件付賃借権に基づく妨害排除請求として，本件建物を明け渡すことおよび賃借権侵害による不法行為に基づき賃料相当損害金を支払うことを求めて訴えを提起したところ，1 審はこの請求をいずれも棄却した。X は控訴し，2 審において，Y による本件建物の占有により抵当権が侵害されたことを理由に，抵当権に基づく妨害排除請求として，本件建物を明け渡すことおよび抵当権侵害による不法行為に基づき賃料相当損害金を支払うことを追加して請求し

➡ *43*

たところ，2審は追加請求をいずれも認容した。そこでYが上告受理の申立てをした。

【判決理由】 一部破棄自判，一部上告棄却「1 所有者以外の第三者が抵当不動産を不法占有することにより，抵当不動産の交換価値の実現が妨げられ，抵当権者の優先弁済請求権の行使が困難となるような状態があるときは，抵当権者は，占有者に対し，抵当権に基づく妨害排除請求として，上記状態の排除を求めることができる（最大判平成11年11月24日民集53巻8号1899頁）。そして，抵当権設定登記後に抵当不動産の所有者から占有権原の設定を受けてこれを占有する者についても，その占有権原の設定に抵当権の実行としての競売手続を妨害する目的が認められ，その占有により抵当不動産の交換価値の実現が妨げられて抵当権者の優先弁済請求権の行使が困難となるような状態があるときは，抵当権者は，当該占有者に対し，抵当権に基づく妨害排除請求として，上記状態の排除を求めることができるものというべきである。なぜなら，抵当不動産の所有者は，抵当不動産を使用又は収益するに当たり，抵当不動産を適切に維持管理することが予定されており，抵当権の実行としての競売手続を妨害するような占有権原を設定することは許されないからである。

また，抵当権に基づく妨害排除請求権の行使に当たり，抵当不動産の所有者において抵当権に対する侵害が生じないように抵当不動産を適切に維持管理することが期待できない場合には，抵当権者は，占有者に対し，直接自己への抵当不動産の明渡しを求めることができるものというべきである。

2 これを本件についてみると，前記事実関係によれば，次のことが明らかである。

本件建物の所有者であるA社は，本件抵当権設定登記後，本件合意に基づく被担保債権の分割弁済を一切行わなかった上，本件合意に違反して，B社との間で期間を5年とする本件賃貸借契約を締結し，その約4か月後，B社はYとの間で同じく期間を5年とする本件転貸借契約を締結した。B社とYは同一人が代表取締役を務めており，本件賃貸借契約の内容が変更された後においては，本件賃貸借契約と本件転貸借契約は，賃料額が同額（月額100万円）であり，敷金額（本件賃貸借契約）と保証金額（本件転貸借契約）も同額（1億円）である。そして，その賃料額は適正な賃料額を大きく下回り，その敷金

➡ 43

額又は保証金額は，賃料額に比して著しく高額である。また，A 社の代表取締役は，平成 6 年から平成 8 年にかけて Y の取締役の地位にあった者であるが，本件建物及びその敷地の競売手続による売却が進まない状況の下で，X に対し，本件建物の敷地に設定されている本件抵当権を 100 万円の支払と引換えに放棄するように要求した。

以上の諸点に照らすと，本件抵当権設定登記後に締結された本件賃貸借契約，本件転貸借契約のいずれについても，本件抵当権の実行としての競売手続を妨害する目的が認められるものというべきであり，しかも，Y の占有により本件建物及びその敷地の交換価値の実現が妨げられ，X の優先弁済請求権の行使が困難となるような状態があるということができる。

また，上記のとおり，本件建物の所有者である A 社は，本件合意に違反して，本件建物に長期の賃借権を設定したものであるし，A 社の代表取締役は，Y の関係者であるから，A 社が本件抵当権に対する侵害が生じないように本件建物を適切に維持管理することを期待することはできない。

3　そうすると，X は，Y に対し，抵当権に基づく妨害排除請求として，直接自己への本件建物の明渡しを求めることができるものというべきである。X の本件建物の明渡請求を認容した原審の判断は，結論において是認することができる。論旨は採用することができない。」

「職権による検討

1　原審は，Y の占有により本件抵当権が侵害され，X に賃料額相当の損害が生じたとして，前記のとおり，抵当権侵害による不法行為に基づく X の賃料相当損害金の支払請求を認容した。

2　しかしながら，原審の上記判断は是認することができない。その理由は，次のとおりである。

抵当権者は，抵当不動産に対する第三者の占有により賃料額相当の損害を被るものではないというべきである。なぜなら，抵当権者は，抵当不動産を自ら使用することはできず，民事執行法上の手続等によらずにその使用による利益を取得することもできないし，また，抵当権者が抵当権に基づく妨害排除請求により取得する占有は，抵当不動産の所有者に代わり抵当不動産を維持管理することを目的とするものであって，抵当不動産の使用及びその使用による利益

➡ 44

の取得を目的とするものではないからである。そうすると，原判決中，上記請求を認容した部分は，判決に影響を及ぼすことが明らかな法令の違反があり，破棄を免れない。そして，上記説示によれば，上記請求は理由がないから，これを棄却することとする。

3　また，上記請求と選択的にされている賃借権侵害による不法行為に基づく賃料相当損害金の支払請求については，前記事実関係によれば，本件停止条件付賃借権は，本件建物の使用収益を目的とするものではなく，本件建物及びその敷地の交換価値の確保を目的とするものであったのであるから，Yによる本件建物の占有によりXが賃料額相当の損害を被るということはできない。そうすると，第1審判決中，賃借権侵害による不法行為に基づく賃料相当損害金の支払請求を棄却した部分は正当であるから，これに対するXの控訴を棄却することとする。」（裁判長裁判官　泉　徳治　裁判官　横尾和子　甲斐中辰夫　島田仁郎　才口千晴）

44 転抵当

大決昭和7年8月29日民集11巻1729頁（判民昭和7年度136事件）

【事実】 X（有限責任霞関信用購買利用組合）は組合員Aに対する貸金3800円の担保として本件不動産に抵当権を有していたが，この抵当権を担保としてB（日本勧業銀行）から1万2550円を借り受けた。その後，Aが債務の弁済を怠ったため，Xは抵当権の実行を申し立てたが，競売裁判所がこれを却下し，原裁判所も抗告を棄却した。

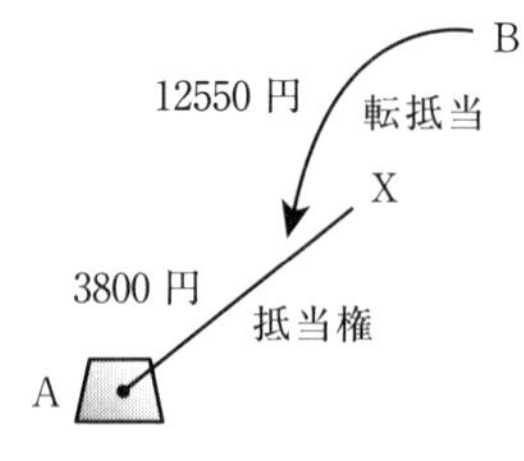

【決定理由】 抗告棄却「民法第375条に依り抵当権者が其の抵当権を以て他の債権の担保と為したるときは，抵当権者は其の抵当権を以て担保せらるる債権と同額の範囲内に於て其の抵当権を実行する権能を其の債権者に付与したるものにして，其の債権者即ち抵当権を担保に取りたる者は，自己の債権の弁済を受くる為担保権の行使として其の抵当権を実行し抵当不動産の売得金より弁済を受くることを得るものとす。而して其の売得金が余剰を生じたる場合に於

て，原抵当権者の第三債務者（抵当権設定者）に対する債権額が抵当権の担保権者の債権額に超過するときは，原抵当権者は其の差額に付配当を受くることを得べく，又斯かる余剰を生ずべき場合に於ては原抵当権者は必しも抵当権の担保権者が抵当権の実行を為すを待つことを要せずして自ら抵当権の実行を為して右の差額に相当する弁済を受くることを得べく，然るときは抵当権の担保権者の受取るべき金額に付ては之を弁済し又は之を供託すべきものと解するを相当とす。然れども，抵当権の担保権者の有する債権と原抵当権者の有する債権とが同額なるか又は前者が後者よりも多額なるときは，原抵当権者は抵当権の実行を為すことを得ざるものと謂はざるべからず。何となれば，抵当権の担保権者の有する債権が原抵当権者の債権と同額なるか又は之に超過するときは，原抵当権者は抵当権を実行するも自己の受領すべき金員を以て右担保権者に弁済し又は供託せざるべからずして，抵当権の実行に因りて何等の利益する所なければなり。」

45 工場抵当法2条と搬出動産

最(二)判昭和57年3月12日民集36巻3号349頁

(最判解〈昭57〉220頁，法協101巻3号492頁，民商88巻1号114頁，百選Ⅰ〈第6版〉180頁，百選Ⅰ〈第9版〉176頁，昭和57重判67頁)

【事実】 X（青森県信用保証協会）はS（鰺ヶ沢地区チップ協同組合）のA（商工組合中央金庫）に対する債務を保証し，将来取得すべき求償権を担保するため，Sの所有するチップ製作工場の建物に工場抵当法2条による根抵当権の設定を受け，S所有の本件物件（鉄製トラックスケール。チップ原木の計量に用いる）も同法3条の目録に記載されていた。ところが，Sの代表者であるAは本件物件を自己所有と偽り，Yに売却して引き渡した。そこでXはYに対して，本件物件の売買等抵当権の実行を妨げる一切の行為をしてはならないこと，および本件物件を工場の建物に搬入すべきことを請求した。原審は，Yには過失があるとしてYの即時取得の主張を認めず，Xの請求を認容したので，Yから上告。

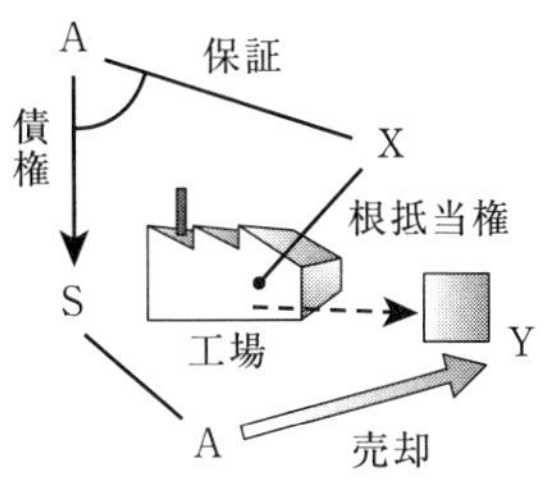

【判決理由】 上告棄却 「工場抵当法2条の規定により工場に属する土地又は

➡ 46

建物とともに抵当権の目的とされた動産が，抵当権者の同意を得ないで，備え付けられた工場から搬出された場合には，第三者において即時取得をしない限りは，抵当権者は搬出された目的動産をもとの備付場所である工場に戻すことを求めることができるものと解するのが相当である。けだし，抵当権者の同意を得ないで工場から搬出された右動産については，第三者が即時取得をしない限りは，抵当権の効力が及んでおり，第三者の占有する当該動産に対し抵当権を行使することができるのであり（同法5条参照），右抵当権の担保価値を保全するためには，目的動産の処分等を禁止するだけでは足りず，搬出された目的動産をもとの備付場所に戻して原状を回復すべき必要があるからである。」

（裁判長裁判官　鹽野宜慶　裁判官　栗本一夫　木下忠良　宮﨑梧一　大橋　進）

46 滌除――共有持分の第三取得者

最(一)判平成9年6月5日民集51巻5号2096頁 （最判解〈平9中〉678頁，民商118巻3号381頁，平9重判62頁）

【事実】（若干簡略化する）本件建物はABCD4名の共有であったが，4名は本件建物全体にGのための根抵当権を設定し，次いでAは自らの持分にYのための根抵当権を設定した。その後，XはABの持分を取得し，移転登記を経由した（実際は譲渡担保のようであるが判決は通常の第三取得者として扱っている）。YからXに対して根抵当権の実行通知がなされ，これに対してXはG，Yに対して滌除の通知を行った。しかし，執行裁判所は，共有持分の第三取得者であるXの滌除の通知は無効であるとして通常の競売開始決定をして差押登記がなされた。そこでXがYに対して，滌除権の行使によりYの根抵当権は消滅したとして，根抵当権設定登記の抹消を求める本訴を提起した。原審がXの請求を認めたので，Yから上告。

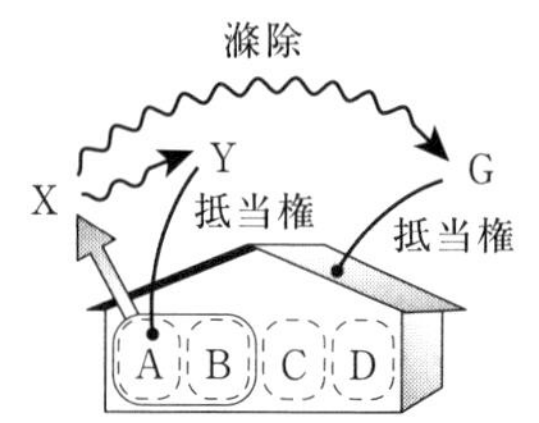

＊　旧378条（滌除の意義）

抵当不動産ニ付キ所有権，地上権又ハ永小作権ヲ取得シタル第三者ハ第382条乃至第384条ノ規定ニシタガヒ抵当権者ニ提供シテ其承諾ヲ得タル金額を払渡シ又ハ之ヲ供託シテ抵当権ヲ滌除スルコトヲ得

【判決理由】 破棄自判 「一個の不動産の全体を目的とする抵当権が設定されている場合において，右抵当不動産の共有持分を取得した第三者が抵当権の滌

除をすることは，許されないものと解するのが相当である。けだし，滌除は，抵当権者に対して抵当不動産の適正な交換価値に相当する金員の取得を確保させつつ，抵当不動産の第三取得者に対して抵当権を消滅させる権能を与えることにより，両者の利害の調和を図ろうとする制度であると解されるところ，右の場合に共有持分の第三取得者による滌除が許されるとすれば，抵当権者が一個の不動産の全体について一体として把握している交換価値が分断され，分断された交換価値を合算しても一体として把握された交換価値には及ばず，抵当権者を害するのが通常であって，滌除制度の趣旨に反する結果をもたらすからである。」

「以上と異なる見解に立ち，共有持分権者による持分についての滌除権の行使が一律に許されないとする合理的な根拠は見いだし難く，本件滌除権の行使が権利の濫用である旨の主張立証もないなどとした上，X による本件滌除を有効であるとして本訴請求を認容すべきものとした原審の判断には，法令の解釈適用を誤った違法があるというべきであり，この違法が判決に影響を及ぼすことは明らかである。論旨はこの趣旨をいうものとして理由があり，原判決は破棄を免れない。そして，前記説示によれば，X の本訴請求は理由がないので，原判決を破棄し，第 1 審判決を取り消して，X の請求を棄却することとする。」(裁判長裁判官　井嶋一友　裁判官　小野幹雄　高橋久子　遠藤光男　藤井正雄)

47 譲渡担保と滌除

最(二)判平成 7 年 11 月 10 日民集 49 巻 9 号 2953 頁 (*最判解〈平 7 下〉967 頁，平 7 重判 55 頁*)

【事実】 S は，その所有する本件不動産に Y のための根抵当権を設定した。その後，X は本件不動産につき S と譲渡担保契約を締結し，S から X への移転登記がなされた。Y が根抵当権実行の通知を X に行ったところ，X は滌除する旨の通知をしたが，その時点では債権の弁済期未到来のため X は譲渡担保権の実行に着手していなかった。Y が増価競売の請求をしなかったため，X は滌除金額を供託し，次いで，譲渡担保権を実行して確定的に所

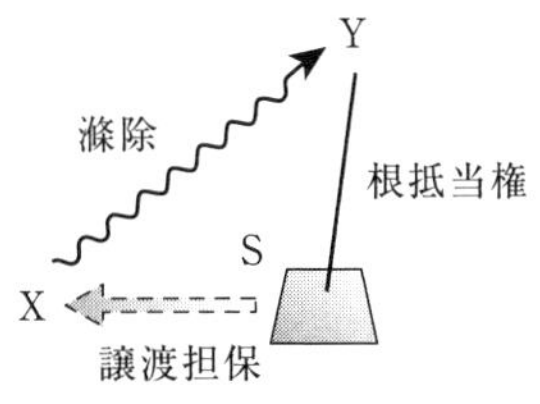

➡ *47*

有権を取得し，Ｙに対して根抵当権設定登記の抹消を求めた。1，2審ともＸが敗訴したので，Ｘから上告。

【判決理由】 上告棄却 「譲渡担保権者は，担保権を実行して確定的に抵当不動産の所有権を取得しない限り，民法378条所定の滌除権者たる第三取得者には該当せず，抵当権を滌除することができないものと解するのが相当である。けだし，滌除は，抵当不動産を適宜に評価した金額を抵当権者に弁済することにより抵当権の消滅を要求する権限を抵当不動産の第三取得者に対して与え，抵当権者の把握する価値権と第三取得者の有する用益権との調整を図ることなどを目的とする制度であるが，抵当権者にとっては，抵当権実行時期の選択権を奪われ，増価による買受け及び保証の提供などの負担を伴うものであるところから，民法378条が滌除権者の範囲を「抵当不動産に付き所有権，地上権又は永小作権を取得したる第三者」に限定していることにかんがみれば，右規定にいう滌除権者としての「所有権を取得したる第三者」とは，確定的に抵当不動産の所有権を取得した第三取得者に限られるものと解すべきである。そして，不動産について譲渡担保が設定された場合には，債権担保の目的を達するのに必要な範囲内においてのみ目的不動産の所有権移転の効力が生じるにすぎず，譲渡担保権者が目的不動産を確定的に自己の所有とするには，自己の債権額と目的不動産の価額との清算手続をすることを要し，他方，譲渡担保設定者は，譲渡担保権者が右の換価処分を完結するまでは，被担保債務を弁済して目的不動産を受け戻し，その完全な所有権を回復することができるのであるから（最㈡判昭和57年1月22日民集36巻1号92頁，最㈢判昭和57年9月28日裁判集民事137号255頁，最㈢判平成5年2月26日民集47巻2号1653頁），このような譲渡担保の趣旨及び効力にかんがみると，担保権を実行して右の清算手続を完了するに至らない譲渡担保権者は，いまだ確定的に目的不動産の所有権を取得した者ではなく，民法378条所定の滌除権者たる第三取得者ということができないからである。」（裁判長裁判官　根岸重治　裁判官　大西勝也　河合伸一　福田　博）

［関連裁判例］

48　抵当権者からの明渡請求

最（二）判平成3年3月22日民集45巻3号268頁
（最判解〈平3〉79頁，民商105巻4号519頁，百選Ⅰ〈第4版〉196頁，平3重判64頁）

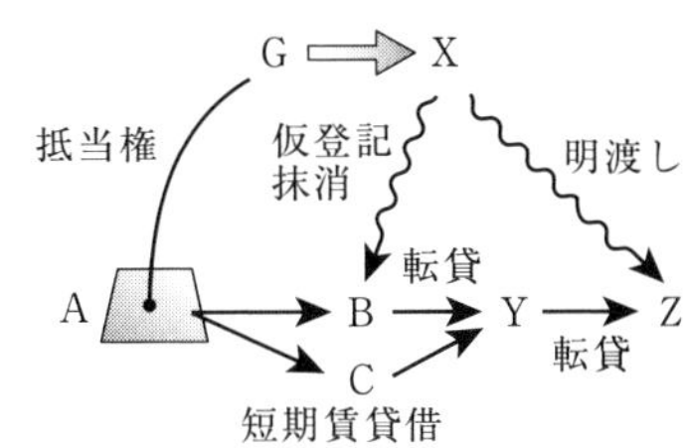

【事実】　AはGに対する債務の担保として自ら所有する本件不動産に抵当権を設定した。Aは本件不動産をBCに期間3年の約定で賃貸して仮登記を経由し，BCはこれをYに期間3年の約定で転貸して付記登記が経由され，さらにYはこれをZに期間3年の約定で転貸して付記登記され，Zが占有している。X（株式会社和光ホーム）はAの連帯保証人としてAの借入金をGに弁済し，抵当権移転の付記登記を経由したのち，抵当権を実行した。しかし前記各短期賃貸借によって損害を受けるため，AおよびBCを被告として短期賃貸借の解除を求めるとともに，解除判決の確定を条件に，抵当権に基づく妨害排除としてBCYZに対し付記登記の抹消を，Zに対しては明渡しを求めた。

さらにXは原審で，明渡請求について，AのZに対する所有権に基づく返還請求権を代位行使して明渡しを求める訴え（代位請求）を選択的に追加した。

原審判決が，明渡請求について代位請求を認容したので，YZから上告。

【判決理由】　一部破棄自判，一部却下　「1　抵当権は，設定者が占有を移さないで債権の担保に供した不動産につき，他の債権者に優先して自己の債権の弁済を受ける担保権であって，抵当不動産を占有する権原を包含するものではなく，抵当不動産の占有はその所有者にゆだねられているのである。そして，その所有者が自ら占有し又は第三者に賃貸するなどして抵当不動産を占有している場合のみならず，第三者が何ら権原なくして抵当不動産を占有している場合においても，抵当権者は，抵当不動産の占有関係について干渉し得る余地はないのであって，第三者が抵当不動産を権原により占有し又は不法に占有しているというだけでは，抵当権が侵害されるわけではない。

2　いわゆる短期賃貸借が抵当権者に損害を及ぼすものとして民法395条ただし書の規定により解除された場合も，右と同様に解すべきものであって，抵当

➡ *48*

権者は，短期賃貸借ないしこれを基礎とする転貸借に基づき抵当不動産を占有する賃借人ないし転借人（以下「賃借人等」という。）に対し，当該不動産の明渡しを求め得るものではないと解するのが相当である。けだし，民法395条ただし書による短期賃貸借の解除は，その短期賃貸借の内容（賃料の額又は前払の有無，敷金又は保証金の有無，その額等）により，これを抵当権者に対抗し得るものとすれば，抵当権者に損害を及ぼすこととなる場合に認められるのであって，短期賃貸借に基づく抵当不動産の占有それ自体が抵当不動産の担保価値を減少させ，抵当権者に損害を及ぼすものとして認められているものではなく（もし，そうだとすれば，そもそも短期賃貸借すべてが解除し得るものとなり，短期賃貸借の制度そのものを否定することとなる。）短期賃貸借の解除の効力は，解除判決によって，以後，賃借人等の抵当不動産の占有権原を抵当権者に対する関係のみならず，設定者に対する関係においても消滅させるものであるが，同条ただし書の趣旨は，右にとどまり，更に進んで，抵当不動産の占有関係について干渉する権原を有しない抵当権者に対し，賃借人等の占有を排除し得る権原を付与するものではないからである。そのことは，抵当権者に対抗し得ない，民法602条に定められた期間を超える賃貸借（抵当権者の解除権が認められなくても，当然抵当権者に対抗し得ず，抵当権の実行により消滅する賃借権）に基づき抵当不動産を占有する賃借人等又は不法占有者に対し，抵当権者にその占有を排除し得る権原が付与されなくても，その抵当権の実行の場合の抵当不動産の買受人が，民事執行法83条（188条により準用される場合を含む。）による引渡命令又は訴えによる判決に基づき，その占有を排除することができることによって，結局抵当不動産の担保価値の保存，したがって抵当権者の保護が図られているものと観念されていることと対比しても，見やすいところである。以上，要するに，民法395条ただし書の規定は，本来抵当権者に対抗し得る短期賃貸借で抵当権者に損害を及ぼすものを解除することによって抵当権者に対抗し得ない賃貸借ないしは不法占有と同様の占有権原のないものとすることに尽きるのであって，それ以上に，抵当権者に賃借人等の占有を排除する権原を付与するものではなく（もし，抵当権者に短期賃貸借の解除により占有排除の権原が認められるのであれば，均衡上抵当権者に本来対抗し得ない賃貸借又は不法占有の場合にも同様の権原が認められても然るべきであるが，その認め得ないことはいうまでもない。）前記の引渡命令又は訴えによる判決に基づく占有の排除を可能ならしめるためのものにとどまるのである。

3　したがって，抵当権者は，短期賃貸借が解除された後，賃借人等が抵当不動産の占有を継続していても，抵当権に基づく妨害排除請求として，その占有の排除を求め得るものでないことはもちろん，賃借人等の占有それ自体が抵当不動産の担保価値を減少させるものでない以上，抵当権者が，これによって担保価値が減少するものとしてその被担保債権を保全するため，債務者たる所有者の所有権に基づく返還請求権を代位行使して，その明渡しを求めることも，その前提を欠くのであって，これを是認することができない。」（裁判長裁判官　香川保一　裁判官　藤島　昭　中島敏次郎　木崎良平）

解　説

⑴　抵当権は物権としてその侵害に対する物権的請求権を有する。たとえば，抵当権の目的となっている山林の樹木が伐採搬出されようとしている場合には，これを阻止することができる（*41*）。いったん搬出された物の返還を求めることができるかについての判例はないが，類似の事例として，工場抵当法２条の抵当権についてはもとの備付場所に戻すことを求めることができるとされた（*45*）。

では，抵当権者は，目的物の不法占拠者を排除することはできるだろうか。最高裁は，かつて，抵当権が非占有担保権であることを過度に強調し，そのような妨害排除の権利を否定した（*48*）。この硬直的な立場を大きく転換した画期的な判例が *42* である。同判決は債権者代位権の行使を認めたものであるが，抵当権に基づく妨害排除も可能であることが奥田裁判官の補足意見で指摘されていた。これを認めたのが *43* であり，抵当権者への明渡しを認めた点，相手が不法占有者ではなく賃借人である点も注目される。しかし，賃料相当額の損害金の請求は認められない旨判示した。この点の評価については見解が分かれている。

⑵　*44* は，転抵当がなされた場合に，原抵当権者がどのような権利を保持するかを明らかにした重要な判例である。

➡ *49*

(3) 実行前の抵当権と目的不動産の第三取得者の関係に関しては，滌除と呼ばれる制度が置かれていたが（旧378条〜387条），濫用されることも多く，立法論として疑問が投ぜられていた。そこで，2003（平成15）年の民法改正よって大きく修正され，「抵当権消滅請求」という制度に置き換えられた。しかし，滌除に関する *46*，*47* は，抵当権消滅請求制度の解釈論に際しても参考になる。

［5］ 共同抵当

49 物上保証人の法定代位

最(一)判昭和44年7月3日民集23巻8号1297頁 （*最判解〈昭44下〉782頁，法協89巻11号1628頁，民商63巻1号54頁*）

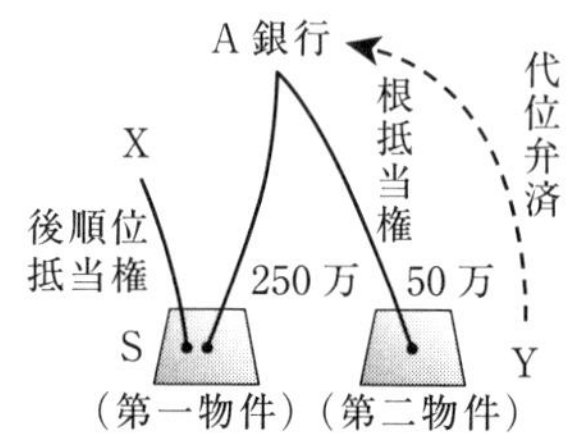

【事実】 A銀行（株式会社和歌山相互銀行）はSに対する債権を担保するため，S所有の不動産（第一物件）に極度額250万円の根抵当権の設定を受け，次いでYの所有する不動産（第二物件）に極度額50万円の根抵当権の設定を受けた。両根抵当権は，それぞれの極度額の限度で共同抵当権の関係にある。X（天見農業協同組合）は第一物件について被担保債権額200万円の抵当権を有する次順位抵当権者である。Yは，SのAに対する債務105万円余りを代位弁済し，第一物件の根抵当権に付記登記を経由するとともに，第二物件の根抵当権の登記を抹消した（Aが根抵当権を放棄した）。その後，Yは第一物件の根抵当権を実行し，Yが求償債権全部の配当を受け，残額がXに配当された。Xはこれを争って本訴を提起し，Yの債権に対する配当は392条により第一，第二物件の価額に応じて分担されるべきで，放棄された第二物件上の根抵当権が負担すべき金額を配当から控除せよと主張した。原審でXが敗訴したので，Xから上告。

【判決理由】 上告棄却 「まず，第2順位の抵当権者と第1順位の共同抵当権者との関係についてみるに，たとえば，債権者が債務者所有の甲，乙2個の不動産に第1順位の共同抵当権を有し，その後右甲不動産に第2順位の抵当権が設定された場合，共同抵当権者が甲不動産についてのみ抵当権を実行したときは，右共同抵当権者は，甲不動産の代価から債権全額の弁済を受けることができるが（民法392条2項前段），これに対応して，第2順位の抵当権者は，共

➡ 49

同抵当権者に代位して乙不動産につき抵当権を行なうことができるものとされている（同条同項後段）。したがって，共同抵当権者が，右抵当権の実行より前に乙不動産上の抵当権を放棄し，これを消滅させた場合には，放棄がなかったならば第2順位の抵当権者が乙不動産上の右抵当権に代位できた限度で，右第2順位の抵当権者に優先することができないと解すべきである（大判昭和11年7月14日判決民集15巻17号1409頁参照）。

つぎに，第2順位の抵当権者と物上保証人との関係についてみるに，右の例で乙不動産が第3者の所有であった場合に，たとえば，共同抵当権者が乙不動産のみについて抵当権を実行し，債権の満足を得たときは，右物上保証人は，民法500条により，右共同抵当権者が甲不動産に有した抵当権の全額について代位するものと解するのが相当である。けだし，この場合，物上保証人としては，他の共同抵当物件である甲不動産から自己の求償権の満足を得ることを期待していたものというべく，その後に甲不動産に第2順位の抵当権が設定されたことにより右期待を失わしめるべきではないからである（大判昭和4年1月30日判決参照）。これを要するに，第2順位の抵当権者のする代位と物上保証人のする代位とが衝突する場合には，後者が保護されるのであって，甲不動産について競売がされたときは，もともと第2順位の抵当権者は，乙不動産について代位することができないものであり，共同抵当権者が乙不動産の抵当権を放棄しても，なんら不利益を被る地位にはないのである。したがって，かような場合には，共同抵当権者は，乙不動産の抵当権を放棄した後に甲不動産の抵当権を実行したときであっても，その代価から自己の債権の全額について満足を受けることができるというべきであり，このことは，保証人などのように弁済により当然甲不動産の抵当権に代位できる者が右抵当権を実行した場合でも，同様である。」（裁判長裁判官　大隅健一郎　裁判官　入江俊郎　長部謹吾　松田二郎　岩田　誠）

→ *50*

50 物上保証人所有不動産の後順位抵当権者

最(三)判昭和53年7月4日民集32巻5号785頁
(最判解〈昭53〉242頁, 法協96巻11号1498頁, 民商80巻6号736頁, 百選I〈第2版〉196頁)

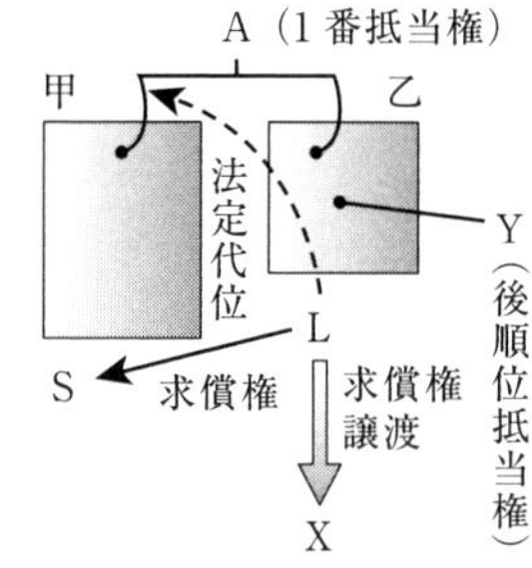

【事実】 S（サントハム栄養食品株式会社）に対する債権を担保するため，S所有の甲不動産とL所有の乙不動産にそれぞれA銀行（三和銀行）のための第1順位の根抵当権が設定され，さらにY_1（泉州銀行），Y_2（伊藤忠商事），X（野崎産業），Y_3（日綿実業）のための後順位根抵当権が設定されていた。その後，乙不動産が競売され，A銀行は債権の全額，Y_1は債権の一部の弁済を受けた。その結果，LはSに対する求償権を取得し，代位によりA銀行の1番根抵当権をも取得したので，付記登記を経由するとともに，求償権の一部（770万円余）と根抵当権の一部を，Bを経由してXに譲渡し，その旨の付記登記をした。その後甲不動産が競売されたが，その配当に際し，Xが，譲り受けた770万円余の求償債権額について，乙不動産上の後順位根抵当権者に優先して順位1番の根抵当権から配当を受けるべきことを主張して提起したのが本件配当異議訴訟である。原審がXの主張を認めなかったので，Xから上告。

【判決理由】 上告棄却 「債務者所有の不動産と物上保証人所有の不動産とを共同抵当の目的として順位を異にする数個の抵当権が設定されている場合において，物上保証人所有の不動産について先に競売がされ，その競落代金の交付により1番抵当権者が弁済を受けたときは，物上保証人は債務者に対して求償権を取得するとともに代位により債務者所有の不動産に対する1番抵当権を取得するが，後順位抵当権者は物上保証人に移転した右抵当権から優先して弁済を受けることができるものと解するのが，相当である。けだし，後順位抵当権者は，共同抵当の目的物のうち債務者所有の不動産の担保価値ばかりでなく，物上保証人所有の不動産の担保価値をも把握しうるものとして抵当権の設定を受けているのであり，一方，物上保証人は，自己の所有不動産に設定した後順位抵当権による負担を右後順位抵当権の設定の当初からこれを甘受しているものというべきであって，共同抵当の目的物のうち債務者所有の不動産が先に競

➡ 50

売された場合，又は共同抵当の目的物の全部が一括競売された場合との均衡上，物上保証人所有の不動産について先に競売がされたという偶然の事情により，物上保証人がその求償権につき債務者所有の不動産から後順位抵当権者よりも優先して弁済を受けることができ，本来予定していた後順位抵当権による負担を免れうるというのは不合理であるから，物上保証人所有の不動産が先に競売された場合においては，民法392条2項後段が後順位抵当権者の保護を図っている趣旨にかんがみ，物上保証人に移転した1番抵当権は後順位抵当権者の被担保債権を担保するものとなり，後順位抵当権者は，あたかも，右1番抵当権の上に民法372条，304条1項本文の規定により物上代位をするのと同様に，その順位に従い，物上保証人の取得した1番抵当権から優先して弁済を受けることができるものと解すべきであるからである（大判昭和11年12月9日判決民集15巻24号2172頁参照）。

そして，この場合において，後順位抵当権者は，1番抵当権の移転を受けるものではないから，物上保証人から右1番抵当権の譲渡を受け附記登記を了した第3者に対し右優先弁済権を主張するについても，登記を必要としないものと解すべく，また，物上保証人又は物上保証人から右1番抵当権の譲渡を受けようとする者は不動産登記簿の記載により後順位抵当権者が優先して弁済を受けるものであることを知ることができるのであるから，後順位抵当権者はその優先弁済権を保全する要件として差押えを必要とするものではないと解するのが，相当である。

したがって，原審の確定した事実関係のもとでは，Yらは X に優先して支払を受けることができるものというべきであって，これと同趣旨の原審の判断は，正当として是認することができ，その過程に所論の違法はない。論旨は，採用することはできない。」（裁判長裁判官　服部高顕　裁判官　天野武一　江里口清雄　高辻正己　環　昌一）

➡ 51

［関連裁判例］

51　債務者所有不動産と物上保証人所有不動産の後順位抵当権者

最(一)判昭和60年5月23日民集39巻4号940頁

(最判解〈昭60〉203頁，百選Ⅰ〈第4版〉184頁，百選Ⅰ〈第6版〉188頁，百選Ⅰ〈第9版〉184頁，昭60重判67頁)

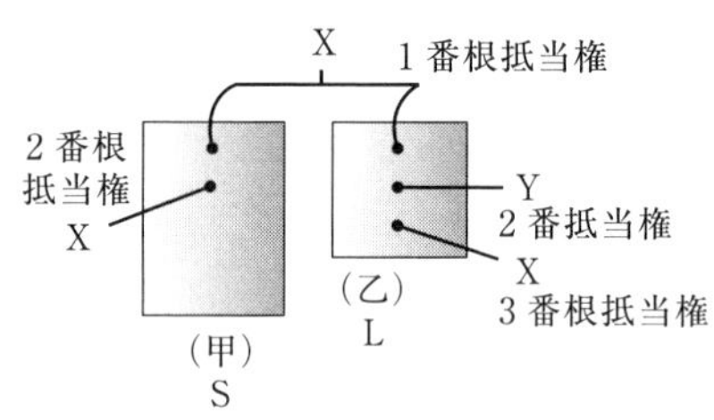

【事実】（若干簡略化する）X（株式会社徳陽相互銀行）はS（新栄観光開発株式会社）に対する債権を担保するため，S所有の甲不動産と物上保証人L所有の乙不動産に第1順位の根抵当権を有し，さらに甲不動産に第2順位の根抵当権，乙不動産に第3順位の根抵当権を有していた。他方Yは，Lに対する債権を担保するため乙不動産に第2順位の抵当権の設定を受けた。Lは前記各根抵当権設定契約を締結する際，Xとの合意で，物上保証人が弁済等によってXから代位によって取得する権利は，XとSの取引が継続している限り，Xの同意がなければ行使しない旨約した。Xが第1順位の根抵当権に基づき各不動産の競売を申し立て，まず乙不動産が競売されてXの債権の一部のみが配当を受け，次いで甲不動産が競売された。執行裁判所がXの第2順位の根抵当権よりYの抵当権を優先する交付表を作成したので，Xが配当異議の訴えを提起した。原審で敗訴したXから上告。争点は，第1に，甲不動産上の後順位抵当権者（X）とYとの優劣，第2に，LとXの特約の効力，そして第3に，甲不動産の1番根抵当権に対する配当に関しての，XとYの優劣であった。

【判決理由】　上告棄却　「共同根抵当の目的である債務者所有の不動産と物上保証人所有の不動産にそれぞれ債権者を異にする後順位抵当権が設定されている場合において，物上保証人所有の不動産について先に競売がされ，その競落代金の交付により1番抵当権者が弁済を受けたときは，物上保証人は債務者に対して求償権を取得するとともに，代位により債務者所有の不動産に対する1番抵当権を取得するが，物上保証人所有の不動産についての後順位抵当権者（以下「後順位抵当権者」という。）は物上保証人に移転した右抵当権から債務者所有の不動産についての後順位抵当権者に優先して弁済を受けることができるものと解するのが相当である（最㈢判昭和53年7月4日民集32巻5号785

➡ *51*

頁参照〔*50*事件〕)。右の場合において，債務者所有の不動産と物上保証人所有の不動産について共同根抵当権を有する債権者が物上保証人と根抵当権設定契約を締結するにあたり，物上保証人が弁済等によって取得する権利は，債権者と債務者との取引が継続している限り債権者の同意がなければ行使しない旨の特約をしても，かかる特約は，後順位抵当権者が物上保証人の取得した抵当権から優先弁済を受ける権利を左右するものではないといわなければならない。けだし，後順位抵当権者が物上保証人の取得した1番抵当権から優先して弁済を受けることができるのは，債権者が物上保証人所有の不動産に対する抵当権を実行して当該債権の弁済を受けたことにより，物上保証人が当然に債権者に代位し，それに伴い，後順位抵当権者が物上保証人の取得した1番抵当権にあたかも物上代位するようにこれを行使しうることによるものであるが，右特約は，物上保証人が弁済等をしたときに債権者の意思に反して独自に抵当権等の実行をすることを禁止するにとどまり，すでに債権者の申立によって競売手続が行われている場合において後順位抵当権者の右のような権利を消滅させる効力を有するものとは解されないからである。」

「債権者が物上保証人の設定にかかる抵当権の実行によつて債権の一部の満足を得た場合，物上保証人は，民法502条1項の規定により，債権者と共に債権者の有する抵当権を行使することができるが，この抵当権が実行されたときには，その代金の配当については債権者に優先されると解するのが相当である。けだし，弁済による代位は代位弁済者が債務者に対して取得する求償権を確保するための制度であり，そのために債権者が不利益を被ることを予定するものではなく，この担保権が実行された場合における競落代金の配当について債権者の利益を害するいわれはないからである。」(裁判長裁判官　矢口洪一　裁判官　谷口正孝　和田誠一　角田禮次郎　高島益郎)

➡ *52*

［関連裁判例］

52 共同抵当の目的不動産が同一物上保証人に属する場合

最(二)判平成4年11月6日民集46巻8号2625頁
(最判解〈平4〉451頁，百選Ⅰ〈第6版〉190頁，百選Ⅰ〈第9版〉186頁，平4重判74頁)

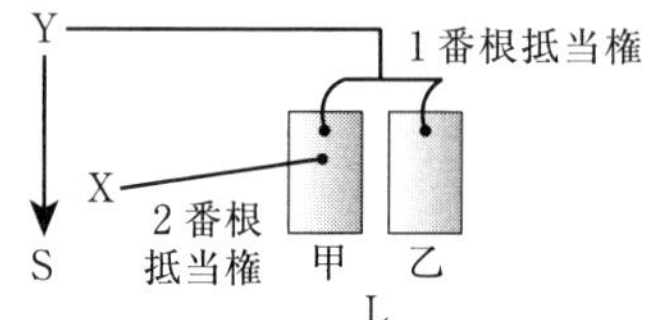

【事実】（若干簡略化する）Y（株式会社東北銀行）はS（株式会社大安）に対する債権の担保としてL所有の甲，乙不動産に共同根抵当権の設定を受けた。Xは甲不動産に第2順位の根抵当権を有している。Yは，Lから乙不動産を買い受けたAの要求に応じ，AからSの債務の一部の弁済を受けるのと引き換えに乙不動産上の根抵当権を放棄した。その後，Yが甲不動産上の根抵当権を実行し，Yのみが配当を受けたが，Xは，Yが乙不動産上の根抵当権を放棄しなければXが乙不動産に代位できた限度で配当を受けうるはずだとして，Yに対して不当利得の返還を求めた。原審がXの請求を認めたのでYから上告。

【判決理由】 上告棄却「共同抵当権の目的たる甲・乙不動産が同一の物上保証人の所有に属し，甲不動産に後順位の抵当権が設定されている場合において，甲不動産の代価のみを配当するときは，後順位抵当権者は，民法392条2項後段の規定に基づき，先順位の共同抵当権者が同条1項の規定に従い乙不動産から弁済を受けることができた金額に満つるまで，先順位の共同抵当権者に代位して乙不動産に対する抵当権を行使することができると解するのが相当である。けだし，後順位抵当権者は，先順位の共同抵当権の負担を甲・乙不動産の価額に準じて配分すれば甲不動産の担保価値に余剰が生ずることを期待して，抵当権の設定を受けているのが通常であって，先順位の共同抵当権が甲不動産の代価につき債権の全部の弁済を受けることができるため，後順位抵当権者の右の期待が害されるときは，債務者がその所有する不動産に共同抵当権を設定した場合と同様，民法392条2項後段に規定する代位により，右の期待を保護すべきものであるからである。甲不動産の所有権を失った物上保証人は，債務者に対する求償権を取得し，その範囲内で民法500条，501条の規定に基づき，先順位の共同抵当権者が有した一切の権利を代位行使し得る立場にあるが，自己の所有する乙不動産についてみれば，右の規定による法定代位を生じる余地はなく，前記配分に従った利用を前提に後順位の抵当権を設定しているのであるから，後順位抵当権者の代位を認めても，不測の損害を受けるわけではない。所論引用の判例は，いずれも共同抵当権の目的不動産が同一の物上保証人の所有に属する事案に関するものではなく，本件に適切でない。

そして，右の場合において，先順位の共同抵当権者が後順位抵当権者の代位の対象となっている乙不動産に対する抵当権を放棄したときは，先順位の共同抵当権者は，後順位抵当権者が乙不動産上の右抵当権に代位し得る限度で，甲不動産につき，後順位抵当権者に優先することができないのであるから（最㈠判裁昭和44年7月3日民集23巻8号1297頁参照），甲不動産から後順位抵当権者の右の優先額についてまで配当を受けたときは，これを不当利得として，後順位抵当権者に返還すべきものといわなければならない（最㈡判平成3年3月22日民集45巻3号322頁参照）。（裁判長裁判官　木崎良平　裁判官　藤島　昭　中島敏次郎　大西勝也）

解　説

債務者所有の不動産と物上保証人所有の不動産が共同抵当の目的となった場合の，物上保証人の法定代位の処理につき，*49* が教科書的な解説をしている。物上保証人の不動産に後順位抵当権者がいる場合に，物上保証人の法定代位と，後順位抵当権者の関係について判示したのが *50* である。

さらに，債務者所有の不動産にも後順位抵当権者がいた場合に，物上保証人所有不動産の後順位抵当権者との優劣を問題としたのが *51*，共同抵当の目的となった不動産がいずれも同一の物上保証人の所有の場合の扱いについて判示したのが *52* である。*53* は，法定代位権を制限する特約の効力，および，物上保証人所有不動産からの配当が一部弁済になった場合に，債務者所有不動産の1番抵当権者とこれに代位した後順位抵当権者の優劣についても判示している。実務的な細かい論点であるが，担保物権法の論理の運びを学ぶには興味深い素材である。

➡ *53*

［6］ 実行手続

53 担保不動産収益執行――相殺の対抗

最(二)判平成21年7月3日民集63巻6号1047頁

(最判解〈平21下〉499頁，民商141巻4＝5号67頁，
民事執行・保全百選〈第3版〉90頁，平21重判97頁)

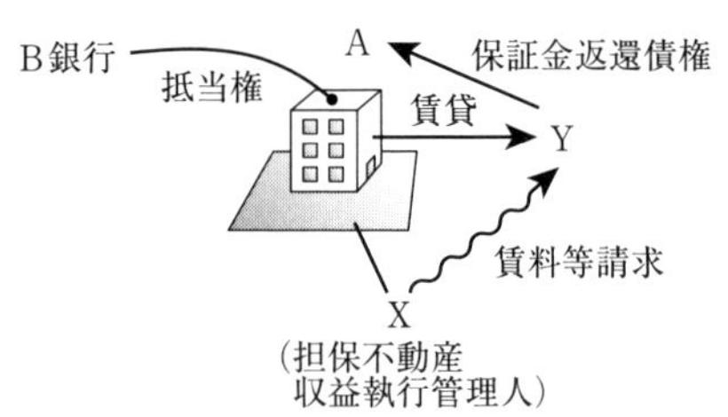

【事実】 甲府市所在の本件建物の過半数の共有持分を有するA（甲府新都市開発株式会社）は，1997年11月20日，Y（日本トイザらス株式会社）との間で，本件建物の1区画を，期間20年間，賃料月額700万円，保証金3億1500万円（賃貸開始後11年目から10年間にわたり均等に分割して返還する），敷金1億3500万円の約定でYに賃貸する契約を締結し，同区画をYに引き渡した。Aは，上記契約の締結に際し，Yから，本件保証金および敷金として合計4億5000万円を受領した。

Aは，1998年2月27日，本件建物の他の共有持分権者と共に，B銀行（第一勧業銀行）のために，本件建物につき，債務者をA，債権額を5億5000万円とする抵当権を設定し，その旨登記した。また，Aは，1999年6月22日，Yとの間で，Aが他の債権者から仮差押え，仮処分，強制執行，競売または滞納処分による差押えを受けたときは，本件保証金等の返還につき当然に期限の利益を喪失する旨合意した。

Aは，2006年2月14日，本件建物の同社持分につき甲府市から滞納処分による差押えを受けたことにより，本件保証金の返還につき期限の利益を喪失した。

本件建物については，2006年5月19日，前記抵当権に基づく担保不動産収益執行の開始決定があり，Xがその管理人に選任され，同月23日，本件開始決定に基づく差押えの登記がされた。

Yは，2006年7月から2007年2月までの間，8か月間の各翌月分賃料の一部をXに支払った。他方，YはAに対し，2006年7月5日，保証金返還残債権2億9295万円を自働債権とし，2006年7月分の賃料を受働債権として，対当額で相殺する旨の意思表示をし，さらに，2007年4月2日，保証金返還残債権2億8560万円を自働債権とし，2006年8月分から2007年3月分までの8か月分の賃料残債権を受働債権として，対当額で相殺する旨の意思表示をした（以下，これらの相殺を

「本件相殺」と総称し，その受働債権とされた賃料債権を「本件賃料債権」と総称する)。

これに対し，Xは相殺の効力を認めず，Yに対し，2006（平成18）年7月分から2007（平成19）年3月分までの9か月分の賃料合計6300万円および2006（平成18）年7月分の賃料700万円に対する遅延損害金の支払を求めた。

1審はYの相殺を認め，Xの請求を棄却したが，2審は，次のとおり判断して，Yの相殺を認めず，すでに支払われた分を控除した金額の限度でXの請求を認容した。すなわち，「受働債権とされている賃料は，いずれも上記開始決定の効力が生じた後の賃料であって，本件物件の管理，収益の収取の権限（以下「管理収益権」という。）が，Aにはなくなり，管理人に属する（民事執行法188条，95条1項）ようになってから発生したものということになる。その一方で，本件の保証金に関する関係は，本件物件の管理収益権とは無関係であるから，管理人にその権限はなく，AとYとの関係のままである。そうすると，上記各賃料の請求権と本件保証金返還請求権との関係は，同一当事者間において互いに同種の目的を有する債務を負担する関係にあるとはいい難いから，民法505条1項の相殺の要件を満たしておらず，相殺の効力を生じないというべきである。また，仮にそうでないとしても，上記賃料に係る債権を受働債権とする相殺の意思表示は，受働債権について管理権を有するXに対してすべきものと解され，ところが，上記各相殺の意思表示は，受働債権について管理権を有さないAに対して行っているから，この点でも同相殺は，効力を生じないというべきである。」

Yから上告受理申立て。なお，Yは将来の賃料債務との包括的相殺の意思表示もしており，1審ではこれが認められているが，この点に関する上告受理の申立ては受理決定において排除されたので，最高裁の判断は示されていない。

【判決理由】 破棄自判 「(1) 担保不動産収益執行は，担保不動産から生ずる賃料等の収益を被担保債権の優先弁済に充てることを目的として設けられた不動産担保権の実行手続の一つであり，執行裁判所が，担保不動産収益執行の開始決定により担保不動産を差し押さえて所有者から管理収益権を奪い，これを執行裁判所の選任した管理人にゆだねることをその内容としている（民事執行法188条，93条1項，95条1項)。管理人が担保不動産の管理収益権を取得するため，担保不動産の収益に係る給付の目的物は，所有者ではなく管理人が受領権限を有することになり，本件のように担保不動産の所有者が賃貸借契約を締結していた場合は，賃借人は，所有者ではなく管理人に対して賃料を支払う

➡ *53*

義務を負うことになるが（同法188条，93条1項），このような規律がされたのは，担保不動産から生ずる収益を確実に被担保債権の優先弁済に充てるためであり，管理人に担保不動産の処分権限まで与えるものではない（同法188条，95条2項）。

このような担保不動産収益執行の趣旨及び管理人の権限にかんがみると，管理人が取得するのは，賃料債権等の担保不動産の収益に係る給付を求める権利（以下「賃料債権等」という。）自体ではなく，その権利を行使する権限にとどまり，賃料債権等は，担保不動産収益執行の開始決定が効力を生じた後も，所有者に帰属しているものと解するのが相当であり，このことは，担保不動産収益執行の開始決定が効力を生じた後に弁済期の到来する賃料債権等についても変わるところはない。

そうすると，担保不動産収益執行の開始決定の効力が生じた後も，担保不動産の所有者は賃料債権等を受働債権とする相殺の意思表示を受領する資格を失うものではないというべきであるから（最㈢判昭和40年7月20日裁判集民事79号893頁参照），本件において，本件建物の共有持分権者であり賃貸人であるAは，本件開始決定の効力が生じた後も，本件賃料債権の債権者として本件相殺の意思表示を受領する資格を有していたというべきである。

⑵　そこで，次に，抵当権に基づく担保不動産収益執行の開始決定の効力が生じた後において，担保不動産の賃借人が，抵当権設定登記の前に取得した賃貸人に対する債権を自働債権とし，賃料債権を受働債権とする相殺をもって管理人に対抗することができるかという点について検討する。被担保債権について不履行があったときは抵当権の効力は担保不動産の収益に及ぶが，そのことは抵当権設定登記によって公示されていると解される。そうすると，賃借人が抵当権設定登記の前に取得した賃貸人に対する債権については，賃料債権と相殺することに対する賃借人の期待が抵当権の効力に優先して保護されるべきであるから（最㈢判平成13年3月13日民集55巻2号363頁参照），担保不動産の賃借人は，抵当権に基づく担保不動産収益執行の開始決定の効力が生じた後においても，抵当権設定登記の前に取得した賃貸人に対する債権を自働債権とし，賃料債権を受働債権とする相殺をもって管理人に対抗することができるというべきである。本件において，Yは，Aに対する本件保証金返還債権を本

件抵当権設定登記の前に取得したものであり，本件相殺の意思表示がされた時点で自働債権であるＹのＡに対する本件保証金返還残債権と受働債権であるＡのＹに対する本件賃料債権は相殺適状にあったものであるから，Ｙは本件相殺をもって管理人であるＸに対抗することができるというべきである。

(3) 以上によれば，Ｘの請求に係る平成18年7月分から平成19年3月分までの9か月分の賃料債権6300万円は，本件弁済によりその一部が消滅し，その残額3500万円は本件相殺により本件保証金返還残債権と対当額で消滅したことになる。」

「以上と異なる原審の判断には判決に影響を及ぼすことが明らかな法令の違反がある。論旨は理由があり，原判決のうちＹ敗訴部分は破棄を免れない。そして，Ｘの請求を棄却した第1審判決は結論において正当であるから，上記部分につきＸの控訴を棄却することとする。」（裁判長裁判官　今井　功　裁判官　中川了滋　古田佑紀　竹内行夫）

解　説

*53*は，平成15年の民事執行法改正により導入された担保不動産収益執行に関する判例である。賃料債務と賃貸人に差し入れていた保証金の返還債権との相殺の可否が争われたものであるが，不動産収益執行が開始したのちも賃料債権が帰属するのは担保不動産の所有者であることを明らかにしたうえで，相殺に関しては，抵当権による物上代位に関する*21*と同じ判断枠組みを適用した。

［7］　抵当権の消滅

54　抵当権の消滅時効

最(二)判平成30年2月23日民集72巻1号1頁（*最判解〈平30〉1頁，民商154巻6号89頁，平30重判66頁*）

【事実】 ＸはＹに対する債務を担保するため，その所有する建物の共有持分にＹのための根抵当権を設定し，その旨の仮登記がされた。約4年後，Ｘは破産手続開始の決定を受け，同時に破産手続廃止の決定を受けた。その後，Ｘは免責許可の決定を受け，確定した。それから10年余りのち，Ｘは，Ｙの抵当権は時効によって消滅したとして，Ｙに対して抵当権設定仮登記の抹消を請求した。

→ *54*

1審，原審ともXの請求を棄却したが，原審は次のとおり判断した。

⑴　本件貸金債権は，免責許可の決定の効力を受ける債権であるから，消滅時効の進行を観念することができない。

⑵　民法396条により，抵当権は，債務者および抵当権設定者に対してはその担保する債権と同時でなければ時効によって消滅しないから，Xの請求は，その余の点について判断するまでもなく理由がない。

Xから上告。

【判決理由】　上告棄却（山本裁判官の補足意見がある）

「原審の上記……⑴の判断は是認することができるが，同⑵の判断は是認することができない。その理由は，次のとおりである。

⑴　免責許可の決定の効力を受ける債権は，債権者において訴えをもって履行を請求しその強制的実現を図ることができなくなり，上記債権については，もはや民法166条1項に定める「権利を行使することができる時」を起算点とする消滅時効の進行を観念することができないというべきである（最㈢判平成11年11月9日民集53巻8号1403頁参照)。このことは，免責許可の決定の効力を受ける債権が抵当権の被担保債権である場合であっても異なるものではないと解される。

⑵ア　民法396条は，抵当権は，債務者及び抵当権設定者に対しては，被担保債権と同時でなければ，時効によって消滅しない旨を規定しているところ，この規定は，その文理に照らすと，被担保債権が時効により消滅する余地があることを前提としているものと解するのが相当である。そのように解さないと，いかに長期間権利が行使されない状態が継続しても消滅することのない抵当権が存在することとなるが，民法が，そのような抵当権の存在を予定しているものとは考え難い。

イ　そして，抵当権は，民法167条2項の「債権又は所有権以外の財産権」に当たるというべきである。

論旨は，抵当権の被担保債権が免責許可の決定の効力を受ける場合の抵当権自体の消滅時効期間は被担保債権の種類に応じて5年（商法522条）や10年（民法167条1項）である旨をいうが，そのように解することは，上記の場合にも被担保債権の消滅時効の進行を観念するに等しいものであって上記⑴と相

➡ 54

いれず，また，法に規定のない消滅時効の制度を創設することになるものであるから，採用することができない。

ウ　したがって，抵当権の被担保債権が免責許可の決定の効力を受ける場合には，民法396条は適用されず，債務者及び抵当権設定者に対する関係においても，当該抵当権自体が，同法167条2項所定の20年の消滅時効にかかると解するのが相当である。

(3)　以上のことは，担保すべき元本が確定した根抵当権についても，同様に当てはまるものである。」

「以上によれば，免責許可の決定の効力を受けることによって消滅時効の進行を観念することができなくなった債権を被担保債権とする抵当権は，民法396条により，債務者及び抵当権設定者に対しては時効によって消滅しないことを理由に，Xの請求を棄却すべきものとした原審の判断には，法令の解釈適用を誤った違法がある。

しかしながら，上記事実関係の下においては，本件根抵当権を行使することができる時から20年を経過していないことは明らかであるから，Xの請求には理由がないことになる。

したがって，Xの請求を棄却すべきものとした原審の判断は，結論において是認することができる。論旨は採用することができない。」

山本庸幸裁判官の補足意見

「抵当権の被担保債権が免責許可の決定の効力を受ける場合に民法396条が適用されない理由について，若干の補足をしたい。

民法396条は，債務者及び抵当権設定者が被担保債権について弁済をしないで抵当権の時効消滅を主張することは信義に反するため，これらの者については抵当権自体の時効消滅を認めないという趣旨の規定であると解される。本件のように，抵当権の被担保債権が免責許可の決定の効力を受けることにより訴えをもってその強制的実現を図ることができなくなっている場合には，債務者及び抵当権設定者がそのような被担保債権に対する弁済をせずに抵当権の時効消滅を主張しても，信義に反するとはいえないのであり，上記のような同条の趣旨に照らしても，抵当権の被担保債権が免責許可の決定の効力を受ける場合には，同条の適用はないというべきである。」（裁判長裁判官　鬼丸かおる　裁判

➡ 解説

官　山本庸幸　菅野博之）

解　説

抵当権の消滅時効については396条が「債務者及び抵当権設定者」に対しては被担保債権と独立には時効消滅しないと規定している。古い判例は，この規定を反対解釈し，後順位抵当権者や第三取得者との関係では，被担保債権と独立に20年の消滅時効にかかることを認めていた（大判昭和15年11月26日民集19巻2100頁）。しかし，破産手続がからむと，債務者や抵当権設定者との関係においても，被担保債権とは独立に抵当権の時効消滅を観念できる場合が生ずる。これを明らかにしたのが*54*である。

第11章　譲渡担保

[1]　認定・法的性質

55　譲渡担保の認定――買戻特約付売買との区別

最(三)判平成18年2月7日民集60巻2号480頁

(最判解〈平18上〉240頁，法協129巻1号184頁，民商135巻4・5号122頁，百選Ⅰ〈第9版〉188頁，不動産取引百選〈第3版〉168頁，平18重判72頁)

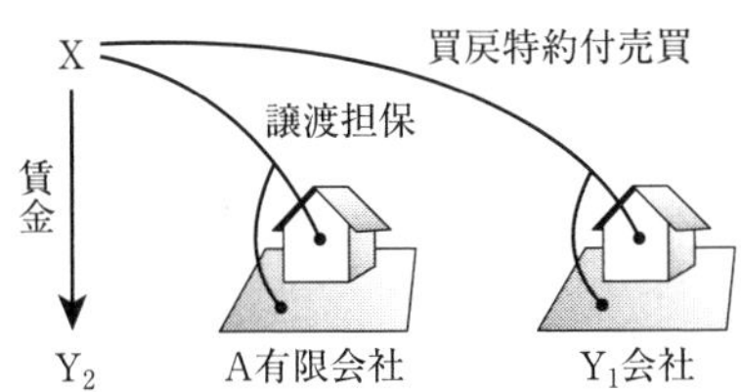

【事　実】 2000年11月13日，X（有限会社三友商事）は，Y_2に対し，利息を月3分とする約定で，1000万円を貸し付け（「別件貸付け」），その担保として，Y_2が経営する有限会社A（有限会社カネツカサ）との間で，同社の所有する土地および建物について譲渡担保契約を締結した（「別件契約書」）。しかし，Y_2は，別件貸付けに係る利息ないし遅延損害金の一部を支払ったのみであったため，Xは，別件貸付けについて，少なくともその利息を回収するため，Y_2が代表取締役を務めるY_1（株式会社東峰興産）との間で，Y_1所有の本件土地建物について買戻特約付売買契約を締結することとした。

2001年12月13日，XとY_1は，本件土地建物の売買代金を合計750万円，買戻期間を平成14年3月12日までとする買戻特約付売買契約を締結し，同日，XはY_1に対し売買代金750万円のうち400万円を支払うこととしたが，Y_1の了承の下，400万円から，買戻権付与の対価として67万5000円，別件貸付けの利息9か月分として270万円，登記手続費用等の支払に充てるべく司法書士に預託した41万円，以上合計378万5000円を控除し，21万5000円をY_1に交付した。別件貸付けの利息として支払われた270万円の領収証には，そのただし書欄に「利息」と明記されているのに対し，買戻権付与の対価として支払われた67万5000円の領収証にはその記載がない。翌日，Xは，本件土地建物について登記手続が完了したことを確認し，Y_1に対し，売買代金の残金350万円を支払った。しかし，Y_1は，2002年3月12日までに本件契約に基づく買戻しをしなかった。

なお，本件契約には，買戻期間内に本件土地建物をY_1からXに引き渡す旨の約定はなく，本件建物は本件契約日以降もYらが共同して占有している。

➡ *55*

Xは Yらに対し，本件契約は民法の買戻しの規定が適用される買戻特約付売買契約であり，Xは本件契約によって本件建物の所有権を取得したと主張して，所有権に基づき本件建物の明渡しを求めた。これに対し，Yらは，本件契約は譲渡担保契約であるからXは本件建物の所有権を取得していないと主張して，これを争った。

1審，2審ともに，前記の事実をもとに，本件契約は譲渡担保契約ではなく真正な買戻特約付売買契約と認められるとして，Xの請求を認容した。Yらから上告受理の申立て。

【判決理由】 破棄自判「真正な買戻特約付売買契約においては，売主は，買戻しの期間内に買主が支払った代金及び契約の費用を返還することができなければ，目的不動産を取り戻すことができなくなり，目的不動産の価額（目的不動産を適正に評価した金額）が買主が支払った代金及び契約の費用を上回る場合も，買主は，譲渡担保契約であれば認められる清算金の支払義務（最㈠判昭和46年3月25日民集25巻2号208頁参照）を負わない（民法579条前段，580条，583条1項)。このような効果は，当該契約が債権担保の目的を有する場合には認めることができず，買戻特約付売買契約の形式が採られていても，目的不動産を何らかの債権の担保とする目的で締結された契約は，譲渡担保契約と解するのが相当である。

そして，真正な買戻特約付売買契約であれば，売主から買主への目的不動産の占有の移転を伴うのが通常であり，民法も，これを前提に，売主が売買契約を解除した場合，当事者が別段の意思を表示しなかったときは，不動産の果実と代金の利息とは相殺したものとみなしている（579条後段)。そうすると，買戻特約付売買契約の形式が採られていても，目的不動産の占有の移転を伴わない契約は，特段の事情のない限り，債権担保の目的で締結されたものと推認され，その性質は譲渡担保契約と解するのが相当である。」

「本件契約は，目的不動産である本件建物の占有の移転を伴わないものであることが明らかであり，しかも，債権担保の目的を有することの推認を覆すような特段の事情の存在がうかがわれないだけでなく，かえって，① Xが本件契約を締結した主たる動機は，別件貸付けの利息を回収することにあり，実際にも，別件貸付けの元金1000万円に対する月3分の利息9か月分に相当する270万円を代金から控除していること，② 真正な買戻特約付売買契約においては，買戻しの代金は，買主の支払った代金及び契約の費用を超えることが許されないが（民法579条前段），Xは，買戻権付与の対価として，67万5000円（代金額750万円に対する買戻期間3か月分の月3分の利息金額と一致する。）を代金から控除しており，Y_1はこの金額も支払わなければ買戻しができないことになることなど，本件契約が債権担保の目的を有することをうかがわせる事情が存在することが明らかである。

したがって，本件契約は，真正な買戻特約付売買契約ではなく，譲渡担保契約と解すべきであるから，真正な買戻特約付売買契約を本件建物の所有権取得原因とするXのYらに対する請求はいずれも理由がない。」

「以上によれば，本件契約を真正な買戻特約付売買契約と解し，Xの請求を認容すべきものとした原審の判断には，判決に影響を及ぼすことが明らかな法令の違反がある。論旨は，上記の趣旨をいうものとして理由がある。したがって，原判決を破棄し，Xの請求を認容した第1審判決を取消した上，Xの請求をいずれも棄却することとする。」（裁判長裁判官 上田豊三 裁判官 濱田邦夫 藤田宙靖 堀籠幸男）

56 会社更生手続上の扱い

最(一)判昭和41年4月28日民集20巻4号900頁

（最判解〈昭41〉604頁，法協84巻4号588頁，民商55巻6号1036頁，百選I〈第3版〉202頁，百選I〈第4版〉202頁，倒産百選〈第6版〉116頁）

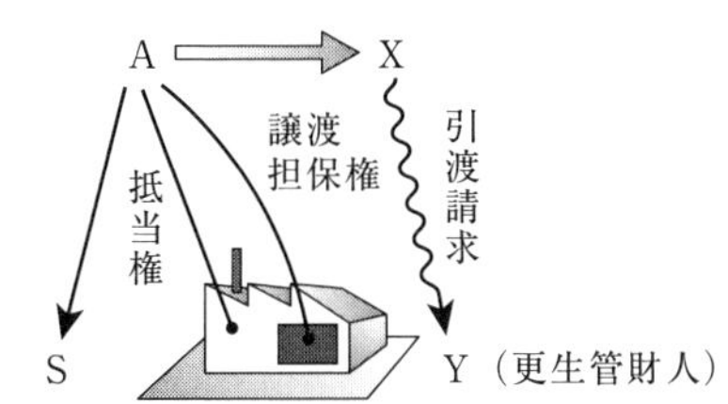

【事実】 A（中小企業金融公庫）はS（深田木材株式会社）に対する債権を担保するため，S所有の不動産（宅地・工場）上に抵当権を，また工場備付の機械器具に対して譲渡担保権を有していた。その後，Sは会社更生手続の開始を申し立て，開始決定がなされてYが更生管財人に選任された。Aから前記債権と抵当権・譲渡担保権を譲り受けたX（株式会社関西相互銀行）は，更生担保権届出書を提出したが，工場には別の債権者の工場抵当法2条による根抵当権が設定されていたため，譲渡担保権の存続は認められなかった。そこでXは取戻

➡ 57

権の行使として，機械器具の引渡しをＹに求めた。

1，２審ともにＸの請求を認めず，特に原審は，譲渡担保権は法形式上は所有権の譲渡であるから，本来取戻権の行使が可能だとしつつ，債権の届出がなされた譲渡担保権については，これを担保として扱い，抵当権や質権などの更生担保権者よりも優先的地位を与えるべきことを詳細に判示し，その点で本件更生計画認可決定には瑕疵があるが，抗告の申立てもなく確定した以上有効だとした。Ｘは原審が譲渡担保権を更生担保権として扱う点などを争って上告。

【判決理由】 上告棄却 「原審が確定した事実によれば，昭和34年12月25日本件更生手続開始当時，本件物件の所有権は，訴外Ｓ株式会社（更生会社）とＸ会社間の譲渡担保契約に基づき，Ｘ会社に移転していたが，右所有権の移転は確定的なものではなく，両会社間に債権債務関係が存続していたものである。かかる場合，譲渡担保権者は，更生担保権者に準じてその権利の届出をなし，更生手続によってのみ権利行使をなすべきものであり，目的物に対する所有権を主張して，その引渡を求めることはできないものというべく，すなわち取戻権を有しないと解するのが相当である。されば，Ｘ会社の本訴引渡請求を認容しなかった原審究極の判断は正当である。」（裁判長裁判官　松田二郎　裁判官　入江俊郎　長部謹吾　岩田　誠）

57 譲渡担保権と第三者異議の訴え

最(一)判昭和56年12月17日民集35巻9号1328頁 (最判解〈昭56〉824頁，民商87巻4号605頁)

【事実】 Ｘ（有限会社奥貞樹脂工業）はＳに対する債権を担保するため，Ｓ所有の工作機械（本件物件）に譲渡担保権を取得したが，その後Ｘ自身のＡに対する債務を担保するため，Ｘは本件物件をＳ方から搬出し，これについてＡとの間で更に譲渡担保契約を締結した。ところがＳに対する債権者であるＹが本件物件について強制執行を開始したので，Ｘが第三者異議の訴えを提起した。

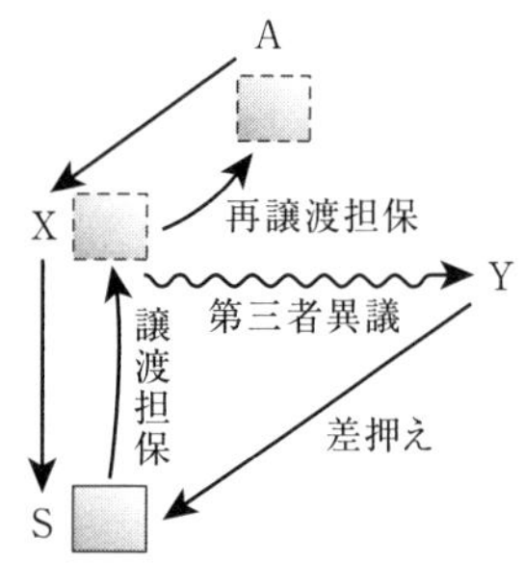

【判決理由】 上告棄却 「譲渡担保権者は，特段の事情がないかぎり，譲渡担

保権者たる地位に基づいて目的物件に対し譲渡担保権設定者の一般債権者がした強制執行の排除を求めることができるものと解すべきところ，譲渡担保権者がその目的物件につき自己の債権者のために更に譲渡担保権を設定した後においても，右譲渡担保権者は，自己の有する担保権自体を失うものではなく，自己の債務を弁済してこれを取り戻し，これから自己の債権の満足を得る等担保権の実行について固有の利益を有しているから，前記の強制執行に対し譲渡担保権者たる地位に基づいてその排除を求める権利も依然としてこれを保有しているものと解するのが相当である。

これを本件についてみるのに，原審が適法に確定した事実関係は，(1) Yは，昭和52年8月20日，Sに対する（中略）公正証書の執行力ある正本に基づき，中空成型機VTP—55（鳥羽製作所製造）2基（以下「本件物件」という。）につき照査手続をした，(2) Sは，Xに対し，昭和49年10月上旬から昭和50年4月9日までの間のプラスチック製品の加工賃及び原料代として980万5084円の債務を負担していたが，右同日，Xとの間で，右金額を同年5月10日から同年8月31日までの間に6回に分割して支払い，右支払を担保するため本件物件の所有権をXに譲渡し，Sが債務を完済したときは，本件物件の所有権は当然同人に復帰する旨の譲渡担保契約を締結し，占有改定の方法によりその引渡を了したところ，はじめの3回分の分割金を支払ったのみで，その後遅滞に陥り，残り3回分の分割金合計591万9725円を支払わない，(3) Xは，本件物件をS方から搬出したうえ，昭和52年2月28日，Aとの間で，本件物件につき譲渡担保契約（以下「再譲渡担保契約」という。）を締結した，というのであり，本件記録によれば，前記特段の事情についてなんらの主張立証がないことが明らかである。

右事実関係のもとにおいては，Xは，譲渡担保権者として，再譲渡担保契約締結後においても，本件物件につきSの債権者であるYがした本件強制執行の排除を求めることができるものというべきである。」（裁判長裁判官　中村治朗　裁判官　団藤重光　藤崎萬里　本山　亨　谷口正孝）

58 譲渡担保権設定者の物権的請求権

最(三)判昭和57年9月28日判時1062号81頁（民商88巻3号388頁）

【事実】 競落によって本件土地を取得したXが，不法占有者Yに対して明渡請求の本訴を提起し，1審で勝訴したが，2審の途中で本件土地につき第三者との間で譲渡担保を原因とする所有権移転登記を経由したため，Yから，Xは明渡請求の基礎となる本件土地の所有権を喪失したとの主張が提出された。しかし，2審はXの請求を認めたので，Yから上告。

【判決理由】 上告棄却 「譲渡担保は，債権担保のために目的物件の所有権を移転するものであるが，右所有権移転の効力は債権担保の目的を達するのに必要な範囲内においてのみ認められるのであって，担保権者は，債務者が被担保債務の履行を遅滞したときに目的物件を処分する権能を取得し，この権能に基づいて目的物件を適正に評価された価額で確定的に自己の所有に帰せしめ又は第三者に売却等することによって換価処分し，優先的に被担保債務の弁済に充てることができるにとどまり，他方，設定者は，担保権者が右の換価処分を完結するまでは，被担保債務を弁済して目的物件についての完全な所有権を回復することができるのであるから（最㈠判昭和41年4月28日民集20巻4号900頁，最㈠判昭和46年3月25日民集25巻2号208頁〔*55*事件〕，最㈡判昭和57年1月22日民集36巻1号92頁参照），正当な権原なく目的物件を占有する者がある場合には，特段の事情のない限り，設定者は，前記のような譲渡担保の趣旨及び効力に鑑み，右占有者に対してその返還を請求することができるものと解するのが相当である。

したがって，右と結論を同じくする原審の判断は正当であり，原判決に所論の違法はない。」（裁判長裁判官　横井大三　裁判官　伊藤正己　寺田治郎　木戸口久治）

59 譲渡担保と物上代位

最(二)決平成29年5月10日民集71巻5号789頁
(最判解〈平29上〉244頁, 民商154巻1号173頁, 商法百選120頁, 平29重判71頁)

【事実】 輸入業者Yは中国の企業Aから商品甲（本件商品）を輸入するについて，X銀行から信用状の発行を受けた。これにより，Aは自分の取引銀行B銀行を通じて代金の支払を受けることができ，B銀行にX銀行は補償債務を負う。これを弁済したX銀行に対してYは償還債務を負う。そこでYは，この債務を担保するため，X銀行のために商品甲に譲渡担保権を設定したが，同時に，X銀行はYに商品甲の「貸渡し」を行い，その受領，通関手続，運搬および処分等の権限を与えた（このような「貸渡し」は信用状取引の一般的実務である)。Yはこの権限に基づいて，海運貨物取扱業者（海貨業者）Cに商品甲の受領，通関手続および転売先への運搬を委託し，さらに商品甲をDに売り渡した。商品甲はCからDに引き渡され，その間，Yは商品甲を直接占有したことはなかった。

間もなく，Yは民事再生手続開始の申立てをして同手続の開始決定を受けた。それにより，Yは銀行取引約定に基づき前記償還債務の期限の利益を失い，X銀行は，譲渡担保権に基づく物上代位権の行使として，商品甲のDに対する転売代金債権の差押えの申立てをし，大阪地方裁判所の差押命令が発付された。

これに対してYは，譲渡担保権に基づく物上代位権を行使するためには，再生手続開始の時点で本件譲渡担保権につき対抗要件を具備している必要があるが，Yが商品甲を直接占有していない以上，X銀行がYから占有改定の方法により商品甲の引渡しを受けることはできず，X銀行は対抗要件を具備していないから，物上代位権を行使することはできないとして，差押命令の取消しを求める執行抗告をした。大阪地方裁判所が前記命令を取り消して，本件申立てを却下する決定をしたため，X銀行が執行抗告をした。原審（大阪高裁）は，X銀行が占有改定の方法により本件商品の引渡しを受けたとして，本件譲渡担保権につき対抗要件を具備したことを認め，前記決定を取り消して，債権差押命令を発付すべきものとしたので，Yが許可抗告の申立てをした。

【決定理由】 抗告棄却 「1　本件は，輸入業者であるYから依頼を受けてその輸入商品に関する信用状を発行した銀行であるXが，Yにつき再生手続開始の決定がされた後，上記輸入商品に対する譲渡担保権に基づく物上代位権の行使として，Yが転売した上記輸入商品の売買代金債権の差押えを申し立てた事案である。Xが占有改定の方法により上記輸入商品の引渡しを受けたか

➡ 60

否かが争われている。

2　記録によれば，本件の経緯は次のとおりである。」（上記**【事実】**参照）

「3　上記の経緯によれば，Ｙは本件譲渡担保権の目的物である本件商品について直接占有したことはないものの，輸入取引においては，輸入業者から委託を受けた海貨業者によって輸入商品の受領等が行われ，輸入業者が目的物を直接占有することなく転売を行うことは，一般的であったというのであり，ＹとＸとの間においては，このような輸入取引の実情の下，Ｘが，信用状の発行によって補償債務を負担することとされる商品について譲渡担保権の設定を受けるに当たり，Ｙに対し当該商品の貸渡しを行い，その受領，通関手続，運搬及び処分等の権限を与える旨の合意がされている。一方，Ｙの海貨業者に対する本件商品の受領等に関する委託も，本件商品の輸入につき信用状が発行され，同信用状を発行した金融機関が譲渡担保権者として本件商品の引渡しを占有改定の方法により受けることとされていることを当然の前提とするものであったといえる。そして，海貨業者は，上記の委託に基づいて本件商品を受領するなどしたものである。

以上の事実関係の下においては，本件商品の輸入について信用状を発行した銀行であるＸは，Ｙから占有改定の方法により本件商品の引渡しを受けたものと解するのが相当である。そうすると，Ｘは，Ｙにつき再生手続が開始した場合において本件譲渡担保権を別除権として行使することができるというべきであるから，本件譲渡担保権に基づく物上代位権の行使として，本件転売代金債権を差し押さえることができる。」（裁判長裁判官　小貫芳信　裁判官　鬼丸かおる　山本庸幸　菅野博之）

［関連裁判例］

60　譲渡担保権消滅の第三者対抗要件

最(一)判昭和 62 年 11 月 12 日判時 1261 号 71 頁（*百選Ⅰ〈第 3 版〉204 頁，不動産取引百選〈第 3 版〉172 頁*）

【事実】　ＸはＡに対する債務を担保するため，本件不動産を譲渡担保に供し，Ａへの所有権移転登記が経由された。その後，債務は弁済され，譲渡担保権は消滅したが，Ａは本件不動産をＹに売り渡し，仮登記を経由した。そこでＸからＹに対

➡ 解説

して，所有権に基づき同仮登記の抹消を求めた。

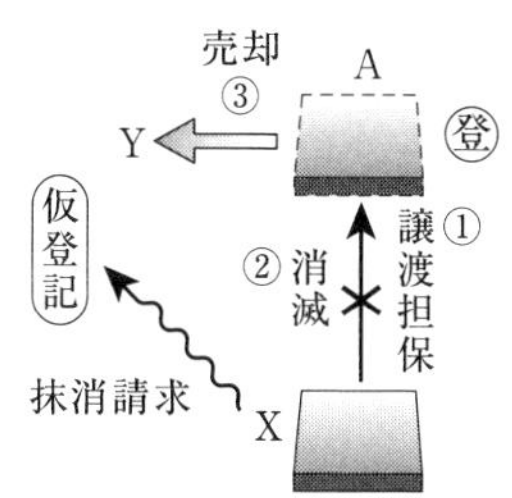

【判決理由】 上告棄却 「不動産が譲渡担保の目的とされ，設定者から譲渡担保権者への所有権移転登記が経由された場合において，被担保債務の弁済等により譲渡担保権が消滅した後に目的不動産が譲渡担保権者から第三者に譲渡されたときは，右第三者がいわゆる背信的悪意者に当たる場合は格別，そうでない限り，譲渡担保設定者は，登記がなければ，その所有権を右第三者に対抗することができないものと解するのが相当である。」（裁判長裁判官　佐藤哲郎　裁判官　角田禮次郎　高島益郎　大内恒夫　四ツ谷巖）

解　説

譲渡担保の認定に関する判例として，*55* は，買戻特約付の売買という法形式が用いられた契約を譲渡担保と性質決定した。両者は外形が類似しているが，占有移転の有無に着目して担保の実質を判断した。譲渡担保を理解するうえで有益な判例である。この判決で用いられた判断基準は，単純な売買，あるいは再売買の予約の法形式が用いられた場合にも妥当すると思われる。

譲渡担保権の法的構成について，判例は基本的に，対外的関係に関しては所有権的構成を採用していると見られる。*57* は譲渡担保権者が第三者異議の訴えを提起することを認めた。同判決は民事執行法施行（昭和 55 年 10 月 1 日）前の事件であるが，施行後については，最㈠判昭和 58 年 2 月 24 日判時 1078 号 76 頁が同旨を判示している。なお *57* は，譲渡担保権者が目的物に再度譲渡担保権を設定した場合でもその地位を失わないことを判示している。

これに対して，*56* は会社更生手続において，譲渡担保権に更生担保権としての扱いを肯定した。もっとも，会社更生手続における譲渡担保権の扱いを詳細に論じた原審の考え方を承認したものとは解されず，取戻権を否定した原審の結論を是認したにとどまる。最高裁がこのように担保的構成への接近を見せたのは，会社更生手続の特殊性によるものとも考えられる（会社再建が目的であるから使用中の機械器具の取戻しを認めたのでは目的を達せられない）。*58* は，法律構成について明示しているわけではないが，設定者に物権的請求権を認め，や

➡ 61

はり担保的構成に接近した判断を示している点が注目される。また，最(二)決平成11年5月17日民集53巻5号863頁は，売買代金債権への物上代位も認めた。いずれも，譲渡担保を担保物権として扱う流れに位置づけることができる。*59*は，この物上代位が，譲渡担保権設定者が一度も目的物の直接占有を取得することのない輸入品の信用状取引においても認められることを判示したものであるが，輸入実務を知る上でも興味深い。

なお，債務の弁済後に目的物が譲渡担保権者により第三者に売却された場合は，所有権的構成からは二重譲渡類似の関係になる。*60*はこれを判示した初めての判決である。担保権的構成からは，第三者は無権利者からの譲受人となり，94条2項の類推で処理されるであろうから，第三者が単純悪意の場合，結果が異なってくる。

［2］ 清算義務と受戻権

61 清算義務

最(一)判昭和46年3月25日民集25巻2号208頁
(最判解〈昭64〉74頁，法協90巻2号433頁，民商66巻1号138頁，百選I〈第2版〉212頁，百選I〈第9版〉190頁)

【事実】 債務者Yが債務を返済しないので，債権者Xは，Y所有の本件土地につき，期日までに債務を返済すれば返還する旨の合意のもとに売買を原因とする所有権移転登記をした。この取引は，譲渡担保であると認定されている。期日にYが債務を返済しなかったので，Xは確定的に所有権を取得したとして，Yに対し，合意に従って地上の建物を収去し土地を明け渡すよう求めた。契約時の本件土地の価額は349万余円であり，Yの債務額は246万余円である。原審がXの請求を認めたので，Yから，清算義務の存在を主張するなどして上告。

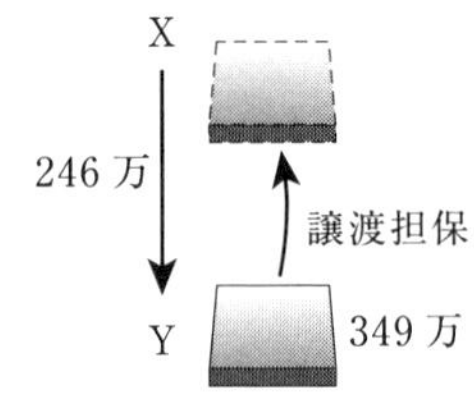

【判決理由】 破棄差戻し「貸金債権担保のため債務者所有の不動産につき譲渡担保形式の契約を締結し，債務者が弁済期に債務を弁済すれば不動産は債務者に返還するが，弁済をしないときは右不動産を債務の弁済の代わりに確定的に自己の所有に帰せしめるとの合意のもとに，自己のため所有権移転登記を経由した債権者は，債務者が弁済期に債務の弁済をしない場合においては，目的

不動産を換価処分し，またはこれを適正に評価することによって具体化する右物件の価額から，自己の債権額を差し引き，なお残額があるときは，これに相当する金銭を清算金として債務者に支払うことを要するのである。そして，この担保目的実現の手段として，債務者に対し右不動産の引渡ないし明渡を求める訴を提起した場合に，債務者が右清算金の支払と引換えにその履行をなすべき旨を主張したときは，特段の事情のある場合を除き，債権者の右請求は，債務者への清算金の支払と引換えにのみ認容されるべきものと解するのが相当である（最㈠判昭和 45 年 9 月 24 日）。

本件においては，本件土地の譲渡担保契約の締結時における時価は 349 万余円であるのに，これが債務金 2, 467, 240 円にひきあてられたものであることは，原審の適法に認定したところであり，しかも，前記特段の事情については，原審の認定したところからは認められないのにかかわらず，原審が，弁済期である昭和 35 年 12 月末日の経過とともに本件土地の所有権は X に確定的に帰したとして，X が右土地所有権に基づき，同土地上にある Y の本件建物を収去して本件土地を X に対し明け渡すべきことを求める請求を認容したことは，原判文上明らかである。

ところで，本件記録に徴すれば，Y は，原審において，本件土地の時価は坪当り金 12, 000 円で，しかもその土地は容易に処分しうる状態にあったのに，坪当り僅か金 4, 000 円で X にその所有権を移転する筈がないとして X の請求を争っているのであるから，適切な釈明いかんによっては，Y において前記のような主張および立証をなす余地があるにもかかわらず，原審は，この点の配慮をすることなく，右請求を認容しているのであって，右に説示したところに徴し，右原審の判断には審理不尽の違法があるといわなければならず，原判決は破棄を免れない。論旨は理由がある。

よって，右の点に関し主張立証を尽くさせる等のため，民訴法 407 条 1 項により，原判決を破棄し，本件を原審に差し戻すこととし，裁判官全員一致で，主文のとおり判決する。」（裁判長裁判官　長部謹吾　裁判官　岩田　誠　大隅健一郎　藤林益三　下田武三）

62 帰属清算型の場合の清算金の確定時期

最(一)判昭和62年2月12日民集41巻1号67頁 (最判解〈昭62〉34頁，法協114巻11号1423頁，民商97巻4号557頁)

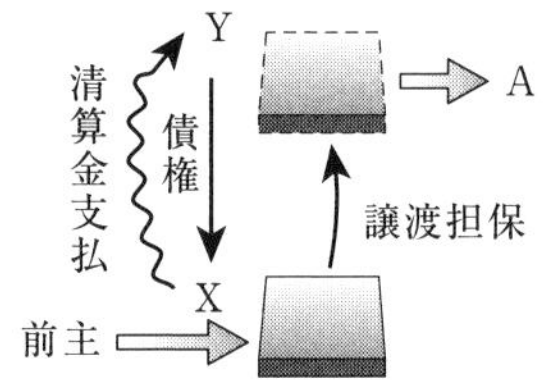

【事実】（若干簡略化する）X（日本敬老住宅株式会社）は本件土地（農地）を知事の許可を条件として買い受け，仮登記を経由した。その後，昭和44年10月に，XはY（白金工業株式会社）に対する債務の担保のために本件土地を譲渡担保としてYに譲渡し，付記登記手続をした。弁済期を経過してもXが債務を弁済しなかったので，Yからの支払催告通知とXからの期限の猶予を求める応答がそれぞれ内容証明郵便で2度なされた後，Yは昭和46年5月に本件土地の所有権が自己に帰したとの意思表示を行い，まもなく，Yは農地買受適格者の名義を借りて本件土地の仮登記を本登記にし，さらに約10年後の昭和57年5月，Yは本件土地をAに売り渡した。

以上の経緯のもとで，XはYに対して本訴を提起し，債務の弁済と引き換えに仮登記の抹消を求めたが1審で敗訴したので，2審で訴えを変更して，YからAへの売却が処分清算型の譲渡担保権の実行であるとして，清算金の支払を求めた。しかし，原審は，本件譲渡担保が帰属清算型であるとし，昭和46年5月に本件土地の権利は終局的にYに帰属したと判断したうえ，その時点の清算金についてXは何ら主張・立証しないと述べて，Xの請求を退けた。Xから上告。

【判決理由】 破棄差戻し「一　債務者がその所有不動産に譲渡担保権を設定した場合において，債務者が債務の履行を遅滞したときは，債権者は，目的不動産を処分する権能を取得し，この権能に基づき，目的不動産を適正に評価された価額で確定的に自己の所有に帰せしめるか又は第三者に売却等をすることによって，これを換価処分し，その評価額又は売却代金等をもって自己の債権（換価に要した相当費用額を含む。）の弁済に充てることができ，その結果剰余が生じるときは，これを清算金として債務者に支払うことを要するものと解すべきであるが（最㈠判昭和46年3月25日民集25巻2号208頁〔*61*事件〕参照），他方，弁済期の経過後であっても，債権者が担保権の実行を完了するまでの間，すなわち，㈠　債権者が目的不動産を適正に評価してその所有権を自己に帰属させる帰属清算型の譲渡担保においては，債権者が債務者に対し，目的不動産の適正評価額が債務の額を上回る場合にあっては清算金の支払又はそ

➡ 62
の提供をするまでの間，目的不動産の適正評価額が債務の額を上回らない場合にあってはその旨の通知をするまでの間，(ロ) 目的不動産を相当の価格で第三者に売却等をする処分清算型の譲渡担保においては，その処分の時までの間は，債務者は，債務の全額を弁済して譲渡担保権を消滅させ，目的不動産の所有権を回復すること（以下，この権能を「受戻権」という。）ができるものと解するのが相当である（最大判昭和 49 年 10 月 23 日民集 28 巻 7 号 1473 頁，最(二)判昭和 57 年 1 月 22 日民集 36 巻 1 号 92 頁参照）。けだし，譲渡担保契約の目的は，債権者が目的不動産の所有権を取得すること自体にあるのではなく，当該不動産の有する金銭的価値に着目し，その価値の実現によって自己の債権の排他的満足を得ることにあり，目的不動産の所有権取得はかかる金銭的価値の実現の手段にすぎないと考えられるからである。

右のように，帰属清算型の譲渡担保においては，債務者が債務の履行を遅滞し，債権者が債務者に対し目的不動産を確定的に自己の所有に帰せしめる旨の意思表示をしても，債権者が債務者に対して清算金の支払若しくはその提供又は目的不動産の適正評価額が債務の額を上回らない旨の通知をしない限り，債務者は受戻権を有し，債務の全額を弁済して譲渡担保権を消滅させることができるのであるから，債権者が単に右の意思表示をしただけでは，未だ債務消滅の効果を生ぜず，したがって清算金の有無及びその額が確定しないため，債権者の清算義務は具体的に確定しないものというべきである。もっとも，債権者が清算金の支払若しくはその提供又は目的不動産の適正評価額が債務の額を上回らない旨の通知をせず，かつ，債務者も債務の弁済をしないうちに，債権者が目的不動産を第三者に売却等をしたときは，債務者はその時点で受戻権ひいては目的不動産の所有権を終局的に失い，同時に被担保債権消滅の効果が発生するとともに，右時点を基準時として清算金の有無及びその額が確定されるものと解するのが相当である。

二　ところで，記録によれば，本件訴訟は次のような経過をたどっていることが明らかである。すなわち，X は，第 1 審において，Y に対し，原判決添付の物件目録 1 ないし 21 記載の各土地（以下，一括して「本件土地」という。）について譲渡担保の目的でされた，Y を権利者とする第 1 審判決添付の登記目録記載の各所有権移転請求権仮登記の抹消登記手続を求めたところ，受

➡ 62

戻権の要件たる債務弁済の事実が認められないとして，請求を棄却されたため，原審において，清算金の支払請求に訴えを交換的に変更した。そして，Xは，本件譲渡担保が処分清算型の譲渡担保であることを前提としつつ，Yが昭和57年5月10日にした訴外Aに対する本件土地の売却によってYのXに対する清算金支払義務が確定したとして，右の時点を基準時とし，Y・A間の裏契約による真実の売買代金額又は本件土地の客観的な適正価格に基づいて，清算金の額を算定すべきものと主張した。これに対し，Yは，右売却時を基準時として清算金の額を算定すること自体は争わず，Aに対する売却価額7500万円が適正な価額であるとし，右価額からYのXに対する債権額及びXの負担に帰すべき費用等の額を控除すると，Xに支払うべき清算金は存在しない旨主張し，原審においては，専ら，(イ)Aに対する売却価額7500万円が適正な価額であるかどうか，(ロ) YとAとの間にX主張の裏契約があったか否か，(ハ)清算にあたって控除されるべき費用等の範囲及びその額について主張・立証が行われ，(イ)の争点については，Xの申請に基づき，右売却処分時における本件土地の適正評価額についての鑑定が行われた。そして，本件譲渡担保が帰属清算型であることについては，当事者双方から何らの主張もなく，その点についての立証が尽くされたとは認められず，原審がその点について釈明をした形跡も全くない。

三　原審は，その認定した事実関係に基づき，本件譲渡担保は，期限までに被担保債務が履行されなかったときは債権者においてその履行に代えて担保の目的を取得できる趣旨の，いわゆる帰属清算型の譲渡担保契約であると認定したうえ，Yは，昭和46年5月4日付内容証明郵便をもって，Xに対し，本件譲渡担保の被担保債権である貸金を同月20日までに返済するよう催告するとともに，右期限までにその支払がないときは，本件土地をYの所有とする旨の意思表示をしたが，Xが右期限までにその支払をしなかったので，右内容証明郵便による譲渡担保権行使の意思表示がXに到達した同月7日をもって，本件譲渡担保の目的たる本件土地に関する権利が終局的にYに帰属するに至ったというべきであり，YとAとの間の本件土地の売買契約は，右権利が終局的にYに帰属した後にされたものであって，譲渡担保権の行使としてされたものではなく，XとYとの間の清算は，譲渡担保権行使の意思表示がXに到達した昭和46年5月7日を基準時として，当時の本件土地に関する権利の適正な価格と右貸金の元利金合計額との間でされるべきであるところ，この場合の清算金の有無及びその金額につきXは何らの主張・立証をしないから，その余の点について判断するまでもなく，Xの請求は理由がないとして，これを棄却すべきものと判断している。

四　しかしながら，原審の右認定判断は，前示の審理経過に照らすと，いかにも唐突であって不意打ちの感を免れず，本件において当事者が処分清算型と主張している譲渡担保契約を帰属清算型のものと認定することにより，清算義務の発生時期ひいては清算金の有無及びその額が左右されると判断するのであれば，裁判所としては，そのような認定のあり得ることを示唆し，その場合に生ずべき事実上，法律上の問題点について当事者に主張・立証の機会を与えるべきであるのに，原審がその措置をとらなかったのは，釈明権の行使を怠り，ひいて審理不尽の違法を犯したものといわざるを得ない。

のみならず，譲渡担保権の行使に伴う清算義務に関する原審の判断は，到底これを是認することができない。前示のように，帰属清算型の譲渡担保においては，債務者が債務の履行を遅滞し，債権者が債務者に対し目的不動産を確定的に自己の所有に帰せしめる旨の意思表示をしただけでは，債権者の清算義務は具体的に確定するものではないというべきであり，債権者が債務者に対し清算金の支払若しくはその提供又は目的不動産の適正評価額が債務の額を上回らない旨の通知をせず，かつ，債務者も債務全額の弁済をしないうちに，債権者が目的不動産を第三者に売却等をしたときは，債務者は受戻権ひいては目的不動産の所有権を終局的に失い，債権消滅の効果が発生するとともに，右時点を基準時として清算金の有無及びその額が確定されるに至るものと解されるのであって，この観点に立って本件をみると，本件譲渡担保が帰属清算型の譲渡担保であるとしても，Yが，本件土地を確定的に自己の所有に帰属させる旨の前記内容証明郵便による意思表示とともに又はその後において，Xに対し清算金の支払若しくはその提供をしたこと又は本件土地の適正評価額がXの債務の額を上回らない旨の通知をしたこと，及びXが貸金債務の全額を弁済したことは，当事者において主張せず，かつ，原審の確定しないところであるから，Yが本件土地をAに売却した時点において，Xは受戻権ひいては本件土

➡ 63

地に関する権利を終局的に失い，他方ＹのＸに対する貸金債権が消滅するとともに，清算金の有無及びその額は右時点を基準時として確定されるべきことになる。そして，右清算義務の確定に関する事実関係は，原審において当事者により主張されていたものというべきである。そうとすれば，原審としては，Ｙが本件土地をＡに売却した時点における本件土地の適正な評価額（同人への売却価額7500万円が適正な処分価額であったか否か）並びに右時点におけるＹのＸに対する債権額及びＸの負担に帰すべき費用等の額を認定して，清算金の有無及びその金額を確定すべきであったのであり，漫然前記のように判示してＸの請求を棄却した原審の判断は，法令の解釈適用を誤り，ひいて理由不備ないし審理不尽の違法を犯したものといわざるを得ない。

そして，右の各違法が判決に影響を及ぼすことは明らかであるから，論旨は理由があり，原判決は破棄を免れないものというべきであり，本件については，さらに審理を尽くさせる必要があるから，これを原裁判所に差し戻すのが相当である。」（裁判長裁判官　角田禮次郎　裁判官　高島益郎　大内恒夫　佐藤哲郎）

63 目的物譲渡と受戻権

最(三)判平成6年2月22日民集48巻2号414頁

（最判解〈平6〉208頁，法協112巻7号983頁，民商111巻6号937頁，百選Ⅰ〈第5版新法対応補正版〉204頁，百選Ⅰ〈第8版〉198頁，百選Ⅰ〈第9版〉192頁，不動産取引百選〈第3版〉170頁）

【事実】 Y_1はＡに対する債務の担保のため，自己所有の本件不動産の所有権をＡに移転し，移転登記を経由した（贈与を原因としているが譲渡担保であることは争いがない）。Y_1は債務の弁済を怠ったが，その後，Ａは本件不動産をＸに贈与し，移転登記を経由した。そののちに，Y_1が残元金と遅延損害金をＡに提供したが，受領を拒まれたため供託した。本訴は，Ｘから本件不動産を占有するY_1Y_2に対する明渡請求である。

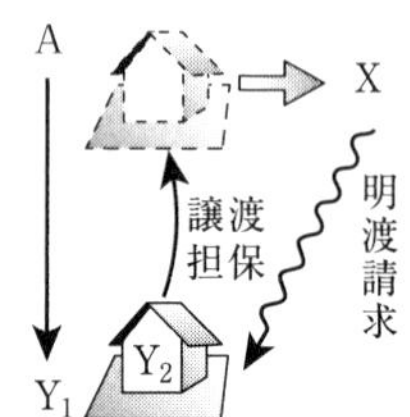

ところで，Y_1とY_2はもと夫婦の関係にあり，ＸとY_2は兄妹，ＡはＸの妹でY_2の姉である亡女の夫である。原審の認定によると，ＡからＸへの贈与が行われたのは，債権額に比してはるかに高額な本件不動産を取り戻すためにY_1が早晩債務の弁済を行うことを予測して，これを封ずるとともに，Y_1がＡから清算金を取

得することを事実上不可能にすることを意図してであるという。そこで，原審は，Xが背信的悪意者であるとし，譲渡担保の目的物が第三者に譲渡されても，その第三者が物件取得時に背信的悪意者であるときは，債務者は清算が行われない限り，なお債務を弁済して目的不動産を取り戻すことができ，債務者はその取り戻した所有権をもって，登記なくして背信的悪意の第三者に対抗できる，と述べて，Xの請求を認めなかった。Xから上告。

【判決理由】 破棄差戻し 「不動産を目的とする譲渡担保契約において，債務者が弁済期に債務の弁済をしない場合には，債権者は，右譲渡担保契約がいわゆる帰属清算型であると処分清算型であるとを問わず，目的物を処分する権能を取得するから，債権者がこの権能に基づいて目的物を第三者に譲渡したときは，原則として，譲受人は目的物の所有権を確定的に取得し，債務者は，清算金がある場合に債権者に対してその支払を求めることができるにとどまり，残債務を弁済して目的物を受け戻すことはできなくなるものと解するのが相当である（最大判昭和49年10月23日民集28巻7号1473頁，最㈠判昭和62年2月12日民集41巻1号67頁〔*62*〕参照)。この理は，譲渡を受けた第三者がいわゆる背信的悪意者に当たる場合であっても異なるところはない。けだし，そのように解さないと，権利関係の確定しない状態が続くばかりでなく，譲受人が背信的悪意者に当たるかどうかを確知し得る立場にあるとは限らない債権者に，不測の損害を被らせるおそれを生ずるからである。したがって，前記事実関係によると，Y_1の債務の最終弁済期後に，Aが本件建物をXに贈与したことによって，Y_1は残債務を弁済してこれを受け戻すことができなくなり，Xはその所有権を確定的に取得したものというべきである。これと異なる原審の判断には，法令の解釈を誤った違法があり，右の違法は原判決の結論に影響を及ぼすことが明らかである。」（裁判長裁判官　可部恒雄　裁判官　園部逸夫　佐藤庄市郎　大野正男　千種秀夫）

物権

譲渡担保

64 弁済期後の目的物差押え

最(二)判平成18年10月20日民集60巻8号3098頁
(最判解〈平18下〉1098頁，法協128巻7号1899頁，民商136巻2号101頁，平18重判74頁)

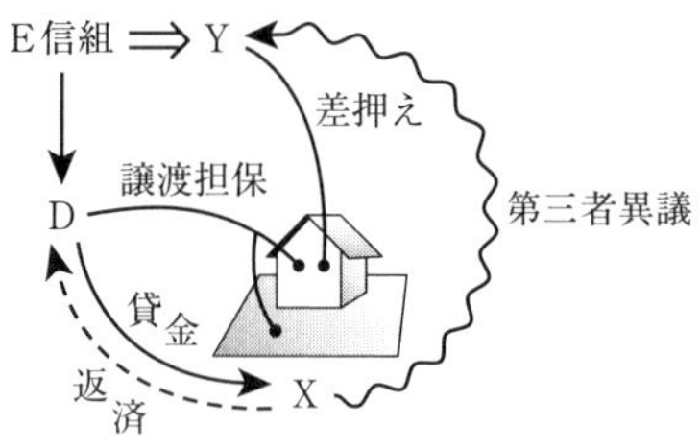

【事実】 X（株式会社エステートワン）は，D（個人）から400万円を借り入れ（弁済期日2001年3月11日），自己の所有する宅地建物（「本件不動産」）を譲渡担保としてDに譲渡し，その旨の所有権移転登記を経由した。Dに対する債権者であったE（信用組合大阪弘容）を承継したY（株式会社整理回収機構）が，Dに対する債務名義に基づいて本件不動産について強制競売を申し立て，2002年6月28日に競売開始決定がされ，同年7月1日にその旨の差押登記がされた。Xは，同月25日，Dに貸金残元本を全額返済するとともに，同年7月31日，本件不動産について同月30日，解除を原因とする所有権移転登記を経由した。そして，Xは，2002年9月6日，Yに対し本件不動産に対する強制執行の排除を求めるべく第三者異議の訴えを提起した。

1審はXの請求を認めたが，2審が棄却したため，Xから上告受理の申立て。

【判決理由】 上告棄却 「1 不動産を目的とする譲渡担保において，被担保債権の弁済期後に譲渡担保権者の債権者が目的不動産を差し押さえ，その旨の登記がされたときは，設定者は，差押登記後に債務の全額を弁済しても，第三者異議の訴えにより強制執行の不許を求めることはできないと解するのが相当である。なぜなら，設定者が債務の履行を遅滞したときは，譲渡担保権者は目的不動産を処分する権能を取得するから（最㈡判昭和57年1月22日民集36巻1号92頁参照），被担保債権の弁済期後は，設定者としては，目的不動産が換価処分されることを受忍すべき立場にあるというべきところ，譲渡担保権者の債権者による目的不動産の強制競売による換価も，譲渡担保権者による換価処分と同様に受忍すべきものということができるのであって，目的不動産を差し押さえた譲渡担保権者の債権者との関係では，差押え後の受戻権行使による目的不動産の所有権の回復を主張することができなくてもやむを得ないというべきだからである。

➡ 65

上記と異なり，被担保債権の弁済期前に譲渡担保権者の債権者が目的不動産を差し押さえた場合は，少なくとも，設定者が弁済期までに債務の全額を弁済して目的不動産を受け戻したときは，設定者は，第三者異議の訴えにより強制執行の不許を求めることができると解するのが相当である。なぜなら，弁済期前においては，譲渡担保権者は，債権担保の目的を達するのに必要な範囲内で目的不動産の所有権を有するにすぎず，目的不動産を処分する権能を有しないから，このような差押えによって設定者による受戻権の行使が制限されると解すべき理由はないからである。

2　これを本件についてみるに，原審が適法に確定した事実関係によれば，被担保債権の弁済期後に譲渡担保権者の債権者であるＹが目的不動産を差し押さえ，その差押登記後に設定者であるＸが受戻権を行使したというのであるから，Ｘは，受戻権の行使による目的不動産の所有権の回復を差押債権者であるＹに主張することができず，第三者異議の訴えによって強制執行の不許を求めることはできないというべきである。」（裁判長裁判官　滝井繁男　裁判官　津野　修　今井　功　中川了滋　古田佑紀）

65　受戻権放棄と清算金請求権

最(二)判平成8年11月22日民集50巻10号2702頁
（最判解〈平8下〉969頁，法協128巻8号2134頁，民商119巻4・5号774頁）

【事実】　ＹはＡに対する債権の担保として，Ａ所有の本件土地に，帰属清算型の譲渡担保権の設定を受け，所有権移転登記を経由した。その後，Ａは債務の弁済期に支払を怠ったまま，事業の行き詰まりから自殺してしまった。Ａの相続財産法人Ｘの財産管理人は，Ｙが清算金の支払または提供をせず，清算金がない旨の通知もしないので，Ｙに対して本件土地の受戻権を放棄する旨を通知して，清算金の支払を請求した。1，2審ともＸの請求を認めＹに清算金の支払を命じたため，Ｙから上告し，受戻権を放棄しても清算金支払請求権は発生しない，などと主張した。

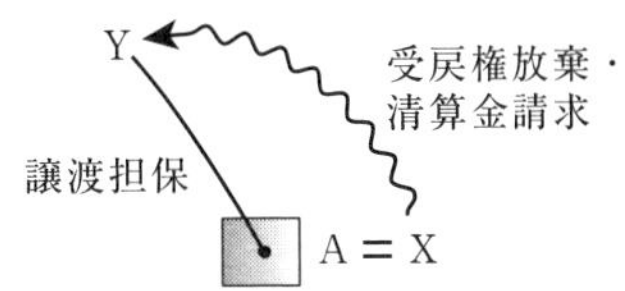

【判決理由】　破棄自判　「譲渡担保権設定者は，譲渡担保権者が清算金の支払

又は提供をせず，清算金がない旨の通知もしない間に譲渡担保の目的物の受戻権を放棄しても，譲渡担保権者に対して清算金の支払を請求することはできないものと解すべきである。けだし，譲渡担保権設定者の清算金支払請求権は，譲渡担保権者が譲渡担保権の実行として目的物を自己に帰属させ又は換価処分する場合において，その価額から被担保債権額を控除した残額の支払を請求する権利であり，他方，譲渡担保権設定者の受戻権は，譲渡担保権者において譲渡担保権の実行を完結するまでの間に，弁済等によって被担保債務を消滅させることにより譲渡担保の目的物の所有権等を回復する権利であって，両者はその発生原因を異にする別個の権利であるから，譲渡担保権設定者において受戻権を放棄したとしても，その効果は受戻権が放棄されたという状況を現出するにとどまり，右受戻権の放棄により譲渡担保権設定者が清算金支払請求権を取得することとなると解することはできないからである。また，このように解さないと，譲渡担保権設定者が，受戻権を放棄することにより，本来譲渡担保権者が有している譲渡担保権の実行の時期を自ら決定する自由を制約し得ることとなり，相当でないことは明らかである。」（裁判長裁判官　福田　博　裁判官　大西勝也　根岸重治　河合伸一）

解　説

譲渡担保について，清算義務を一般的に肯定する判例法を確立したのが *61* である。そこに引用されている最㈠判昭和 45 年 9 月 24 日が代物弁済予約について同旨を述べており，この仮登記担保に関する判例法理と平行しながら譲渡担保に関する判例法が形成された。次いで *62* は，清算の手続について詳細な判示を行った。新たな立法にも匹敵する判例法形成の実際を理解する上で有益であるため，長文の判決文をほぼ全部収録した。

63 は受戻権の消滅時点に関して，重要な判示を行っている。事案は特殊事情があるようであり，原審はそれを考慮した特則を打ち出したが，最高裁はこれを破棄した。*64* は，譲渡担保権者の債権者による差押えの事案で，弁済期後の差押えにより受戻権が確定的に失われることを判示した。*65* は譲渡担保権設定者のイニシアティブで清算金の支払を請求できるかどうかが争われた事件であるが，最高裁はこれを肯定した原判決を破棄した。譲渡担保権の法的構

➡ *66*

成を考える上で重要な判決である。

［3］　集合物譲渡担保

66　集合動産譲渡担保（1）——有効性・効力

最(三)判昭和62年11月10日民集41巻8号1559頁

（最判解〈昭62〉661頁，法協107巻1号137頁，百選Ⅰ〈第3版〉206頁，百選Ⅰ〈第4版〉206頁，百選Ⅰ〈第9版〉194頁，民事執行・保全百選〈第3版〉38頁）

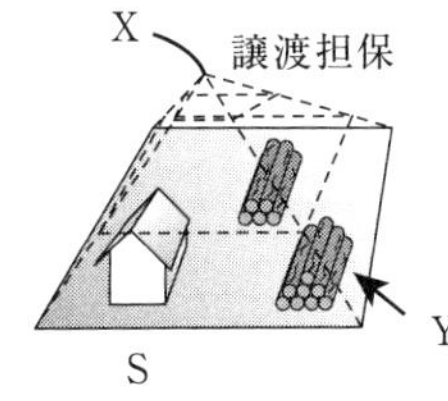

【事実】　X（三井物産株式会社）はS（丸喜産業株式会社）がXに対して負担する現在および将来の商品代金，その他一切の債務を極度額20億円の限度で担保するため，Sの第1ないし第4倉庫内および敷地・ヤード内を保管場所とし，現にこの保管場所に存在する普通棒鋼，異形棒鋼等一切の在庫商品をXに譲渡担保に供し，占有改定による引渡しを行った。XS間には，Sが将来上記物件と同種または類似の物件を製造または取得したときは，原則としてそのすべてを前記保管場所に搬入するものとし，その物件も当然に，譲渡担保の目的となる旨の合意があった。Y（日商岩井株式会社）はSに異形棒鋼（本件物件）を売り渡し，本件物件は前記保管場所に搬入されたが，Sが倒産したため，Yは売掛代金債権585万円余を回収するため，動産売買の先取特権に基づいて本件物件の競売を申し立てた。この時点で約30億円余の債権を有していたXは，第三者異議の訴えを提起した。

【判決理由】　上告棄却　「構成部分の変動する集合動産であっても，その種類，所在場所及び量的範囲を指定するなどの方法によって目的物の範囲が特定される場合には，一個の集合物として譲渡担保の目的とすることができるものと解すべきであることは，当裁判所の判例とするところである（最㈠判昭和54年2月15日民集33巻1号51頁〔*70*事件〕参照）。そして，債権者と債務者との間に，右のような集合物を目的とする譲渡担保権設定契約が締結され，債務者がその構成部分である動産の占有を取得したときは債権者が占有改定の方法によってその占有権を取得する旨の合意に基づき，債務者が右集合物の構成部分として現に存在する動産の占有を取得した場合には，債権者は，当該集合物を目的とする譲渡担保権につき対抗要件を具備するに至ったものということができ，この対抗要件具備の効力は，その後構成部分が変動したとしても，集合

➡ *66*

物としての同一性が損なわれない限り，新たにその構成部分となった動産を包含する集合物について及ぶものと解すべきである。したがって，動産売買の先取特権の存在する動産が右譲渡担保権の目的である集合物の構成部分となった場合においては，債権者は，右動産についても引渡を受けたものとして譲渡担保権を主張することができ，当該先取特権者が右先取特権に基づいて動産競売の申立をしたときは，特段の事情のない限り，民法333条所定の第三取得者に該当するものとして，訴えをもって，右動産競売の不許を求めることができるものというべきである。

これを本件についてみるに，前記の事実関係のもとにおいては，本件契約は，構成部分の変動する集合動産を目的とするものであるが，目的動産の種類及び量的範囲を普通棒鋼，異形棒鋼等一切の在庫商品と，また，その所在場所を原判示のSの第1ないし第4倉庫内及び同敷地・ヤード内と明確に特定しているのであるから，このように特定された一個の集合物を目的とする譲渡担保権設定契約として効力を有するものというべきであり，また，Sがその構成部分である動産の占有を取得したときはXが占有改定の方法によってその占有権を取得する旨の合意に基づき，現にSが右動産の占有を取得したというを妨げないから，Xは，右集合物について対抗要件の具備した譲渡担保権を取得したものと解することができることは，前記の説示の理に照らして明らかである。そして，右集合物とその後に構成部分の一部となった本件物件を包含する集合物とは同一性に欠けるところはないから，Xは，この集合物についての譲渡担保権をもって第三者に対抗することができるものというべきであり，したがって，本件物件についても引渡を受けたものとして譲渡担保権を主張することができるものというべきであるところ，被担保債権の金額及び本件物件の価額は前記のとおりであって，他に特段の事情があることについての主張立証のない本件においては，Xは，本件物件につき民法333条所定の第三取得者に該当するものとして，Yが前記先取特権に基づいてした動産競売の不許を求めることができるものというべきである。」（裁判長裁判官　長島　敦　裁判官　伊藤正己　安岡満彦　坂上壽夫）

67 集合動産譲渡担保（2）――継続的売買の場合

最(二)判平成30年12月7日民集72巻6号1044頁
(最判解〈平30〉322頁，民商155巻5号33頁，百選I〈第9版〉202頁，令元重判68頁)

【事実】 自動車部品等の製造，販売等を主たる事業とするY社は金属スクラップ等の処理，再生，販売等を主たる事業とするA社と，金属スクラップ等を継続的に売却する旨の契約（「本件売買契約」）を締結した。契約には，AがYの子会社から定期的に金属スクラップ等（目的物）を収集し，こうして引き渡された目的物をAは受領後速やかに確認して検収すること，Yは，検収に係る目的物について，毎月20日締めで代金をAに請求し，Aは上記代金を翌月10日にYに支払うこと，目的物の所有権は，上記代金の完済をもってYからAに移転すること（この定めを「本件条項」という），が定められていた。

YはAに対して，本件売買契約に基づき売却した金属スクラップ等の転売を包括的に承諾しており，Aは，Yから当該金属スクラップ等の引渡しを受けた直後にこれを特定の業者に転売することを常としていた。

その後Aは，極度額を1億円として，Aからの個別の申込みに応じてX（株式会社商工組合中央金庫）が融資を実行する融資契約をXと締結し，XがAに対して現在および将来有する債権を担保するため，Xを譲渡担保権者，Aを譲渡担保権設定者とする集合動産譲渡担保設定契約（「本件設定契約」）を締結した。同契約には次のような定めがある。

ア　譲渡担保の目的は，非鉄金属製品の在庫製品，在庫商品，在庫原材料および在庫仕掛品（「在庫製品等」）で，Aが所有し，静岡県御殿場市内の工場（「本件工場」）および精錬部で保管する物全部とする。

イ　本件設定契約の締結の日にAが所有し上記の保管場所で保管する在庫製品等については，占有改定の方法によってXにその引渡しを完了したものとする。

ウ　上記の日以降にAが所有権を取得することになる在庫製品等については，上記の保管場所に搬入された時点で，当然に譲渡担保の目的となる。

この譲渡担保権に係る動産の譲渡については，動産及び債権の譲渡の対抗要件に関する民法の特例等に関する法律3条1項に規定する登記がされた。

ところが，その後AはYを含む債権者らに対して，事業を廃止する旨の通知をした。Yは，同通知の時点で，約1か月間に売却した金属スクラップ等について代金の支払を受けていなかった。

➡ *67*

そこでＹは，Ａを債務者として，本件工場で保管されている金属スクラップ等につき，本件条項に基づき留保している所有権に基づき，動産引渡断行の仮処分命令の申立てをし，認容する旨の決定（「本件仮処分決定」）がされた。Ｙは，本件仮処分決定に基づき，本件工場で保管されていた金属スクラップ等を引き揚げ，その頃これを第三者に売却した。ただし，その中には，ＡがＹに対して代金を完済したものも含まれていた（代金を完済した分を除いたものを「本件動産」という）。

これに対してＸはＹに対し，金属スクラップ等の引揚げおよび売却がＸに対する不法行為に当たるとして損害賠償の支払を請求し，選択的に，これによってＹが得た利益は不当利得に当たるとして同額の不当利得金の返還を請求した。原審が，代金が完済された分の限度でのみ賠償を認めたため，Ｘが上告して，「本件動産」につきＸの譲渡担保権が及んでいると主張した。

【判決理由】 上告棄却 「3 所論は，本件売買契約において，本件条項に基づきＹが本件動産の所有権を留保することは本件動産の所有権をＹからＡに移転させた上でＡがＹのために担保権を設定したものとみるべきであるにもかかわらず，本件動産につき，その所有権がＹからＡに移転しておらず，ＸがＹに対して本件譲渡担保権を主張することができないとした原審の判断には，法令解釈の誤り，判例違反がある旨をいうものである。

4 上記事実関係等によれば，本件売買契約は，金属スクラップ等を反復継続して売却するものであり，本件条項は，その売買代金の支払を確保するために，目的物の所有権がその完済をもってＹからＡに移転し，その完済まではＹに留保される旨を定めたものである。

本件売買契約では，毎月21日から翌月20日までを一つの期間として，期間ごとに納品された金属スクラップ等の売買代金の額が算定され，一つの期間に納品された金属スクラップ等の所有権は，上記の方法で額が算定された当該期間の売買代金の完済までＹに留保されることが定められ，これと異なる期間の売買代金の支払を確保するためにＹに留保されるものではない。上記のような定めは，売買代金の額が期間ごとに算定される継続的な動産の売買契約において，目的物の引渡しからその完済までの間，その支払を確保する手段を売主に与えるものであって，その限度で目的物の所有権を留保するものである。

また，Ｙは，Ａに対して金属スクラップ等の転売を包括的に承諾していたが，これは，ＹがＡに本件売買契約の売買代金を支払うための資金を確保させる趣旨であると解され，このことをもって上記金属スクラップ等の所有権がAに移転したとみることはできない。

以上によれば，本件動産の所有権は，本件条項の定めどおり，その売買代金が完済されるまでYからAに移転しないものと解するのが相当である。したがって，本件動産につき，Xは，Yに対して本件譲渡担保権を主張することができない。」（裁判長裁判官　三浦　守　裁判官　鬼丸かおる　山本庸幸　菅野博之）

68 流動動産譲渡担保――重複設定・目的物処分

最(一)判平成18年7月20日民集60巻6号2499頁

（*最判解〈平18下〉838頁，法協124巻11号2598頁，民商136巻1号24頁，百選Ⅰ〈第9版〉196頁，平18重判32頁*）

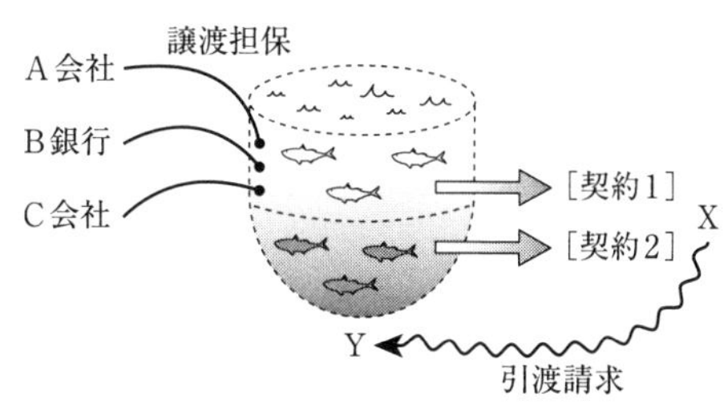

【事実】 (1)　Y（株式会社貴丸）は，ブリ，ハマチ，カンパチ等の養殖，加工，販売等を業とする株式会社であるが，養魚用配合飼料の売買取引によりA（麒麟麦酒株式会社）がYに対して現在および将来有する売掛債権等一切の債権を担保するため，宮崎県串間市沖合にある串間漁場，黒瀬漁場ほかの漁場のいけす内に存するY所有の養殖魚の全部を対象に，2002年6月30日，Aのために極度額25億円の譲渡担保権を設定し，占有改定の方法により目的物を引き渡した。譲渡担保契約においては，Aは，Yが上記目的物を無償で使用し，飼育生産管理し，通常の営業のために第三者に適正な価格で譲渡することが許諾されており，これにより第三者に譲渡された養殖魚は譲渡担保の目的から除外されること，この場合には，Yは，速やかに新たな養殖魚をいけすに搬入し，補充しなければならず，Yが補充した養殖魚は，当然に譲渡担保の目的を構成することとされていた。

続いて，Yは，2002年12月7日，B銀行（株式会社日本債券信用銀行・現あおぞら銀行）に対して，黒瀬漁場のいけす内の養殖魚全部を対象に，Bを譲渡担保権者とする極度額10億円の譲渡担保権を設定し，占有改定の方法により目的物を引き渡した。

さらにYは，2003年2月14日，串間漁場，黒瀬漁場ほかの漁場のいけす内に存するＹ所有の養殖魚の全部を対象に，Ｃ社（株式会社シセイ）に対して，極度額30億円の譲渡担保権を設定し，占有改定の方法により目的物を引き渡した。

その後，Ｙは，Ｘ（株式会社大禄）との間で，2003年4月30日，次の2種類の契約を締結した。

［契約1］①Ｙの所有する黒瀬漁場内の特定の21基のいけす内のブリ13万5212尾（「原魚」）をＸに売却し，Ｘはこれを Ｙに預託して飼育管理を委託する。②売買代金は，ＹのＸに対する同日までの債務に充当する。③預託用原魚の所有権は，ＹからＸに移転するものとし，各対象いけすにＸが所有者であることおよび預託期間（2004年4月30日まで）を表示した明瞭な標識を設置するものとする。④Ｙは，預託された原魚を，2003年10月1日から2004年4月30日までの間にＸから買い戻し，これにフィレ加工を行い，Ｘに販売する。ＸはこれをＤ（イオン株式会社）に販売する。⑤買戻代金は，売り渡した預託用原魚の金額に経費を加算して算出した金額とし，買戻代金の支払は，ＹからＸへの加工販売代金との精算をもって行う。⑥Ｙにつき，破産等の申立てがあったときは，Ｘは，契約期間中であっても，本件契約1を解除することができ，Ｙが支払不能の場合，Ｘは原魚を第三者に売却する権利を有する。

［契約2］①Ｙは，2003年4月30日，Ｙの所有する養殖ハマチ計27万2566尾をＸに売却する。②Ｘは，第三者への売却を目的として，同年7月31日までにすべての目的物をいけすから移動するものとする。Ｙはすべての目的物が移動するまでＸに代わり飼育を行う。

契約1の目的物となった養殖魚（「本件物件1」）と契約2の目的物となった養殖魚（「本件物件2」）は，Ａ，ＢおよびＣの上記各譲渡担保の目的物ともなったものである。

Ｙは，2003年7月30日，民事再生手続開始の申立てをし，同年8月4日，同開始決定がされた。ＸはＹに対し，本件契約1および2（「本件各契約」）により本件物件1・2の所有権を取得したとして，所有権に基づく本件各物件の引渡しを求めた。これに対し，Ｙは，〈1〉本件各契約は譲渡担保契約と解すべきである，〈2〉本件各契約に先立って，Ａ，ＢおよびＣが本件各物件を含む養殖魚について各譲渡担保の設定を受け，対抗要件を備えている以上，Ｘは，即時取得の要件を満たさない限り，本件各物件の所有権を取得できないなどと主張した。

1審は〈2〉の主張をいれてＸの請求を認めなかったが，2審は，本件各契約がＹを売主，Ｘを買主とする真正な売買契約であって譲渡担保契約ではないとしたうえで，次のとおり判断して，Ｘの請求を認容した。すなわち，「譲渡担保設定者において譲渡担保の目的物を通常の営業の範囲内で第三者に売却することが許容さ

➡ 68

れている集合動産譲渡担保権にあっては，譲渡担保の目的物の売却によりその所有権を第三者に確定的に移転取得させることができるという物権的地位が設定者にとどめられている」。ゆえに，「Aら3社が本件各譲渡担保権を行使して債権の回収を図らざるを得ないような事態が生じる前に，本件契約を締結し，Yから本件物件を買い受けたXは，Yが有する上記物権的地位，すなわち，本件物件の所有権をXに確定的に移転取得させることができるという物権的地位に基づき，本件物件の所有権を承継取得したものと解するのが相当である。」

Yから上告受理申立て。

【判決理由】 一部破棄自判，一部破棄差戻し 「(1) 本件物件1について

前記確定事実によれば，本件契約1においては，YからXへの原魚の売却と同時に，XからYへの原魚の預託が行われるため，契約時に目的物に対する直接の占有は移転せず，Yが原魚の飼育管理を継続して行うこととされていること，当初の原魚の売買代金は，XのYに対する既存の債権に充当するものとされており，現実の代金の授受は行われないこと，原魚を現実の商品として第三者（D）に販売しようとする際には，いったんYがXから買い戻した上，改めてYからXに対し，加工品として販売するものとされており……，実質的には，この加工販売代金との精算をもって，XのYに対する既存の債権の回収が行われることになること，Yが支払不能になった場合には，Xが原魚を第三者に売却することで，上記債権の回収が図られることになることが明らかである。これらの点に照らせば，本件契約1は，その目的物を上記債権の担保とする目的で締結されたものにほかならない。そうすると，本件契約1は，再売買が予定されている売買契約の形式を採るものであり，契約時に目的物の所有権が移転する旨の明示の合意……がされているものであるが，上記債権を担保するという目的を達成するのに必要な範囲内において目的物の所有権を移転する旨が合意されたにすぎないというべきであり，本件契約1の性質は，譲渡担保契約と解するのが相当である。

したがって，本件契約1が真正な売買契約であることを前提に，本件物件1の所有権に基づく引渡請求（取戻権の行使）を認めることはできない。

ところで，Xの主張が，本件契約1が譲渡担保契約であれば，譲渡担保の実行に基づく引渡しを請求する趣旨（別除権の行使）を含むものであるとして

➡ *68*

も，以下に述べるとおり，これを肯認する余地はない。すなわち，本件物件1については，本件契約1に先立って，A，B及びCのために本件各譲渡担保が設定され，占有改定の方法による引渡しをもってその対抗要件が具備されているのであるから，これに劣後する譲渡担保が，Xのために重複して設定されたということになる。このように重複して譲渡担保を設定すること自体は許されるとしても，劣後する譲渡担保に独自の私的実行の権限を認めた場合，配当の手続が整備されている民事執行法上の執行手続が行われる場合と異なり，先行する譲渡担保権者には優先権を行使する機会が与えられず，その譲渡担保は有名無実のものとなりかねない。このような結果を招来する後順位譲渡担保権者による私的実行を認めることはできないというべきである。また，Xは，本件契約1により本件物件1につき占有改定による引渡しを受けた旨の主張をするにすぎないところ，占有改定による引渡しを受けたにとどまる者に即時取得を認めることはできないから，Xが即時取得により完全な譲渡担保を取得したということもできない。

よって，本件物件1の引渡しを求めるXの請求は理由がないというべきであり，これと異なる原審の判断には，判決に影響を及ぼすことが明らかな法令の違反がある。

⑵　本件物件2について

本件契約2が譲渡担保契約であると解すべき根拠はないから，以下，これが真正な売買契約であることを前提に，Xが本件契約2に基づいて本件物件2の所有権を取得したといえるかどうか，検討する。

構成部分の変動する集合動産を目的とする譲渡担保においては，集合物の内容が譲渡担保設定者の営業活動を通じて当然に変動することが予定されているのであるから，譲渡担保設定者には，その通常の営業の範囲内で，譲渡担保の目的を構成する動産を処分する権限が付与されており，この権限内でされた処分の相手方は，当該動産について，譲渡担保の拘束を受けることなく確定的に所有権を取得することができると解するのが相当である。YとA及びCとの間の各譲渡担保契約の前記条項……は，以上の趣旨を確認的に規定したものと解される。他方，対抗要件を備えた集合動産譲渡担保の設定者がその目的物である動産につき通常の営業の範囲を超える売却処分をした場合，当該処分は上記権限に基づかないものである以上，譲渡担保契約に定められた保管場所から搬出されるなどして当該譲渡担保の目的である集合物から離脱したと認められる場合でない限り，当該処分の相手方は目的物の所有権を承継取得することはできないというべきである。

本件においては，本件物件２が本件各譲渡担保の目的である集合物から離脱したと解すべき事情はないから，Ｘが本件契約２により本件物件２の所有権を承継取得したかどうかを判断するためには，本件契約２による本件物件２の売却処分がＹの通常の営業の範囲内のものかどうかを確定する必要があるというべきである。この点を審理判断することなく，本件物件２の引渡請求を認容した原審の判断には，判決に影響を及ぼすことが明らかな法令の違反がある。」

「論旨は上記の趣旨をいうものとして理由があり，原判決は破棄を免れない。そして，Ｘの請求のうち，本件物件１の引渡しを求める部分については，これを棄却した第１審判決は正当であるから，同部分についてのＸの控訴を棄却し，本件物件２の引渡しを求める部分については，更に審理を尽くさせるため，本件を原審に差し戻すこととする。」（裁判長裁判官　泉　徳治　裁判官　横尾和子　甲斐中辰夫　島田仁郎　才口千晴）

69 集合動産譲渡担保（3）——物上代位

最(一)決平成22年12月2日民集64巻8号1990頁

（最判解〈平22下〉722頁，民商145巻1号52頁，平23重判72頁）

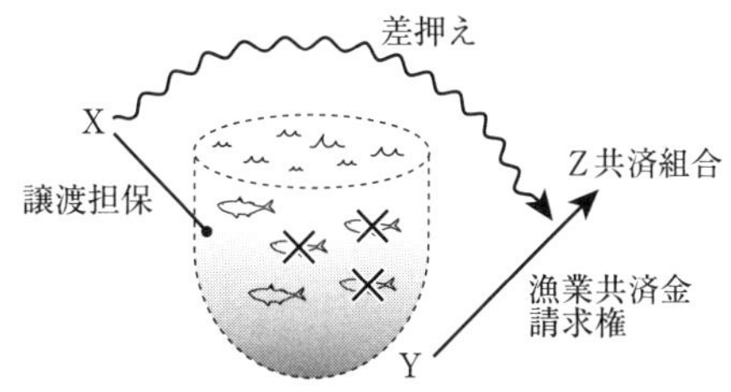

【事実】 魚の養殖業を営むＹ（個　人）は，2008年12月9日および2009年2月25日に，Ｘ（農林中央金庫）との間で，ＸがＹに対して有する貸金債権を被担保債権として，Ｙ所有の養殖施設および養殖施設内の養殖魚について，Ｘを譲渡担保権者とする譲渡担保権を設定した。その設定契約においては，Ｙが養殖施設内の養殖魚を通常の営業方法に従って販売できること，

➡ 69

その場合，Ｙは，これと同価値以上の養殖魚を補充することなどが定められていた。

2009 年 8 月上旬頃，本件養殖施設内の養殖魚 2510 匹が赤潮により死滅し，Ｙは，Ｚ共済組合（熊本県漁業共済組合）との間で締結していた漁業共済契約に基づき，養殖魚の滅失による損害を塡補するために支払われる漁業共済金請求権を取得した。Ｙは，前記の赤潮被害発生後，Ｘから新たな貸付けを受けられなかったため，同年 9 月 4 日，養殖業を廃止した。

Ｘは，同年 10 月 23 日，本件譲渡担保権の実行として，本件養殖施設および本件養殖施設内に残存していた養殖魚を熊本県海水養殖漁業協同組合に売却し，その売却代金をＹに対する貸金債権に充当した。Ｘは，2010 年 1 月 29 日，前記充当後の貸金残債権を被担保債権とし，本件譲渡担保権に基づく物上代位権の行使として，本件共済金請求権の差押えの申立てをした。同年 2 月 3 日，熊本地方裁判所は，申立てに基づき債権差押命令を発付した。

Ｙは，本件共済金請求権に本件譲渡担保権の効力は及ばないなどとして，前記命令の取消しを求める執行抗告をした。

原審は，Ｙが本件共済金請求権を取得したことは通常の営業の範囲を超えるもので，本件譲渡担保権の効力は本件共済金請求権に及び，Ｘは，養殖魚が滅失した時点以降，本件共済金請求権に対して物上代位権を行使することができるとして，Ｙの執行抗告を棄却した。そこで，Ｙから許可抗告の申立てがされた。

【決定理由】 抗告棄却 「構成部分の変動する集合動産を目的とする集合物譲渡担保権は，譲渡担保権者において譲渡担保の目的である集合動産を構成するに至った動産（以下「目的動産」という。）の価値を担保として把握するものであるから，その効力は，目的動産が滅失した場合にその損害をてん補するために譲渡担保権設定者に対して支払われる損害保険金に係る請求権に及ぶと解するのが相当である。もっとも，構成部分の変動する集合動産を目的とする集合物譲渡担保契約は，譲渡担保権設定者が目的動産を販売して営業を継続することを前提とするものであるから，譲渡担保権設定者が通常の営業を継続している場合には，目的動産の滅失により上記請求権が発生したとしても，これに対して直ちに物上代位権を行使することができる旨が合意されているなどの特段の事情がない限り，譲渡担保権者が当該請求権に対して物上代位権を行使することは許されないというべきである。

上記事実関係によれば，Ｘが本件共済金請求権の差押えを申し立てた時点においては，Ｙは目的動産である本件養殖施設及び本件養殖施設内の養殖魚を用いた営業を廃止し，これらに対する譲渡担保権が実行されていたというのであって，Ｙにおいて本件譲渡担保権の目的動産を用いた営業を継続する余地はなかったというべきであるから，Ｘが，本件共済金請求権に対して物上代位権を行使することができることは明らかである。

そうすると，Ｙの執行抗告を棄却した原審の判断は，結論において是認することができる。」（裁判長裁判官　宮川光治　裁判官　櫻井龍子　金築誠志　横田尤孝　白木　勇）

［関連裁判例］

70 集合物の概念

最(一)判昭和54年2月15日民集33巻1号51頁・
乾燥ネギフレーク譲渡担保事件（最判解〈昭54〉43頁，法協99巻5号773頁，民商82巻2号224頁，百選Ⅰ〈第2版〉216頁）

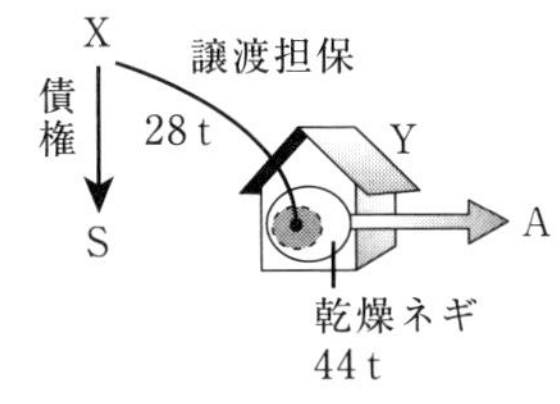

【事実】 Ｘ（山陽通商株式会社）はＳ（川﨑電機株式会社）に対する債権を担保するため，Ｓの所有する乾燥ネギ28トンを譲渡担保に取り，Ｘはいつでも自由にこれを売却処分できる旨約された。Ｘの主張によると，目的物はＹ（丸福冷蔵株式会社）の倉庫に保管されていたが，これをＹが無断で訴外Ａ会社に引渡し，Ｘに損害を与えたとして，損害賠償を請求した。争点は，Ｙに寄託された乾燥ネギのうちの28トンという集合物の一部に対する譲渡担保権の有効性，および，本件では目的物の特定がなされていたかどうかであった。

【判決理由】 上告棄却「構成部分の変動する集合動産についても，その種類，所在場所及び量的範囲を指定するなどなんらかの方法で目的物の範囲が特定される場合には，一個の集合物として譲渡担保の目的となりうるものと解するのが相当である。

原審が認定したところによれば，⑴　訴外Ｓは，昭和46年8月27日その所有する食用乾燥ネギフレーク（以下「乾燥ネギ」という。）のうち28トンをＸに対する1400万円の債務の譲渡担保として提供すること，Ｘは右ネギをいつでも自由に売却処分することができることを約した，⑵　当時Ｓは，Ｙ（丸

➡ 71

福冷蔵株式会社）会社との間に締結した継続的倉庫寄託契約に基づきその所有する乾燥ネギ44トン303キログラムをY（丸福冷蔵株式会社）会社倉庫に寄託していた，(3) 同日S会社からXあて交付されたY作成の冷蔵貨物預証には，「品名青葱フレーク3500C/S」「数量8kg段ボール4㎜」「右貨物正に当方冷蔵庫第No. 5 No. 8 No. 11 No. 12号へ入庫しました　出庫の際は必ず本証をご提示願います」と記載されていたが，右預証は在庫証明の趣旨で作成されたものであり，X会社社員がY会社倉庫へ赴いたのも単に在庫の確認のためであって，目的物の特定のためではなかった，(4) Xは，前記譲渡担保契約締結前にSから乾燥ネギ17.6トンを買い受けたことがあったが，そのうち8トンはS会社三重工場から直接Xに送付され，残り9.6トンについてはYのXあて冷蔵貨物預証が差し入れられ，その現実の引渡しとしては，XからSに指示し，Sがこれを承けてYから該当数量を受け出し，これをX指定の荷送先に送付する方法によってすることとされていたところ，本件譲渡担保契約においてもこれと異なる約定がされたわけではなく，右契約締結後SからXに対し乾燥ネギ28トンのうちの3トン248キログラムが6回にわたり引き渡されたが，うち2トン848キログラムはS会社三重工場からXに直送され，うち400キログラムは，さきの場合と同様，Xの指示によりSがYから受け出してX指定の荷送先に送付したものであった，というのである。右の認定は，原判決挙示の証拠関係に照らし，正当として是認することができ，右事実関係のもとにおいては，未だSがXに対しYに寄託中の乾燥ネギのうち28トンを特定して譲渡担保に供したものとは認められないとした原審の判断は，正当として是認することができ，その過程に所論の違法はない。論旨は，採用することができない。」（裁判長裁判官　本山　亨　裁判官　団藤重光　藤崎萬里　戸田　弘　中村治朗）

［関連裁判例］

71 集合物と「家財一切」

最(一)判昭和57年10月14日判時1060号78頁

【事実】 Xは酒類・食料品類の販売業者であるSに対する債権を担保するため，S

➡ 解説

の居宅・店舗内に現在ある，また将来搬入されるS所有の「商品（酒類・食料品等），運搬具，什器，備品，家財道具一切」を目的とする譲渡担保権を取得した。Yがその一部を差し押さえたので，Xは自分が譲渡担保により所有権を取得したとして，Yの強制執行の排除を求めた。1審はXの請求を認めたが，2審でXが敗訴したので，Xから上告。

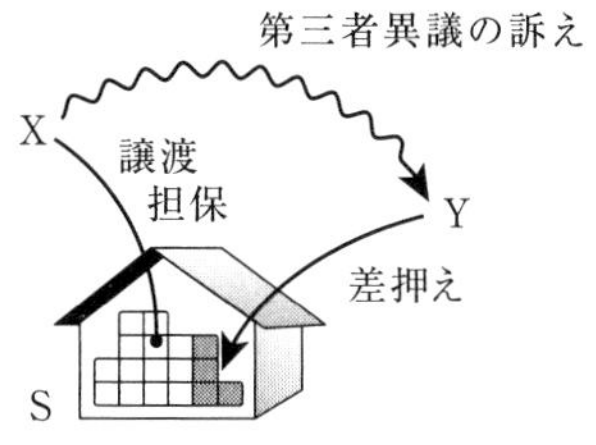

【判決理由】 上告棄却 「本件譲渡担保契約においては，一応目的物につきその種類，所在場所及び量的範囲が指定されてはいるが，そのうち『家財一切』とある部分は，そこにいう家財が営業用の物件を除き家庭内で家族全体の共同生活に供用されるある程度の恒常性と経済的価値を有する物件を指すものと解しうるとしても，家族の共同生活に使用される物件は多種多様であって，右のような指定だけでは個々の物件が具体的にこれに該当するかどうかを識別することが困難な場合が当然予想されるから，これだけでは譲渡担保の目的物の種類についての特定があったとするのに十分であるとは考えられないのみならず，右契約においては，譲渡担保の目的物として本件建物内に存すべき運搬具，什器，備品，家財一切のうちS所有の物という限定が付されているところ，右にいうS所有の物とそれ以外の物とを明確に識別する指標が示されるとか，また，現実に右の区別ができるような適宜な措置が講じられた形跡は全くないのであるから，これらの物件については本件譲渡担保契約は契約成立の要件としての目的物の外部的，客観的な特定を欠くものと解するのが相当である。そうすると，Xが本件譲渡担保契約に基づき，本件物件がその目的物であることを主張してこれに対するYの強制執行の排除を求める本訴請求部分を棄却した原判決は，結局，正当として是認することができる。」（裁判長裁判官　藤崎萬里　裁判官　団藤重光　中村治朗　谷口正孝　和田誠一）

解　説

構成部分の変動する集合物の譲渡担保の可否については，*70*がいわゆる「集合物論」を採用してその可能性を認めたが，事案の解決としては目的物の特定がなされていないとして否定された。*71*も集合動産の特定について十分ではないとされた事例である。実際に有効性を肯定したのは *66* が最初である。同判決により，集合動産譲渡担保が動産売買先取特権に優先する効力を有することとされたため，動産売買先取特権の魅力が薄れた半面，所有権留保であれば集合動産譲渡担保に対抗できるのではないかといわれていた。*67* はまさにそれを肯定した判決である。継続的売買において所有権留保が使われたことが注目される。

そして，*68* は，集合動産譲渡担保の法的性質について立ち入った判示を行った。後順位の設定は可能であるが独自の私的実行はできないこと，設定者が通常の営業の範囲を超えて売却処分をしたときは，集合物から離脱したと認められる場合でない限り，処分の相手方は所有権を承継取得できないことを明らかにしている。これにより集合動産譲渡担保の規律が一定程度明確になったといえるが，本来，担保物権の制度的枠組みを明確にするのは立法の役割であろう。手続の規律を含めた立法が待たれる。

69 は，最㈡決平成 11 年 5 月 17 日（106 頁解説参照）が肯定した譲渡担保権に基づく物上代位が，構成部分の変動する集合動産譲渡担保においても認められることを明らかにした。行使しうる時期については，通常の営業が継続している間は認められないとしたが，本件は譲渡担保権が実行され設定者が営業を廃止していた事案であり，限界事例における基準時についてはなお解釈に委ねられている。

第12章　所有権留保・代理受領

72　所有権留保（1）——権利濫用

最(二)判昭和50年2月28日民集29巻2号193頁
(最判解〈昭50〉82頁，法協93巻8号1295頁，民商73巻6号764頁，百選Ⅰ〈第4版〉208頁，百選Ⅰ〈第6版〉202頁，商法百選100頁)

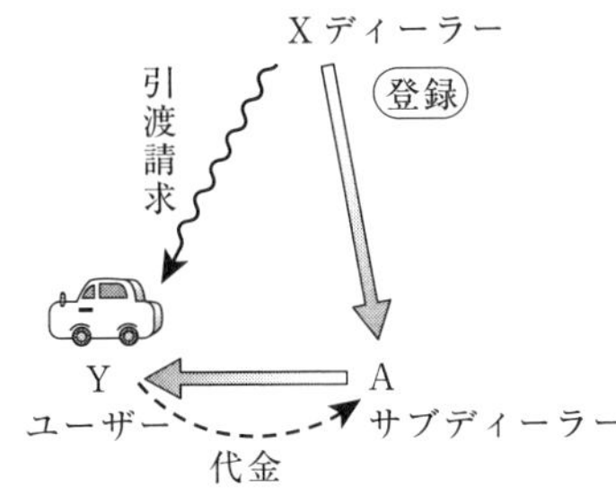

【事実】 X（尼崎日産自動車株式会社）は自動車のディーラーで，サブディーラーであるA（株式会社国際自動車整備工場）と協力して自動車の販売をしていたところ，YはAからX所有の本件自動車を買い受け，代金を完済して引渡しを受けた。XはAY間の売買契約の履行に協力し，みずからYのために車検手続や納税手続および書庫証明手続を代行し，そのために自社のセールスマンを2，3度Yのもとに赴かせたりした。上記売買の8日後，Xは本件自動車をAに割賦払いで販売し，代金完済まで所有権をXに留保した。ところがAが割賦金の支払を怠ったので，催告の上，XはAとの本件自動車の売買契約を解除し，留保していた所有権に基づき，Yに対して本件自動車の引渡しを求めた。1，2審ともXが敗訴したので，Xから上告。

【判決理由】 上告棄却「Xは，デイーラーとして，サブデイーラーであるAが本件自動車をユーザーであるYに販売するについては，前述のとおりその売買契約の履行に協力しておきながら，その後Aとの間で締結した本件自動車の所有権留保特約付売買について代金の完済を受けないからといって，すでに代金を完済して自動車の引渡しを受けたYに対し，留保された所有権に基づいてその引渡しを求めるものであり，右引渡請求は，本来Xにおいてサブデイーラーである A に対してみずから負担すべき代金回収不能の危険をユーザーであるYに転嫁しようとするものであり，自己の利益のために代金を完済したYに不測の損害を蒙らせるものであって，権利の濫用として許されな

➡ 73

いものと解するを相当とする。」（裁判長裁判官　大塚喜一郎　裁判官　小川信雄　吉田　豊）

73 所有権留保（2）――撤去義務・不法行為責任

最(三)判平成21年3月10日民集63巻3号385頁
（最判解〈平21上〉201頁，民商142巻6号31頁，百選Ⅰ〈第9版〉200頁，平21重判89頁）

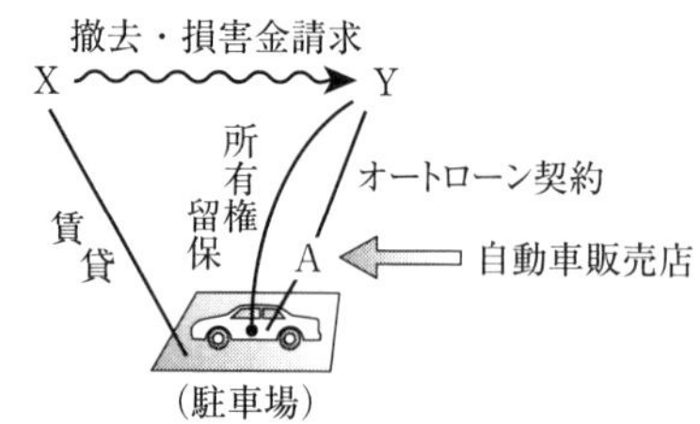

【事　実】 Xは，2003年10月29日，A（個人）に対し，本件土地（駐車場）を，Aの自動車の駐車場として使用する目的で，賃料を月額5000円として貸し渡した。Aは自動車販売店から本件自動車を購入するにあたり，Y（株式会社アプラス）と2003年11月22日に，購入代金をYが立替払すること等を内容とするオートローン契約（「本件立替払契約」）を締結した。本件立替払契約では，①Aが立替金債務を頭金のほか60回に分割して支払うこと，②本件車両の所有権は，自動車販売店からYに移転し，Aが本件立替金債務を完済するまで同債務の担保としてYに留保されること，③Aは，自動車販売店から本件車両の引渡しを受け，善良な管理者の注意をもって本件車両を管理し，本件車両の改造等をしないこと，④Aは，本件立替金債務について，分割金の支払を怠ってYから催告を受けたにもかかわらずこれを支払わなかったとき，強制執行の申立てのあったときなどは，当然に期限の利益を喪失し，残債務全額を直ちに支払うべきこと，⑤Aは，期限の利益を喪失したときは，事由のいかんを問わず，Yからの同人が留保している所有権に基づく本件車両の引渡請求に異議なく同意すること，⑥YがAから本件車両の引渡しを受けてこれを公正な機関に基づく評価額をもって売却したときは，売却額をもって本件立替金債務の弁済に充当すること，が定められていた。

ところが，Aは，本件立替払契約上の分割金を支払わず，本件賃貸借契約に基づく2004年12月分以降の賃料も支払わなかった。Xは，2006年4月27日付けで本件賃貸借契約を解除する意思表示をし（同年5月10日到達），同年12月19日，Aに対して本件賃貸借契約に基づく未払賃料等の支払を命ずる確定判決に基づき，Aの給料債権等を差し押さえたが，Aはすでに退職しており差し押さえるべき給料債権がなかった。他方，本件賃貸借契約終了後も，土地上には本件車両が駐車さ

➡ 73

れている。

そこで，ＸはＹに対して，土地所有権に基づき，自動車の撤去と駐車場の明渡しを求めるとともに，駐車場の使用料相当損害金の支払を求めた。

1審，2審ともにＸの請求を棄却した。2審は次のように述べている。「Ｙは，Ａに対する立替払債権を担保するために，本件車両の所有権を留保しているにすぎず，その留保所有権は，実質的には本件車両の担保価値を把握する機能を有する担保権の性質を持つにすぎず，Ａが期限の利益を失った場合であっても，Ｙが，上記の権限〔車両を引き上げて換価する権利〕を有することは別として，Ａから本件車両を引き揚げてこれを占有保管すべき義務を負うということはできないから，本件車両の占有使用を権能として包含する法的に通常の所有権がＹに帰属しているとはいい難い。」

Ｘから上告受理申立て。

【判決理由】 破棄差戻し 「本件立替払契約によれば，Ｙが本件車両の代金を立替払することによって取得する本件車両の所有権は，本件立替金債務が完済されるまで同債務の担保としてＹに留保されているところ，Ｙは，Ａが本件立替金債務について期限の利益を喪失しない限り，本件車両を占有，使用する権原を有しないが，Ａが期限の利益を喪失して残債務全額の弁済期が経過したときは，Ａから本件車両の引渡しを受け，これを売却してその代金を残債務の弁済に充当することができることになる。

動産の購入代金を立替払する者が立替金債務が完済されるまで同債務の担保として当該動産の所有権を留保する場合において，所有権を留保した者（以下，「留保所有権者」といい，留保所有権者の有する所有権を「留保所有権」という。）の有する権原が，期限の利益喪失による残債務全額の弁済期（以下「残債務弁済期」という。）の到来の前後で上記のように異なるときは，留保所有権者は，残債務弁済期が到来するまでは，当該動産が第三者の土地上に存在して第三者の土地所有権の行使を妨害しているとしても，特段の事情がない限り，当該動産の撤去義務や不法行為責任を負うことはないが，残債務弁済期が経過した後は，留保所有権が担保権の性質を有するからといって上記撤去義務や不法行為責任を免れることはないと解するのが相当である。なぜなら，上記のような留保所有権者が有する留保所有権は，原則として，残債務弁済期が到来するまでは，当該動産の交換価値を把握するにとどまるが，残債務弁済期の経過

➡ 74

後は，当該動産を占有し，処分することができる権能を有するものと解されるからである。もっとも，残債務弁済期の経過後であっても，留保所有権者は，原則として，当該動産が第三者の土地所有権の行使を妨害している事実を知らなければ不法行為責任を問われることはなく，上記妨害の事実を告げられるなどしてこれを知ったときに不法行為責任を負うと解するのが相当である。」

「そうすると，本件立替金債務について，その残債務全額の弁済期が経過したか否かなどを検討することなく，Xの請求をいずれも棄却すべきものとした原審の判断には，法令の解釈適用を誤った違法があり，同違法は原判決の結論に影響を及ぼすことが明らかである。論旨はこの趣旨をいうものとして理由があり，原判決は破棄を免れない。そして，上記の点等について，更に審理を尽くさせるため，本件を原審に差し戻すのが相当である。」（裁判長裁判官　近藤崇晴　裁判官　藤田宙靖　堀籠幸男　那須弘平　田原睦夫）

74 所有権留保（3）——三者間の所有権留保

最(一)判平成29年12月7日民集71巻10号1925頁（最判解〈平29下〉672頁，商法百選98頁，平30重判68頁・131頁）

【事実】 自動車販売会社A（札幌トヨタ自動車株式会社）がYに自動車を割賦払いの約定で販売し，信販会社XはYの委託を受けてYのAに対する売買代金債務の連帯保証人となった。そして，本件自動車について，所有者をA，使用者をYとする新規登録がされて，Yに引き渡された。しかし，代金の13%程度が支払われたところでYが代金の支払を怠ったため，Xは保証債務の履行としてAに対し売買代金残額を支払った。Yが破産手続開始の決定を受け，Zが破産管財人に選任されたので，Xは法定代位によって取得した本件留保所有権に基づいて，破産法65条の別除権行使として本件自動車の引渡しをZに求めた。

1審，2審がXの請求を認めたので，Zは，本件自動車についてYの破産手続開始の時点でXを所有者とする登録がされていない以上，留保所有権を別除権として行使することは許されないと主張して上告。

【判決理由】 上告棄却 「自動車の購入者と販売会社との間で当該自動車の所有権が売買代金債権を担保するため販売会社に留保される旨の合意がされ，売買代金債務の保証人が販売会社に対し保証債務の履行として売買代金残額を支払った後，購入者の破産手続が開始した場合において，その開始の時点で当該

➡ 74

自動車につき販売会社を所有者とする登録がされているときは，保証人は，上記合意に基づき留保された所有権を別除権として行使することができるものと解するのが相当である。その理由は，以下のとおりである。

保証人は，主債務である売買代金債務の弁済をするについて正当な利益を有しており，代位弁済によって購入者に対して取得する求償権を確保するために，弁済によって消滅するはずの販売会社の購入者に対する売買代金債権及びこれを担保するため留保された所有権（以下「留保所有権」という。）を法律上当然に取得し，求償権の範囲内で売買代金債権及び留保所有権を行使することが認められている（民法500条，501条）。そして，購入者の破産手続開始の時点において販売会社を所有者とする登録がされている自動車については，所有権が留保されていることは予測し得るというべきであるから，留保所有権の存在を前提として破産財団が構成されることによって，破産債権者に対する不測の影響が生ずることはない。そうすると，保証人は，自動車につき保証人を所有者とする登録なくして，販売会社から法定代位により取得した留保所有権を別除権として行使することができるものというべきである。」

「以上によれば，Xは，Zに対し，本件留保所有権を別除権として行使することができる。これと同旨の原審の判断は，正当として是認することができる。所論引用の判例（最㈡判平成22年6月4日民集64巻4号1107頁）は，販売会社，信販会社及び購入者の三者間において，販売会社に売買代金残額の立替払をした信販会社が，販売会社に留保された自動車の所有権について，売買代金残額相当の立替金債権に加えて手数料債権を担保するため，販売会社から代位によらずに移転を受け，これを留保する旨の合意がされたと解される場合に関するものであって，事案を異にし，本件に適切でない。論旨は採用することができない。」（裁判長裁判官　大谷直人　裁判官　池上政幸　小池　裕　木澤克之　山口　厚）

➡ 75

75 代理受領（1）

最(三)判昭和44年3月4日民集23巻3号561頁・函館開発建設部事件

（最判解〈昭44上〉133頁，民商62巻4号715頁，百選Ⅰ〈第3版〉210頁，百選Ⅰ〈第5版新法対応補正版〉210頁）

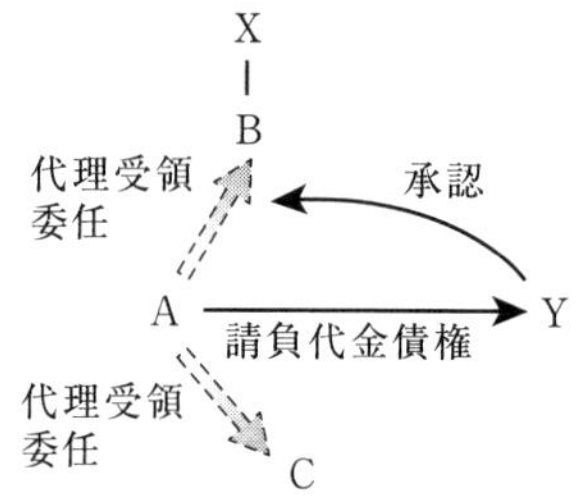

【事実】 A（東海航空測量株式会社）はY（国）の部局である北海道開発局函館開発建設部から工事を請け負い，工事は完成して引渡しがなされた。Aに対する手形金債権者であるX（有限会社横山喜惣治商店）は，AのYに対する請負代金債権の代理受領権を得て債権を回収しようと考え，Aから代理受領の委任状の交付を受け，これをXの取締役Bが前記函館開発建設部に持参して責任者Dから代理受領の承認を得た。その後Aが事実上倒産し，C（第一航業）の支配下に入ったため，AはCにも代理受領の委任状を交付した。しかし，函館開発建設部は，すでにBへの代理受領を承認していることを理由にCの代理受領を承認しなかった。函館開発建設部がAに対し，支払うべき相手を明確にするよう要請したところ，AはBおよびCに対する代理受領の委任を解除し，これをYに通知した上でA自身に支払うよう求めたので，YはAに支払った。これに対してXは，本件代理受領の委任はAから任意に解除できない性質のものであるのに，Xに確認することなくAに請負代金を支払ったことによりXに損害を与えたとして，Yに対して不法行為による損害賠償を請求した。原審はXの請求を認めたので，Yから上告。

【判決理由】 上告棄却 「原判決において，原審が挙示の証拠により適法に確定したところによれば，本件請負代金債権は，XのAに対する本件手形金債権の担保となっており，函館開発建設部は，本件代理受領の委任状が提出された当時右担保の事実を知って右代理受領を承認したというのである。そして右事実関係のもとにおいては，Xは，Bが同建設部から右請負代金を受領すれば，右手形金債権の満足が得られるという利益を有すると解されるが，また，右承認は，単に代理受領を承認するというにとどまらず，代理受領によって得られるXの右利益を承認し，正当の理由がなく右利益を侵害しないという趣旨をも当然包含するものと解すべきであり，したがって，同建設部としては，右承認の趣旨に反し，Xの右利益を害することのないようにすべき義務があ

➡ 76

ると解するのが相当である。しかるに，原判決によれば，同建設部長Ｄは，右義務に違背し，原判示の過失により，右請負代金をＡに支払い，Ｂがその支払を受けることができないようにしたというのであるから，右Ｄの行為は違法なものというべく，したがって，原審が結局Ｙに不法行為責任を認めた判断は正当である。」（裁判長裁判官　飯村義美　裁判官　田中二郎　下村三郎　松本正雄）

［関連裁判例］

76 代理受領（2）

最（一）判昭和 61 年 11 月 20 日判時 1219 号 63 頁 （民商 96 巻 6 号 846 頁）

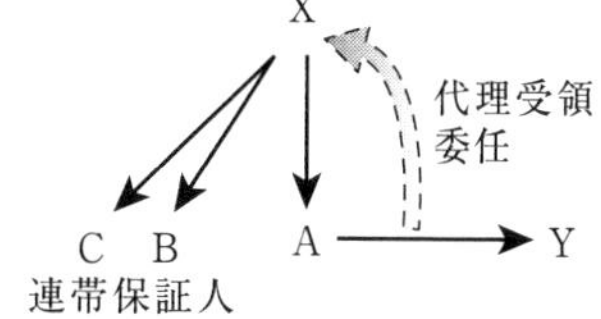

【事実】 建築請負業者であるＡ（山傳建設株式会社）はＸ（株式会社四国銀行）から融資を受けるにあたり，その担保として，Ｙ（有限会社京や不動産）に対する請負代金債権を取り立てて受領する権限をＸに与えるとともに，Ａ自らはＹから取り立てないこと，上記授権を一方的に解除しないことを約した。ＹはＸに対し，ＡＹ間の代理受領契約の内容を了承し，請負代金をＸに直接支払うことを約した。ところが，Ｙは請負代金をＡに支払った。そこでＸは，第１次的に，ＹはＸに対して直接の支払義務を負っていることを理由に請負代金を請求し，第２次的に，不法行為による損害賠償を請求した。争点は，第１に，ＹはＸに対して直接の支払義務を負うかどうか，第２に，本件のＡのＸに対する債務には，資力のある連帯保証人Ｂ，Ｃがいたが，それでもＸに損害が発生したといえるか，であった。原審は，第１点についても第２点についても否定し，Ｘの請求を棄却したので，Ｘから上告。

【判決理由】 破棄差戻し「右事実関係のもとにおいて，ＡはＸに対して負担する債務の担保として本件請負代金の取立をＸに委任し，Ｘはその取立権能を取得したにすぎず，Ｙが，本件代理受領を承諾したことにより，本件請負代金を直接Ｘに支払うべき債務を負担したものと解することはできないとした原審の判断は，正当として是認することができ，その過程に所論の違法はない。」

➡ 解説

「担保権の目的物が債務者又は第三者の行為により全部滅失し又はその効用を失うに至った場合には，他に保証人等の人的担保があって，これを実行することにより債権の満足を得ることが可能であるとしても，かかる場合，債権者としては，特段の事情のない限り，どの担保権から債権の満足を得ることも自由であるから，そのうちの1個の担保が失われたことによりその担保権から債権の満足を受けられなくなったこと自体を損害として把握することができ，他に保証人等の人的担保が設定され，債権者がその履行請求権を有することは，右損害発生の障害となるものではないと解するのが相当である（最㈠判昭和45年2月26日民集24巻2号109頁参照)。これを本件についてみると，Yは，本件代理受領を承諾しながら，その目的である本件請負代金4000万円をAに弁済したのであるから，これにより，YがAに支払うべき本件請負代金を代理受領することによってAに対する4000万円の貸金債権の満足が得られるというXの財産上の利益が侵害されたというべきであって，それ自体をXに生じた損害と認めるのが相当であり，B及びCがAのXに対する右貸金債務について連帯保証していることは，右損害発生の障害となるものではなく，そのことは右両名の弁済資力の有無とはかかわりがないというべきである。そうとすれば，Yが本件請負代金をAに弁済した結果，XがAに対する4000万円の貸金債権の担保たる代理受領権を喪失したことを肯定しながら，連帯保証人であるB及びCが右貸金債務を弁済するに足る十分な資力を有していることを理由に，Xには代理受領権の喪失による損害はないとした原審の前示判断には，不法行為の成立要件に関する法令の解釈適用を誤った違法があるというべきであり，右違法が判決に影響を及ぼすことは明らかであるから，論旨は理由がある。したがって，原判決を破棄し，本件について更に審理を尽くさせる必要があるので，原裁判所に差し戻すこととする。」(裁判長裁判官　大内恒夫　裁判官　谷口正孝　高島益郎　佐藤哲郎)

解　説

*72*は所有権留保売買に関する著名な事件である。結論には異論はないものの，権利濫用という構成でYを勝たせたため，これではYが自動車の登録名義を得ることができないという問題が指摘され，学説は代理や転売授権などの

法的構成を提唱している。*73* は，自動車の所有権を留保している信販会社が，他人の土地に放置された自動車の撤去義務を負うかが争われた事件で，残債務全額の弁済期が到来したかどうかを基準に判断することを明らかにした。これは，譲渡担保に関する *64* などが判示する判断基準と軌を一にする。不法行為についての判示も注目される。

74 は信販会社を介在させた自動車の割賦販売の事案において，破産手続との関係で，信販会社が所有権留保を主張することが認められた事例である。判旨に引用されている最㈡判平成 22 年 6 月 4 日民集 64 巻 4 号 1107 頁は，信販会社が立替払いによって自動車の販売会社から留保所有権の移転を受けた事案であるが，求償権と手数料債権を被担保債権とする新たな担保権設定に等しいと評価され，民事再生手続開始の時点で信販会社が自動車の登録名義を得ていなければ別除権の行使が認められないとされた。そこで，信販会社は，保証人になって法定代位するという方式に切り替えた。この場合は，登録名義の移転が不要となる。*74* はその効力を認めたものである。

非典型担保の一種に代理受領がある。これは，債権者甲が，債務者乙が丙に対して持っている債権について，取立の委任を乙から受け，これを自らの債権に充当するという担保手段である。乙の丙に対する債権に対して質権や譲渡担保のような担保権を設定できない事情がある場合に用いられる。この際，丙から代理受領の承認を得るのが普通である。この承認がどのような法的意味を持つかを明らかにした重要な先例が *75* である。*76* はこの先例が確立した原則を更に明確化する判示を行っている。

第3編　債　　権

第1章　総　　則

第1節　債権の目的

77　種類債権の特定と制限種類債権

最(三)判昭和30年10月18日民集9巻11号1642頁・タール売買事件

(最判解〈昭30〉194頁，民商34巻3号401頁，百選Ⅱ〈第3版〉6頁，百選Ⅱ〈第9版〉4頁，売買〔動産〕百選82頁)

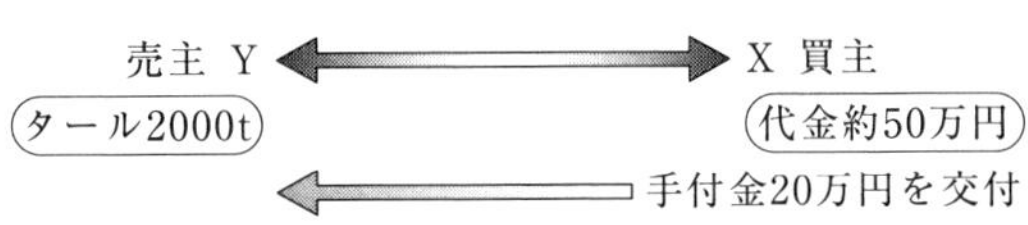

タール約11万円分を引き渡す
その後，残るタールを提供するが，Xは引き取らず
Yは人夫を引き揚げる

A社の労組員がタールを処分
XはYに履行を催告し，契約解除
既払い手付金の残額を返還請求

【事実】 昭和21年2月に，X（岩手県漁業協同組合）はYから漁業用タール2000トンを，見積価格49万5000円で買った。受渡しは，必要の都度Xが申し出てYの指定する場所で受領し，昭和22年1月末日までに全部引き取ることにし，手付金20万円を交付した。タールは，YがA社（室蘭の日本製鉄）から買い受け，A社構内の溜池に貯蔵し，Xに通知して昭和21年8月までに10万7500円相当分を引き渡した。その後，Xが品質が悪いといって引き取らず，Yが10月頃に人夫を引き揚げたため，その冬にA社の労働組合員がこれを全部持ち出し処分した。昭和24年10月に，XはYに履行を催告し，引渡しがないので残りの契約を解除し，手付金から受領分の代金を引いた9万2500円の返還を求めた。1・2審とも請求を認容。Yは，履行の提供をしており債務不履行はない，Xが受領遅滞のまま解除するのは信義則等に反するとして上告した。

【判決理由】 破棄差戻し「(i)　原審は，先ず本件売買契約が当初から特定物を目的としたものかどうか明らかでないと判示したが，売買の目的物の性質，

➡ 77

数量等から見れば，特段の事情の認められない本件では，不特定物の売買が行われたものと認めるのが相当である。そして右売買契約から生じた買主たるXの債権が，通常の種類債権であるのか，制限種類債権であるのかも，本件においては確定を要する事柄であって，例えば通常の種類債権であるとすれば，特別の事情のない限り，原審の認定した如き履行不能ということは起こらない筈であり，これに反して，制限種類債権であるとするならば，履行不能となりうる代りには，目的物の良否は普通問題とはならないのであつて，Xが「品質が悪いといつて引取りに行かなかった」とすれば，Xは受領遅滞の責を免れないこととなるかもしれないのである。すなわち本件においては，当初の契約の内容のいかんを更に探究するを要するといわなければならない。(ii) つぎに原審は，本件目的物はいずれにしても特定した旨判示したが，如何なる事実を以て，「債務者が物の給付を為すに必要なる行為を完了し」たものとするのか，原判文からはこれを窺うことができない。論旨も指摘する如く，本件目的物中未引渡の部分につき，Yが言語上の提供をしたからと云って，物の給付を為すに必要な行為を完了したことにならないことは明らかであろう。従って本件の目的物が叙上いずれの種類債権に属するとしても，原判示事実によつてはいまだ特定したとは云えない筋合であって，Yが目的物につき善良なる管理者の注意義務を負うに至ったとした原審の判断もまた誤りであるといわなければならない。」(裁判長裁判官　島　保　裁判官　河村又介　小林俊三　本村善太郎　垂水克己）((i)(ii)は編者による。解説を参照)

差戻審判決（札幌高函館支判昭和37年5月29日高裁民集15巻4号282頁）

【判決理由】 請求棄却 「三，ところで，前掲各証言，Y本人尋問の結果によれば，Yは前記会社より前記製鉄所構内にある溜池中正門から入り左側に存する特定の一溜池に貯蔵してあった廃タール全量（約3000屯ないし3500屯）を買い受けていたもので，Xに対する本件売買においては右の特定の溜池の貯蔵中のタール全量約3000屯ないし3500屯中2000屯がその目的物とされたものであることが認められるのであるから，右売買契約から生じた買主たるXの債権は制限種類債権に属するものというべきである。そして，前段認定の事実によれば，YはXが残余タールの引渡を申し出で容器を持参すれば直に引渡をなしうるよう履行の準備をなし，言語上の提供をしただけであって，Xに引渡すべき残余タールを前記溜池から取り出して分離する等物の給付をなすに必要な行為を完了したことは認められないから，残余のタールの引渡未済部分は未だ特定した

➡ *77*

と云い得ないけれども，前認定の如く，右引渡未済部分も含めて右特定の溜池に貯蔵中のタールが全量滅失したのであるから，Yの残余タール引渡債権はついに履行不能に帰したものといわなければならない。
四，そこで，右履行不能がYの責に帰すべき事由によるものであるかどうかについて考えるのに，本件残余のタールが特定するに至らなかったことは前叙のとおりであるから，Yは特定物の保管につき要求せられる善良な管理者の注意義務を負うものではない。ただ，本件の如く，特定の溜池に貯蔵中のタールの内その一部分の数量のタールの引渡を目的とする制限種類債権にあっては，通常の種類債権と異なり給付の目的物の範囲が相当具体的に限定せられているから，その限定せられた一定範囲の種類物全部が滅失するときは，目的物の特定をまたずして履行不能が起こりうるので，少くとも債務者はその保管につき自己の財産におけると同一の注意義務を負うと解すべきところ，これを本件についてみるのに，当審におけるY本人尋問の結果（第1，2回）によればYは前認定のように溜池からスチームを取外し人夫を引揚げた後は，本件溜池に貯蔵中のタールの保管について監視人を置く等特別の措置をとらなかったけれども，右溜池は前記輪西製鉄所の構内にあり，右製鉄所の出入口には昼夜引き続き右製鉄所の守衛が配置され，第三者がみだりに右構内に出入することはできない状況にあったので，Yは格別の保管措置を講ぜなくとも盗難等による滅失の虞れはないものと判断して会社の管理下の委ねたもので，漫然野外に放置して，目的物を捨てて顧りみなかったものではないことが窺われるので，本件目的物の性質，数量，貯蔵状態を勘案すれば，Yとしては本件タールの保管につき自己の財産におけると同一の注意義務を十分つくしたものと認めるのが相当であって，この点についてYに右注意義務の懈怠による過失はなかったものと云わなければならない。その他右滅失につきYの故意又は過失を認めるに足るべき何等の証拠がない。
五，しからば，XがYに対しなした債務不履行を理由に本件売買契約を解除する旨の意思表示は無効であって，これを前提とする本訴請求はその余の点について判断するまでもなく失当として棄却を免れない。よって，右請求を認容した原判決はこれを取消し，Xの請求を棄却し，訴訟費用の負担について民事訴訟法第95条第89条を適用して主文のとおり判決する。」（裁判長裁判官　羽生田利朝　裁判官　船田三雄　浅野芳朗）

78 資料・金利規制の概観

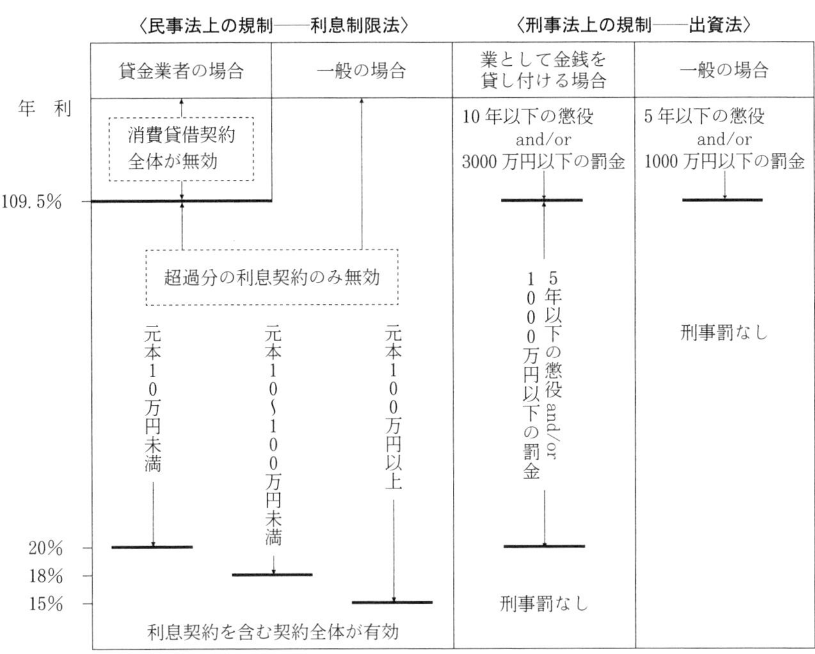

以前の利息制限法，貸金業法，出資法は金利規制の例外を認めていたが，2006年の各法改正は，以下のように，その例外を廃止し，また，高金利に対する刑事罰を広げた(2010年6月18日より完全実施)。

① 利息制限法旧規定1条2項は，「債務者は，前項の超過部分を任意に支払ったときは，同項の規定にかかわらず，その返還を請求することができない。」と規定していたが，改正法はこの第2項を廃止した。

② 貸金業法旧規定43条は，貸金業者について，書面の交付があり任意に弁済された場合には有効な利息の弁済とみなしていた（みなし弁済)。これにより，貸金業者については，利息制限法1条1項の制限を超える超過利息でも，借主が任意に弁済すると元本充当も返還請求も認められなかった。しかし，改正法はみなし弁済を一切廃止したので，借主が任意弁済したときも，元本充当・返還請求が認められる。

③ 刑事罰について，業として貸し付ける場合に，出資法旧規定は29.2%を超えたときに5年以下の懲役もしくは1000万円以下の罰金（またはこれを併科）としていたが，改正法は109.5%を超えたときの刑事罰を重くし，また，処罰金利を年20%に下げた（出資法5条)。その結果，利息契約は無効だが刑事罰は受けない場合（グレーゾーン）は縮小された。

④ 以上のほか，電話担保金融，日賦貸金業者に関する刑罰金利の特例（54.75%）を廃止した。なお，質屋に関する刑罰金利の特例（109.5%。質屋営業法36条）は

維持している。

解　説

(1)　*77* の事件で，買主Ｘは売買契約を解除し，売主Ｙに手付金の返還を請求した。当時，この事案でＸが契約の解除事由にできたのは，①昭和21年8月までに引き渡した分の品質不良（不完全履行）か，②未引渡し分の昭和24年10月の履行遅滞（旧541条），あるいは，③同じく未引渡し分の，昭和24年10月以降の保存義務違反による履行不能（旧543条）であった。ここで，①②③のどれかによって解除事由としてとらえられるＹの行為が違うことと，訴訟の過程で解除事由が動いていることに注意する必要がある。

Ｘは，途中まで受け取っていたタールにつき品質不良を証明するのは難しいと考えたためか，①を主張しなかった。一方で，Ｘは，目的物が昭和24年10月まで特定されていなかったとして，同月のＸの請求にＹが応じなかったことを解除事由とした（②を主張）。しかし，原審は③の解除を認めた。すなわち昭和21年8月までのＹの貯蔵・通知とＸへの一部引渡しによって目的物全体が特定されたとし，Ｙはこの特定によって保存義務を負ったのにそれを懈怠して滅失させたとした。これに対し，最高裁は，③につき，原審の事実認定では，貯蔵・通知・一部引渡し等によって目的物全体が特定されたとはいえないとした（【判決理由】の後半(ii)）。他方で，当初の売買契約に着目し，それは特定物売買でないとした上で，Ｘの解除を判断するには，それが種類売買か制限種類売買かを探究する必要があるとした（【判決理由】の前半(i)）。

(2)　本判決は(ii)の部分が重視され，取立債務の場合に口頭の提供のみでは目的物特定に必要な行為が完了しないとした判例と理解されている。

この(ii)の判断は，2017年改正法の下でどう受けとめることになるのか。改正法は，種類債権の目的物の特定を規定する401条2項を変更していない。しかし，目的物特定の効果である目的物保存義務と履行不能について，「契約その他の債権の発生原因及び取引上の社会通念に照らして」判断すべきものとした（400条，412条の2）。この改正法は，目的物の特定を広く肯定した上で，当該契約と取引上の社会通念――それは契約履行に関わる社会通念を含む――を考慮して，保存義務違反と履行不能を判断することを考えているように思われ

債権　債権の目的

る。本判決の(ii)の部分は，そのような保存義務違反と履行不能の判断に関わるものとして受けとめることになろう。

他方，本判決の前半部分(i)は，当初の売買契約が特定物売買でなかったとした上で，種類売買の場合と制限種類売買の場合に分けて，解除事由の判断の仕方を検討する。そして，種類売買だと引渡し前に物が滅失しても履行不能にならない，これに対し，制限種類売買だと履行不能となる（引渡し義務が消滅する）が，品質は普通問題にならないから買主Xの受領遅滞が問題になる，と判示する。しかし，改正法は，特定物売買ですら品質の契約適合性を要求するから（562条以下），制限種類売買でも品質が問題になる。また，「引渡し前に目的物が滅失したときに，種類売買では履行不能にならないが，制限種類売買だと履行不能となる」という部分については，上に述べたように，改正法412条の2は，履行不能になるかを，契約と取引上の社会通念に照らして判断すべきものとする。種類売買か制限種類売買かは，改正法の下でも履行不能の判断にとって重要であるが，契約と取引上の社会通念による判断の一要素として考えることになろう。

(3)　ところで，本件の紛争は，買主Xが品質の悪さを理由にタールを受け取らない間に第三者に盗まれたことに起因する。したがって，解除事由が①②のいずれであっても，Xの受領遅滞の検討が必要である。しかし，(i)の判示は，様々な解除事由の概括的な検討にとどまり，具体的な受領遅滞の判断に立ち入っていない。差戻審で判断すべきことだと考えたからであろう。ところで，改正法は，受領遅滞の具体的な効果に即して新しい規定をいくつか置いた。本件に関係するのは，受領遅滞中の目的物滅失と履行不能に関する567条2項と413条の2第2項，および，特定された目的物の保存義務を受領遅滞のゆえに軽減する413条1項である。売主Yが品質が良かったこととXの受領遅滞を主張すれば，これらの新規定を視野に入れて解決を図ることになる。

本判決の意義ないし位置付けは，(2)でみたように，改正法の下で変わるところがある。しかし，本件は，(1)でもみたように，同じ事案でも争い方や着眼点によって論点が動いたり広がることを示す。また，本件は，400条，567条2項などの関連する新規定を具体的に考えさせる良い素材である。

第2節　債権の効力

[1]　受 領 遅 滞

79　受領遅滞

最(一)判昭和46年12月16日民集25巻9号1472頁・硫黄鉱石売買事件
(最判解〈昭46〉688頁，法協91巻1号196頁，民商67巻4号578頁，百選Ⅱ〈第3版〉26頁，百選Ⅱ〈第9版〉100頁)

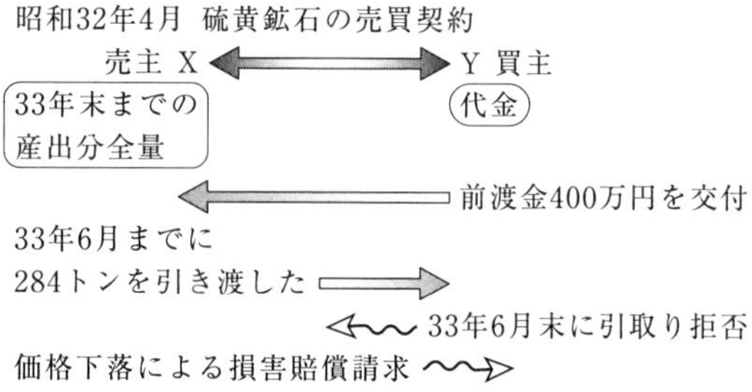

昭和32年4月　硫黄鉱石の売買契約
売主 X　⟷　Y 買主
33年末までの産出分全量
代金
前渡金400万円を交付
33年6月までに284トンを引き渡した
33年6月末に引取り拒否
価格下落による損害賠償請求

【事 実】 昭和32年4月に，X会社とY会社は，Xが大雪山国立公園内の本件硫黄鉱区で同年末までに採掘する硫黄鉱石全量をYに売る契約を結び，Yが前渡金名義で400万円を融資した。その後，Yの指導・示唆により，Xは搬出用の索道を架設し，ワイヤーを取り替えた。そして，契約期間は契約条項により33年末まで延長され，Yは，33年6月までに284トンを引き取った。しかし，その後Yは硫黄製品の価額下落を理由に引取りを拒否した。Xは，損害額（引き取られなかった鉱石の，当初の代金価格と時価との差額）から前渡金を引いた残額を請求した。1審は，引取りの特約がないからYは債務不履行責任を負わないとし，請求を棄却。2審は，原則として買主に引取義務はないが，継続的給付の売買で提供される全量を対象とする場合には引取義務がある，また，売主が履行の準備に相当の努力を費やした場合は信義則上も引取義務があるとして，請求を認容した。Y上告。

【判決理由】 上告棄却「原判決は，つぎのとおり事実を確定している。すなわち，Xは，昭和32年4月16日Yとの間に，期間を同年12月末日とし，Xが本件硫黄鉱区から採掘する硫黄鉱石の全量（所論は，全量ではなく，品位70パーセント以上のものにかぎると主張するが，その採用できないことは，すでに説示したとおりである。）を対象として，原判示硫黄鉱石売買契約……を締結したが，その後，右契約期間は更新されて昭和33年12月末日までとなった。ところで，Xは，右契約に基づいて採掘をはじめ，まず昭和32年中に鉱石約170トン（乾鉱量）をYに引き渡した。ついで同33年6月鉱石113.91トン（乾鉱量）を出荷し，その旨をYに通知したが，Yから市況の悪化を理由に出荷中止を要請され，ここにおいてXは，Yを翻意させるべく折衝したが成功せず，同年9月11日頃には採掘を中止するのやむなきに至り，採掘分(乾鉱量にして1612.69トン）は集積して出荷を準備したにとどまった。そして，右113.91トンの鉱石は，ともかくYにおいて引き取ったのであるが，その後は引取を拒絶したまま，同年10月29日Xに対し，前渡金の返還を要求する通知書……を発するに至り，右鉱石売買契約の関係は，前記契約期間の満了日である昭和33年12月末日の経過をもって終了するに至つた，というのである。

ところで，右事実関係によれば，前記鉱石売買契約においては，Xが右契約期間を通じて採掘する鉱石の全量が売買されるべきものと定められており，XはYに対し右鉱石を継続的に供給すべきものなのであるから，信義則に照らして考察するときは，Xは，右約旨に基づいて，その採掘した鉱石全部を順次Yに出荷すべく，Yはこれを引き取り，かつ，その代金を支払うべき法律関係が存在していたものと解するのが相当である。したがって，Yには，Xが採掘し，提供した鉱石を引き取るべき義務があったものというべきであり，Yの前示引取の拒絶は，債務不履行の効果を生ずるものといわなければならない。
(裁判長裁判官　藤林益三　裁判官　岩田　誠　大隅健一郎　下田武三　岸　盛一)

解　説

債権者は債権の目的物の引取義務，受領義務を負うか。引き取らないときに債務者から契約を解除し損害賠償を請求することができるか。これらは，売買の買主や請負の注文者について問題になることが多い。ただ，双務契約では2つの債権が相対し，受領を遅滞するような債権者は普通，自分の債務について不履行に陥っているから，債務者は受領遅滞によらなくても契約を解除し損害賠償を請求できる。しかし，*79*のように継続的な給付関係の場合や債務者が先履行義務を負っている場合には，受領遅滞・引取義務に基づく損害賠償が問題になる。

➡ *80*・解説

2017年改正前の413条は，受領遅滞の効果を「債権者は……遅滞の責任を負う」と規定していただけであったが，*79*は，「信義則に照らし」，「約旨に基づいて」，債権者の引取義務を認めた。

改正法は，受領遅滞の効果をいくつか明文化した（特定物の保存義務を軽減する413条1項，履行費用増加分を債権者負担とする同条2項のほか，413条の2第2項，567条2項）。しかし，債務者からの損害賠償請求は受領遅滞の効果として明記しなかった。したがって，*79*の判決は，今後も判例としての意義を有する。

［2］ 履行の強制

80 履行を強制できない請求権

大決昭和5年9月30日民集9巻926頁・夫婦同居判決執行事件（判民昭和5年度88事件）

【事実】 夫Xは妻Yに対し同居請求の認容判決を得たが，Yが同居しないので，旧民訴法734条（現民事執行法172条に相当）により，同居しないときは1日5円の賠償金を支払う旨の決定を求めた。1審も原審もXの申立てを認めず。X抗告。

【決定理由】 抗告棄却「然れども，債務者が任意に其の債務の履行を為すに非ざれば債権の目的を達することを得ざる場合に於ては，其の債務は性質上強制履行を許さざるものと言わざるべからず。夫婦間に於ける同居義務の履行の如きは，債務者が任意に履行を為すに非ざれば債権の目的を達すること能はざること明なるを以て，其の債務は性質上強制履行を許さざるものと解するを相当とす。」

解 説

(1) 414条1項ただし書については，親族法上の請求権に関する事例が少なくない。履行の強制が，義務者の自由を著しく制限することがあるからである。*80*は，夫婦同居義務につき，同項ただし書によって，強制履行を否定した。しかし，最㈠判平成25年3月28日民集67巻3号864頁は，監護親がなすべき給付が特定されていることを理由に，非監護親と子の面会交流を許すよう命ずる審判に基づく間接強制を認めた（本決定については，『民法判例集 親族・相続』*21*の解説も参照）。他方で，最㈢決平成31年4月26日判時2425号10頁は，

9歳の子が引渡し拒絶の意思を明白に表示している場合に，引渡しを命ずる審判に基づく間接強制申立ては権利濫用だとして斥けている。

(2) 法律行為を目的とする債務の強制方法（旧414条2項ただし書，民事執行法177条）については，最㈹判平成29年12月6日民集71巻10号1817頁がある（NHK受信料事件。『民法判例集 債権各論　4版』*4*。414条に関係する判示は，同書8〜9頁）。

［3］ 損害賠償責任の要件：債務者の義務と帰責事由

81 履行補助者の過失

大判昭和4年3月30日民集8巻363頁・恒栄丸難破事件
（判民昭和4年度32事件，百選Ⅱ〈第6版〉12頁，百選Ⅱ〈第9版〉12頁）

【事実】 X_1X_2は，共有する発動機帆船恒栄丸をY_1に6か月間賃貸し，Y_1はX_1X_2の承諾を得て，Y_2に2か月間賃貸した。ところが恒栄丸は暴風雨に遭い難破した。X_1らはY_1らに賠償請求。原審は，Y_2が雇った船員の過失による難破と認定し，また，Y_2については，613条1項（旧規定の「賃借人が適法に賃借物を転貸したときは，転借人は，賃貸人に対して直接に義務を負う。」）によりXらに対し直接に責任を負うとして，Y_1Y_2の責任を認めた。Y_1Y_2は，船員の選任監督についての過失の有無を審理しないで責任を認めたのは失当だとして上告。

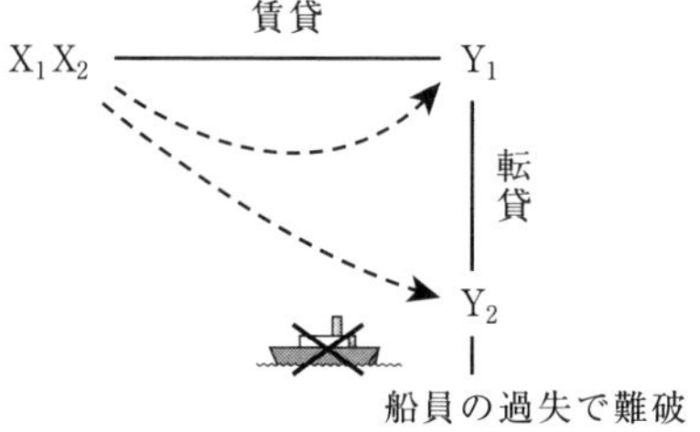

【判決理由】 上告棄却 「……債務を負担する者は，契約又は法律に依り命ぜられたる一定の注意の下に其の給付たる行為を為すべき義務あるを以て，債務者が債務の履行に付其の義務たる注意を尽したるや否は，総て債務の履行たる行為を為す可き者に付之を定む可く，従て，債務者が債務履行の為他人を使用する場合に在りては，債務者は自ら其の被用者の選任監督に付過失なきことを要するは勿論，此の外尚お其の他人を使用して債務の履行を為さしむる範囲に於ては，被用者をして其の為すべき履行に伴い必要なる注意を尽さしむ可き責を免れざるものにして，使用者たる債務者は，其の履行に付被用者の不注意よ

➡ 82

り生じたる結果に対し，債務の履行に関する一切の責任を回避することを得ざるものと言はざる可からす。蓋，債務者は被用者の行為を利用して其の債務を履行せんとするものにして，此の範囲内に於ける被用者の行為は即債務者の行為そのものに外ならざるを以てなり。故に原審判決が本件債務の履行に付恒栄丸船員の行為に過失ありと為す以上，其の傭主にして債務者たる Y_2 に過失の責を負はしめたるは相当にして，論旨は採用に値せず。」

82 安全配慮義務

最(三)判昭和50年2月25日民集29巻2号143頁・八戸駐屯地車両災害事件

(*最判解〈昭50〉60頁，民商74巻1号73頁，百選Ⅱ〈第5版新法対応補正版〉14頁，百選Ⅱ〈第9版〉6頁，行政百選Ⅰ〈第7版〉54頁，労働百選〈第9版〉98頁，昭50重判57頁*)

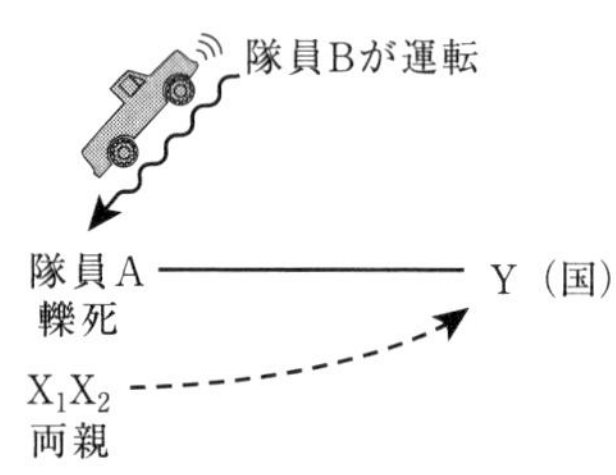

【事実】 自衛隊員Aは隊内の車両整備工場で作業中に，同僚隊員Bが後退させた大型車両に轢かれて即死した。両親 X_1X_2 は，国家公務員災害補償金を受けたが，事故より4年3か月後に国Yに対し，自賠法3条を根拠に損害賠償を求めて提訴した。1審は，3年の時効消滅を理由に請求を棄却。控訴審で事故より7年後に，Xらは，Yが人的物的環境を整備する義務を怠ったと主張した。控訴審は，特別権力関係を理由にこの債務不履行責任を否定。Xら上告。

【判決理由】 破棄差戻し 「国と国家公務員（以下「公務員」という。）との間における主要な義務として，法は，公務員が職務に専念すべき義務（国家公務員法101条1項前段，自衛隊法60条1項等）並びに法令及び上司の命令に従うべき義務（国家公務員法98条1項，自衛隊法56条，57条等）を負い，国がこれに対応して公務員に対し給与支払義務（国家公務員法62条，防衛庁職員給与法4条以下等）を負うことを定めているが，国の義務は右の給付義務にとどまらず，国は，公務員に対し，国が公務遂行のために設置すべき場所，施設もしくは器具等の設置管理又は公務員が国もしくは上司の指示のもとに遂行する公務の管理にあたって，公務員の生命及び健康等を危険から保護するよう配慮すべき義務（以下「安全配慮義務」という。）を負っているものと解すべきである。もとより，右の安全配慮義務の具体的内容は，公務員の職種，地位及び安全配慮義務が問題となる当該具体的状況等によって異なるべきものであり，自衛隊員の場合にあっては，更に当該勤務が通常の作業時，訓練時，防衛出動時（自衛隊法76条），治安出動時（同法78条以下）又は災害派遣時（同法83条）のいずれにおけるものであるか等によっても異なりうべきものであるが，国が，不法行為規範のもとにおいて私人に対しその生命，健康等を保護すべき義務を負っているほかは，いかなる場合においても公務員に対し安全配慮義務を負うものではないと解することはできない。けだし，右のような安全配慮義務は，ある法律関係に基づいて特別な社会的接触の関係に入った当事者間において，当該法律関係の付随義務として当事者の一方又は双方が相手方に対して信義則上負う義務として一般的に認められるべきものであって，国と公務員との間においても別異に解すべき論拠はなく，公務員が前記の義務を安んじて誠実に履行するためには，国が，公務員に対し安全配慮義務を負い，これを尽くすことが必要不可欠であり，また，国家公務員法93条ないし95条及びこれに基づく国家公務員災害補償法並びに防衛庁職員供与法27条等の災害補償制度も国が公務員に対し安全配慮義務を負うことを当然の前提とし，この義務が尽くされたとしてもなお発生すべき公務災害に対処するために設けられたものと解されるからである。

そして，会計法30条が金銭の給付を目的とする国の権利及び国に対する権利につき5年の消滅時効期間を定めたのは，国の権利義務を早期に決済する必要があるなど主として行政上の便宜を考慮したことに基づくものであるから，同条の5年の消滅時効期間の定めは，右のような行政上の便宜を考慮する必要がある金銭債権であって他に時効期間につき特別の規定のないものについて適用されるものと解すべきである。そして，国が，公務員に対する安全配慮義務を懈怠し違法に公務員の生命，健康等を侵害して損害を受けた公務員に対し損害賠償の義務を負う事態は，その発生が偶発的であって多発するものとはいえないから，右義務につき前記のような行政上の便宜を考慮する必要はなく，また，国が義務者であっても，被害者に損害を賠償すべき関係は，公平の理念に基づき被害者に生じた損害の公正な塡補を目的とする点において，私人相互間における損害賠償の関係とその目的性質を異にするものではないから，国に対する右損害賠償請求権の消滅時効期間は，会計法30条所定の5年と解すべき

➡ *83*

ではなく，民法167条1項により10年と解すべきである。」（裁判長裁判官　関根小郷　裁判官　天野武一　坂本吉勝　江里口清雄　髙辻正己）

83 安全配慮義務と履行補助者

最(二)判昭和58年5月27日民集37巻4号477頁・会計隊長運転ミス事件

（*最判解〈昭58〉193頁，百選Ⅱ〈第5版新法対応補正版〉16頁，交通事故百選〈第5版〉60頁，昭58重判79頁*）

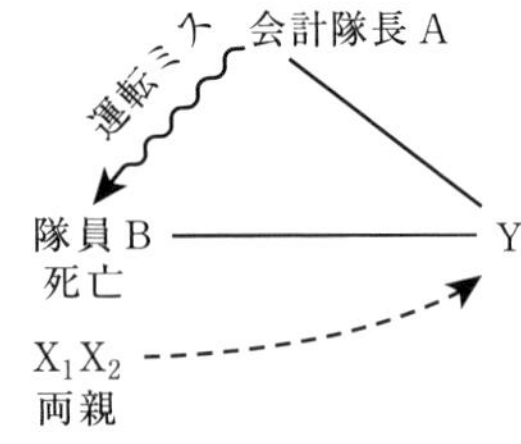

【事実】 自衛隊の会計隊長Aは，隊のジープで隊員を輸送した帰途に，滑りやすい道路で加速し，後輪を滑走させて対向車と衝突した。この事故で，Aが教育準備として同乗させていた隊員Bが死亡。8年後に，Bの遺族Xらは国Yに対し，安全配慮義務違反を理由に損害賠償を求めて訴えを提起した。1審は請求を認容。2審は，安全配慮義務は公務遂行に関する人的・物的条件の支配管理権限に由来する義務であるが，Aの過失は安全配慮義務違反とは関係がない，として請求を棄却した。Xら上告。

【判決理由】 上告棄却「国は，公務員に対し，国が公務遂行のために設置すべき場所，設置若しくは器具等の設置管理又は公務員が国若しくは上司の指示のもとに遂行する公務の管理に当たって，公務員の生命及び健康等を危険から保護するよう配慮すべき義務を負っている（最㈢判昭和50年2月25日民集29巻2号143頁〔*82*事件〕）。右義務は，国が公務遂行に当たって支配管理する人的及び物的環境から生じうべき危険の防止について信義則上負担するものであるから，国は，自衛隊員を自衛隊車両に公務の遂行として乗車させる場合には，右自衛隊員に対する安全配慮義務として，車両の整備を十全ならしめて車両自体から生ずべき危険を防止し，車両の運転者としてその任に適する技能を有する者を選任し，かつ，当該車両を運転する上で特に必要な安全上の注意を与えて車両の運行から生ずる危険を防止すべき義務を負うが，運転者において道路交通法その他の法令に基づいて当然に負うべきものとされる通常の注意義務は，右安全配慮義務の内容に含まれるものではなく，また，右安全配慮義務の履行補助者が右車両にみずから運転者として乗車する場合であっても，右履行補助者に運転者としての右のような運転上の注意義務違反があったからと

➡ 84

いって，国の安全配慮義務違反があつたものとすることはできないものというべきである。」

「本件事故は，Aが車両の運転者として，道路交通法上当然に負うべきものとされる通常の注意義務を怠ったことにより発生したものであることが明らかであって，他に国の安全配慮義務の不履行の点は認め難いから，国の安全配慮義務違反はないとした原審の判断は，正当として是認することができ，原判決に所論の違法はない。」（裁判長裁判官　鹽野宜慶　裁判官　木下忠良　宮崎梧一　大橋　進　牧　圭次）

84　安全配慮義務と第三者加害

最(三)判昭和59年4月10日民集38巻6号557頁・宿直員強盗殺害事件

(最判解〈昭59〉121頁，法協103巻12号2485頁，民商93巻5号736頁，736頁，昭59重判77頁)

【事実】 Y会社の見習い従業員Aが，高価品の陳列されている社屋に宿直勤務していた夜，素行の悪さを警戒されていた元従業員Bが，Aの意に反して立ち入った。Bが退去せず威圧するので，Aが「Bが来ると商品が紛失する」といって抵抗したところ，窃盗の意図を持っていたBはAの頭を殴って殺した。1年内に，Aの両親X_1X_2はYに対し，防犯設備の不備，入社直後のAに1人で宿直させたこと，従業員教育・安全教育の不徹底などの安全配慮義務違反を理由に損害賠償を求めて訴えを提起した。1・2審とも，請求を認容。Y上告。

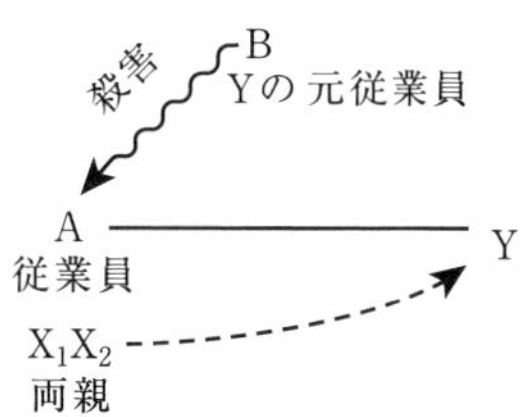

【判決理由】 上告棄却「雇傭契約は，労働者の労務提供と使用者の報酬支払をその基本内容とする双務有償契約であるが，通常の場合，労働者は，使用者の指定した場所に配置され，使用者の供給する設備，器具等を用いて労務の提供を行うものであるから，使用者は，右の報酬支払義務にとどまらず，労働者が労務提供のため設置する場所，設備もしくは器具等を使用し又は使用者の指示のもとに労務を提供する過程において，労働者の生命及び身体等を危険から保護するよう配慮すべき義務（以下「安全配慮義務」という。）を負っているものと解するのが相当である。もとより，使用者の右の安全配慮義務の具体的内容は，労働者の職種，労務内容，労務提供場所等安全配慮義務が問題となる

➡ *84*

当該具体的状況等によって異なるべきものであることはいうまでもないが，これを本件の場合に即してみれば，Y会社は，A1人に対し昭和53年8月13日午前9時から24時間の宿直勤務を命じ，宿直勤務の場所を本件社屋内，就寝場所を同社屋1階商品陳列場と指示したのであるから，宿直勤務の場所である本件社屋内に，宿直勤務中に盗賊等が容易に侵入できないような物的設備を施し，かつ，万一盗賊が侵入した場合は盗賊から加えられるかも知れない危害を免れることができるような物的施設を設けるとともに，これら物的施設等を十分に整備することが困難であるときは，宿直員を増員するとか宿直員に対する安全教育を十分に行うなどし，もつて右物的施設等と相まつて労働者たるAの生命，身体等に危険が及ばないように配慮する義務があったものと解すべきである。

そこで，以上の見地に立って本件をみるに，前記の事実関係からみれば，Y会社の本件社屋には，昼夜高価な商品が多数かつ開放的に陳列，保管されていて，休日又は夜間には盗賊が侵入するおそれがあったのみならず，当時，Y会社では現に商品の紛失事故や盗難が発生したり，不審な電話がしばしばかかってきていたというのであり，しかも侵入した盗賊が宿直員に発見されたような場合には宿直員に危害を加えることも十分予見することができたにもかかわらず，Y会社では，盗賊侵入防止のためののぞき窓，インターホン，防犯チェーン等の物的設備や侵入した盗賊から危害を免れるために役立つ防犯ベル等の物的設備を施さず，また，盗難等の危険を考慮して休日又は夜間の宿直員を新入社員1人としないで適宜増員するとか宿直員に対し十分な安全教育を施すなどの措置を講じていなかったというのであるから，Y会社には，Aに対する前記の安全配慮義務の不履行があったものといわなければならない。そして，前記の事実からすると，Y会社において前記のような安全配慮義務を履行しておれば，本件のようなAの殺害という事故の発生を未然に防止しえたというべきであるから，右事故は，Y会社の右安全配慮義務の不履行によって発生したものということができ，Y会社は，右事故によって被害を被った者に対しその損害を賠償すべき義務があるものといわざるを得ない。」（裁判長裁判官　伊藤正己　裁判官　横井大三　木戸口久治　安岡滿彦）

［関連裁判例］

85 安全配慮義務違反の主張立証責任

最(二)判昭和56年2月16日民集35巻1号56頁・芦屋基地ヘリコプター墜落事件

(最判解〈昭56〉50頁，民商86巻4号613頁，百選Ⅱ〈第2版〉14頁，新交通事故百選68頁，民事訴訟百選Ⅱ〈新法対応補正版〉278頁)

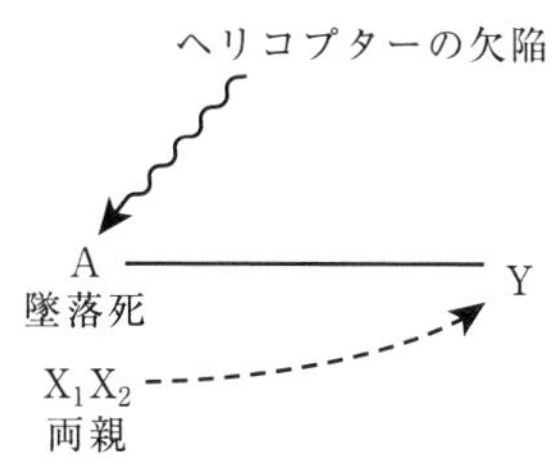

【事実】 航空自衛隊のヘリコプターの後部回転翼が突然飛散し，乗員Aを含む8名が死亡した。原因は，回転翼を差し込む金属製ソケットの内側のツールマーク（製作時の切削痕）に回転中の抵抗力が集中し，ソケットが疲労破断したことにあった。ツールマークは，顕微鏡の精密検査によってしか発見できない微細なきずとされている。9年後に，Aの両親X_1X_2は，国Yの安全配慮義務違反の債務不履行責任を訴求した。原審は，高度の品質管理を経ている航空機用部品は受け入れ後に顕微鏡の精密検査をしないことも十分考えられ，類似事故の報告がなく予想もされなかったから，整備体系は合理的なものであったとし，請求を棄却した。Xら上告。

【判決理由】 上告棄却 「国が国家公務員に対して負担する安全配慮義務に違反し，右公務員の生命，健康等を侵害し，同人に損害を与えたことを理由として損害賠償を請求する訴訟において，右義務の内容を特定し，かつ，義務違反に該当する事実を主張・立証する責任は，国の義務違反を主張する原告にある，と解するのが相当である。しかるところ，本件記録及び原判決の判文によれば，X_1らは右の法理に従って国の負担する具体的な安全配慮義務の内容及び右義務に違反する事実について主張をし，原審もまた，本件事故の原因を確定したうえ，右法理に従って，Yが本件のようなヘリコプターに搭乗して人員及び物資輸送の任務に従事する自衛隊員に対してヘリコプターの飛行の安全を保持し危険を防止するためにとるべき措置として，ヘリコプターの各部部品の性能を保持し機体の整備を完全にする義務のあることを明らかにし，この見地から，X_1らの主張に基づき，Yにつき具体的に義務違反の事実の存否を判断し，その存在を肯認することができないとしたものであることが明らかである。したがって，原判決には所論立証責任の法則を誤った違法があるとは認められない。」（裁判長裁判官　栗本一夫　裁判官　木下忠良　塚本重頼　鹽野宜慶　宮崎梧一）

➡ 86

［関連裁判例］

86 慰謝料と遅延損害金の始期

最(一)判昭和55年12月18日民集34巻7号888頁・塗装工転落死事件

(最判解〈昭55〉411頁，法協100巻2号464頁，民商85巻2号321頁，労働百選〈第10版〉102頁，昭55重判89頁)

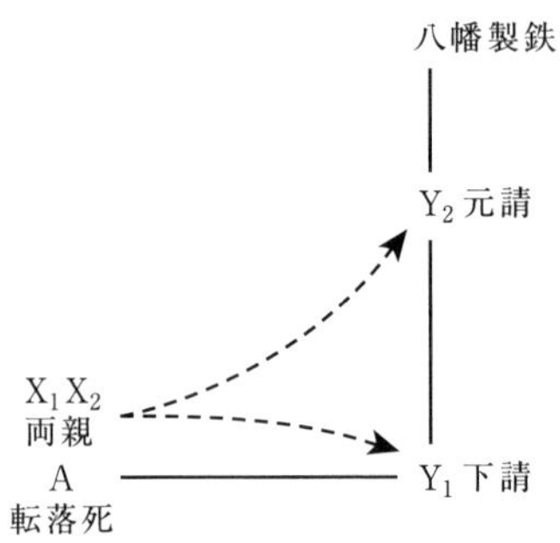

【事実】 Y_1（大石塗装株式会社）が Y_2（鹿島建設）から下請けした八幡製鉄の転炉工場建築現場で，Y_1 の従業員Aが，鉄骨を塗装中に転落し死亡した。1年後に，Aの両親 X_1X_2 から Y_1Y_2 に対し，安全保証義務違背または不法行為責任を理由に，Aの死亡による逸失利益，X ら固有の慰謝料と，それぞれについて事故の翌日から年5分の遅延損害金を求めた。1審は，Y らに帰責事由・過失がないとして請求を棄却。2審は，安全保証義務違背の債務不履行を認め，Aの逸失利益と X_1 らの慰謝料，およびこれらについて控訴審継続中の昭和51年1月21日以降の遅延損害金の賠償を認めた（不法行為責任は判断せず)。X らが，事故発生の翌日以降の遅延損害金の賠償を主張して上告。

【判決理由】 一部棄却，一部破棄自判 「原審が認容した請求は不法行為に基づく損害賠償請求ではなくこれと択一的に提起された Y_1 らが亡Aに対して負担すべき同人と Y_2 との間の雇傭契約上の安全保証義務違背を理由とする債務不履行に基づく損害賠償請求であることが原判決の判文に照らして明らかであるから，所論中前者の請求であることを前提として原判決の判断を非難する部分は理由がない。ところで，債務不履行に基づく損害賠償債務は期限の定めのない債務であり，民法412条3項によりその債務者は債権者からの履行の請求を受けた時にはじめて遅滞に陥るものというべきであるから，債務不履行に基づく損害賠償請求についても本件事故発生の翌日である昭和43年1月23日以降の遅延損害金の支払を求めている X_1 らの請求中右遅滞の生じた日以前の分については理由がないというほかはないが，その後の分については，損害賠償請求の一部を認容する以上，その認容の限度で遅延損害金請求をも認容すべき

➡ 86

は当然である。しかるところ，記録に徴すれば，原判決の認容した債務不履行に基づく損害賠償請求は，X_1 ら代理人の提出の昭和 48 年 11 月 26 日付準備書面に基づいて始めて主張されたものであるところ，右準備書面は同日第 1 審裁判所に提出されるとともに法廷において Y_1 ら代理人に交付されたことが明らかである。したがって，Y_1 らは同日限り右損害賠償債務について遅滞に陥ったものというべきであり，X_1 らは，Y_1 らに対し，その翌日である昭和 48 年 11 月 27 日以降支払ずみに至るまでの民法所定年 5 分の割合による遅延損害金の支払を求めうべきものといわなければならない。」

「してみれば，X_1 らの遅延損害金請求のうち昭和 51 年 1 月 21 日以降の分のみを認容し，昭和 48 年 11 月 27 日以降同 51 年 1 月 20 日までの分 2 万 2767 円をなんらの理由を付することなく棄却した原判決は民法 412 条の解釈適用を誤り，ひいて理由不備の違法を犯したものといわなければならないから論旨はその限度において理由があり，右部分は破棄を免れない。」

「次に，X_1 らは子である亡 A を失ったことによる精神的苦痛に対する慰籍料としてそれぞれ 125 万円の支払を求め，原審は X_1 ら各自につき 50 万円の限度でこれを認容しているが，亡 A と Y_1 らとの間の雇傭契約ないしこれに準ずる法律関係の当事者でない X_1 らが雇傭契約ないしこれに準ずる法律関係上の債務不履行により固有の慰籍料請求権を取得するものとは解しがたいから，X_1 らは慰籍料請求権を取得しなかったものというべく，したがって，右 50 万円について前記期間の遅延損害金請求を棄却した原判決は結局正当である。また，前記のとおり，昭和 48 年 11 月 26 日以前についての遅延損害金請求を棄却した点においても原判決は正当であり，X_1 らのその余の上告は理由がないことに帰する。」（裁判長裁判官　中村治朗　裁判官　団藤重光　藤﨑萬里　本山　亨　谷口正孝）

➡ 87

［関連裁判例］

87　未決被勾留者に対する安全配慮義務

最(一)判平成28年4月21日民集70巻4号1029頁・被勾留者栄養補給出血事件

(最判解〈平28〉298頁，法協135巻9号2271頁，民商153巻1号94頁，平28重判52頁・73頁)

【事実】 拘置所収容中のXは食事拒否により体重が減少したので，拘置所の医師は，生命に対する危険を考え，Xの同意を得ずに鼻腔からカテーテルで栄養剤を補給した。そのカテーテルを引き抜いたところXの鼻腔から出血した。Xは，出血から4年2か月後に，Y（国）が収容という特別な社会的接触の関係に基づき信義則上安全配慮義務を負っていたのに，出血などの傷害と精神的苦痛を負ったとして，慰謝料300万円を求めて提訴した。1審は請求を棄却したが，2審は請求を全額認容。Yより上告受理申立て。

【判決理由】 破棄自判，控訴棄却「1　原審の適法に確定した事実関係の概要は，次のとおりである。

⑴　Xは，平成18年10月23日に器物損壊罪で逮捕された後勾留され，平成19年3月15日，神戸地方裁判所において，建造物損壊罪で懲役1年の判決を受け，これを不服として控訴し，同年5月10日，神戸拘置所から大阪拘置所に移送され，同拘置所に収容されていた。

⑵　大阪拘置所医務部の医師は，平成19年5月14日，Xが11食連続して食事をしておらず，同拘置所入所時と比較して体重が5kg減少しており，食事をするよう指導をしてもこれを拒絶していることから，このままではXの生命に危険が及ぶおそれがあると判断し，Xの同意を得ることなく，鼻腔から胃の内部にカテーテルを挿入し栄養剤を注入する鼻腔経管栄養補給の処置を実施した。その後，カテーテルを引き抜いたところ，Xの鼻腔から出血が認められたので，医師の指示により止血処置が行われた。

2　本件は，Xが，Yに対し，Xの当時の身体状態に照らして不必要であった上記処置を実施したことが，拘置所に収容された被勾留者に対する診療行為における安全配慮義務に違反し債務不履行を構成するなどと主張して，損害賠償を求める事案である。国が，拘置所に収容された被勾留者に対し，未決勾留による拘禁関係の付随義務として信義則上の安全配慮義務を負うか否かが争われている。

なお，Xは，上記処置の実施につき国家賠償法1条1項に基づく損害賠償も請求していたが，当該請求に係る請求権は時効により消滅したとしてこれを棄却した原判決に対し不服申立てをしなかった。

3　原審は，前記事実関係の下において，次のとおり判断して，Xの請求を一部認容した。

拘置所に収容された被勾留者は，自己の意思に従って自由に医師の診療行為を受けることはできない。そして，拘置所の職員は，被勾留者が飲食物を摂取しない場合等に強制的な診療行為（栄養補給の処置を含む。）を行う権限が与えられている反面として，拘置所内の診療行為に関し，被勾留者の生命及び身体の安全を確保し，危険から保護する必要がある。そうすると，拘置所に収容された被勾留者に対する診療行為に関し，国と被勾留者との間には特別な社会的接触の関係があり，国は，当該診療行為に関し，安全配慮義務を負担していると解するのが相当である。

4　しかしながら，原審の上記判断は是認することができない。その理由は，次のとおりである。

未決勾留は，刑訴法の規定に基づき，逃亡又は罪証隠滅の防止を目的として，被疑者又は被告人の居住を刑事施設内に限定するものであって，このような未決勾留による拘禁関係は，勾留の裁判に基づき被勾留者の意思にかかわらず形成され，法令等の規定に従って規律されるものである。そうすると，未決勾留による拘禁関係は，当事者の一方又は双方が相手方に対して信義則上の安全配慮義務を負うべき特別な社会的接触の関係とはいえない。したがって，国は，拘置所に収容された被勾留者に対して，その不履行が損害賠償責任を生じさせることとなる信義則上の安全配慮義務を負わないというべきである（なお，事実関係次第では，国が当該被勾留者に対して国家賠償法1条1項に基づく損害賠償責任を負う場合があり得ることは別論である。）。

5　これと異なる原審の上記判断には，判決に影響を及ぼすことが明らかな法令の違反がある。論旨はこの趣旨をいうものとして理由があり，原判決中Y敗訴部分は破棄を免れない。そして，以上説示したところによれば，Xの請求は理由がなく，これを棄却した第1審判決は是認することができるから，

➡ 88
上記部分に関するXの控訴を棄却すべきである。

よって，裁判官全員一致の意見で，主文のとおり判決する。」（裁判長裁判官 櫻井龍子　裁判官　山浦善樹　池上政幸　大谷直人　小池　裕）

88　説明義務違反の損害賠償責任

最(二)判平成17年9月16日判時1912号8頁・防火戸不作動事件
（民商134巻2号275頁，百選Ⅱ〈第6版〉10頁）

【事実】　Y_1（三井不動産株式会社）はAにマンションの一室を5億3000万円で売却し，Y_2（三井不動産販売株式会社）が，Y_1からの委託を受けて売買契約締結と引渡しの手続を行った。その部屋は，火災の際に防火戸が自動的に閉じ，北側と南側の区画を区切って延焼を防止するようになっていた。Y_2は，AとX（Aの妻）の入居までに重要事項説明書，図面等を交付したが，重要事項説明書には防火設備としての防火戸の記載がなく，図面には防火戸の位置が点線で表示されたのみであった。またYらは，防火戸の電源スイッチの位置・操作方法，火災時の防火戸の作動などを全く説明しなかった。防火戸の電源スイッチは当室の納戸の壁の，ふたがねじで固定された連動制御器の中にあった。その後，北側主寝室でのAのたばこにより火災が発生し，防火戸は電源スイッチが切られていたため自動的に閉じず，南側区画へ延焼した。この火災でAは死亡した。XはAの相続人として，Y_1に対し，防火戸が作動しない状態で引き渡されたことにつき瑕疵担保責任による損害賠償を請求し，Y_2に対し，電源スイッチの位置・操作方法等を説明する義務に違反したとして延焼部分の原状回復費用等の損害賠償を，債務不履行（1審）あるいは不法行為（原審）を理由に請求した。1審・原審ともXの請求を棄却。X上告。

【判決理由】　破棄差戻し「3　原審は，前記事実関係等の下において，Xの請求を棄却すべきものとした。本件防火戸が作動しなかったことによる本件南側区画の損害に関する原審の認定判断は，次のとおりである。

⑴　802号室は，本件防火戸の電源スイッチが切られて作動しない状態で引き渡されたものであり，売買の目的物に隠れた瑕疵があった。したがって，Y_1は，売主の瑕疵担保責任として，本件防火戸が作動しなかったことと相当因果関係のある損害について賠償すべき責任を負う。

⑵　本件防火戸の電源スイッチは，ふたがねじで固定された連動制御器の中

➡ 88

に設置されており，居住者がそれを操作することが予定されているとはいえないような造りになっているものであって，売主であるY_1において，上記電源スイッチを入れた状態で引き渡すべきことが当然の前提とされていたと考えられることに照らすと，Y_2には，上記電源スイッチの位置，操作方法等を買主に説明すべき義務があったとはいえない。また，Y_2は，Y_1から委託を受けて本件売買契約の締結手続をした者にすぎず，802号室を引き渡すに際し，本件防火戸の作動状況についての調査，確認義務があったとはいえないから，上記電源スイッチを入れた状態で802号室を引き渡すべき義務があったともいえない。

(3) 本件防火戸が作動していた場合には，本件南側区画の焼損，変色等の範囲及び程度は，本件火災後の状況に比べて軽度に抑えられていたであろうと推認することができる。しかしながら，本件防火戸が作動したとしても，消火活動等に当たり，本件防火戸が開けられ，ばい煙，高熱，水蒸気等が本件南側区画に出ることは避けられず，相当範囲に汚れ等が付着し，特に，ばい煙によるにおいは，広範囲にわたって天井，壁等に染み込んだはずである。本件火災後の原状回復工事については，本件防火戸が作動した場合であっても，802号室を再び居住の用に供するためには，全部屋の天井及び壁の石膏ボード等を交換する作業が必要となることが十分考えられ，空調設備，家具等についても，具体的な焼損が生じなかったとしても，ばい煙によるにおいの吸着のため，新たなものと交換する方が部品交換やクリーニング等よりも安価な対処方法となる場合も考えられる。したがって，本件防火戸が作動しなかったからといって，本件火災により現実に生じた損害の額が，本件防火戸が作動した場合に比べて高額になるとは認められない。

4 しかしながら，原審の上記認定判断(2)，(3)は是認することができない。その理由は，次のとおりである。

(1) ア 前記1の事実関係〔原審が確定した事実関係〕によれば，本件防火戸は，火災に際し，防火設備の一つとして極めて重要な役割を果たし得るものであることが明らかであるところ，Y_1から委託を受けて本件売買契約の締結手続をしたY_2は，本件防火戸の電源スイッチが，一見してそれとは分かりにくい場所に設置されていたにもかかわらず，A又はXに対して何らの説明を

➡ 88

せず，Aは，上記電源スイッチが切られた状態で802号室の引渡しを受け，そのままの状態で居住を開始したため，本件防火戸は，本件火災時に作動しなかったというのである。

イ　また，記録によれば，(ア)　Y_2は，Y_1による各種不動産の販売等に関する代理業務等を行うために，Y_1の全額出資の下に設立された会社であり，Y_1から委託を受け，その販売する不動産について，宅地建物取引業者として取引仲介業務を行うだけでなく，Y_1に代わり，又はY_1と共に，購入希望者に対する勧誘，説明等から引渡しに至るまで販売に関する一切の事務を行っていること，(イ)　Y_2は，802号室についても，売主であるY_1から委託を受け，本件売買契約の締結手続をしたにとどまらず，Aに対する引渡しを含めた一切の販売に関する事務を行ったこと，(ウ)　Aは，上記のようなY_2の実績や専門性等を信頼し，Y_2から説明等を受けた上で，802号室を購入したことがうかがわれる。

ウ　上記アの事実関係に照らすと，Y_1には，Aに対し，少なくとも，本件売買契約上の付随義務として，上記電源スイッチの位置，操作方法等について説明すべき義務があったと解されるところ，上記イの事実関係が認められるものとすれば，宅地建物取引業者であるY_2は，その業務において密接な関係にあるY_1から委託を受け，Y_1と一体となって，本件売買契約の締結手続のほか，802号室の販売に関し，Aに対する引渡しを含めた一切の事務を行い，Aにおいても，Y_2を上記販売に係る事務を行う者として信頼した上で，本件売買契約を締結して802号室の引渡しを受けたこととなるのであるから，このような事情の下においては，Y_2には，信義則上，Y_1の上記義務と同様の義務があったと解すべきであり，その義務違反によりAが損害を被った場合には，Y_2は，Aに対し，不法行為による損害賠償義務を負うものというべきである。

そうすると，802号室の販売に関し，Y_2がY_1から受けた委託の趣旨及び内容，被上告人Y_2の具体的な役割等について十分に審理することなく，Y_2の上記義務を否定した原審の判断には，審理不尽の結果，法令の適用を誤った違法があるといわざるを得ない。

(2)　前記1の事実関係によれば，本件防火戸は，本来，802号室内で火災が発生した場合には自動的に閉じて，床，壁等と共に区画を区切り，出火した側の区画から他の区画への延焼等を防止するようになっていたというのであるから，本件南側区画の焼損，変色等による損傷は，本件防火戸が作動していた場合には，消火活動等により本件防火戸が開けられたとしても，本件防火戸が作動しなかった場合に比べ，その範囲が狭く，かつ，程度が軽かったことは明らかというべきである。したがって，前者の場合における原状回復に要する費用の額は，特段の事情がない限り，後者の場合における原状回復に要する費用の額に比べて低額にとどまると推認するのが相当である。これについて，原審は，前者の場合であっても，消火活動等により，ばい煙等が本件南側区画に出ることが避けられなかったなどということから，本件南側区画の天井及び壁の石膏ボード，空調設備，家具等の交換が必要となることが考えられるとして，後者の場合における損害の額が，前者の場合に比べて高額になるとは認められないと認定しているが，上記認定の前提とされた事情は，上記石膏ボード等の交換が必要となる可能性があるとするものにすぎず，上記特段の事情というには不十分であることが明らかである。そうすると，原審の上記認定には，経験則に違反する違法があるというべきである。

5　以上によれば，原審の前記3の(2)及び(3)の認定判断には，判決に影響を及ぼすことが明らかな法令の違反がある。論旨は，この趣旨をいうものとして理由があり，その余の点について判断するまでもなく，原判決は破棄を免れない。そして，本件について更に審理を尽くさせるため，これを原審に差し戻すこととする。（裁判長裁判官　津野　修　裁判官　滝井繁男　今井　功　中川了滋）

解　説

債務不履行の損害賠償責任の要件で問題になるのは，債務者がどの範囲の帰責事由と義務違反について責任を負うのかである。

(1)　履行補助者の帰責事由・過失について，*81* は，債務者の注意義務は契約・法律に基づく債務の内容によって定まり，債務者は，被用者の選任監督義務はもちろん，被用者に債務履行上の注意義務を尽くさせる義務を負うとした。これに対し，かつての学説は，履行補助者のうち履行代行者（債務者に代わって債務を履行する者）の場合は，債権者がその使用を認めていれば債務者の責任はその選任監督に過失があるときに限るべきだとして，*81* に反対した。しかし，

➡ 解説

今日の学説は，当事者間の契約の趣旨と当該債務の性質等によるべきだとする。その理由は，補助者を使う債務履行が一般化し，履行代行者の使用を債権者が認めたか否かで賠償責任を決めるのが実際にそぐわず，また，(3)に述べるように債務者が負う義務が多様になり（*83*の安全配慮義務や*88*の説明義務など），履行補助者の過失について契約の趣旨と義務の性質を考慮する必要が大きくなったからである。実際にも，*83*では，安全配慮義務の性質を理由に，履行補助者の運転上の過失についての責任を否定する。

改正法は，415条の帰責事由は契約と取引上の社会通念によるとするから，帰責事由の判断の中で今日の学説のように考えることになる。振り返ると，*81*が，履行補助者の過失の問題は当該契約関係に基づく債務の範囲によると考えているのは，今日の学説，改正法の考え方に通じている。

(2)　安全配慮義務が主張されたのは，契約ないし特別関係上の義務を理由に債務不履行責任とすると，不法行為責任よりも被害者に有利だったからである。具体的には，①不法行為責任の3年の短期消滅時効を回避できる。②第三者，自然災害，被害者自身の行為による事故であっても，契約関係等に基づく事故防止義務を理由に賠償請求できる。③不法行為責任では原告（被害者）が加害者の過失を主張立証しなければならないのに対し，債務不履行では，被告（債務者）の方が自分に責めに帰すべき事由がないことを証明しなければ賠償責任を負う。以上の3点のうち，判例は安全配慮義務違反の場合に①②を認めた（*82*は①②，*84*と*86*は②）。他方，③については，原告（債権者）が安全配慮義務の内容を特定し，かつ，義務違反の事実を主張立証しなければならないとした（*85*）。しかし，かつて，債務不履行で帰責事由の立証責任を債務者が負うとしていたのは，物の引渡債務のような結果債務の不履行の場合である。今日の判例・学説は，債務不履行責任を，安全配慮義務，保護義務，診療義務など手段債務の不履行の場合に広く認めており，そこでは，不法行為責任と同じように，債権者が義務の内容を特定し，義務違反を主張立証しなければならない。安全配慮義務のような手段債務ではそもそも，債務不履行と不法行為とで③の違いは大きくない。

なお，判例は，安全配慮義務の場合は，被害者の父母の固有の慰謝料請求権を否定し，遅延賠償は賠償請求したときから発生するとしている（*82*）。これらの点では不法行為責任の方が被害者に有利である。

以上のように安全配慮義務の積極的な意味は，①の短期消滅時効の回避と②の事故防止義務拡大の点にあるが，最高裁は，①の意味をもつ安全配慮義務を認める場合を限定する傾向がある。最初の *82* は，a）公務員が上司の指示下で遂行する公務と公務遂行の場所・施設・器具等の危険から，公務員の生命・健康を保護する義務を考えながら，安全配慮義務を，b)「特別な社会的接触の関係」に基づき「信義則上負う義務」と広く捉えた。これに対し，*83*（会計隊長運転ミス事件）は，安全配慮義務を「公務遂行に当たって支配管理する人的及び物的環境から生じうべき危険の防止」に限定し（*82* の a）の考え），運転者の通常の注意義務は安全配慮義務に含まれないとした。*83* の基礎には，「使用者は職場環境を恒常的に掌握しておくべきだから，人的物的環境の危険が現実化した事故の賠償請求権は長期間存続させてよいが，運転ミスのような個別の不注意による事故では，証拠保全の困難ゆえに3年で時効消滅させるべきだ」との考えがあるように思われる。ところで，*87* は，未決勾留の拘禁関係は安全配慮義務を負う「特別な社会的接触の関係」でないとする（*82* の b）の考え)。その理由として，「被勾留者の意思にかかわらず形成され，法令等の規定に従って規律される」関係だからだと述べる。しかし，*83* を含む判例との連続を考えるならば，*87* でも，*82* の「人的物的環境の危険の防止」の問題でないことを理由とすべきであろう。

上記①②の安全配慮義務の意味は，*82* 判決の1970年代と比べると小さくなっている。まず，①3年の短期時効消滅の回避については，その後，被害者が早く提訴するようになった。また，2017年の債権法改正は，人身侵害の債務不履行責任と不法行為責任の短期消滅時効の時効期間と起算点の差をなくした（167条と724条の2)。他方，②の積極的な事故防止義務は，不法行為責任，国家賠償法責任でも，学校事故，保育園事故，治療入院関係等で広く認められるようになった。これらの結果，現在は安全配慮義務に基づき賠償請求できる場合には，不法行為に基づいても賠償請求できることが多い。両請求が成立する場合には選択的主張が認められる。

(3) 安全配慮義務は，雇用契約，公務員関係等，一定の契約関係・法律関係において信義則上負う付随義務として判例が形成した義務であるが，今日の判

➡ 89

例は，他にも様々な付随義務を認めている。どのような場合にどのような付随義務を負うかは，基礎となる契約関係――雇用契約か，売買契約か，医療契約か，融資契約か――，侵害された法益――生命・身体か，財産か，精神的苦痛等の人格利益か――によって異なる。ただ，売買契約などの一般的な取引では説明義務が重要である（*88*）。

なお，説明義務の判例のうち，契約の締結や対価の決定に影響する事情の説明に関するものは，『民法判例集 債権各論』第3編第2章第1節［3］（契約成立過程の権利義務関係）で取り上げる。これに対し *88* で問題になったのは，契約締結後の目的物使用方法の説明義務である。

［4］ 損害賠償責任の効果：損害賠償の範囲・損害額の算定

89 価格上昇による損害（1）

大判大正7年8月27日民録24輯1658頁・欧州大戦マッチ騰貴事件
（百選Ⅱ〈第3版〉18頁，百選Ⅱ〈第9版〉16頁）

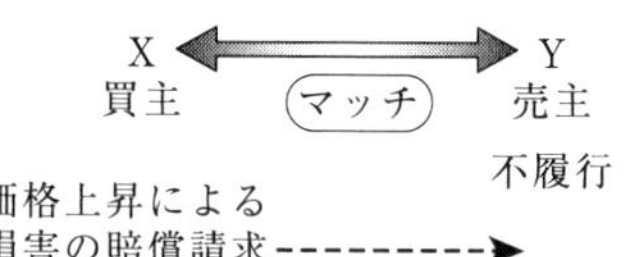

【事実】 マッチ製造業者Yと問屋Xは，1914年7月28日までに，引渡期日を8月末日とするマッチの売買契約を結んでいた。ところが7月28日に第1次大戦が勃発し，マッチの原料が高騰した。Yは，9月に，1箱1円50銭の値上げをXに認めさせて71箱を納入したが，残り136箱は，1箱3円の値上げにXが応じないので引き渡さなかった。12月に，Xは引渡しを催告し履行がないので解除し，価格騰貴による損害（算定基準時は不明）の賠償を求めた。原審は，契約締結時には当事者双方が未曾有の戦乱を予見できず，かつ，本件損害は特別の事情に起因するが，8月末日にはYも，戦乱のためマッチの価格が暴騰し，履行しなければXが特別の損害を受けることを熟知していたとして，請求を認容した。Yは，特別事情の予見時期は契約時であると主張して上告。

【判決理由】 上告棄却 「法律が，特別事情を予見したる債務者に之に因り生じたる損害を賠償するの責を負はしむる所以のものは，特別事情を予見したるに於ては之に因る損害の生ずるは予知し得べき所なれば，之を予知しながら債務を履行せず若くは其履行を不能ならしめたる債務者に，其損害を賠償せしむ

債権 債権の効力

るも過酷ならずと為すに在れば，特別事情の予見は債務の履行期迄に履行期後の事情を前知するの義にして，予見の時期は債務の履行期迄なりと解するを正当とす。」

90 価格上昇による損害（2）

最(二)判昭和28年12月18日民集7巻12号1446頁・下駄材売買事件

(法協73巻2号238頁，百選Ⅱ〈第3版〉20頁，百選Ⅱ〈第6版〉16頁，百選Ⅱ〈第8版〉18頁)

【事 実】 XはYから，1946年10月30日に，榀(しな)下駄材1万足を，代金2万5000円，受渡期日1か月内として買い受けたが，Yが履行しない。Xは，翌年6月20日と8月2日に催告したがYが履行しないので，9月1日に解除して，5万円の損害賠償を請求した。5万円は，9月1日の下駄材の価格9万円から売買代金2万5000円を引いた6万5000円の一部請求である。1・2審はXの請求全額を認めた。Yは上告し，悪性の物価上昇という特別事情による損害だから債務者Yが予見しなかった以上賠償責任がない，責任があるとしても賠償額は履行期（1946年11月13日）の価格だと主張した。

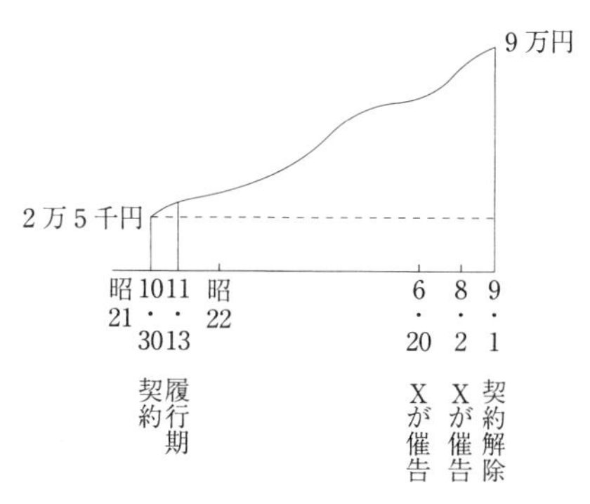

【判決理由】 上告棄却「原判決の確定した事実関係の下においては本件損害はこれを民法416条1項に規定する通常生ずべき損害と解するのが相当である。」

「本件の如く売主が売買の目的物を給付しないため売買契約が解除された場合においては，買主は解除の時までは目的物の給付請求権を有し解除により始めてこれを失うと共に右請求権に代えて履行に代る損害賠償請求権を取得するものであるし，一方売主は解除の時までは目的物を給付すべき義務を負い，解除によって始めてその義務を免れると共に右義務に代えて履行に代る損害賠償義務を負うに至るものであるから，この場合において買主が受くべき履行に代

➡ 91

る損害賠償の額は，解除当時における目的物の時価を標準として定むべきで，履行期における時価を標準とすべきではないと解するのを相当とする。」（裁判長裁判官　霜山精一　裁判官　栗山　茂　小谷勝重　藤田八郎　谷村唯一郎）

91　価格上昇による損害（3）

最(二)判昭和37年11月16日民集16巻11号2280頁・買戻特約付宅地騰貴事件

（*最判解〈昭37〉439頁，法協85巻12号1699頁，民商49巻2号229頁，不動産取引百選122頁*）

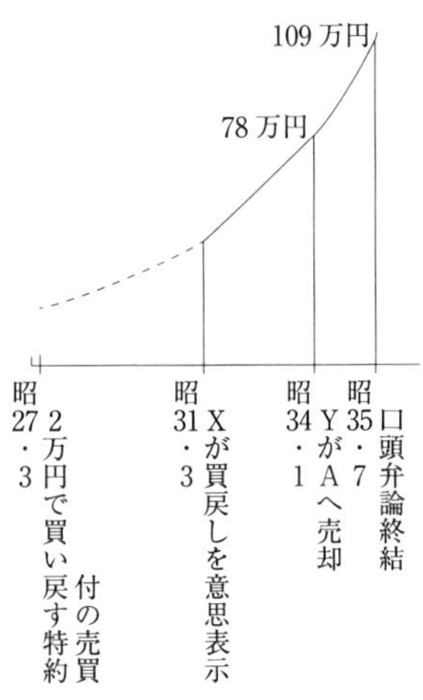

【事実】 Yは，Xから乙土地（60坪）を買ったが，住宅金融公庫から建築代金の融資を受けるには担保として100坪の土地が必要であった。そこで，昭和27年3月末日に，Xから本件甲土地（40坪）を代金2万円，3年経過後1年以内にXが同一代金で買い戻しうるとの特約付で購入した。Xの主張によると，甲土地の売買は，所有名義だけでも貸してほしいとのYの申入れに応じたものであった（代金額が安いのはそのためか）。ところが，昭和31年3月23日にXは買戻しの意思表示をしたがYが応じないので，買戻代金を供託し，移転登記を求めた。1審でX勝訴。控訴審係属中に，Yは土地をAへ売却し登記を移転したので，Xは，訴えを損害賠償請求に変更した。控訴審は，Aへの売却時の価格（約78万円）ではなくて，それから1年半後の口頭弁論終結時の価格（約109万円）の損害賠償を認めた。Y上告。

【判決理由】 上告棄却「債務の目的物を債務者が不法に処分し債務が履行不能となったとき債権者の請求しうる損害賠償の額は，原則としてその処分当時の目的物の時価であるが，目的物の価格が騰貴しつつあるという特別の事情があり，かつ債務者が，債務を履行不能とした際その特別の事情を知っていたかまたは知りえた場合は，債権者は，その騰貴した現在の時価による損害賠償を請求しうる。けだし，債権者は，債務者の債務不履行がなかったならば，その騰貴した価格のある目的物を現に保有し得たはずであるから，債務者は，その

➡ 92

債務不履行によって債権者につき生じた右価格による損害を賠償すべき義務あるものと解すべきであるからである。ただし，債権者が右価格まで騰貴しない前に右目的物を他に処分したであろうと予想された場合はこの限りでなく，また，目的物の価格が一旦騰貴しさらに下落した場合に，その騰貴した価格により損害賠償を求めるためにはその騰貴した時に転売その他の方法により騰貴価格による利益を確実に取得したのであろうと予想されたことが必要であると解するとしても，目的物の価格が現在なお騰貴している場合においてもなお，恰も現在において債権者がこれを他に処分するであろうと予想されたことは必ずしも必要でないと解すべきである。原判決は，本件土地の時価がYの処分当時より現在（原審口頭弁論終結時）まで判示のように騰貴を続け，Yが右処分時において本件土地の時価が，このように騰貴することを知っていたか，少くともこれを予見しえたものと認定し，Yに対し現在の時価の範囲内でYの本件土地の判示処分によりXの受けた損害の賠償責任を認めたものであるから，原判決に所論の違法はない。」（裁判長裁判官　池田　克　裁判官　河村大助　奥野健一　山田作之助）

［関連裁判例］

92　転売利益の賠償

最(二)判昭和36年12月8日民集15巻11号2706頁・大豆原油売買事件

（最判解〈昭36〉411頁，法協80巻5号702頁，民商46巻6号1006頁）

【事実】 Y（油糧砂糖配給公団）は，入札払下により，大豆原油を1205万円，大豆特製油を238万円で，X会社へ売却した（代金は完済）。Xは，3日後に，これらを2030万円，388万円でA会社へ転売した。しかし，Xが引き取ろうとしたところ，原油は品質劣悪，特製油は不存在であったため，Aへの転売契約をやむを得ず解除した。その後に，Yは他から入手してXに引き渡したが，Xは，Aへの転売利益（2030万円－1205万円，388万円－238万円）の賠償を求

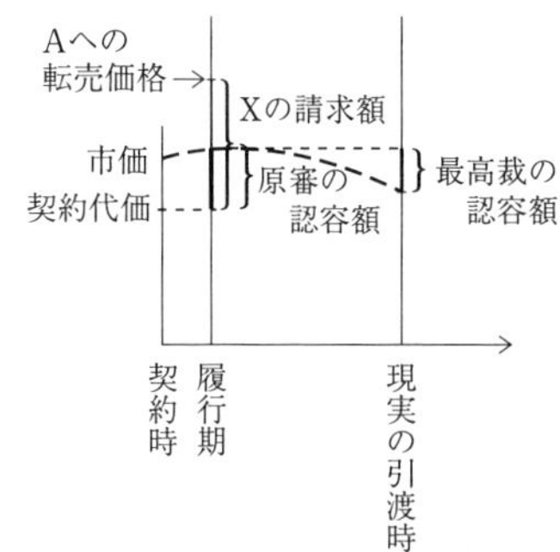

➡ 93

めた。原審は，転売価格は異例の高値でありＹは予見し得なかった，しかし，Ｘが転売目的で購入し，履行期に転売できる市況であり，この事情はＹも予見し得たと認定して，履行期の市価と契約代価との差（1485万円－1205万円，317万円－237万円）を損害として認めた。Ｙは上告し，Ｘは現実に引き渡された時に転売できた（その時の市価は契約代価より高かった）から，履行期の市価と引渡し時の市価との差額を賠償の限度とすべきだと主張した。

【判決理由】 破棄差戻し「原審は，本件履行遅滞を原因とする損害賠償額を算出するに当り，本来の履行期における市場価格と本件売買契約における買入価格との差額を以てＸの転売により利得しうべかりし額であり，売主もこれを予見し又は予見しうべかりしものであるから，右差額に相当する損害が買主たるＸに生じたものであるとしている。しかし履行不能の場合あるいは履行遅滞により解除された場合のように，結局売買目的物の引渡がなされないままに終った場合と異なり，履行遅滞後に引渡がなされ，この遅滞に対する損害が問題となる場合には，この遅れてなされた給付を無視すべきものではない。遅滞中に市価が低落し，買入価格との差額すなわち転売利益が減少した場合には，履行が遅れたために減少した転売利益額が遅滞による損害額となるべきものであり，特段の事情のない限り，結局履行期と引渡時との市価の差額に帰する。

本件では，前示のように，遅滞後の目的物引渡が確定されているのであるから，原審はその引渡時における市価を審理して，その履行期における市価との差額を算出して損害額となすべきであったにかかわらず，これを誤ったものであって，所論はこの点において理由ありと言わざるを得ない。」（裁判長裁判官　藤田八郎　裁判官　池田　克　河村大助　奥野健一　山田作之助）

［関連裁判例］

93 営業利益

最(三)判昭和32年1月22日民集11巻1号34頁・海産物商収益賠償請求事件

（*最判解〈昭32〉4頁，民商36巻1号52頁*）

【事実】 本件宅地（東京都芝区）の借地人Ｘは戦災で建物を失っていたところ，Ｙは，その宅地を地主Ａから1948年に購入し建物を建てた。Ｘは，罹災都市借地

➡ 94

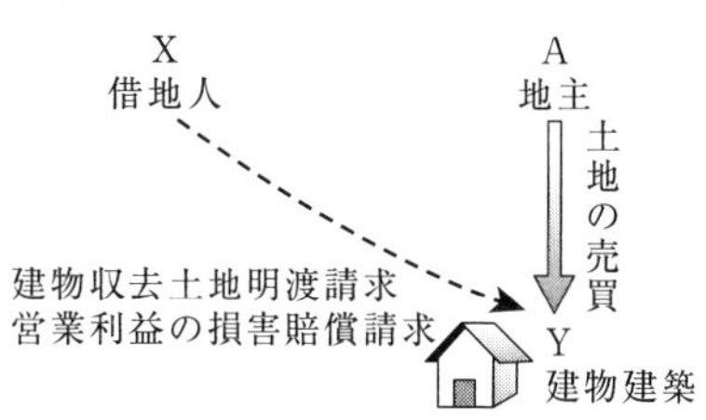

借家臨時処理法10条によりその借地権をYに対抗できたので，Yに(1)建物収去土地明渡しと，(2)貸主となったYの債務不履行により海産物商を開業できなかったとして，営業利益の賠償を求めた。原審は(1)(2)いずれも認めた。(2)損害賠償については，経済情勢が安定した27年以降の営業利益は算定可能であること，1947年にYがXから営業計画を告げられ知っていたことを理由に，1952年1月から明渡しまで月5000円を認めた。Y上告。

【判決理由】 上告棄却 「所論は，借地権の侵害行為と借地権者がその借地上に新に建物を建てて営業を営むことによりうべかりし利益の喪失による損害との間には相当因果関係がないというけれども，かような損害は民法416条1項にいわゆる通常生ずべき損害とはいえないとしても，同条2項にいわゆる特別事情による損害たりえないものではない。そして原判決は判示損害を同条2項の要件を充たしたものと認めたこと明らかであるから，従ってまた，当然，右は損害と侵害との間に相当因果関係あるものと認めたものというべきである。されば原判決には相当因果関係を必要とする従来の判例と相反するところなく，その判断はもとより正当であつて，論旨は理由がない。」（裁判長裁判官　垂水克己　裁判官　島　保　河村又介　小林俊三　本村善太郎）

94 営業利益の賠償の制限

最(二)判平成21年1月19日民集63巻1号97頁・カラオケ店浸水事件

（*最判解〈平21上〉39頁，法協127巻7号1008頁，百選II〈第9版〉14頁，平21重判91頁*）

債権
債権の効力

【事実】 平成4年3月5日に，カラオケ店等を経営するX株式会社はY_1事業協同組合が所有する駅前デパート・ビル（昭和42年築）の地下1階店舗部分を，期間1年，賃料月20万円で賃借した。この賃貸借は平成7年3月4日まで更新されたが，その後は継続の協議が成立しないまま，Xが継続して使用していた。ところが，平成4年9月頃から本件店舗部分で頻繁に浸水が生じ，平成9年2月12日と17日には床上30〜50㎝まで浸水し，以後，Xはカラオケ店を営業できなくなった。平成10年9月14日にXは，Y_1に債務不履行または瑕疵担保責任に基づき営業利益喪失等の損害賠償を請求して提訴した。他方，Y_1は平成11年9月にビルの老朽

➡ 94

化あるいはXの賃料不払を理由に解除し，建物の明渡しの反訴を提起した。（XはY_1の代表者Y_2にも損害賠償を請求しているが，その部分は取り上げない。）

1審は，Y_1の修繕義務違反を理由にXの損害賠償請求を認め（338万円），Y_1の反訴請求については，賃貸借契約が，平成9年2月にY_1から有効に解除されたとして認容した。2審は，下記**【判決理由】**に引用の理由に基づき，Y_1の反訴請求を棄却し，Xの損害賠償請求は3104万円余を認めた。Yらから上告受理申立て。

【判決理由】 一部破棄差戻し，一部上告棄却 「3 原審は，Y_1組合により行われた本件賃貸借契約解除の意思表示はいずれも無効であるとして，Y_1組合のXに対する建物明渡等反訴請求を棄却するとともに，次のとおり判示して，XのYらに対する損害賠償請求を一部認容すべきものとした。

(1) Y_1組合は，Xに対し，本件事故〔平成9年2月12日の浸水〕後も引き続き賃貸人として本件店舗部分を使用収益させるために必要な修繕義務を負担しているにもかかわらず，その義務を尽くさなかった。また，Y_2には，本件修繕義務の不履行について，Y_1組合の代表者としての職務を行うにつき中小企業等協同組合法38条の2第2項所定の重大な過失があったというべきである。

(2) Xは，本件事故の日から本件店舗部分でのカラオケ店営業ができなかったから，Y_1らに対し，本件事故の日の1か月後である平成9年3月12日からXの求める損害賠償の終期である平成13年8月11日までの4年5か月間の得べかりし営業利益3104万2607円（1年間702万8515円）を喪失したことによる損害賠償を請求する権利を有する。

4 しかしながら，本件事故の日の1か月後である平成9年3月12日から平成13年8月11日までの間の営業利益の喪失による損害につきそのすべての賠償を請求する権利があるとする原審の上記3(2)の判断は是認することができない。その理由は，次のとおりである。

(1) 事業用店舗の賃借人が，賃貸人の債務不履行により当該店舗で営業することができなくなった場合には，これにより賃借人に生じた営業利益喪失の損害は，債務不履行により通常生ずべき損害として民法416条1項により賃貸人にその賠償を求めることができると解するのが相当である。

(2) しかしながら，前記事実関係によれば，本件においては，①平成4年9月ころから本件店舗部分に浸水が頻繁に発生し，浸水の原因が判明しない場合

➡ 94

も多かったこと，②本件ビルは，本件事故時において建築から約30年が経過しており，本件事故前において朽廃等による使用不能の状態にまでなっていたわけではないが，老朽化による大規模な改装とその際の設備の更新が必要とされていたこと，③ Y_1 組合は，本件事故の直後である平成9年2月18日付け書面により，Xに対し，本件ビルの老朽化等を理由に本件賃貸借契約を解除する旨の意思表示をして本件店舗部分からの退去を要求し，Xは，本件店舗部分における営業再開のめどが立たないため，本件事故から約1年7か月が経過した平成10年9月14日，営業利益の喪失等について損害の賠償を求める本件本訴を提起したこと，以上の事実が認められるというのである。これらの事実によれば，Y_1 組合が本件修繕義務を履行したとしても，老朽化して大規模な改修を必要としていた本件ビルにおいて，Xが本件賃貸借契約をそのまま長期にわたって継続し得たとは必ずしも考え難い。また，本件事故から約1年7か月を経過して本件本訴が提起された時点では，本件店舗部分における営業の再開は，いつ実現できるか分からない実現可能性の乏しいものとなっていたと解される。他方，Xが本件店舗部分で行っていたカラオケ店の営業は，本件店舗部分以外の場所では行うことができないものとは考えられないし，前記事実関係によれば，Xは，平成9年5月27日に，本件事故によるカラオケセット等の損傷に対し，合計3711万6646円の保険金の支払を受けているというのであるから，これによって，Xは，再びカラオケセット等を整備するのに必要な資金の少なくとも相当部分を取得したものと解される。

そうすると，遅くとも，本件本訴が提起された時点においては，Xがカラオケ店の営業を別の場所で再開する等の損害を回避又は減少させる措置を何ら執ることなく，本件店舗部分における営業利益相当の損害が発生するにまかせて，その損害のすべてについての賠償を Y_1 らに請求することは，条理上認められないというべきであり，民法416条1項にいう通常生ずべき損害の解釈上，本件においてXが上記措置を執ることができたと解される時期以降における上記営業利益相当の損害のすべてについてその賠償を Y_1 らに請求することはできないというべきである。

(3) 原審は，上記措置を執ることができたと解される時期やその時期以降に生じた賠償すべき損害の範囲等について検討することなく，Xは，本件修繕

➡ 95

義務違反による損害として，本件事故の日の1か月後である平成9年3月12日から本件本訴の提起後3年近く経過した平成13年8月11日までの4年5か月間の営業利益喪失の損害のすべてについてY_1らに賠償請求することができると判断したのであるから，この判断には民法416条1項の解釈を誤った違法があり，その違法が判決に影響を及ぼすことは明らかである。

5　以上によれば，上記と同旨をいう論旨は理由があり，原判決は破棄を免れない。そこで，Y_1らが賠償すべき損害の範囲について更に審理を尽くさせるため，本件を原審に差し戻すこととする。

なお，Y_1組合の反訴請求に関する上告については，上告受理申立て理由が上告受理の決定において排除されたので，棄却することとする。」（裁判長裁判官　中川了滋　裁判官　今井　功　古田佑紀）

95　執行不能に備えた塡補賠償請求

最(二)判昭和30年1月21日民集9巻1号22頁・線材返還請求事件

(最判解〈昭30〉1頁，法協85巻12号1699頁，百選Ⅱ〈第3版〉24頁，百選Ⅱ〈第4版〉28頁)

【事実】 X（閉鎖機関日本製線鋲螺工業統制組合）は，昭和19年8月，Y（東洋製線株式会社）に線材の伸延加工を依頼し線材312トンを引き渡した。この線材は代替物だったのでYは他の線材との間で一部を流用したが，約8トンを加工してXに引き渡した。その後Yは工場が罹災し，多くの線材を失ったので，Xとの契約を合意解除し，約130トンは一部調達して返還した。XはYに，残る172トンの返還を求め，予備的に，その強制執行が不能の場合の損害賠償を求めた。当該線材1トンの価格は，昭和20年8月には194円（公定価格）だったが，1審の最終口頭弁論期日（昭和23年10月23日）には5万4000円，控訴審の最終口頭弁論期日（昭和28年4月20日）には4万円であった。1審は請求を棄却したが，原審は1トン5万4000円で認めた。Yは上告し，本来の給付に代わる損害賠償の額を最終口頭弁論期日と異なる日時の価額としたのは判例に反すると主張した。

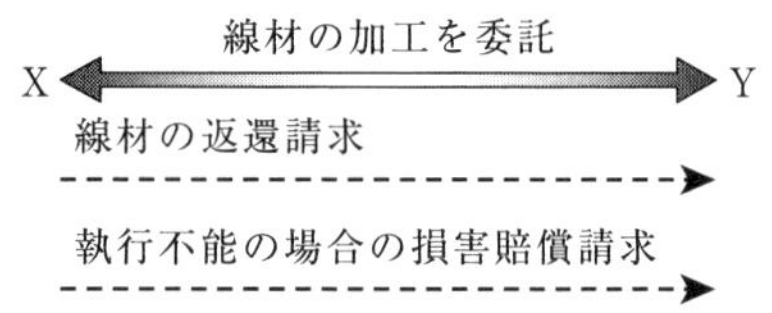

【判決理由】 破棄差戻し「原判決は，Xの履行に代る損害賠償の予備的請求

につき，昭和23年10月23日〔第1審の最終口頭弁論期日〕当時における本来の給付の価額を標準として損害額を算定し，Yに右金額の支払を命じた。しかしながら物の給付を請求しうる債権者が本来の給付の請求にあわせてその執行不能の場合における履行に代る損害賠償を予備的に請求したときは，事実審裁判所は，右請求の範囲内において，最終口頭弁論期日当時における本来の給付の価額に相当する損害賠償を命ずべきものであることは，大審院判例の示すところであって（大判昭和15年3月13日民集19巻530頁参照），当裁判所は，右判断は相当でありこれを維持すべきものと考える。しかるに，原審の最終口頭弁論期日が昭和28年4月20日であることは記録上明かであるから，原判決の前記損害額の認定は法令の解釈を誤った違法があるものといわねばならない……。しかも，原審の最終口頭弁論期日当時の本来の給付の価額がいくらであるかは原判決の確定しないところであるが，もしその価額が前記価額よりも低い場合には，原判決主文はとうていこれを維持することはできないから，前記違法は判決主文に影響あるものとなさざるをえない。されば論旨は理由があり，原判決は破棄を免れない。」（裁判長裁判官　栗山　茂　裁判官　小谷勝重　藤田八郎　谷村唯一郎　池田　克）

96 代償請求権

最(二)判昭和41年12月23日民集20巻10号2211頁

（最判解〈昭42〉564頁，法協85巻1号90頁，民商57巻1号118頁，百選Ⅱ〈初版〉38頁，百選Ⅱ〈第8版〉22頁）

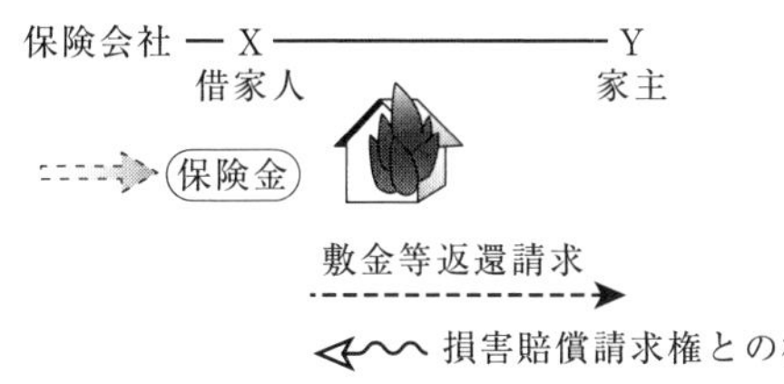

【事実】 XはYから，Y所有の土地甲と建物乙を賃借し，甲の上に建物丙（パチンコ店）を建築して，1年後に丙をYに無償譲渡し，Yから賃借するという契約を締結した。そして，Xは乙の賃借につきYに敷金を交付した。ところが丙の完成直後に火災により乙丙が焼失した。Xから，乙の賃貸借終了を理由に敷金等85万円の返還を請求。これに対し，Yは，この火

➡ 解説

災がXの過失によるとして乙丙の損害賠償請求権との相殺を主張した。1審は，火災の原因が不明だとして，Xの請求を認容。控訴審で，Yは，予備的抗弁として，Xに過失がないとしても，Xは丙の焼失につき火災保険金493万円を受けているから，Yは自らの損害額164万円の限度で代償請求権をもつとして，それによる相殺を主張した。原審は，この抗弁を認めた。Xは，⑴わが国の民法には代償請求権の規定がない，⑵保険金は保険契約によるものであって債権の目的物に代わるものではないと主張して，上告。

【判決理由】 上告棄却 ⑴について，「一般に履行不能を生ぜしめたと同一の原因によって，債務者が履行の目的物の代償と考えられる利益を取得した場合には，公平の観念にもとづき，債権者において債務者に対し，右履行不能により債権者が蒙りたる損害の限度において，その利益の償還を請求する権利を認めるのが相当であり，民法536条2項但書の規定は，この法理のあらわれである（大判昭和2年2月15日民集6巻236頁参照）。されば，論旨は理由なく，採用することができない。」

⑵について，「論旨は，家屋滅失による保険金は保険契約によって発生したものであって，債権の目的物に代る利益ではない，というにあるが，本件保険金が履行不能を生じたと同一の原因によって発生し，目的物に代るものであることは明らかである。論旨は，独自の見解であって，排斥を免れない。」（裁判長裁判官　奥野健一　裁判官　草鹿浅之介　城戸芳彦　石田和外）

解　説

⑴ 債務不履行による賠償責任の要件が充たされたときに，どのような考え方によって損害賠償額を決めるか。この問題は多岐にわたるが，まず，損害のとらえ方をめぐる議論がある。

有力な学説（平井宜雄）は，例えば，売主の不履行のゆえに買主が転売できなかった不利益を損害と捉え（損害＝事実説），㋐その不利益が賠償されるべき損害かという問題と，㋑賠償されるべき不利益だとしてそれをどう金銭的に評価して賠償額を算出するかという問題（評価基準時はこの問題の一部）を区別する。両者を区別する最大の意味は，㋐の賠償範囲は原告（債権者）の主張立証によるのに対し，㋑損害の金銭的評価は，一定の準則による拘束を認めつつも，裁判官の裁量的評価に委ねるところにある。しかし，判例は，債権者が転売できなかったことから受けた金銭的な損失を損害と捉える（損害＝金銭説）。この判例の考え方は，すべてを(ア)賠償範囲の問題ととらえ，(イ)損害の金銭的評価の問題を取り分けない。ただ，この賠償範囲は当事者（債権者）の主張立証によるのを基本としながら，様々な損害について裁判官の裁量的評価を認める。慰謝料のほか，代品の購入費・転売利益等の定型的な積極的損害・消極的損害（領収書や所得証明書がなくても認める），民事訴訟法248条や特別法の諸規定（特許法102条，105条の3等）などである。このように，実際には有力説と判例実務の差はそれほど大きくない。

(2) 判例は，以上のように考えた上で，債権者が受けた不利益を①積極的損害と②消極的損害に分ける。①積極的損害は，債務不履行のゆえに債権者が現実に一定の出費をして受けた損害である（代品の購入費・賃料，転売先に払った違約金，欠陥品の修理費，履行・損害賠償を請求するための弁護士費用など）。②消極的損害は，債務が履行されていたら得られた利益を得られなかったという損害である（予定していた転売利益，その物を用いての営業収益，目的物の値上り益など）。なお，1つの事件で，①の積極的損害と②の消極的損害が併せて主張されたり，また，①あるいは②に当たる利益が複数主張されることがある（*92*では転売利益と値上り益が主張されている）。

積極的損害は実際に生じているので，損害発生の確実性・蓋然性が問題にならないのに対し，消極的損害では，発生の確実性・蓋然性が要求される。そして，消極的損害の賠償基準は，事情の違いに応じて少しずつ異なるようである。

まず，消極的損害には，㋐債権者が目的物について転売契約・賃貸借契約などを結んでいたゆえに，履行されていれば得たであろう転売利益・賃料収益・営業収益と，㋑目的物の市場価格の上昇のゆえに，履行されていれば得たであろう値上り益とがある。

㋐の転売利益・賃料収益・営業収益は，個別の転売・賃貸・使用による利益だからであろう，多くの裁判例は，「特別損害」とし，債務者が転売利益等を予見し得た場合に賠償を認める。*92*の原審は，予見可能性がなかったとして賠償請求を否定し，*93*は，知っていたとして賠償を認めた。この予見可能性を判断する時点は，賃貸借契約や買戻し契約のような長期契約の場合には債務

➡ 解説

不履行時である（*93*）が，一回的な売買契約では契約時のものがある（大判昭和4年4月5日民集8巻6号373頁。*92* も契約時の予見可能性を考えているようである）。

ⓘは，市場価格が契約締結前から上昇していた場合と，契約締結後に上昇した場合とに分けられる。

契約締結後に上昇した場合に，*89* は，価額上昇による債権者の損害を「特別損害」とし，債務者が上昇を履行期に予見していたときに賠償責任を認める。

これに対し，契約締結前から上昇していた場合で，履行不能・解除による損害賠償が請求されたときは，履行不能・解除までの値上り益を「通常損害」として債務者の予見可能性を要件とせずに賠償を認める（*90*，*91*）。この時点までは，債権者は，目的物を（したがってその値上り益を）取得する権利を持ち，債務者は，目的物を給付する義務を負っているからであろう。これに対し，履行不能後・解除後の値上り益は，㋐履行されたら債権者が目的物を保持しつづけ，かつ，㋑債務者が目的物の騰貴を知っていたか知り得た場合に限って，「特別損害」として賠償を認める。ここでの予見可能性の有無は，一回的な売買契約の場合にも，債務不履行時に判断している（*91*）。しかし，値上り益の賠償を認めるのは，㋐㋑に加えて，*91* の土地のように，㋒他からの入手が困難な場合に限るべきかも知れない。入手が容易なときは，債権者は，履行不能時・解除時に他から購入してその後の値上り益を確保できたのであるから。

同じく契約締結前から価格が上昇していた場合で，履行不能や解除がないのに値上り益が請求されることがある（*92*）。*92* の原審は，買主が履行期に転売して得られたであろう利益を特別損害とし，予見可能性を認めて賠償を命じ，最高裁もこの判断を維持した。これは，履行遅滞の場合の履行期を，履行不能・解除の場合の履行不能時・解除時と同じように考え，損害賠償額算定の基準時とするものであろう。しかし，履行遅滞の場合には履行期徒過の後も債権者は目的物引渡請求権を持ち，債務者は引渡義務を負っているから，履行期を基準とするためには，履行不能時・解除時とは別の理由付けが必要であろう。なお，*92* の事案では目的物が結局は履行されているので，転売価格からその価格を控除しなければならない。この点につき，*92* は，引渡時の価格を控除すべきだとした。

(3) 以上の裁判例の法律構成をみると，積極的損害を「相当因果関係」の有無によって，消極的損害を416条の「通常損害」「特別損害」の枠組みによって，判断している（*93*は，消極的損害の事案で「相当因果関係」をも論じているが，結論に直結しているのは「特別損害」の判断である）。

なお，*94*は，416条の「通常生ずべき損害」の解釈の中で，賃借物使用継続の不確実性，債権者の損害軽減措置の可能性を考慮している。伝統的な学説では，416条1項2項は，相当因果関係と債務者の予見可能性を理由とする賠償範囲の制限に関する。近時の学説は，2項の特別損害の賠償範囲を，両当事者の契約締結時の了解に基づくものと解するが，そこで債権者の了解として考えているのは履行による利益獲得に対する期待である。*90*，*91*も，履行不能時あるいは解除時以後の目的物の価額上昇分を認めるときに，「通常損害」の判断の中で考慮しているのは債権者の期待である。債権者の損害軽減義務を理由とする賠償額の減額をこれまでは過失相殺の中で考えてきたが，*94*は416条1項で考えているのである。

(4) 物の引渡しを請求しつつ，それと併せて，その引渡請求が執行不能の場合に備えて塡補賠償を予備的に請求することがある。判例はこのような請求を古くから認めている。その賠償額は，(2)でみた考え方によれば，執行不能時の価格になるはずだが，その価格は判決時には分からない。判例は，第2審の口頭弁論終結時の価格によっている（*95*）。ここでは，「相当因果関係」とも「通常損害」「特別損害」とも言っていない。

(5) 履行不能と同じ原因によって債務者が利益を得た場合に，債権者は，受けた損害の限度でその利益の償還を求めることができないか。2017年改正前の民法には規定がなかったが，*92*は，債権者（建物譲受人）は債務者（譲渡人）が得た損害保険金についてこのような請求権を持つとした。改正法は422条の2にこの「代償請求権」を規定した。*92*は，債務者の帰責事由によらない建物焼失の事案であり，原審は債務者に帰責事由のない場合に限って代償請求権を認めた。しかし，最高裁も422条の2もそのような限定を付けていない。債務者に帰責事由がある履行不能の場合には損害賠償請求権と代償請求権がともに認められるから，両者の関係が問題になる。なお，(4)で取り上げた執行不能に備えた賠償請求は「代償請求」と呼ばれるが，両者は別のものである。

➡ *97*

[5]　債権者代位権

97　無資力要件

最(三)判昭和49年11月29日民集28巻8号1670頁・任意保険金代位請求事件

(*最判解〈昭49〉217頁，法協94巻2号278頁，民商73巻3号352頁，百選Ⅱ〈第9版〉22頁，損害保険百選138頁，商法〔保険・海商〕百選62頁，交通事故百選〈第2版〉156頁*)

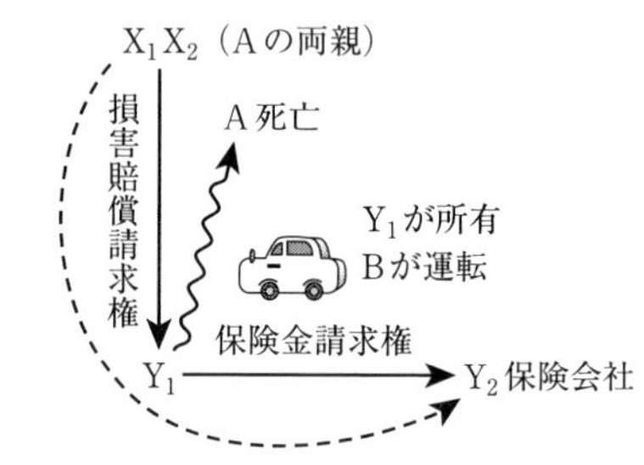

【事実】 BはY_1所有の乗用車にY_1を乗せて運転中に，前方不注意でA（31歳）に衝突し死亡させた。Y_1は，保険会社Y_2（大東京火災海上）と自動車対人賠償責任保険契約を締結していたので，Aの両親X_1X_2は，Y_1に自賠法3条に基づく損害賠償請求の訴えを提起するとともに，Y_1に代位してY_2に保険金の支払を求めた。損害賠償請求権が確定する前に保険金請求権が代位の対象になるか，債務者（加害者）に資力がある場合にも代位できるかが争点になった。1審は，いずれも肯定して請求を認容した。原審は，債務者に資力がある場合には代位できないとして請求を棄却した。Xら上告。

【判決理由】 上告棄却 「金銭債権を有する者は，債務者の資力がその債権を弁済するについて十分でないときにかぎり，民法423条1項本文により，債務者の有する権利を行使することができるのであるが（最㈢判昭和40年10月12日民集19巻7号1777頁），交通事故による損害賠償債権も金銭債権にほかならないから，債権者がその債権を保全するため民法423条1項本文により債務者の有する自動車対人賠償責任保険の保険金請求権を行使するには，債務者の資力が債権を弁済するについて十分でないときであることを要すると解すべきである。

これを本件についてみるに，原審の適法に確定したところによると，債務者であるY_1はX_1らの損害賠償債権を弁済するのに十分な資力を有するというのであるから，X_1らが右債権を保全するため，民法423条1項本文により，Y_1の有する保険金請求権を行使することは，できないといわなければならない。」（裁判長裁判官　坂本吉勝　裁判官　関根小郷　天野武一　江里口清雄　高辻正己）

98 転用（1）——前々主に対する登記請求権の代位

大判明治43年7月6日民録16輯537頁・本寿寺登記請求代位事件

（百選Ⅱ〈第6版〉28頁，百選Ⅱ〈第7版〉30頁）

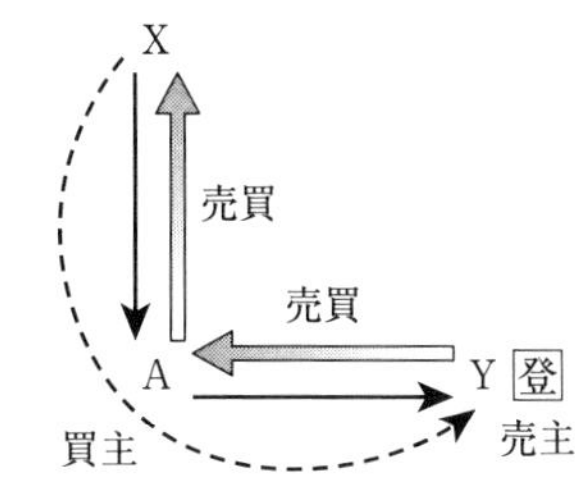

【事実】 土地甲が，YからAへ，AからX（本寿寺）へ売却されたが，いずれも移転登記がなされなかった。その後，Yが甲の一部と地上の立木を他に売却したため，Xは，Aに代位して，Yに土地所有権移転登記を請求した。原審はXの請求を認容。Yは上告して，⑴423条の債権は，金銭上の債権のように，その実現が債務者の資力に依存するものでなければならない，⑵同条の債務者の権利は，一般債権者の共同担保となるものでなければならない，⑶同条の適用は債務者が無資力の場合に限られるから，本件に423条を適用すべきでないと主張した。

【判決理由】 上告棄却「然れども，同条には単に債権者は自己の債権を保全する為め云云とあるのみにして其債権に付き別に制限を設けざるを以て，同条の適用を受くべき債権は，債務者の権利行使に依りて保全せらるべき性質を有すれば足るものにして，第一点所論の如き債務者の資力の有無に関係を有すると否とは必ずしも之を問うを要せず。又債権者が行使し得べき債務者の権利に付ては，同条但書を以て債務者の一身に専属する権利を除外したるに止まり，其他に制限を設けざるを以て，第二点所論の如き制限あるものと謂うを得ず。又保全せんとする債権の目的が債務者の資力の有無に関係を有する場合に於ては，所論の如く債務者の無資力なるときに非ざれば同条の適用を必要とせざるべしと雖も，債務者の資力の有無に関係を有せざる債権を保全せんとする場合に於ても，苟も債務者の権利行使が債権の保全に適切にして且必要なる限りは，同条の適用を防けざるものと解するを相当とするを以て，第三点所論の如き債務者の無資力なることは必ずしも同条適用の要件にあらず。Yの援用する本院の判例は，保全せんとする債権の目的が債務者の資力の有無に関係を有する場合に関するものなるを以て，本件に適切ならず。本件に於てはAのYに対する登記手続の請求権を行使するに非ざれば，XのAに対する登記手続の請

➡ 99

求権はAの資力の有無に拘わらず其目的を達すること能はざるを以て，前者の請求権の行使は実に後者の請求権を保全するに適切にして且必要なるや明けし。而してXが本訴請求に於て保全せんとする権利は，Aに対し売買に因る所有権移転の登記手続を請求する権利にして，即ち一定の人に対し一定の行為の要求を目的とする一種の債権なりと謂う可し。然れば，原院が本件に付き同条を適用して判決したるは失当にあらざるを以て，右上告論旨は何れも其理由なきものとす。」

99 転用（2）——賃貸人の妨害排除請求権の代位

大判昭和4年12月16日民集8巻944頁・美土代町バラック収去代位事件

（判民昭和4年度91事件，百選Ⅱ〈第3版〉32頁，百選Ⅱ〈第5版新法対応補正版〉34頁）

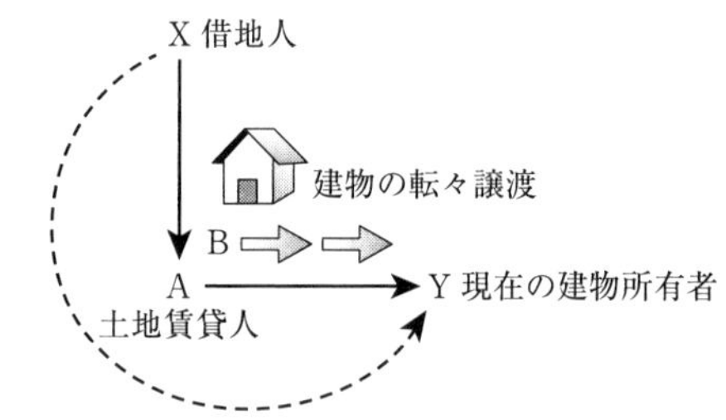

【事実】 Xは，東京市神田美土代町の宅地を地主Aから賃借し，建物を建ててBに貸していた。関東大震災で建物が焼失し，Bがバラック建物を建てたが，このバラック建物は転々譲渡されYが所有するに至った。AがYに妨害除去を請求しないので，Xは，Aに代位してバラック収去土地明渡しを求めた。1・2審ともXの請求を認容。Yは上告し，賃借人（X）が自らの責めに帰すべき事由でその占有を失ったときに，賃貸人（A）が占有を回収して賃借人に引き渡す義務はない，賃貸人は不法占拠者に返還を請求するか賃借人に対し解除するかを選択でき，この場合に423条の代位は認められない，と主張した。

【判決理由】 上告棄却「按ずるに，債権者が自己の債権を保全する為債務者に属する権利を行なうことを得るは，民法第423条の規定する所なり。同条は，債務者が自己の有する権利を行使せざる為債権者をして其の債務者に対する債権の十分なる満足を得ざらしめたる場合に於ける救済方法を定めたるものにして，債権者の行なうべき債務者の権利に付其の一身に専属するものの外は何等の制限を設けず。又債務者の無資力たることを必要とせざるを以て，同条に所謂債権は必ずしも金銭上の債権たることを要せず。又所謂債務者の権利は一般債権者の共同担保となるべきものたるに限らず，或債権者の特定債権を保全する必要ある場合に於ても，同条の適用あるものと解するを相当とす（大判明治43年7月6日〔*98* 事件〕，大決大正9年10月13日参照）。故に土地の賃借人が賃貸人に対し該土地の使用収益を為さしむべき債権を有する場合に於て，第三者が其の土地を不法に占拠し使用収益を妨ぐるときは，土地の賃借人は，右の債権を保全する為第423条に依り，右賃貸人の有する土地妨害排除の請求権を行使することを得べきものとす。」

100 転用（3）――他の共同売主に対する登記請求権の代位

最(一)判昭和50年3月6日民集29巻3号203頁・共同相続人登記移転拒否事件

（*最判解〈昭50〉89頁，法協93巻10号1568頁，民商74巻1号87頁，百選Ⅱ〈第3版〉28頁，百選Ⅱ〈第9版〉20頁，昭50重判48頁*）

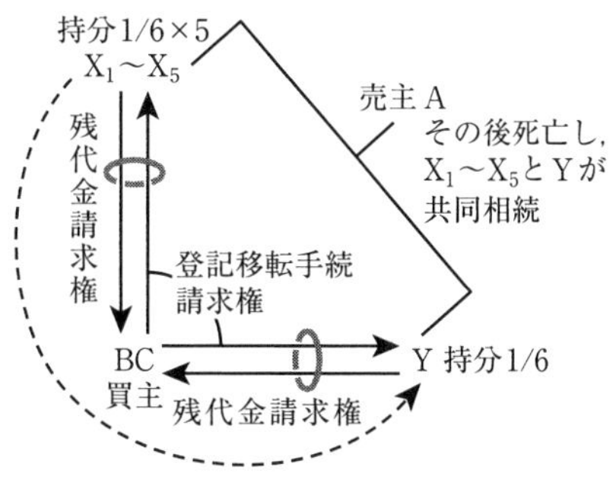

【事実】 A女は所有宅地を，代金完済時に登記を移転する約束で，弟Bと妹Cに約600万円で売却したが，残代金の履行期（1968年5月に250万円，同11月に254万余円）の前に死亡した。X_1〜X_5とY（すべてAの子）がAを相続した。BとCが，X_1〜X_5・Yに，残代金（1人42万円余）を払うから，登記移転に必要な委任状等を交付するよう催告したところ，X_1〜X_5はこれに応じたが，Yが応じなかったので，BCも残代金の支払を拒んだ。この状況で，X_1〜X_5は，自らの代金債権を実現するために，① Yに対しては，BCに代位して，残代金を受けるのと引換えに本件土地の移転登記手続を行なうことを求め，② BCに対して，右移転登記と引換えに残代金を支払うことを求めた。1審は，Xらの①②の請求をいずれも認容。Yのみが控訴し，BCは控訴しなかった。原審は，①に関するYの控訴を棄却。Yは上告し，BCが無資力でないのに金銭債権の代位行使を認めたのは判例に反し違法だと主張した。

【判決理由】 上告棄却「被相続人が生前に土地を売却し，買主に対する所有権移転登記義務を負担していた場合に，数人の共同相続人がその義務を相続したときは，買主は，共同相続人の全員が登記義務の履行を提供しないかぎり，

➡ 101

代金全額の支払を拒絶することができるものと解すべく，したがって，共同相続人の1人が右登記義務の履行を拒絶しているときは，買主は，登記義務の履行を提供して自己の相続した代金債権の弁済を求める他の相続人に対しても代金支払を拒絶することができるものと解すべきである。そして，この場合，相続人は，右同時履行の抗弁権を失わせて買主に対する自己の代金債権を保全するため，債務者たる買主の資力の有無を問わず，民法423条1項本文により，買主に代位して，登記に応じない相続人に対する買主の所有権移転登記手続請求権を行使することができるものと解するのが相当である。」（裁判長裁判官 団藤重光　裁判官　藤林益三　下田武三　岸　盛一　岸上康夫）

101 一身専属的な権利の代位

最(一)判平成13年11月22日民集55巻6号1033頁・遺留分減殺請求代位事件

（最判解〈平13下〉638頁，法協119巻11号2303頁，民商126巻6号862頁，百選Ⅲ〈第3版〉194頁，家族法百選〈第7版〉190頁，平13重判74頁）

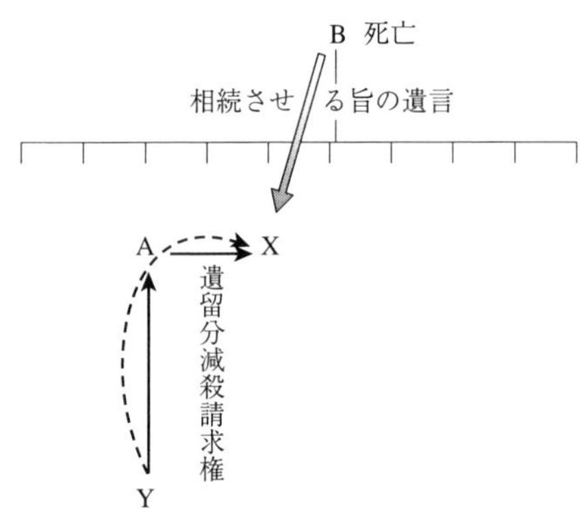

【事実】 金融業者Yは，Aに対し1981年に30万円貸し付け，1987年に簡裁判決を得ていた。Aの父B（農業）が平成8年に死亡し10人の子が相続したことから，YはAに代位してB名義の本件土地につきAの相続分10分の1の共有登記をし，さらに同持分につき強制競売の開始決定を得た。これに対し，Bの五男でBと同居し農業を経営してきたXは，本件土地を含む不動産をXに相続させる旨のBの公正証書遺言（1976年作成）に基づき本件土地の単独所有を主張して，第三者異議の訴えを提起した。これに対し，Yは，Aの遺留分減殺請求権を代位行使し，Aの遺留分に相当する20分の1については強制執行がなお有効であると主張した。1・2審とも，遺留分減殺請求権は性質上債権者が代位行使できないとし，Xの第三者異議を認めた。Yが上告。

【判決理由】 上告棄却「遺留分減殺請求権は，遺留分権利者が，これを第三者に譲渡するなど，権利行使の確定的意思を有することを外部に表明したと認められる特段の事情がある場合を除き，債権者代位の目的とすることができないと解するのが相当である。その理由は次のとおりである。

遺留分制度は，被相続人の財産処分の自由と身分関係を背景とした相続人の諸利益との調整を図るものである。民法は，被相続人の財産処分の自由を尊重して，遺留分を侵害する遺言について，いったんその意思どおりの効果を生じさせるものとした上，これを覆して侵害された遺留分を回復するかどうかを，専ら遺留分権利者の自律的決定にゆだねたものということができる（1031条参照)。そうすると，遺留分減殺請求権は，前記特段の事情がある場合を除き，行使上の一身専属性を有すると解するのが相当であり，民法423条1項ただし書にいう「債務者の一身に専属する権利」に当たるというべきであって，遺留分権利者以外の者が，遺留分権利者の減殺請求権行使の意思決定に介入することは許されないと解するのが相当である。民法1031条が，遺留分権利者の承継人にも遺留分減殺請求権を認めていることは，この権利がいわゆる帰属上の一身専属性を有しないことを示すものにすぎず，上記のように解する妨げとはならない。なお，債務者たる相続人が将来遺産を相続するか否かは，相続開始時の遺産の有無や相続の放棄によって左右される極めて不確実な事柄であり，相続人の債権者は，これを共同担保として期待すべきではないから，このように解しても債権者を不当に害するものとはいえない。」(裁判長裁判官　深澤武久　裁判官　井嶋一友　藤井正雄　町田　顯)

［関連裁判例］

102 代位行使の履行先

大判昭和10年3月12日民集14巻482頁 (民商2巻3号488頁，判民昭和10年度34事件)

【事実】 採炭事業者Ａは，坑夫納屋頭のＢら４名に対し労働賃金債務を負っていた。ＹはＣに，Ａの採掘権の取得と自分への譲渡を依頼し，Ｃが引き受けたＡの労賃債務はＹがＣに支払う旨を約した。ＣはＡから採掘権を取得した後，Ｂらに労賃債務の一部を払ったが残額を払わず，他方，Ｂらはその未払い労賃債権2708円をＸに譲渡した。ＹがＣから採掘権を取得した後，Ｘは，上記支払い約旨によるＣのＹに対する債権を代位行使し，Ｘへ直接給付するよう請求した。1・2審と

→ 103

もXの請求を認容。Yは，債権者代位により代位債権者への給付を要求できるとすると，共同担保の維持という目的を離れ，他の債権者を害する，と主張して上告した。

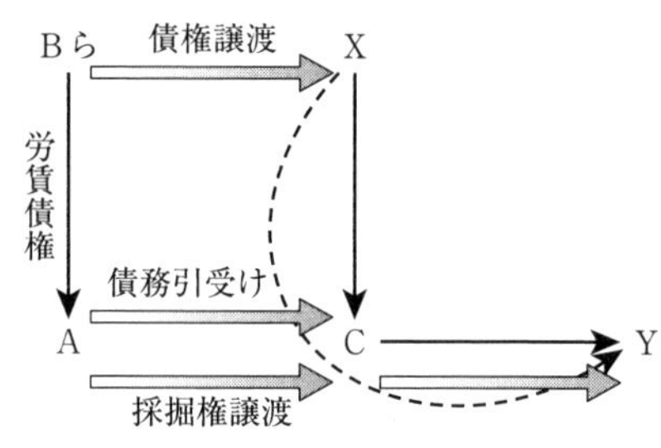

【判決理由】 上告棄却「民法第423条第1項の規定は要するに，債権者をして債務者に代り間接に其の権利を行使して債権者の共同担保たるべき債務者の財産減少を防ぎ，以て自己の債権を保全せしめんとするの趣旨に外ならざるが故に，債権者が自己の債権に付第三債務者より直接弁済を受くることを得ざるは勿論なりと雖，第三債務者をして其の債務者に対する債務の履行として自己に給付を為さしめ債務者の債権に付取立を為すが如きは，右の規定が認めたる権利の行使方法として固より妨げなき所なりと解せざるべからず。蓋し，若し然らずして債権者は唯第三債務者より債務者に対し給付を為すことを請求し得るに過ぎずとするときは，債務者に於て第三債務者の給付を受領せざる限り債権者は到底其の債権を保全すること能はざる結果となり，前示法条の精神を没却するに至るべければなり。」

103 代位行使の範囲

最(三)判昭和44年6月24日民集23巻7号1079頁
(最判解〈昭44上〉298頁，民商62巻4号665頁，百選Ⅱ〈第6版〉24頁，百選〈第8版〉24頁)

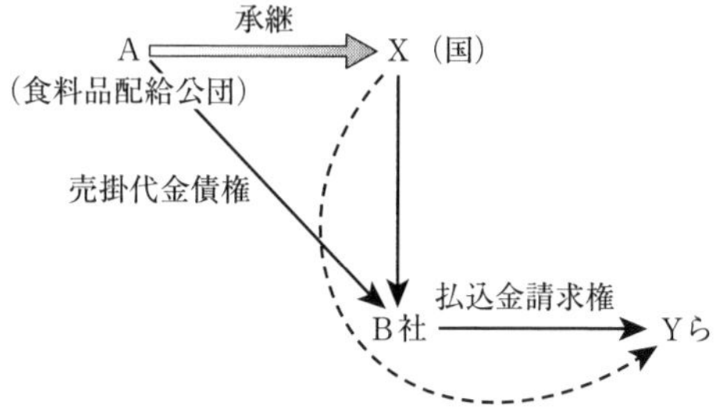

【事実】 1949〜50年に，食料品配給公団AはB株式会社に対し売掛代金債権231万円を有するに至ったが，B社は債務超過でその債務を弁済できない。他方，B社は1950年に設立されたが，発起人Yら8名は未だ資本金200万円を払い込んでいない。Aを承継したX（国）は，B社に対する売掛代金債権に基づき，B社に代

➡ *104*

位して，Ｙらに対し，上記払込金とその遅延損害金の支払を求めた。原審は，代位権行使の範囲について特に説示することなく，Ｘの請求を全部認容した。Ｙらは上告し，Ｂ社のＹらに対する債権は遅延利息が高いために，ＸのＢ社に対する債権より多額になり，その全額を認める原判決は違法だと主張した。

【判決理由】 一部破棄自判，一部棄却 「そこで考えるのに，債権者代位権は，債権者の債権を保全するために認められた制度であるから，これを行使しうる範囲は，右債権の保全に必要な限度に限られるべきものであって，債権者が債務者に対する金銭債権に基づいて債務者の第三債務者に対する金銭債権を代位行使する場合においては，債権者は自己の債権額の範囲においてのみ債務者の債権を行使しうるものと解すべきである。ところで，本件において原審の確定するところによれば，債権者たるＸの訴外Ｂ会社に対する債権は，元本は2,312,364円80銭ではあるが，遅延損害金の利率が年6分であるため，原審の口頭弁論終結時における元利合計額は440万円に満たないのに反し，債務者たる訴外Ｂ会社のＹら8名に対する各債権は，元本こそ200万円であるが，その遅延損害金の利率が日歩4銭であるため，前同日までの元利合計額は660万円を超えることが計数上明らかである。そうであれば，Ｘとしては，前記自己の債権額を超えて訴外Ｂ会社のＹらに対する前記請求債権の全額についてこれを代位行使することはできないものといわなければならない。」（裁判長裁判官　飯村義美　裁判官　田中二郎　下村三郎　松本正雄　関根小郷）

［関連裁判例］

104 代位債権者と第三債務者の間の抗弁

最(二)判昭和54年3月16日民集33巻2号270頁・輸出代金振込依頼書事件

(*最判解〈昭54〉133頁，法協97巻6号879頁，民商81巻6号841頁，百選Ⅱ〈第2版〉36頁，民事訴訟法百選〈第2版〉276頁*)

【事実】 貿易会社Ａは，Ｘ会社（東洋楽器）に輸出向楽器類の購入を申し込んだが，ＸはＡの信用に不安を感じ断った。そこで，Ａは，オーストラリア商業銀行が楽器購入者へ発行した信用状を添えて，Ｙ（協和銀行）に，楽器代金の振込を依頼し，輸出円貨代金振込依頼書を作成してもらった。同書面には，Ａが将来持参する輸出荷為替手形をＹが買い取るか取り立てたときは，その円貨代金からＸに

➡ *104*

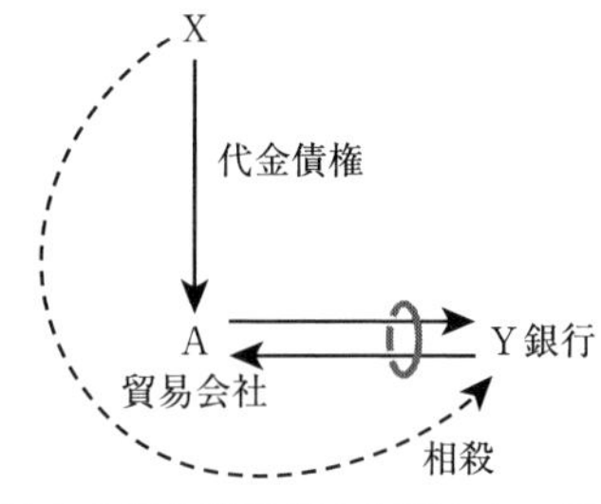

対する代金額（30 万余円）をＢ銀行のＸの口座に振り込むことを，ＡがＹに依頼する文と，Ｙがこれを承諾する文言があった。この依頼書により，ＸはＡへの売却を承諾し，楽器が輸出され，ＹはＡから荷為替手形の取立委任を受けて，手形金を取り立てた。ところが，取立前にＡが倒産したので，Ｙは，Ｘの口座に約束の金額を振り込まず，Ａに対する貸金債権等と相殺した。Ｘは，本件はＸを受益者とする第三者のための契約だったと主張して，Ｙに 30 万余円を請求した。1 審は請求を認容。2 審でＸは予備的請求を追加し，Ａに対する代金債権に基づきＡに代位してＡＹ間の振込依頼契約を解除し，Ｙの取立金中 30 万余円の支払を求めた。2 審は，第三者のための契約を否定し，予備的請求を認めた。Ｙの相殺の抗弁については，輸出円貨代金振込依頼を承諾したＹが相殺するのは権利濫用だとした。Ｙ上告。

【判決理由】 破棄差戻し（吉田・本林・栗本裁判官の補足意見，大塚裁判官の反対意見がある）

「Ｘの提出にかかる前記権利濫用の抗弁の採否は，まず本件訴訟の右の性格を考慮して決すべきものであるところ，債権者代位訴訟における原告は，その債務者に対する自己の債権を保全するため債務者の第三債務者に対する権利について管理権を取得し，その管理権の行使として債務者に代り自己の名において債務者に属する権利を行使するものであるから，その地位はあたかも債務者になり代るものであって，債務者自身が原告になった場合と同様の地位を有するに至るものというべく，したがって，被告となった第三債務者は，債務者がみずから原告になった場合に比べて，より不利益な地位に立たされることがないとともに，原告となった債権者もまた，その債務者が現に有する法律上の地位に比べて，より有利な地位を享受しうるものではないといわなければならない。そうであるとするならば，第三債務者である被告の提出した債務者に対する債権を自働債権とする相殺の抗弁に対し，代位債権者たる原告の提出することのできる再抗弁は，債務者自身が主張することのできる再抗弁事由に限定されるべきであって，債務者と関係のない，原告の独自の事情に基づく抗弁を提出することはできないものと解さざるをえない。しかるに，本件においてＸ

の提出した権利濫用の抗弁について原審がこれを採用した理由として判示するところは，要するに，Ｙの相殺の主張は，Ａ会社に対する関係ではともかく，Ｘとの関係においては取引の信義則に反し権利の濫用として許されない，というのであるが，債権者代位訴訟における当事者の地位に関する前記説示に照らすと，本訴債権が相殺により消滅したと本件訴訟において主張することがＡ会社にとっては信義則に反し権利の濫用とならないため相殺による本訴債権の消滅を肯定すべき場合においても，なおＸとの関係においては右相殺の主張が取引の信義則に反し権利の濫用となるものとして相殺の主張が容れられないものとすることは，債権者代位訴訟である本件訴訟の性質からみて，債権者たる原告の地位を債務者が訴訟を追行する場合に比して有利にするものとして，許されないものといわなければならない。」（裁判長裁判官　大塚喜一郎　裁判官　吉田　豊　本林　讓　栗本一夫）

差戻審判決（東京控判昭和54年12月10日判時956号63頁）

【判決理由】 請求棄却「……Ｘは，Ｙの相殺の抗弁に対し，Ａ会社自身が主張することができる再抗弁事由を提出できるに過ぎず，Ａ会社と関係のない，Ｘ人の独自の事情に基づく事由を再抗弁として提出することは許されないものと解される。そこで，Ｘの権利濫用の主張についてこの点を考えるに，前記認定のＸの主張㈡の⑴及び⑵の事実は，Ｙの本件相殺の主張がＸとの関係において信義則に反することを認めうべき事情であるにとどまり，これをもってＡ会社との関係における信義則違反の事由とするに足りないものといわざるをえない。」

解　説

⑴　債権者代位権は，債権者が債務者に代わってその権利を行使する権利であるが，代位行使をすることができるのは債務者の財産管理に介入する必要がある場合に限られる。その一つは，債務者が無資力（債務超過）であるために，被保全債権の責任財産の金銭額を確保する必要がある場合である（本来型。*97, 101〜104*）。もう一つは，〈債務者の当該権利が行使されない限り，他の権利が行使されても債権者の債権が実現しない〉という特別の結びつきが，被代位権利と被保全債権の間にある場合である。この場合は，債務者が無資力でなくても代位行使できる（転用型。*98〜100*）。

本来型の無資力要件は，関係者の合意によって不要とすることができる。実際にも，*97*のような責任保険金請求権の代位行使は，債務者（加害者）・保険会社間の保険約款によって認められる。ただし，債務者とその相手方の合意が他の債権者に対する詐害行為にならないことが必要である。

転用型には，被保全債権が登記請求権（*98*），土地明渡請求権（*99*）のほか，抵当権者が抵当不動産所有者に対し不動産の維持・保存を求める権利（*42*）のように，特定物について一定の行為を請求する権利の場合が多いが，金銭債権の場合もある（*100*）。ただ，金銭債権であっても，転用型では責任財産の金銭額の保全を目的としない。*100*の債権者代位の意味は，債権者Xらが代金債権の履行を受けるために，債務者BCのYに対する登記手続請求権を行使して債務者BCの同時履行の抗弁権を封ずるところにある。

なお，転用型のうち，*98*のような登記請求権を保全するものは，2017年改正法423条の7が明文化した。

⑵　本来型でも転用型でも，「債務者の一身に専属する権利」は代位行使することができない（423条1項ただし書）。ここでの一身専属的とは，債権者代位の要件を充たすときでも，債務者に財産管理・権利行使の自由を認めるべき権利である。*101*は，遺留分減殺請求権について，第三者に譲渡するなど権利行使の確定的意思を外部に表明した場合を除き，債権者代位の目的にできないとした。なお，本判決時の遺留分減殺請求（旧1031条）は財産の物権的な共有を生じさせるものであったが，2018年の改正相続法は，金銭債権を取得させる遺留分侵害額請求とした（1046条1項）。しかし，遺留分侵害額請求権が一身専属的な権利であることは変えていない。

⑶　債務者無資力の本来型の場合に，債権者代位権の目的は，債務者の総債権者のための共同引当財産の維持保全であるのか，それとも，当該代位債権者の債権の実現であるのか。共同引当財産の維持保全だとすると，代位債権者は総債権の合計額まで代位行使できるが，代位行使によって保全した債務者の財産に対しては，すべての債権者が自己の債権の責任財産として執行できるとしなければならない。かつての判例は，そのように考えていた。しかし，その後判例は，物の引渡しや金銭の支払を請求する権利を代位行使する場合には，代位債権者は，直接自己へ引き渡し支払うよう請求できるとした（*102*）。本来なら債務者へ引き渡し支払うべきだが，債務者が物・金銭を受領しない場合には

強制履行できないからである。そして，金銭支払請求権を代位行使した場合には，代位債権者は，受領した金銭を債務者へ返還する債務と債務者に対する金銭債権とを相殺して，事実上優先弁済を受けることが認められる。その代わりに，代位行使は代位債権者の債権額に限定される（*103*）。2017 年改正法の 423 条の 2 と 423 条の 3 は，これらの判例を明文化した。

(4) 債権者代位訴訟では，代位債権者 X は債務者 A の第三債務者 Y に対する権利を行使するのだから，第三債務者 Y は債務者 A に対する抗弁や，A の X に対する抗弁を主張できる（423 条の 4 が，このうちの前者を明文化した）。しかし，Y は，自身が X に対し直接有する抗弁は主張できない。代位債権者 X の側も，第三債務者 Y との関係に基づく事情を主張できない（*104*）。

［6］ 詐害行為取消権

105 被保全債権が特定物債権の場合，取消しの範囲

最大判昭和 36 年 7 月 19 日民集 15 巻 7 号 1875 頁

（最判解〈昭 36〉269 頁，民商 46 巻 2 号 309 頁，百選Ⅱ〈初版〉52 頁，百選Ⅱ〈第 9 版〉26 頁，不動産取引百選〈増補版〉170 頁）

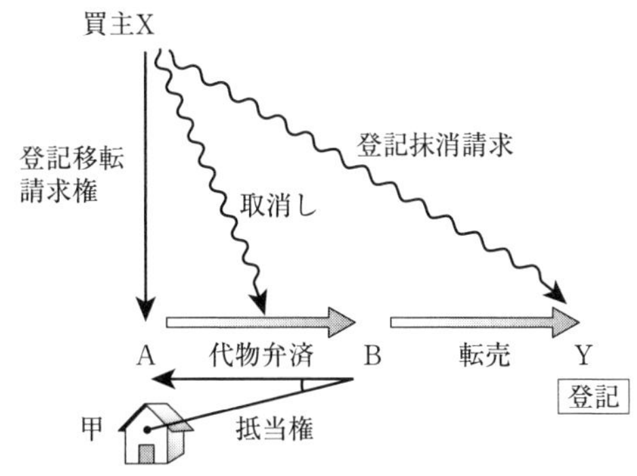

【事 実】 X は，A から家屋甲を 11 万円で買い受け，残代金 3 万 2300 円の支払と引換えに甲の移転登記を命ずる判決を得た。ところがこの間に，A は，甲に債権額 8 万円の抵当権を持つ別の債権者 B（A の妻の叔父）に，その債権の代物弁済として甲を譲渡し無資力になった。B は甲を 9 万円で Y に売却し，A から Y へ中間省略登記がなされた。X は，詐害行為を理由に AB 間の代物弁済の取消しと，Y への移転登記の抹消を求めた。原審は，ABY の悪意を認めて X の請求を認容。Y は上告し，(1)特定物債権のために詐害行為取消権を行使することは民法 177 条の趣旨に反する，(2)代物弁済は詐害行為にならない，仮になるとしても，取消権は，建物価額から抵当債権額 8 万円を控除した残額に限るべきだと主張した。

➡ *105*

【判決理由】 破棄差戻し（下飯坂・奥野・山田裁判官の補足意見がある）

⑴について。「民法424条の債権者取消権は，総債権者の共同担保の保全を目的とする制度であるが，特定物引渡請求権（以下特定物債権と略称する）といえどもその目的物を債務者が処分することにより無資力となった場合には，該特定物債権者は右処分行為を詐害行為として取り消すことができるものと解するを相当とする。けだし，かかる債権も，窮極において損害賠償債権に変じうるのであるから，債務者の一般財産により担保されなければならないことは，金銭債権と同様だからである。大審院大正7年10月26日民事連合部判決（民録24輯2036頁）が，詐害行為の取消権を有する債権者は，金銭の給付を目的とする債権を有するものでなければならないとした見解は，当裁判所の採用しないところである。……したがって，原判決が『債務者がその特定物をおいて他に資産を有しないにかかわらず，これを処分したような場合には，この引渡請求権者において同条の取消権を有するものと解すべきである』とした部分は結局正当に帰する。

なお，論旨は，原判決のような判断が許されるときは，Xは登記を了しないのに，既に登記したY人に対し所有権の移転を対抗し得ると同一の結果となり，民法177条の法意に反すると主張するが，債権者取消権は，総債権者の利益のため債務者の一般財産の保全を目的とするものであって，しかも債務者の無資力という法律事実を要件とするものであるから，所論177条の場合と法律効果を異にすることは当然である。」

⑵について。「債務者が目的物をその価格以下の債務の代物弁済として提供し，その結果債権者の共同担保に不足を生ぜしめた場合は，もとより，詐害行為を構成するものというべきであるが，債権者取消権は債権者の共同担保を保全するため，債務者の一般財産減少行為を取り消し，これを返還させることを目的とするものであるから，右の取消は債務者の詐害行為により減少された財産の範囲にとどまるべきものと解すべきである。したがって，前記事実関係によれば本件においてもその取消は，前記家屋の価格から前記抵当債権額を控除した残額の部分に限って許されるものと解するを相当とする。そして，詐害行為の一部取消の場合において，その目的物が本件の如く1棟の家屋の代物弁済であって不可分のものと認められる場合にあっては，債権者は一部取消の限度

において，その価格の賠償を請求するの外はないものといわなければならない。然るに，原審は，本件家屋の価格および取消の範囲等につき十分な審理を遂げることなく，たやすく本件代物弁済契約の全部の取消を認め，上告人に対し右家屋の所有権移転登記手続を命じたのは，民法424条の解釈を誤った結果として審理不尽，理由不備の違法をあえてしたものであって，所論は結局理由あるに帰し，原判決はこの点において破棄を免れない。」（裁判長裁判官　横田喜三郎　裁判官　島　保　斎藤悠輔　藤田八郎　河村又介　入江俊郎　池田　克　垂水克己　河村大介　下飯坂潤夫　奥野健一　高木常七　石坂修一　山田作之助）

106 取り消しうる行為（1）——遺産分割協議

最(二)判平成11年6月11日民集53巻5号898頁

（*最判解〈平11上〉473頁，百選Ⅱ〈第5版新法対応補正版〉42頁，百選Ⅲ〈第2版〉140頁，百選Ⅲ〈第3版〉154頁，家族法百選〈第7版〉142頁，平11重判80頁*）

【事実】 1979年にAが死亡し，妻Y_1と子Y_2Y_3がAの財産（借地権付建物）を3分の1ずつ相続した（1980年の法改正前の相続分による）。1993年に，X（湘南信用金庫）がY_4Y_5を連帯債務者として300万円貸し付け，Y_1は同債務の連帯保証人となった。

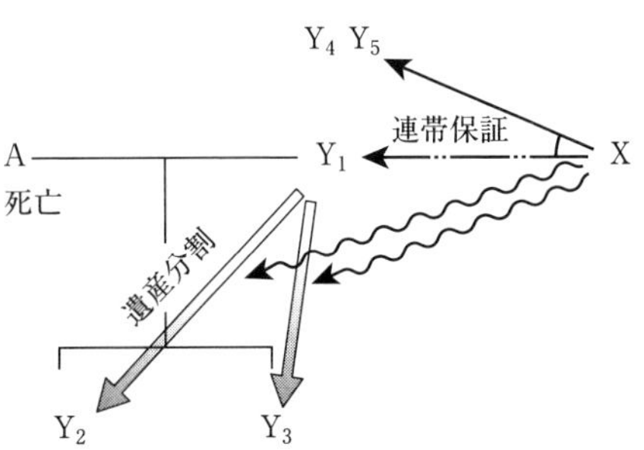

Y_4Y_5が支払を遅滞したので，1995年10月以後XはY_1に連帯保証債務の履行と相続を原因とする本件建物の移転登記手続を求めていたところ，$Y_1Y_2Y_3$は本件建物をY_2Y_3が2分の1の持分割合で所有する旨の遺産分割協議を成立させ，その旨の移転登記をなし，その後，Y_1は自己破産を申し立てた。以上に対しXは，$Y_1Y_4Y_5$に残務の支払を求め，Y_2Y_3に遺産分割協議を詐害行為として取り消し，Y_1へその持分（3分の1）の移転登記をせよと求めた。1・2審ともXの請求を認めたので，Y_2Y_3が上告。

【判決理由】 上告棄却「共同相続人の間で成立した遺産分割協議は，詐害行為取消権行使の対象となり得るものと解するのが相当である。けだし，遺産分割協議は，相続の開始によって共同相続人の共有となった相続財産について，

➡ 107

その全部又は一部を，各相続人の単独所有とし，又は新たな共有関係に移行させることによって，相続財産の帰属を確定させるものであり，その性質上，財産権を目的とする法律行為であるということができるからである。そうすると，前記の事実関係の下で，X は本件遺産分割協議を詐害行為として取り消すことができるとした原審の判断は，正当として是認することができる。記録によって認められる本件訴訟の経緯に照らすと，原審が所論の措置を採らなかったことに違法はない。所論引用の判例〔相続放棄が詐害行為取消の対象とならないとした最判昭和 49 年 9 月 20 日民集 28 巻 6 号 1202 頁〕は，事案を異にし本件に適切でない。論旨は採用することができない。」（裁判長裁判官　福田　博　裁判官　河合伸一　北川弘治　亀山継夫）

107 取り消しうる行為（2）——離婚に伴う財産分与

最(一)判平成 12 年 3 月 9 日民集 54 巻 3 号 1013 頁

(最判解〈平 12 上〉246 頁，法協 118 巻 11 号 1786 頁，百選Ⅱ〈第6 版〉38 頁，百選Ⅲ〈第 3 版〉40 頁，家族法百選〈第 7 版〉38 頁，平 12 重判 62 頁)

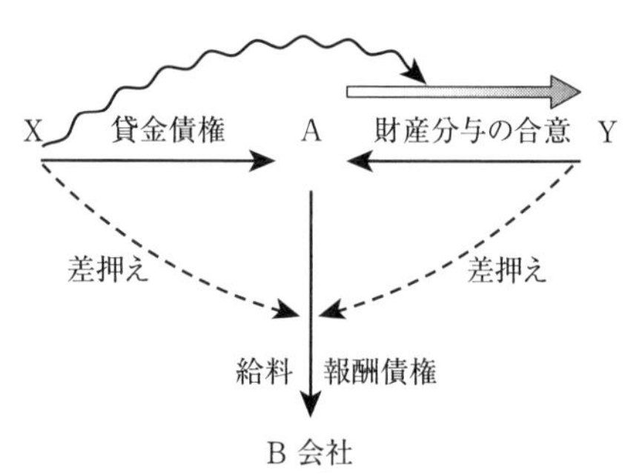

【事 実】 X（北陸銀行）は 1991 年に A に 6000 万円を貸し付け，それにつき確定判決を得たが，1992 年に A は B 会社の取締役を退任し，無収入・無資力となった。他方，A は Y 女と 1990 年に同居し，1991 年に婚姻届を出したが，A が取締役退任後働かず暴力を振るうので，1994 年に協議離婚した。その際に A と Y は，他の債権者を害することを知りつつ，Y の再婚まで生活費補助毎月 10 万円と離婚に伴う慰謝料 2000 万円を支払うことを合意し，執行認諾文言付きの公正証書を作成した。その後，X は，上記貸金債権の内金 500 万円を請求債権として，A の B 会社に対する給料・役員報酬債権を差し押さえ，他方，Y は，生活費補助・慰謝料の計 2220 万円を請求債権として，同じ給料・役員報酬債権を差し押さえたところ，B 会社は 261 万余円を供託した。裁判所が XY の請求債権額に案分した配当表を作成したのに対し，X は異議を述べ，AY の合意が通謀虚偽表示により無効だとし（主位的請求），また，AY の合意を詐害行為として

➡ 107

取り消し（予備的請求），全額をXへ配当するよう求めた。1審は主位的請求を認容し，2審は予備的請求を認容したので，Yが上告した。

【判決理由】 破棄差戻し 「〔第二の〕三 第1審は，本件合意は通謀虚偽表示により無効であるとして，主位的請求を認容した。これに対して，原審は，本件合意が通謀虚偽表示であるとはいえないが，本件合意における生活費補助及び慰謝料の額は，その中に財産分与的要素が含まれているとみても不相当に過大であって，財産分与に仮託してされたものであり，詐害行為に該当するとして，予備的請求を認容した（原判決主文は，単に控訴を棄却するというものであるが，これは，主位的請求につき第1審判決を取り消して請求を棄却し，予備的請求につきこれを認容して第1審判決と同じ主文を言い渡す趣旨のものと解される。）。

四 しかしながら，原審の右判断のうち予備的請求に関する部分は是認することができない。その理由は，次のとおりである。

1 本件合意は，AがYに対し，扶養的財産分与の額を毎月10万円と定めてこれを支払うこと及び離婚に伴う慰謝料2000万円の支払義務があることを認めてこれを支払うことを内容とするものである。

2 離婚に伴う財産分与は，民法768条3項の規定の趣旨に反して不相当に過大であり，財産分与に仮託してされた財産処分であると認めるに足りるような特段の事情のない限り，詐害行為とはならない（最㈡判昭和58年12月19日民集37巻10号1532頁）。このことは，財産分与として金銭の定期給付をする旨の合意をする場合であっても，同様と解される。

そして，離婚に伴う財産分与として金銭の給付をする旨の合意がされた場合において，右特段の事情があるときは，不相当に過大な部分について，その限度において詐害行為として取り消されるべきものと解するのが相当である。

3 離婚に伴う慰謝料を支払う旨の合意は，配偶者の一方が，その有責行為及びこれによって離婚のやむなきに至ったことを理由として発生した損害賠償債務の存在を確認し，賠償額を確定してその支払を約する行為であって，新たに創設的に債務を負担するものとはいえないから，詐害行為とはならない。しかしながら，当該配偶者が負担すべき損害賠償債務の額を超えた金額の慰謝料を支払う旨の合意がされたときは，その合意のうち右損害賠償債務の額を超え

➡ *108*

た部分については，慰謝料支払の名を借りた金銭の贈与契約ないし対価を欠いた新たな債務負担行為というべきであるから，詐害行為取消権行使の対象となり得るものと解するのが相当である。

4　これを本件について見ると，ＹとＡとの婚姻の期間，離婚に至る事情，Ａの資力等から見て，本件合意はその額が不相当に過大であるとした原審の判断は正当であるが，この場合においては，その扶養的財産分与のうち不相当に過大な額及び慰謝料として負担すべき額を超える額を算出した上，その限度で本件合意を取り消し，Ｙの請求債権から取り消された額を控除した残額と，Ｘの請求債権の額に応じて本件配当表の変更を命じるべきである。これと異なる見解に立って，本件合意の全部を取り消し得ることを前提として本件配当表の変更を命じた原判決には，法令の解釈適用を誤った違法があるというべきであり，この違法は原判決の結論に影響を及ぼすことが明らかである。論旨は右の趣旨をいうものとして理由があり，原判決中Ｘの予備的請求に関する部分は破棄を免れない。

第三　さらに，職権をもって判断するに，Ｘの予備的請求につき，主文において本件合意を取り消すことなく詐害行為取消しの効果の発生を認め，本件配当表の変更の請求を認容すべきものとした原判決には，法令の解釈適用を誤った違法があり，この違法は原判決の結論に影響を及ぼすことが明らかであるから，原判決中Ｘの予備的請求に関する部分は，この点においても破棄を免れない。」（裁判長裁判官　藤井正雄　裁判官　小野幹雄　遠藤光男　井嶋一友　大出峻郎）

108　行為の詐害性（1）——一部の債権者への代物弁済

最（二）判昭和48年11月30日民集27巻10号1491頁

（*最判解〈昭48〉274頁，民商71巻4号753頁，百選Ⅱ〈第3版〉42頁，百選Ⅱ〈第4版〉42頁*）

【事実】　X_1会社〜X_4会社とＹ会社は，Ａ商店（有限会社）に対し，それぞれ89万円，141万円，410万円，124万円，105万円の債権を持っていた。他方，Ａの資産は，売掛代金債権107万円，在庫商品約50万円であり，620万円の不動産は金融機関の担保に入っていた。X_1らは資金援助を打ち切ったが，その前日に，Ａ

は売掛代金債権 107 万円を Y へ代物弁済として譲渡し，Y はそれから 53 万円を取り立てた。X_1 らは，この債権譲渡を詐害行為だとして，その取消しと X_1 らの債権額に応じた金員の支払を Y に求めた。1 審は X_1 らの請求を認容。控訴審は，代物弁済された債権額が Y の債権額を超えない限り，当該債権譲渡は詐害行為にならないとして，請求を棄却した。X_1 らは，譲渡債権額が消滅した債務額より少ない場合でも，他の債権者を害する意思があれば詐害行為になるとして上告。

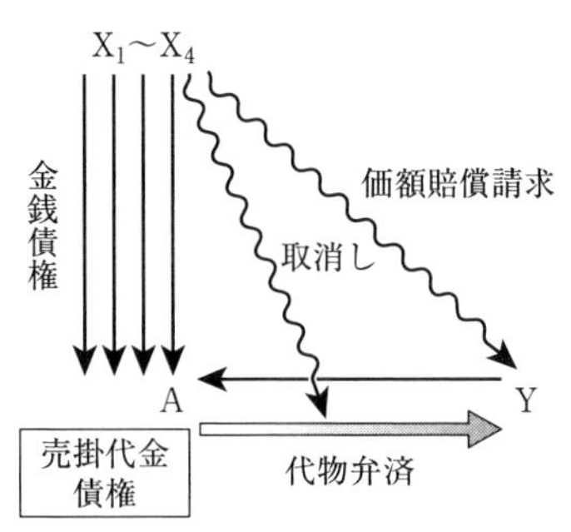

【判決理由】 破棄差戻し「しかしながら，原判決の右判断は，これを是認することができない。けだし，債務超過の状態にある債務者が，他の債権者を害することを知りながら特定の債権者と通謀し，右債権者だけに優先的に債権の満足を得させる意図のもとに，債務の弁済に代えて第三者に対する自己の債権を譲渡したときは，たとえ譲渡された債権の額が右債権者に対する債務を超えない場合であっても，詐害行為として取消の対象になるものと解するのが相当だからである（大判大正 6 年 6 月 7 日民録 23 輯 932 頁，大判大正 8 年 7 月 11 日民録 25 輯 1305 頁，大判大正 16 年 2 月 10 日判決民集 20 巻 79 頁，最㈡判昭和 29 年 4 月 2 日民集 8 巻 4 号 745 頁，最㈢判 39 年 11 月 17 日民集 18 巻 9 号 1851 頁参照）。

したがって，原判決が，債務者の詐害の意思の有無についてなんら判断を示すことなく詐害行為の成立を否定し，X_1 らの請求を排斥したのは，民法 424 条の解釈を誤り，ひいては審理不尽または理由不備の違法がある」（裁判長裁判官　岡原昌男　裁判官　小川信雄　大塚喜一郎　吉田　豊）

109 行為の詐害性（2）——一部の債権者への担保提供

最（二）判昭和 44 年 12 月 19 日民集 23 巻 12 号 2518 頁（最判解〈昭 44 下〉1094 頁，民商 63 巻 3 号 468 頁，百選Ⅱ〈初版〉56 頁）

【事実】 Y 会社（明治乳業）は，A 会社（牛乳小売業）へ牛乳を卸していたが，A に対する売掛債権が増加したので，A の店舗と A 代表者 B の家屋に対する担保の

➡ 109

実行と取引の打切りを予告した。ABは示談を申し入れ，取引は継続するが，ABはその店舗・家屋のほかに敷地の賃借権，営業用の機械など主な財産をすべて，債権担保のためにYに譲渡し，履行を怠ればYが直ちに取引を解消し担保物を売却して清算するという即決和解を結んだ。しかし，1年後にAが履行を遅滞したので，Yは担保権を実行した。これに対し，ABに80万円の貸金債権を持っていたXは，右の即決和解による譲渡担保を詐害行為として，その取消しと80万円の価格賠償を求めた。1・2審とも，詐害行為にならないとした。X上告。

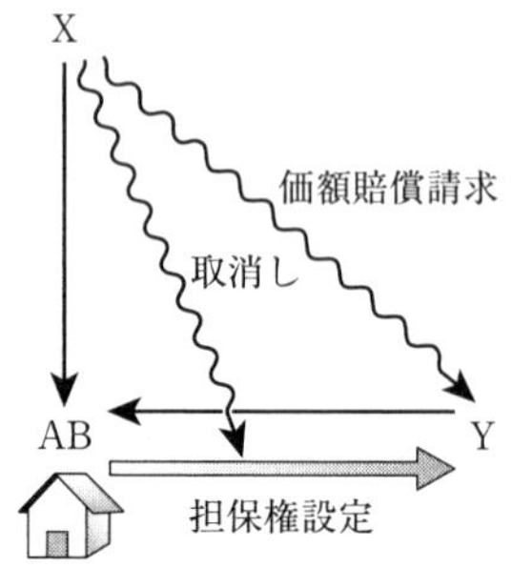

【判決理由】 上告棄却 「原審の事実認定は，挙示の証拠関係に照らし首肯することができる。そして，右事実関係に徴すれば，本件建物その他の資産をY会社に対して譲渡担保に供した行為は，Yに対する牛乳類の買掛代金244万円の支払遅滞を生じた訴外有限会社Aおよびその代表取締役Bが，Yからの取引の打切りや，本件建物の上の根抵当権の実行ないし代物弁済予約の完結を免れて，従前どおり牛乳類の供給を受け，その小売営業を継続して更生の道を見出すために，示談の結果，支払の猶予を得た既存の債務および将来の取引によって生ずべき債務の担保手段として，やむなくしたところであり，当時の諸般の事情のもとにおいては，前記の目的のための担保提供行為として合理的な限度を超えたものでもなく，かつ，かかる担保提供行為をしてでもYとの間の取引の打切りを避け営業の継続をはかること以外には，右A会社の更生策として適切な方策は存しなかったものであるとするに難くない。債務者の右のような行為は，それによって債権者の一般担保を減少せしめる結果を生ずるにしても，詐害行為にはあたらないとして，これに対する他の債権者からの介入は許されないものと解するのが相当であり，これと同旨の見解に立って本件につき詐害行為の成立を否定した原審の判断は，正当として是認することができる。」（裁判長裁判官　草鹿浅之介　裁判官　城戸芳彦　色川幸太郎　村上朝一）

110 行為の詐害性 (3) ——不動産の売却

最(二)判昭和41年5月27日民集20巻5号1004頁 (最判解〈昭41〉254頁，民商56巻1号128頁，判民昭和41年度51事件)

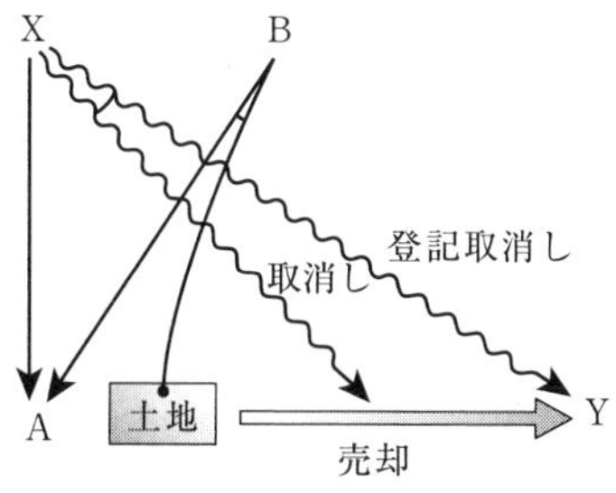

【事実】 AはBから35万円借り，唯一の財産である本件土地に抵当権を設定していたが，これをYに20万円で売却し，その代金を一部としてBに対する債務を弁済し，抵当権の登記を抹消した。ところが，Aに対し33万円の債権を有するXが，同売買はXの債権を害するとして，その取消しと所有権移転登記の抹消を求めた。原審は，土地価格は55万円であるが，この土地にはCのための抵当権（債権額43万余円）も付いていたから，同売買は不当に安くなく，Yに詐害の意思がないとして，請求を棄却した。X上告。

【判決理由】 上告棄却 「原審認定のごとく，債務者が既存の抵当権付債務の弁済をするために，右被担保債権額以下の実価を有する抵当物件たる所有不動産を相当な価格で売却し，その代金を右債務の支払に充てて当該抵当権の消滅をはかる場合にあっては，その結果右債務者の無資力を招いたとしても，右不動産売却行為は，一般債権者の共同担保を減少することにはならないから，民法424条所定の詐害行為にあたらないと解するのを相当とする。従って，これと同じ結論を示した原審の判断は，首肯できる。

論旨挙示の判例は，本件に適切でなく，本件売却行為にあたって債務者たるAに一般債権者を詐害する意思があったとする所論は，原審認定にそわないことをいうにすぎない。」（裁判長裁判官　奥野健一　裁判官　草鹿浅之介　城戸芳彦　石田和外）

［関連裁判例］

111 対抗要件具備行為の詐害性（1）——登記移転行為

最(一)判昭和55年1月24日民集34巻1号110頁
(最判解〈昭55〉67頁，法協99巻3号500頁，民商83巻3号446頁，百選Ⅱ〈第3版〉38頁，昭55重判83頁)

【事実】 Xは，1975年7月30日に，手形割引によりA（製材業・建設業）に対し計400万円の債権を取得した。他方，Aは，兼業する農業を長男Yに承継させるため，26筆の農地を，1974年11月22日頃Yに贈与し，1976年3月13日にその登記を移転した。Xは，この贈与を詐害行為として取り消し，移転登記の抹消を求めた。1・2審は，贈与がXの債権の発生以前であるとしてXの請求を棄却した。Xは，物権変動を対抗できるのは登記日以降であるから，Yへの贈与がXの債権発生前であることを主張できないとして，上告。

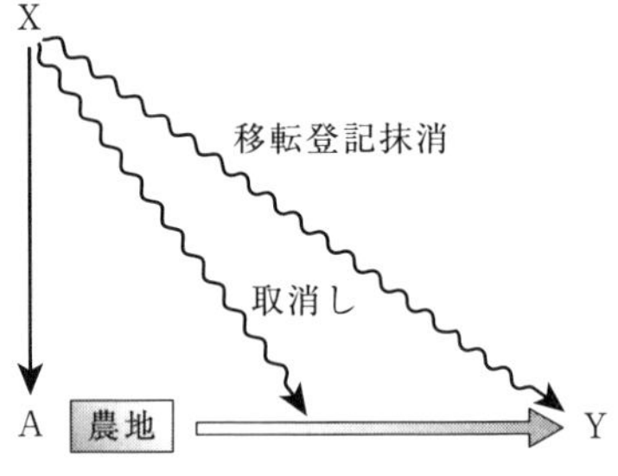

【判決理由】 上告棄却 「債務者の行為が詐害行為として債権者による取消の対象となるためには，その行為が右債権者の債権の発生後にされたものであることを必要とするから，詐害行為と主張される不動産物権の譲渡行為が債権者の債権成立前にされたものである場合には，たといその登記が右債権成立後にされたときであっても，債権者において取消権を行使する由にはない（大判大正6年10月30日民録23輯1624頁参照)。けだし，物権の譲渡行為とこれについての登記とはもとより別個の行為であって，後者は単にその時からはじめて物権の移転を第三者に対抗しうる効果を生ぜしめるにすぎず，登記の時に右物権移転行為がされたこととなったり，物権移転の効果が生じたりするわけのものではないし，また，物権移転行為自体が詐害行為を構成しない以上，これについてされた登記のみを切り離して詐害行為として取り扱い，これに対する詐害行為取消権の行使を認めることも，相当とはいい難いからである（破産法74条，会社更生法80条の規定は，これらの手続の特殊性にかんがみて特に設けられた規定であって，これを民法上の詐害行為取消の場合に類推することはできない。)。それ故，本件につき詐害行為の成立を否定した原審の判断は正当

であって，原判決に所論の違法はない。」（裁判長裁判官　団藤重光　裁判官　藤崎萬里　本山　亨　戸田　弘　中村治朗）

112 対抗要件具備行為の詐害性（2）――債権譲渡の確定日付ある通知

最(二)判平成10年6月12日民集52巻4号1121頁

（最判解〈平10下〉581頁，法協117巻4号596頁，百選Ⅱ〈第6版〉36頁，百選Ⅱ〈第9版〉30頁，平10重判71頁）

【事実】 A製本会社は1993年12月1日にX（大成商事）から920万円借り受け，その担保として，AがB書店に対し現に又は将来有する売掛債権全部を，Aの不履行を停止条件として譲渡した。他方で，Aは同月7日にY_1から100万円，同10日にY_2から300万円を借り受け，同様にBに対する売掛債権全部を停止条件付きで譲渡した。Aは同月20日と21日に手形不渡りを出し，20日のXへの弁済期に返済しなかったので，Xは，Aとのあらかじめの合意に基づき，Aから受けていた債権譲渡兼譲受通知書をBに送付し22日に到達し（本件譲渡通知），他方で，Yらへの債権譲渡の通知は，その後Bに到達した。Bが同月28日に代金を供託したので，XはYらに供託金還付請求権を有することの確認を求め（本訴），YらはXに本件譲渡通知の詐害行為取消しを求めた（反訴）。1・2審ともXの請求を斥け，Yらの反訴請求を認めたので，Xが上告。

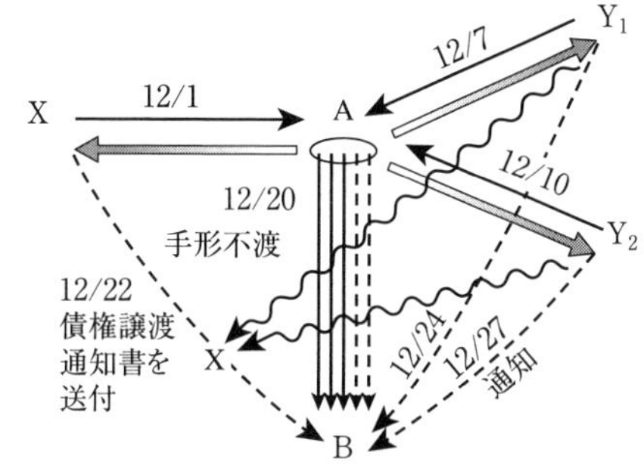

【判決理由】 破棄自判「二　……原審は，前記事実関係の下において，次のとおり判断して，Xの本訴請求を棄却し，Y_1及びY_2の反訴請求を認容すべきものとした。

1　債務者の責任財産の保全という詐害行為取消制度の趣旨からすると，詐害行為取消しの対象となるのは，債務者の法律行為に限定されることなく，責任財産を減少させる法律効果を伴う債務者の行為である限り，債権譲渡の通知，時効中断事由たる債務承認，追認等の準法律行為についても，民法424条の規定を準用すべきである。

2　債権譲渡における債務者に対する通知は，純然たる私法行為である上，

➡ *112*
債務者に対する関係では，債権者の変更を債務者に主張し得る必須の要件であって，これによって初めて当該債権が譲渡人の責任財産から確定的に逸出することになるものであり，第三者に対する関係での対抗要件の具備以上の機能を有しており，債権譲渡における通知と不動産譲渡における対抗要件具備行為たる登記とはその性質において異なるものがあるから，登記について詐害行為該当性が否定されるとしても，債権譲渡通知について詐害行為該当性を肯定する妨げとはならない。

3　XがAの委託に基づいて債権譲渡兼譲受通知書を郵送した平成5年12月21日の時点では，既にAは無資力の状態にあり，Aのみならず，Xにおいても，本件譲渡通知が他の債権者を害するものであることを認識していたと推認できるから，本件譲渡通知は詐害行為に当たる。

三　しかしながら，原審の右判断は是認することができない。その理由は，次のとおりである。

債務者が自己の第三者に対する債権を譲渡した場合において，債務者がこれについてした確定日付のある債権譲渡の通知は，詐害行為取消権行使の対象とならないと解するのが相当である。けだし，詐害行為取消権の対象となるのは，債務者の財産の減少を目的とする行為そのものであるところ，債権の譲渡行為とこれについての譲渡通知とはもとより別個の行為であって，後者は単にその時から初めて債権の移転を債務者その他の第三者に対抗し得る効果を生じさせるにすぎず，譲渡通知の時に右債権移転行為がされたこととなったり，債権移転の効果が生じたりするわけではなく，債権譲渡行為自体が詐害行為を構成しない場合には，これについてされた譲渡通知のみを切り離して詐害行為として取り扱い，これに対する詐害行為取消権の行使を認めることは相当とはいい難いからである（大判大正6年10月30日民録23輯1624頁，最㈠判昭和55年1月24日民集34巻1号110頁〔*111*事件〕参照）。

以上によれば，Y_1及びY_2が，本件債権譲渡契約締結後に取得したAに対する各貸金債権に基づいて，AのXへの本件代金債権の譲渡についてされた本件譲渡通知を対象として，詐害行為による取消しを求める反訴請求は，その余の点について判断するまでもなく，理由がないというべきである。そして，前記事実関係によれば，Xは，Aから本件代金債権の譲渡を受けるとともに，

Ｙらに先立って対抗要件を具備したものであるから，第一審判決添付別紙目録（二）記載の供託金につき還付請求権を有することの確認を求めるＸの本訴請求は，理由があることが明らかである。

四　そうすると，右と異なる見解に立って，本件譲渡通知が詐害行為に当たるとして，その取消しを認めるべきものとした原審の判断には，民法 424 条の解釈適用を誤った違法があり，この違法は原判決の結論に影響を及ぼすことが明らかである。この趣旨をいう論旨は理由があり，その余の上告理由について判断するまでもなく，原判決は破棄を免れない。そして，前記説示に照らし，第一審判決を取り消した上，Ｘの本訴請求を認容し，Y_1及びY_2の反訴請求を棄却すべきものである。」（裁判長裁判官　根岸重治　裁判官　大西勝也　河合伸一　福田　博）

113 取消訴訟の仕組み

大連判明治 44 年 3 月 24 日民録 17 輯 117 頁

（*百選Ⅱ〈第 3 版〉36 頁，百選Ⅱ〈第 6 版〉30 頁，百選Ⅱ〈第 8 版〉30 頁，民事訴訟法百選Ⅰ〈新法対応補正版〉94 頁*）

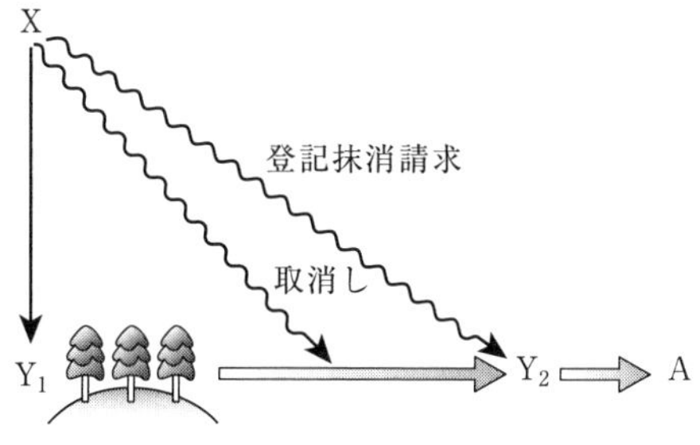

【事実】 債権者Ｘは，債務者Y_1からY_2への山林の売却が詐害行為だとして，その取消しとY_2への移転登記の抹消を求めたところ，Y_2は既にこの山林をＡに転売していた。原審は，当該売買を詐害行為だとしながら，次の理由でＸの訴えを却下した。債務者の給付能力の回復という詐害行為取消権の目的を達するためには，転得者をも相手に取消しを求めて取消判決を転得者に及ぼすか，受益者に対し賠償請求するかすべきであるのに，債務者と受益者に取消しを求めるのみでは，訴えの利益がない。Ｘは上告し，詐害行為を取り消せば相手方は原状回復の義務を負うから，訴えの利益があると主張した。

【判決理由】 Y_1に対する部分は上告棄却（以下の(i)(ii)），Y_2に対する部分は破棄差戻し（以下の(iii)(iv)）「(i)　依て按ずるに，民法第 424 条に規定する詐害行

➡ *113*

為廃罷訴権は，債権者を害することを知りて為したる債務者の法律行為を取消し，債務者の財産上の地位を其法律行為を為したる以前の原状に復し，以て債権者をして其債権の正当なる弁済を受くることを得せしめて其担保権を確保するを目的とするは，此訴権の性質上明確一点の疑を容れざる所なり。

(ii) 然れども，債権者が詐害行為廃罷訴権を行使するに当たり何人を対手人として訴訟を提起すべきやの点に付ては，我民法並に民事訴訟法中に何等の規定を存せざるを以て，解釈上疑を生ずるを免かれず。而して債務者の財産が詐害行為の結果其行為の対手人たる受益者の有に帰し更に転じて第三者の有に帰したる場合に於て，廃罷の目的となるべき行為は第424条の明文に従ひ債務者の行為にして受益者は其行為の相手方として直接之に干与したるものなれば，其廃罷を請求する訴訟に於て債務者及ひ受益者を対手人と為すことを要するは勿論，転得者は其法律行為の当事者にあらざるも廃罷の結果一旦其有に帰したる債務者の財産を回復せらるるの地位に立ち直接の利害関係を有するものなれば，転得者も亦其訴訟に於て対手人たることを要し，結局詐害行為廃罷の訴は此三者の間に於て一の必要的共同訴訟を成すものなりとは当院従来の判例に依り確認せられたる解釈なり。然りと雖も，詐害行為の廃罷は，民法が「法律行為の取消」なる語を用いたるに拘らず一般法律行為の取消と其性質を異にし，其効力は相対的にして何人にも対抗すべき絶対的のものにあらず。詳言すれば，裁判所が債権者の請求に基づき債務者の法律行為を取消したるときは，其法律行為は訴訟の相手方に対しては全然無効に帰すべしと雖も，其訴訟に干与せざる債務者・受益者又は転得者に対しては依然として存立することを防げざると同時に，債権者が特定の対手人との関係に於て法律行為の効力を消滅せしめ，因て以て直接又は間接に債務者の財産上の地位を原状に復することを得るに於ては，其他の関係人との関係に於て其法律行為を成立せしむるも其利害に何等の影響を及ぼすことなし。是を以て債権者が債務者の財産を譲受けたる受益者又は転得者に対して訴を提起し之に対する関係に於て法律行為を取消したる以上は，其財産の回復又は之に代るべき賠償を得ることに因りて其担保権を確保するに足るを以て，特に債務者に対して訴を提起し其法律行為の取消を求むるの必要なし。故に債務者は其訴訟の対手人たるべき適格を有せざるを以て，必要的共同被告として之を相手取るべきものとせる当院の判例は之を変更せざる

➡ 113

べからず。

(iii) 次ぎに，債務者の財産が受益者の手を経て転得者の有に帰したる場合に，之を共同被告として廃罷訴権を行使することを要するや否やの問題に付ては，転得者が善意にして之に対する関係に於て法律行為の廃罷が不可能となりたる場合は勿論，転得者の意思不明なる場合並に転得者か悪意にして之に対する法律行為の取消及ひ債務者財産の直接回復が可能なる場合に於ても，債権者は尚ほ受益者のみを相手取りて法律行為の取消を請求することを妨げず。是れ他なし，詐害行為廃罷の訴権は，詐害行為に干与したる者に対して其詐害の因て生ずる債務者の法律行為を取消し，相手方が尚債務者の財産を所有するときは直接に之を回復し，相手方が之を所有せざるときは其財産を回復するに代えて之が賠償を為さしめ，以て其担保権を確保することを目的とするものにして，其財産回復の義務たるや受益者又は転得者が其財産を所有するが為めに負担する依物義務の一種にあらずして，其行為に因りて債務者の財産を脱漏せしめたるが為めに生じたる責任に胚胎するものなれば，其財産を他人に譲渡したるに因りて之を免脱することを得ず。却て其財産の回復に代えて之を賠償することを要するは，詐害行為の性質上明白なるを以てなり。故に債務者の財産が転得者の有に帰したる場合に，債権者が受益者に対して廃罷訴権を行使し法律行為を取消して賠償を求むると，転得者に対して同一訴権を行使し直接に其財産を回復するとは，全く其自由の権内に在り，要は債権者が其本来享有せる担保権を正当に実行することを得るの点に存するものなり。故に，当院従来の判例は此点に於ても亦変更せらるべきものとす。

(iv) 詐害行為廃罷の訴権は，詐害行為の廃罷と共に，其行為に因りて債務者の資産を脱したる財産の回復又は之に代るべき賠償を求むることを目的とすべきや，従て単に法律行為の取消のみを請求し財産の回復又は其賠償の請求の伴はざる訴は利益なしとして之を却下すべきや，蓋し詐害行為廃罷の訴は，債務者及び第三者の詐害行為に因りて債務者の資産より脱出したる財産を直接に回復し又は其代償を得るを目的とするものなれば，其前提として単に詐害行為の取消のみを請求するは無益の訴として許す可からざるに似たり。然れども，民法は法律行為の取消を請求すると同時に原状回復を請求することを以て詐害行為廃罷訴権行使の必要条件と為さざるのみならず，却て訴権の目的として単に

➡ 114

法律行為の取消のみを規定し取消の結果直ちに原状回復の請求を為すと否とを原告債権者適宜の処置に委ねたるを以て，此2者は相共に訴権の成立要件を形成するものにあらず。加之，原告債権者の請求に基づき法律行為の取消を命ずる裁判は，単に権利の成立不成立を確定する裁判にあらずして，法律行為の効力を消滅せしむるを以て目的とし，被告たる受益者・転得者は其裁判に因り法律行為の消滅を認めざるべからざるの羈絆を受くるものなれば，其訴訟は単純なる確認訴訟にあらず。従て後に提起する原状回復の訴訟の前提たるに拘らず原告の為めに利益ある訴訟たるを防けざるを以て，不適法なりとして之を却下することを得ず。」（改行と(i)～(iv)は編者による）

114 現物の返還――不動産の登記名義の回復

最(一)判昭和53年10月5日民集32巻7号1332頁
（最判解〈昭53〉455頁，法協97巻7号1025頁，民商81巻1号125頁，百選Ⅱ〈第8版〉34頁，百選Ⅱ〈第9版〉28頁）

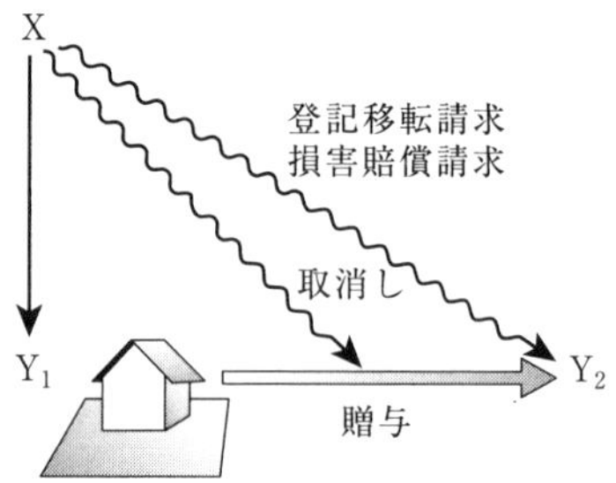

【事実】 Y_1は，Xから資金提供を受けて，Aから借りていた家屋とその敷地を買い取った。その際，Xに対し，この土地建物の所有権と登記をY_1死亡時にXに移転することを約した。ところがその後，Y_1は，これらを養子のY_2に贈与し，登記を移転した。Xは，1次的に，本件物件をAから買ったのは自分だとしてY_1Y_2に対しその所有権の確認を求め，2次的に，Y_1Y_2間の贈与を詐害行為として取り消し，登記をXに移転することをY_2に求めた。原審は，1次的請求を斥けたが，2次的請求を認めて右贈与を取り消し，Y_2への移転登記の抹消を認めたが，Xへの移転登記は認めず，ただ，移転登記請求の予備的請求である損害賠償請求を認めた。Xは，移転登記を認めるべきだとして上告。

【判決理由】 上告棄却 「特定物引渡請求権（以下，特定物債権と略称する。）は，窮極において損害賠償債権に変じうるのであるから，債務者の一般財産により担保されなければならないことは，金銭債権と同様であり，その目的物を債務者が処分することにより無資力となった場合には，該特定物債権者は右処分行為を詐害行為として取り消すことができるものと解すべきことは，当裁判所の判例とするところである（最大判昭和 36 年 7 月 19 日民集 15 巻 7 号 1875 頁〔*105*〕）。しかし，民法 424 条の債権者取消権は，窮極的には債務者の一般財産による価値的満足を受けるため，総債権者の共同担保の保全を目的とするものであるから，このような制度の趣旨に照らし，特定物債権者は目的物自体を自己の債権の弁済に充てることはできないものというべく，原判決が『特定物の引渡請求権に基づいて直接自己に所有権移転登記を求めることは許されない』とした部分は結局正当に帰する。」（裁判長裁判官　藤崎萬里　裁判官　岸上康夫　団藤重光　本山　亨　戸田　弘）

115 価額での賠償

最(一)判平成 4 年 2 月 27 日民集 46 巻 2 号 112 頁

(最判解〈平 4〉65 頁，民商 108 巻 1 号 52 頁，百選Ⅱ〈第 5 版新法対応補正版〉46 頁，平 4 重判 77 頁)

【事実】 A に対し，X は 2395 万円の債権を持ち，B 信用金庫は，3800 万円の債権と，その担保として，A 所有の宅地（㈠），家屋（㈡），農地（㈤㈥㈧）に極度額 3000 万円の共同根抵当権を持っていた。ところが，A は，これらの不動産を，Y_1 会社と Y_2（Y_1 の代表取締役）に売却して登記を移転し，売却代金 4500 万円のうちから 3000 万円を B に弁済し，B は共同根抵当権の登記を抹消した。これに対し，X は，上記売買が詐害行為だとして，その取消しと移転登記の抹消を求めた。原審は，次の理由で請求を認容。農地の価額（1000 万円以下）は B の被担保債権額 3000 万円を下回るから取消しの対象にならない，しかし，宅地・家屋の価額 3500 万円は B の被担保債権額を上回り，その差額（500 万円）は取消権の基礎となる債権額 2000 万円を下回るから，宅地・家屋の売買は全部取り消して所有権を A に復帰させるべきである。Y_1Y_2 は上告して，原審判決によると，抵当権のない不動産が債務者に復帰し債権者や債務者に不当利得を与えると主張。

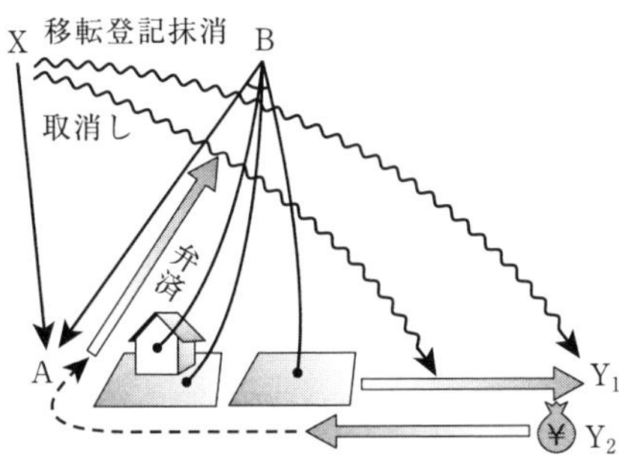

➡ *115*

【判決理由】 破棄差戻し「共同抵当の目的とされた数個の不動産の全部又は一部の売買契約が詐害行為に該当する場合において，当該詐害行為の後に弁済によって右抵当権が消滅したときは，売買の目的とされた不動産の価額から右不動産が負担すべき右抵当権の被担保債権の額を控除した残額の限度で右売買契約を取り消し，その価格による賠償を命ずるべきであり，一部の不動産自体の回復を認めるべきものではない（最大判昭和 36 年 7 月 19 日民集 15 巻 7 号 1875 頁〔*105*〕，最㊂判昭和 63 年 7 月 19 日裁判集民事 154 号 363 頁参照)。

そして，この場合において，詐害行為の目的不動産の価額から控除すべき右不動産が負担すべき右抵当権の被担保債権の額は，民法 392 条の趣旨に照らし，共同抵当の目的とされた各不動産の価額に応じて抵当権の被担保債権額を案分した額（以下「割り付け額」という。）によると解するのが相当である。

そうすると，前示事実関係によれば，A と Y_1 会社との間の本件㈠㈡物件の売買契約は，詐害行為に該当し，かつ，右売買契約当時本件㈠㈡物件及び本件㈤㈥㈧物件を共同抵当の目的として設定されていた根抵当権が，その後その被担保債権 3000 万円が弁済されたことにより消滅し，根抵当権設定登記の抹消登記がされたというのであるから，右被担保債権額 3000 万円を本件㈠㈡物件の価額と本件㈤㈥㈧物件の価額に応じて案分して，本件㈠㈡物件が負担すべき割り付け額を算出した上，本件㈠㈡物件の価額から右割り付け額を控除した残額の限度で，Y_1 会社に対し，その価格賠償を命ずるべきところ，これと異なる見解に立って，A と Y_1 会社との間の本件㈠㈡物件の売買契約の全部の取消しを認め，Y_1Y_2 両名に対し，それぞれ，本件㈠㈡物件につき順次経由された各所有権移転登記の各抹消登記手続をすることを命じた原判決には，民法 424 条の解釈を誤った違法があって，この違法が判決の結論に影響を及ぼすことは明らかであり，ひいて審理不尽の違法があるものといわなければならない。」

（裁判長裁判官　大内恒夫　裁判官　大堀誠一　橋元四郎平　味村　治）

116 価額賠償する場合の取消債権者の権利

大判昭和8年2月3日民集12巻175頁（判民昭和8年度16事件）

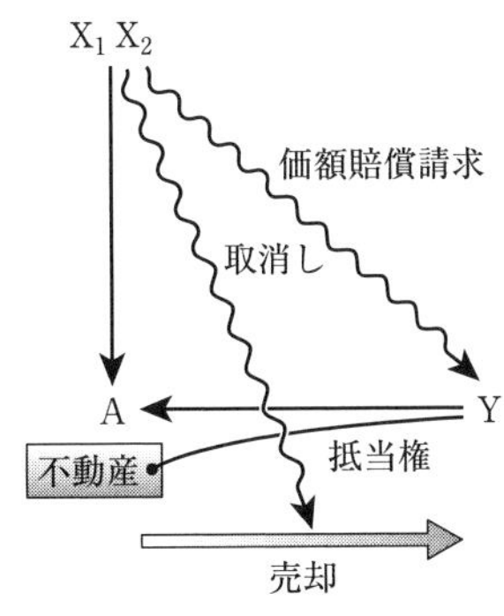

【事実】 X_1X_2はAに対し計9000円余の債権をもち，他方，YはAに対し2万1000円余の債権をもち，その担保として本件不動産の上に抵当権を設定していた。Aは他に財産がないのに，最低でも7万5000円するこの不動産をYに5万4000余円で売却した。X_1らはYに対し，9000余円を限度として同売買を取り消し9000余円を償還するよう求めた。原審は，詐害行為の成立を認めたが，この9000円を，売買当時のAの債権者（X_1X_2Yを含めて18名）の各債権額に応じて分配し，X_1X_2からの請求を1700余円と1300余円の限度で認めた。Xらは，詐害行為取消しの効果が総債権者の利益のために生ずるということと取消権者がその債権額を請求しうることとは異なると主張して上告した。

【判決理由】 破棄差戻し 「仍て按ずるに，詐害行為取消権は債務者の法律行為を取消し一般担保権を確保するを以て目的とするものにして其の取消の効力は総債権者の利益の為に生ずるものなるを以て，取消権を行使したる債権者は詐害行為取消の結果として受益者又は転得者の受けたる利益又は財産を自己独り弁済を受くる為直接之か請求を為すことを得ずと雖，他の債権者と共に弁済を受くるが為に受益者又は転得者に対し其の受けたる利益又は財産を自己に直接支払又は引渡を為すことを請求し得るものなること明なり。

而して，之が請求の範囲は，詐害行為の取消に因り受益者又は転得者が返還することを要する財産又は利益の全部に及ぶものにして，他の債権者と平等の割合を以て之が請求を為し得るに過ぎざるものに非ざるなり。蓋，詐害行為の取消は総債権者の利益の為に其の効力を生ずるを以て特定の債権者は優先権なき限り平等の割合を以て此の利益より弁済を受くることを得るに止まるものなりと雖，夫は一般債権者が詐害行為の取消の結果に付平等の割合を以て弁済を受くべき法律上の手続を執ることを得べく，斯る手続に出でたる場合には平等の割合を以て弁済を受くることを得ることを意味するものにして，決して詐害

➡ *117*

行為取消権を行使したる債権者が他の債権者と平等の割合を以て受益者又は転得者に対し其の受けたる利益又は財産の返還を請求し得ることを意味するものに非ざるなり。或は詐害行為取消権を行使したる債権者をして取消に係る全部の利益又は財産を請求し得ると為さんか，其の債権者が之を独占壟断するの虞なきに非ずと雖，此の如きは破産手続の場合に於てのみ之を防止し得るに止まり，其の他の場合例えば強制執行の場合等に於ても他の一般債権者が平等の弁済を受くるが為法律上の手続に出でざる限り常に同様の虞なきに非ざるを以て，此の点に於ても毫も詐害行為取消権者の請求を制限するの理由なし。

従て，詐害行為取消権を行使したる債権者は他の債権者と平等の割合に於てのみ其の請求を為し得るものと解するは，詐害行為取消の効力が総債権者の利益に帰することと詐害行為取消権者の請求の範囲とを混同したる見解にして，他の一般債権者が平等の割合を以て弁済を受くべき法律上の手続を講ぜず又其の手続を講ずる意思ありや否不明なるに拘らず之を調査探知したる後に非ざれは其の請求を為すことを得ざるに至るべく，斯くては詐害行為取消権を行使したる債権者の保護極めて薄きを以て到底斯る解釈を容るるの余地なきものと言わざるべからず。」

117 価額賠償する場合の取消訴訟における配当要求

最(二)判昭和 46 年 11 月 19 日民集 25 巻 8 号 1321 頁

(*最判解〈昭 46〉262 頁，法協 91 巻 1 号 179 頁，民商 69 巻 3 号 562 頁，百選Ⅱ〈第 3 版〉50 頁，百選Ⅱ〈第 7 版〉40 頁*)

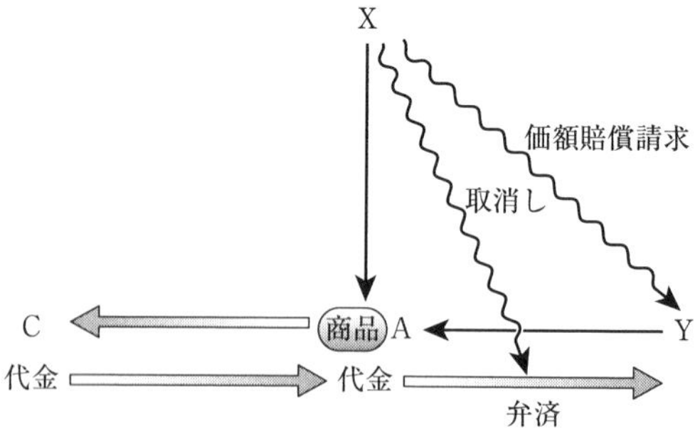

【事実】 倒産直前のA会社は，Y会社に約2000万円の債務を負っていたが，Yの取締役Bと協議し，Aの在庫商品をBの経営するC会社に400万円で売却し，その代金をYに対する債務の弁済に当てた。そこで，Aに対し68万円余の売掛債権を持つX会社は，同弁済を詐害行為としてX

➡ *117*

の債権額の限度で取り消し，金員の支払を求めた。これに対しＹは，第１審口頭弁論で，Ａに対する債権額（1039万円余）をもって配当を要求し，ＸがＹに請求できるのは債権の按分額だけだ，と抗弁した。原審は，次の理由でＹの抗弁を斥けた。Ｘが勝訴すると優先弁済を認める結果になり不公平だが，逆にＹの抗弁を認めると取消権者の債権額の限度で詐害行為取消しを認めてきた判例に抵触し，また，大口債権者が債務者と共謀するおそれがある。Ｙは上告し，民法425条の「総債権者」は受益者たる債権者も含む，先例（前掲*114*，後掲*118*）は取消債権者以外の債権者に配当する法律上の手続が必要だとするが，その手段は配当要求よりほかにない，などと主張した。

【判決理由】 上告棄却 「所論は，原判決が，Ｙの配当要求を理由とした按分比例による配当の主張を排斥したのは違法であると非難する。そして，所論は，そのいわゆる配当要求は，強制執行法上の配当要求ではなく，受益の意思表示であるというのであるが，実定法上，かかる意思表示の効力を認むべき根拠は存在しない。本来，債権者取消権は，債務者の一般財産を保全するため，とくに取消債権者において，債務者受益者間の詐害行為を取り消したうえ，債務者の一般財産から逸出したものを，総債権者のために，受益者または転得者から取り戻すことができるものとした制度である。もし，本件のような弁済行為についての詐害行為取消訴訟において，受益者である被告が，自己の債務者に対する債権をもって，Ｙのいわゆる配当要求をなし，取消にかかる弁済額のうち，右債権に対する按分額の支払を拒むことができるとするときは，いちはやく自己の債権につき弁済を受けた受益者を保護し，総債権者の利益を無視するに帰するわけであるから，右制度の趣旨に反することになるものといわなければならない。

ところで，取消債権者が受益者または転得者に対し，取消にかかる弁済額を自己に引き渡すべきことを請求することを許すのは，債務者から逸出した財産の取戻しを実効あらしめるためにやむをえないことなのである。その場合，ひとたび取消債権者に引き渡された金員が，取消債権者のみならず他の債権者の債権の弁済にも充てられるための手続をいかに定めるか等について，立法上考慮の余地はあるとしても，そのことからただちに，Ｙのいわゆる配当要求の意思表示に，所論のような効力を認めなければならない理由はないというべきである。」（裁判長裁判官　村上朝一　裁判官　色川幸太郎　岡原昌男　小川信雄）

➡ *118*

［関連裁判例］

118 取消訴訟により価額賠償した後の分配請求

最(三)判昭和37年10月9日民集16巻10号2070頁
(*最判解〈昭37〉379頁，法協81巻3号301頁，民商49巻1号67頁*)

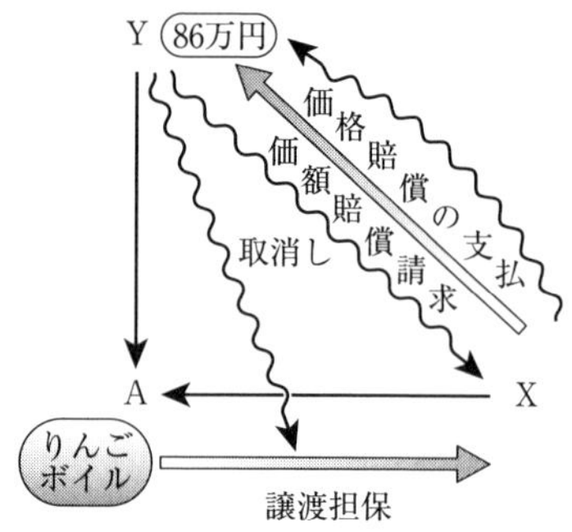

【事実】 X（青森銀行）とY（千代田容器株式会社）はA（青森県ジャム工業株式会社）の債権者であったが，Xが，自己の債権の譲渡担保としてAからりんごボイル2457罐を譲り受けたところ，Yは，それを詐害行為として，Yの債権額86万余円に相当する2058罐分の取消しと，Xのりんごボイル転売金のうち86万余円の支払を求めた。Yが勝訴判決を得てXから支払を受けた後に，Xは，詐害行為の取消しは総債権者の利益のためであるから，Yの得た86万余円も総債権者の間で分配すべきだとして，Aに対する総債権額4829万円の中のXの債権額4426万円の割合から計算して，Yに79万余円を請求した。1・2審とも請求を棄却した。X上告。

【判決理由】 上告棄却 「よって案ずるに，詐害行為の取消は，総債権者の利益のためにその効力を生ずる（民法425条)。すなわち，取消権の行使により，受益者又は転得者から取戻された財産又はこれに代る価格賠償は，債務者の一般財産に回復されたものとして，総債権者において平等の割合で弁済を受け得るものとなるのであり，取消債権者がこれにつき優先弁済を受ける権利を取得するものではない。このことは取消債権者が取消権行使により財産又は価格賠償を自己に引渡すべきことを請求し，よってその引渡を受けた場合においても変ることはない。しかしながら，債権者が債務者の一般財産から平等の割合で弁済を受け得るというのは，そのための法律上の手続がとられた場合においてであるというにすぎない。従ってXの本訴請求にあるように取消債権者が自己に価格賠償の引渡を受けた場合，他の債権者は取消債権者の手中に入った右取戻物の上に当然に総債権者と平等の割合による現実の権利を取得するものではない。また，取消債権者は自己に引渡を受けた右取戻物を債務者の一般財産に回復されたものとして取扱うべきであることは当然であるが，それ以上に，自己が分配者となって他の債権者の請求に応じ平等の割合による分配を為すべき義務を負うものと解することはできない。そのような義務あるものと解することは，分配の時期，手続等を解釈上明確ならしめる規定を全く欠く法のもとでは，否定するのほかない。」（裁判長裁判官　垂水克己　裁判官　河村又介　石坂修一　五鬼上堅磐　横田正俊）

解　説

以下では，詐害行為取消しの判例を，(1)被保全債権に関する要件，(2)行為の詐害性に関する要件，(3)詐害行為取消しの仕組み，(4)取消しによる財産返還と返還財産の権利関係に分けてみてゆく。

(1)　詐害行為取消しの被保全債権は普通は金銭債権であるが，判例は，損害賠償債権となる特定物債権でもよいとする（*105, 114*）。この判例によると，特定物債権者は，債務者が無資力など詐害行為取消しの要件を満たす場合には，対抗要件を備えていなくても，その物を第三者から取り戻せる（ただし，不動産の場合は債務者のところに戻させるにとどまる）。これに対し，対抗要件を備えれば，詐害行為にならないときでもその物に対する権利を第三者に主張でき，また，不動産の場合でも自らへの引渡しを請求できる。このように，424条と177条は制度目的と効果を異にする。

詐害行為を理由に取り消されるのは財産行為のみであり（424条2項），婚姻，離婚，認知，養子縁組などの身分行為は，それにより債務者が扶養義務等を負っても詐害行為にならない。身分行為の自由は，無資力の者にも認めるべきだからである。問題は，身分行為によって生じた義務を履行する財産行為である。判例は，法定の義務の履行行為は詐害行為にならないが，法定の義務を超える給付行為は，次に述べる客観的要件，主観的要件を満たせば詐害行為になるとする（法定相続分を取得しなかった遺産分割協議について *106*，離婚に伴う財産分与について *107*）。

(2)　債務者の財産行為が詐害行為となるのは，①「債権者を害すること」と，②債務者と受益者がそれを「知って」なした場合である（424条1項）。①を客観的要件，②を主観的要件と呼ぶ。①は次の考え方による。債務者の正味財産（積極財産の総計－消極財産の総計）がプラスである限り，積極財産が減少したり，消極財産が増加しても詐害行為にならない。積極財産の減少，消極財産の増加により正味財産がプラスからマイナスになる場合，あるいは，マイナスの正味財産（積極財産の総計<消極財産の総計）がさらに減少する場合に詐害行為となる。

この考えによれば，財産売却のように別の利益が入ってきたり，債務弁済のように債務が減少する場合には，正味財産の減少がないから詐害行為にならない。しかし，判例は，別の考慮から，一定の事情があればこれらの場合でも詐害行為になるとしている。

その一つは，財産の売却や担保設定による借金などの現金化行為である。これらの場合には正味財産の減少はないが，金銭は消費・散逸しやすく責任財産としての性格が弱い。このゆえに，判例は，現金化行為を原則として詐害行為とし（*115*はその一例），ただ，得た金銭を有用な目的に用いた場合には詐害行為を否定する。有用な目的とは，*110*では抵当権者への弁済であるが，他の判例では，履行期の来た債務の弁済，公租公課の弁済，営業資金，子女の教育費に用いた場合がある。

もう一つは，既存の債権者の1人への担保設定や弁済・代物弁済・相殺など，特定の債権のための偏頗行為である。これらの場合，担保設定では債務が増えておらず，弁済・代物弁済・相殺では債務が減少しているので，債務者の正味財産はプラスマイナス0である。しかし，判例は，詐害行為取消権の制度目的として「責任財産の保全」のほかに「債権者間の平等の確保」を考え，債務者が担保設定・弁済を受ける債権者（受益者）と通謀している場合に，詐害行為取消しを認めてきた（*108*）。しかし，その行為が営業継続のために必要不可欠だったときには，詐害行為にならないとする（*109*）。

2017年改正法は，以上の現金化行為と偏頗行為につき，破産法の否認権を参考にして，詐害行為となる場合を明文化した。まず，現金化行為は，相当の対価がある財産処分としてとらえ，広く隠匿，無償の供与等のおそれがある場合で，債務者に隠匿等の意思があり，受益者に債務者の意思の認識があったときに詐害行為になるとする（424条の2）。偏頗行為については，担保供与や債務消滅行為が債務者の支払不能時になされ，かつ，債務者と受益者が通謀し他の債権者を害する意図を持っていた場合に詐害行為になるとする（424条の3）。全体として，詐害行為になる場合を判例よりも若干制限している。

なお，債権者の1人のために登記・債権譲渡通知などの対抗要件を具備するのも偏頗行為であるが，判例は詐害行為取消しを認めない（登記については *111*。債権譲渡通知については *112*）。その理由として，「物権の移転を第三者に対抗しうる効果を生ぜしめるにすぎ」ないことをあげる。しかし，対抗要件具備こそが他の債権者を害するのだから，この理由づけはおかしい。真の理由は，対抗要件による公示制度の「早い者勝ち」の考えを重視するからであろう。ちなみに，破産法164条は，支払停止後の一定の対抗要件具備行為にのみ否認を認める。改正法は，対抗要件具備行為については詐害行為となる基準を明文化しなかった。

⑶ *113* は，詐害行為取消制度の趣旨と仕組みの判例理論を明らかにした（以下の(i)～(iv)は**【判決理由】**を参照）。*113* によると，(i)詐害行為取消権は詐害行為の取消しと逸出財産の取戻しを目的とするが，(iv)取消しのみを訴求することもできる。(ii)取消しの効果が及ぶのは原告（取消債権者）と被告（受益者・転得者）に限られ，訴訟に関与しない債務者に及ばない（相対的取消し）。これに対応して，取消訴訟の被告となるのは受益者・転得者であり，債務者に被告適格はない。判例がこう考えた理由は，無資力となって争う意欲がなく訴訟に出てこない債務者を被告とすると訴訟審理にとって負担になるからである。(iii)転得者が現れた場合に，取消債権者は，受益者と転得者のいずれを被告としてもよい。

2017年改正法は(i)(iv)と(iii)を明文化した（424条の6，424条の7）。なお，(iii)について，転得者に取消請求できるのは，受益者に取消請求でき，かつ，転得者が債務者を害することを知っていた場合であるとする（424条の5）。

他方，判例の(ii)によると債務者を被告としないので，取消判決が出ても債務者との権利関係が未確定で，債務者に返還された不動産に対する債権者の執行等を説明できない。そこで，改正法は，取消訴訟の提起後に遅滞なく債務者に訴訟告知することとし（424条の7第2項），取消判決の効力が債務者に及ぶとした（425条）。さらに，(v)詐害行為を取り消した場合の受益者・転得者と債務者の間の権利義務と，転得者と債務者の間の権利義務を規定した（425条の2，425条の3と425条の4)。

(4) 上記(3)の(i)のように，詐害行為取消しによって，逸出財産を取り戻すことができるが，この財産返還の内容と，返還された財産の権利関係についていくつかの問題がある。

第1は，現物を返還するのか価額で返還するのかという問題である。判例によると，原則として詐害行為の目的物を返還し，それが不能・困難な場合には価額で賠償する。現物返還が不能・困難な場合には，受益者・転得者が現物を他へ処分した場合のほかに，詐害行為の後に目的物に対する担保権が消滅した場合（*115*)，詐害行為の一部のみを取り消す場合がある。なお，*115*によると，抵当権付不動産の処分による詐害行為では，被担保債権額を控除した額の限度で取り消す。そして，その抵当権が共同抵当であるときは，被担保債権額を各不動産の価額に応じて按分した額を控除する。

第2に，返還される財産に対し取消債権者と他の債権者はどのような権利を持つかという問題がある。そこではまず，①返還先について，ⓐ債務者へ返還させるか，ⓑ取消債権者へ返還させるかが問題になり，次に，②返還された財産に対し，ⓐ他の債権者も権利を持つのか，ⓑ取消債権者だけが権利を持つのか。ⓐのように他の債権者も権利を持つとすると，それらの者の権利をどのような手続で実現するかが問題になる。①は返還される物を管理する手間と費用の問題であり，金銭・動産の場合には債務者が返還物を受領・管理してくれないと進まない。②は返還された物の価額を関係者に分配する手間と費用の問題であり，金銭のような可分物を返還させる場合には，取り消す範囲を決めるためには，返還物に対し権利を主張すると思われる他の債権者の債権額を取消訴訟の中で調査しなければならない。これらの負担を回避するためであろう，判例は①と②の問題を，返還させる物によって分け，③詐害行為取消しの範囲と関連させて考える（次に述べる㋐㋑)。

まず，不動産を取り戻す場合には，ⓐ債務者の名義に戻し，ⓐ返還されたものに他の債権者も権利を持ち，㋐取消債権者は自らの債権額を超えても不動産全体を取り戻すことができる（*114*)。動産を取り戻す場合には，ⓑ取消債権者は自らへの引渡しを請求することができる（最判昭和39年1月23日民集18巻1

号76頁)。取り戻した動産に対する他の債権者の権利，動産が可分物である場合の取り戻せる範囲について議論した裁判例はない。金銭を取り戻す場合や，現物返還が不可能なために価額賠償する場合には，ⓑ取消債権者は自らへの返還を請求でき，ⓑ返還したものを独占できる（*116*，*117*，*118*），その代わりに，㋑返還請求は取消債権者の債権額に限られる（大判大正9年12月24日民録26輯2024頁等)。

改正法は，以上のうち，第1の返還するものについて，判例の考え（原則は現物返還，それが困難な場合には価額償還）を424条の6に規定した。第2のうち，①の返還先については，債務者への返還を原則としつつ，動産・金銭の返還と価額償還の場合には取消債権者への返還・償還を請求できるとした（424条の9)。③の取消しの範囲については，全部の取消し・返還を原則としつつ，目的物が可分であるときと価額償還のときは，取消債権者の債権額に限る（424条の8)。以上の①と③は，基本的に判例の考えの明文化である。これに対し，②の，返還物に対し権利をもつ債権者の範囲と，その権利実現手続については，債務者への財産回復を全ての債権者が主張できることを規定するにとどまる(425条)。したがって，ここではこれまでの判例に従い，動産・金銭価額を取消債権者へ返還・償還する場合には取消債権者が債務者に対する債権を先に執行したことにより（あるいは債務者への返還債務と相殺することにより）返還物を独占することができる。他方，不動産を債務者へ返還する場合には，債務者へ強制執行しそれに配当要求することになる。

［7］ 債権に基づく妨害排除

119 賃借権に基づく妨害排除請求

最(二)判昭和28年12月18日民集7巻12号1515頁・向島須崎町罹災地明渡事件

(百選Ⅱ〈第3版〉54頁，百選Ⅱ〈第8版〉116頁，百選Ⅱ〈第9版〉102頁)

【事実】 Xは，以前よりA所有の本件土地を賃借し建物を所有していた。その建物が戦災で焼失した後に，Yがこの土地をAから賃借して建物を建てたので，Xは借地権に基づいて建物の収去と土地の明渡しを請求した。1・2審ともX勝訴。Yは上告して，Xは債権たる賃借権を有するだけだから，賃貸人に賃借地の引渡

➡ *119*

しを求めうるにとどまり，第三者Yに侵害排除を要求できないと主張した。

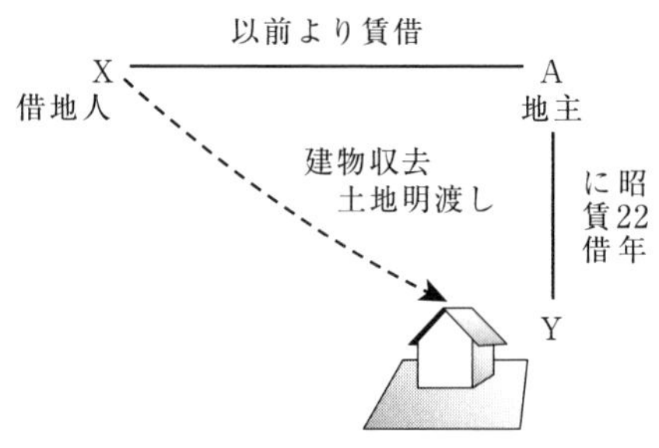

【判決理由】 上告棄却「民法605条は不動産の賃貸借は之を登記したときは爾後その不動産につき物権を取得した者に対してもその効力を生ずる旨を規定し，建物保護に関する法律では建物の所有を目的とする土地の賃借権により土地の賃借人がその土地の上に登記した建物を有するときは土地の賃貸借の登記がなくても賃借権をもって第三者に対抗できる旨を規定しており，更に罹災都市借地借家臨時処理法10条によると罹災建物が滅失した当時から引き続きその建物の敷地又はその換地に借地権を有する者はその借地権の登記及びその土地にある建物の登記がなくてもその借地権をもって昭和21年7月1日から5箇年以内にその土地について権利を取得した第三者に対抗できる旨を規定しているのであって，これらの規定により土地の賃借権をもってその土地につき権利を取得した第三者に対抗できる場合にはその賃借権はいわゆる物権的効力を有し，その土地につき物権を取得した第三者に対抗できるのみならずその土地につき賃借権を取得した者にも対抗できるのである。従って第三者に対抗できる賃借権を有する者は爾後その土地につき賃借権を取得しこれにより地上に建物を建てて土地を使用する第三者に対し直接にその建物の収去，土地の明渡を請求することができるわけである。」

「……Xが右借地上に所有していた家屋は昭和20年3月戦災に罹り焼失したがXの借地権は当然に消滅するものでなく罹災都市借地借家臨時処理法の規定によって昭和21年7月1日から5箇年内に右借地について権利を取得した者に対し右借地権を対抗できるわけであるところ，Yは本件土地に主文掲記の建物を建築所有して右土地を占有しているのであるがその理由はYは土地所有者のAから昭和22年6月に賃借したというのであるからYはXの借地権をもって対抗される立場にありYはXの借地権に基く本訴請求を拒否できない」（裁判長裁判官　霜山精一　裁判官　栗山　茂　藤田八郎　谷村唯一郎）

解　説

債権に基づく妨害排除が実際に問題になるのは，債権のなかでも不動産の賃借権，特に土地の賃借権である。賃借権の妨害に対し，賃借人は，①占有訴権を行使し，あるいは，②賃貸人が有する妨害排除請求権を代位行使することができる。しかし，①の占有訴権は，一旦は占有しその占有が奪われたり妨害されたことを要件とし，また，行使期間が制限されている（201条）。他方，②の妨害排除請求権の代位行使では，債務者の無資力を要件としない（*99*）が，占有者Ｙが代位債権者（賃借人）Ｘに対して有する抗弁を代位訴訟で主張できるかが問題になる（前掲*26*と，前述191〜193頁の【解説】を参照）。そこで，③賃借権に妨害排除請求権を認める見解が出てくる。判例は，この見解を採るが，その妨害排除請求権を対抗力のある賃借権に限っている（*119*）。対抗力のない賃借権にまで妨害排除請求権を認めると，二重賃貸借の場合に，両方からの妨害排除請求権を認めることになり決着がつかないからであろう。605条の4はこの判例を明文化した。

なお，債権侵害による損害賠償請求権は，不法行為の要件を満たしていれば，その債権に対抗力がなくても認められる（大判大正4年3月10日刑録21輯279頁）。

第3節　多数当事者の債権および債務

［1］　連帯債務・不真正連帯債務

120　不真正連帯債務（1）

最(三)判昭和48年1月30日判時695号64頁（交通事故百選〈第4版〉172頁）

【事実】 BC夫妻は，かねてから親交のあったＡからＡ所有の自動車を借り受け，その子E，X_1を同乗させ，被用者Ｄに運転させてドライブ中に，Ｄの過失による事故が発生し，B，C，Ｅが死亡し，X_1が負傷した。そこで，X_1およびＥの祖母X_2X_3は，Ａが自賠法3条に基づいて損害賠償責任を負担することを前提に，同法16条に基づき，Ａと自賠責保険契約を締結していたＹ（朝日火災海上保険株式会社）に対して，上記損害賠償額の支払を求めて訴えた。原審は，Ｘらの請求を認

➡ 121

容。Y が上告し，BC 夫妻と A はともに運行供用者として損害賠償義務を負い，BC の債務は X_1 相続により混同消滅した結果，438 条により A の債務もこれと同時に消滅したと主張した。

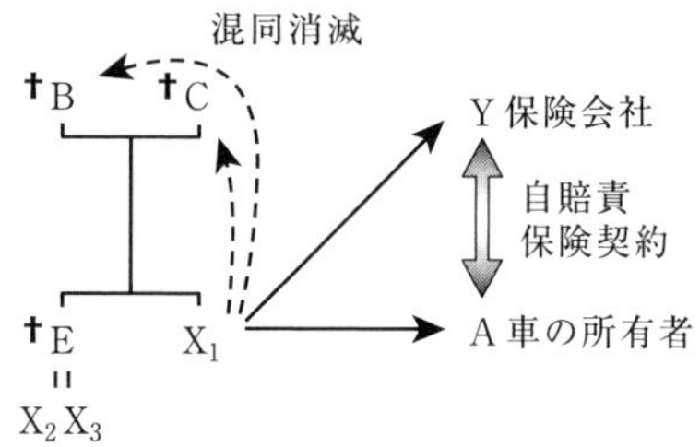

【判決理由】 上告棄却 「原判示のように，本件事故車の運行につき，A とともに，BC 夫婦もまた運行供用者の地位にあるとしても，両者の運行供用者としての責任は，各自の立場において別個に生じ，ただ同一損害の塡補を目的とする限度において関連するにすぎないのであって，いわゆる不真正連帯の関係に立つものと解される。そして，不真正連帯債務の債務者相互間には右の限度以上の関連性はないのであるから，債権を満足させる事由以外には，債務者の 1 人について生じた事項は他の債務者に効力を及ぼさないものというべきであって，不真正連帯債務には連帯債務に関する民法 438 条の規定の適用はないものと解するのが相当である。したがって，BC 夫婦と X_1 との間に混同を生じ，BC 夫婦の債務が消滅したとしても，A の債務にはなんら影響を及ぼさないものと解すべきであって，A の責任を前提として Y の支払義務を認めた原判決に所論の違法はない。」（裁判長裁判官　天野武一　裁判官　田中二郎　関根小郷　坂本吉勝）

121 不真正連帯債務（2）

最(一)判平成 10 年 9 月 10 日民集 52 巻 6 号 1494 頁

（最判解〈平 10 下〉784 頁，百選Ⅱ〈第 5 版新法対応補正版〉62 頁，百選Ⅱ〈第 9 版〉36 頁，平 10 重判 79 頁）

【事実】 自動車販売等を業とする Y（日産プリンス名古屋販売株式会社）の営業所長であった A は，販売実績を挙げたように見せかけるため，実際には販売されていない自動車が販売されたと本社に報告し，新車登録をしていた。A は，その代金の穴埋めのために，オートローン契約を利用した仮装の自動車販売を企て，顧客と B（株式会社ジャックス）との間のオートローン契約の締結を仲介していた自動車販売業者 X にこれを依頼した。X は，1988 年 4 月から 1989 年 10 月の間に，

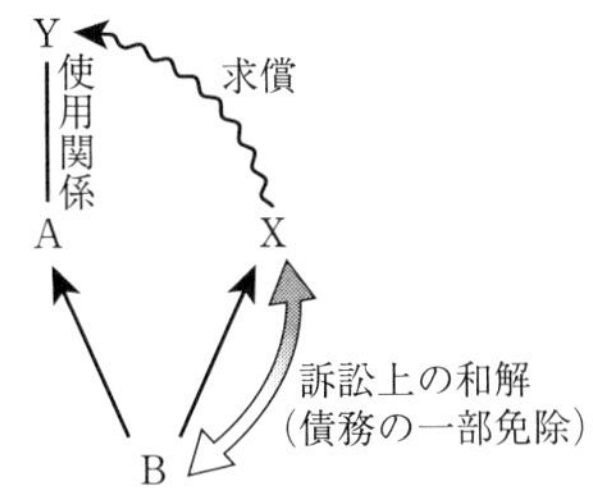

Bと仮装の買主33名との間の架空のオートローン契約の締結を仲介し，これにより，Bは3303万円余をXに立替払いしたが，Xはほぼその全額をAに交付した。

Bは，1990年1月，Xに対し，3303万円余の損害賠償金および遅延損害金の支払を求めて訴えを提起したが，その別件訴訟において，XとBは，①Xは，Bに対し，XとAと共同してBに加えた損害につき，2000万円の支払義務があることを認める，②Bはその余の請求を放棄する，との内容の訴訟上の和解をし，XはBに和解金2000万円を支払った。そこで，Xは，共同不法行為を行った被用者Aの負担部分につき，使用者であるYに対し，求償金として1600万円およびその遅延損害金の支払を求めて訴えを提起した。

1審および原審は，Xは，Bが被った損害額（3303万円）に対するXの負担部分（4割）を超える額についてYに対して求償することができるとし，BがXに対し2000万円を超える損害賠償債権を放棄ないし免除したとしても，その部分を除いた現実の支払額のみを対象として求償金額の範囲を定めるのは相当ではないとして，185万円余および年5割による遅延損害金の支払を求める限度で，Xの請求を認容した。Xから上告。

【判決理由】 破棄差戻し「1　甲と乙が共同の不法行為により他人に損害を加えた場合において，甲が乙との責任割合に従って定められるべき自己の負担部分を超えて被害者に損害を賠償したときは，甲は，乙の負担部分について求償することができる（最㈡判昭和63年7月1日民集42巻6号451頁，最㈡判平成3年10月25日民集45巻7号1173頁参照）。

2　この場合，甲と乙が負担する損害賠償債務は，いわゆる不真正連帯債務であるから，甲と被害者との間で訴訟上の和解が成立し，請求額の一部につき和解金が支払われるとともに，和解調書中に「被害者はその余の請求を放棄する」旨の条項が設けられ，被害者が甲に対し残債務を免除したと解し得るときでも，連帯債務における免除の絶対的効力を定めた民法437条の規定は適用されず，乙に対して当然に免除の効力が及ぶものではない（最㈡判昭和48年2月16日民集27巻1号99頁，最㈠判平成6年11月24日裁判集民事173号431頁参照）。

しかし，被害者が，右訴訟上の和解に際し，乙の残債務をも免除する意思を

➡ 121

有していると認められるときは，乙に対しても残債務の免除の効力が及ぶものというべきである。そして，この場合には，乙はもはや被害者から残債務を訴求される可能性はないのであるから，甲の乙に対する求償金額は，確定した損害額である右訴訟上の和解における甲の支払額を基準とし，双方の責任割合に従いその負担部分を定めて，これを算定するのが相当であると解される。

3　以上の理は，本件のように，被用者（A）がその使用者（Y）の事業の執行につき第三者（X）との共同の不法行為により他人に損害を加えた場合において，右第三者が，自己と被用者との責任割合に従って定められるべき自己の負担部分を超えて被害者に損害を賠償し，被用者の負担部分について使用者に対し求償する場合においても異なるところはない（前掲最㈡判昭和63年7月1日参照)。

4　これを本件について見ると，本件和解調書の記載からはBの意思は明確ではないものの，記録によれば，Bは，Yに対して裁判上又は裁判外で残債務の履行を請求した形跡もなく（ちなみに，本件和解時においては，既に右残債権について消滅時効期間が経過していた。)，かえって，XがYに対してAの負担部分につき求償金の支払を求める本件訴訟の提起に協力する姿勢を示していた等の事情がうかがわれないではない。そうすると，Bとしては，本件和解によりYとの関係も含めて全面的に紛争の解決を図る意向であり，本件和解においてYの残債務をも免除する意思を有していたと解する余地が十分にある。したがって，本件和解に際し，BがYに対しても残債務を免除する意思を有していたか否かについて審理判断することなく，XのYに対する求償金額を算定した原審の判断には，法令の解釈適用の誤り，審理不尽の違法があるというべきである。

5　そして，仮に，本件和解におけるXの支払額2000万円を基準とし，原審の確定した前記責任割合に基づき算定した場合には，本件共同不法行為におけるXの負担部分は800万円となる。したがって，XはYに対し，その支払額のうち1200万円の求償をすることができ，右の違法はこの範囲で原判決の結論に影響を及ぼすことが明らかである。この点をいう論旨は理由がある（なお，Xは，当審において，不服申立ての範囲を1200万円の求償金請求に関する部分に限定している。)。」（裁判長裁判官　藤井正雄　裁判官　小野幹雄　遠藤光

男　井嶋一友　大出峻郎）

解　説

2017 年改正前の民法のもとで，判例は，「民法の規定する連帯債務ではない」ものを「不真正連帯債務」と呼んで，弁済等の債権を満足させる事由を除いて，連帯債務における絶対的効力事由の規定の適用がないことを導いていた。大判昭和 12 年 6 月 30 日（民集 16 巻 1285 頁）は，単に「連帯債務ニ非ス」と述べるだけであったが，最高裁になって *120* を含む複数の判決において「不真正連帯債務」の概念が用いられるようになる。その典型例は，同一の損害について数人がそれぞれ各自の立場で別個に塡補すべき債務を負担する広義の共同不法行為の場合である。*120*，*121* はいずれもそのような場合であり，*120* は，債務者相互間には，「同一損害の塡補を目的とする限度」以上の関連性がないことを，絶対的効力事由の規定の適用が排除される理由としている。

2017 年改正では，連帯債務者相互間に「主観的共同関係」が存しない場合も含めて広く連帯債務が成立するものと捉えて，絶対的効力事由を限定した。そのため，改正前の民法のもとで，絶対的効力事由の規定が適用されないことを導くために不真正連帯債務とされたものであっても，改正後は，連帯債務の規定を適用して適切な解決を導くことができる場合が広く生ずることになる。

121 は，債権者が，共同の不法行為による賠償債務を負う債務者の 1 人との訴訟上の和解により，残債務を免除することを合意した事案で，不真正連帯債務であるとして，債務の免除に絶対的効力を定めた旧 437 条の規定は適用されず，他の債務者に対して「当然に免除の効力が及ぶものではない」としつつも，債権者が他の債務者の「残債務をも免除する意思を有していると認められるとき」には，他の債務者に対しても残債務の免除の効力が及ぶ旨を明らかにしたものである。改正後の民法のもとでは，旧 437 条は削除され，免除には相対的効力しかないから，本件のような事案では，そのことを導くために不真正連帯債務を援用する必要はないことになる。もっとも，連帯債務の規定が適用されるとしても，相対的効力の原則の例外として，債権者が別段の意思を表示した場合には，免除に絶対的効力が生ずる場合があることが認められているので（441 条ただし書），*121* はそのような別段の意思表示の解釈のあり方を示したも

のとして，改正後においても，なお意義を有することになろう。

他方，*121* は，その引用する判例を踏襲して，共同不法行為者間の求償関係について，自己の負担部分を超えて被害者に賠償したことを要件として，他の債務者に対する求償を認めている。改正後の民法のもとでは，*121* の事案でも，各自の負担部分に応じた求償を認める連帯債務に関する442条1項が適用されるとすると，この点に関する判例法は，2017年改正によって変更されたことになろう。しかし，改正後の民法のもとでも，法令の規定によって成立する連帯債務の中には，その法令の趣旨からして連帯債務に関する個々の規定が適用されるべきではないと解すべきものがあり，その適用の適否は，個々の法令ごとにその趣旨を踏まえつつ個別に検討する必要があるとされている（筒井健夫＝村松秀樹編著『一問一答 民法（債権関係）改正』119頁など）。したがって，上記のような求償権の要件設定が，共同不法行為における被害者の保護に資するという観点から合理性を有すると解するときは，改正後においても，442条1項は適用されず，判例法がなお妥当するとみることができよう。

また，*120* は，共同の不法行為による賠償債務を負う債務者の2人と債権者との間に混同が生じたことによりその債務が消滅した事案で，不真正連帯債務であるとして，混同に絶対的効力を定めた旧438条の規定は適用されず，他の債務者の賠償債務には影響を及ぼさないとしたものである。改正後の民法のもとでも，混同には絶対的効力が認められているから（440条），本件と同種の事案において，混同に絶対的効力が認められないとした先例として，なお意義を有することになろう。

以上のように，判例においては，法律関係が「不真正連帯債務」に当たるといっても，このことは，民法の規定する「連帯債務」とは異なるものであるから，連帯債務に関する個別の規定が適用されないという消極的な意義を有するにすぎず，「不真正連帯債務」とされる法律関係にも，多様なものが含まれている。そして，2017年改正後の民法のもとでも，連帯債務とされる場合であっても，各債務の発生原因である法令の規定の趣旨や当事者の意思に鑑みて，連帯債務の個別規定の適用が排除されると解すべきであるかについては，事案に応じて個別的ないし類型的な検討が必要となろう。このように考えると，広義での連帯債務にも，民法が規定する「連帯債務」とは異なる多様なものが存

➡ 122

することを示すものとして，「不真正連帯債務」の概念にもなお一定の意義が認められよう。

［2］ 保証債務

122 主債務者が反社会的勢力である場合における保証契約の効力

最(三)判平成28年1月12日民集70巻1号1頁
(最判解〈平28〉1頁，民商153巻1号79頁，百選Ⅰ〈第9版〉46頁，平28重判69頁)

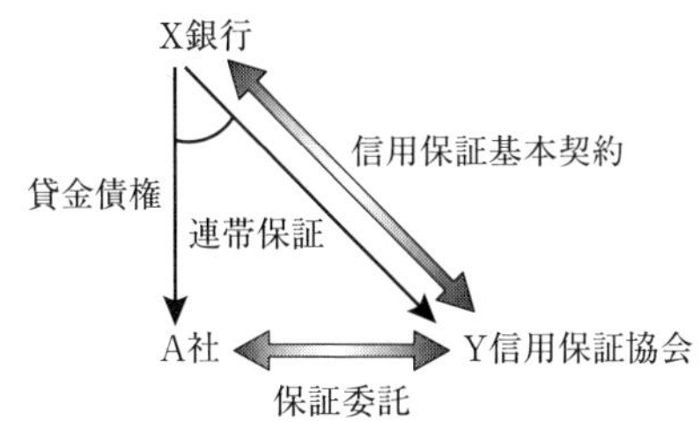

【事実】 X（みずほ銀行）とY（東京信用保証協会）は，1966年8月，約定書と題する書面により信用保証に関する基本契約を締結した。Xは，2008年7月から2010年8月にかけて，A社との間で3回にわたり金銭消費貸借契約を締結し，合計8000万円を貸し付けた。Yは，それぞれの貸付けのさい，Xからそれらの信用保証を依頼され，A社と保証委託契約を締結し，Xとの間で，A社の借入債務を連帯して保証する旨の契約を締結した。2010年12月，A社について，暴力団員であるBが同社の代表取締役を務めてその経営を実質的に支配している会社であることが判明した。本件基本契約には，Xが「保証契約に違反したとき」は，YはXに対する保証債務の履行につき，その全部または一部の責めを免れるものとする旨が定められていたが，本件基本契約および本件各保証契約には，保証契約締結後に主債務者が反社会的勢力であることが判明した場合の取扱いについての定めは置かれていなかった。

A社は，2011年3月，上記各貸付けについて期限の利益を喪失し，Xは，Yに対し，本件各保証契約に基づき保証債務の履行を求めて訴えた。Yは，X銀行の融資の主債務者A社は反社会的勢力であり，①このような場合には保証契約を締結しないにもかかわらず，そのことを知らずに保証契約を締結したものであるから，同契約は要素の錯誤により無効である，②Xが保証契約に違反したから，本件基本契約が定める免責事由に該当し，Yは本件各保証契約に基づく債務の履行を免れると主張して争った。原審は，Yの本件各保証契約の意思表示に要素の錯誤があったとはいえず，また，本件各貸付けが反社会的勢力に対するものでないことが保証条件であったとは認められない以上，免責事由にも当たらないとして，Xの

➡ *122*

請求を認容した。Ｙから上告受理の申立てがされた。

【判決理由】 破棄差戻し「4 …… ⑴ 信用保証協会において主債務者が反社会的勢力でないことを前提として保証契約を締結し，金融機関において融資を実行したが，その後，主債務者が反社会的勢力であることが判明した場合には，信用保証協会の意思表示に動機の錯誤があるということができる。意思表示における動機の錯誤が法律行為の要素に錯誤があるものとしてその無効を来すためには，その動機が相手方に表示されて法律行為の内容となり，もし錯誤がなかったならば表意者がその意思表示をしなかったであろうと認められる場合であることを要する。そして，動機は，たとえそれが表示されても，当事者の意思解釈上，それが法律行為の内容とされたものと認められない限り，表意者の意思表示に要素の錯誤はないと解するのが相当である（最㈢判昭和 37 年 12 月 25 日裁判集民事 63 号 953 頁，最㈠判平成元年 9 月 14 日裁判集民事 157 号 555 頁参照）。

⑵ 本件についてこれをみると，前記事実関係によれば，Ｘ及びＹは，本件各保証契約の締結当時，本件指針等により，反社会的勢力との関係を遮断すべき社会的責任を負っており，本件各保証契約の締結前にＡ社が反社会的勢力であることが判明していた場合には，これらが締結されることはなかったと考えられる。しかし，保証契約は，主債務者がその債務を履行しない場合に保証人が保証債務を履行することを内容とするものであり，主債務者が誰であるかは同契約の内容である保証債務の一要素となるものであるが，主債務者が反社会的勢力でないことはその主債務者に関する事情の一つであって，これが当然に同契約の内容となっているということはできない。そして，Ｘは融資を，Ｙは信用保証を行うことをそれぞれ業とする法人であるから，主債務者が反社会的勢力であることが事後的に判明する場合が生じ得ることを想定でき，その場合にＹが保証債務を履行しないこととするのであれば，その旨をあらかじめ定めるなどの対応を採ることも可能であった。それにもかかわらず，本件基本契約及び本件各保証契約等にその場合の取扱いについての定めが置かれていないことからすると，主債務者が反社会的勢力でないということについては，この点に誤認があったことが事後的に判明した場合に本件各保証契約の効力を否定することまでをＸ及びＹの双方が前提としていたとはいえない。また，

➡ *122*

保証契約が締結され融資が実行された後に初めて主債務者が反社会的勢力であることが判明した場合には，既に上記主債務者が融資金を取得している以上，上記社会的責任の見地から，債権者と保証人において，できる限り上記融資金相当額の回収に努めて反社会的勢力との関係の解消を図るべきであるとはいえても，両者間の保証契約について，主債務者が反社会的勢力でないということがその契約の前提又は内容になっているとして当然にその効力が否定されるべきものともいえない。

そうすると，A社が反社会的勢力でないことというYの動機は，それが明示又は黙示に表示されていたとしても，当事者の意思解釈上，これが本件各保証契約の内容となっていたとは認められず，Yの本件各保証契約の意思表示に要素の錯誤はないというべきである。

(3) 信用保証協会は，中小企業者等に対する金融の円滑化を図ることを目的として，中小企業者等が銀行その他の金融機関から貸付け等を受けるにつき，その貸付金等の債務を保証することを主たる業務とする公共的機関であり（信用保証協会法1条参照），信用保証制度を維持するために公的資金も投入されている。また，本件指針等により，金融機関及び信用保証協会は共に反社会的勢力との関係を遮断する社会的責任を負っており，その重要性は，金融機関及び信用保証協会の共通認識であったと考えられる。他方で，信用保証制度を利用して融資を受けようとする者が反社会的勢力であるか否かを調査する有効な方法は，実際上限られている。

以上のような点に鑑みれば，主債務者が反社会的勢力でないことそれ自体が金融機関と信用保証協会との間の保証契約の内容にならないとしても，X及びYは，本件基本契約上の付随義務として，個々の保証契約を締結して融資を実行するのに先立ち，相互に主債務者が反社会的勢力であるか否かについてその時点において一般的に行われている調査方法等に鑑みて相当と認められる調査をすべき義務を負うというべきである。そして，Xがこの義務に違反して，その結果，反社会的勢力を主債務者とする融資について保証契約が締結された場合には，本件免責条項にいうXが「保証契約に違反したとき」に当たると解するのが相当である。

(4) 本件についてこれをみると，本件各貸付けの主債務者は反社会的勢力で

➡ 123
あるところ，Xが上記の調査義務に違反して，その結果，本件各保証契約が締結されたといえる場合には，Yは，本件免責条項により本件各保証契約に基づく保証債務の履行の責めを免れるというべきである。そして，その免責の範囲は，上記の点についてのYの調査状況等も勘案して定められるのが相当である。

5　以上によれば，原審の上記3(1)におけるYの本件各保証契約の意思表示に要素の錯誤があったとはいえないとの判断は是認することができ，この点に関する論旨は採用することができない。他方，上記4(4)の点を審理判断することなく，本件各貸付けについて，本件免責条項にいうXが「保証契約に違反したとき」に当たらないとした原審の上記3(2)の判断には，法令の解釈適用を誤った違法があり，この違法は判決に影響を及ぼすことが明らかである。論旨はこの趣旨をいうものとして理由があり，原判決は破棄を免れない。そして，Yの保証債務の免責の抗弁について更に審理を尽くさせるため，本件を原審に差し戻すこととする。」（裁判長裁判官　大谷剛彦　裁判官　岡部喜代子　大橋正春　木内道祥　山﨑敏充）

123　保証債務の範囲（1）――債務不履行に基づく解除による原状回復義務

最大判昭和40年6月30日民集19巻4号1143頁

（*最判解〈昭40〉196頁，法協83巻2号326頁，民商54巻2号228頁，百選Ⅱ〈初版〉68頁，百選Ⅱ〈第6版〉50頁，百選Ⅱ〈第9版〉38頁*）

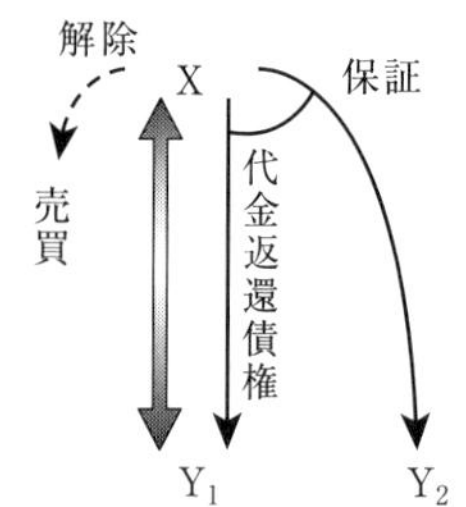

【事実】　昭和31年7月2日，XはY_1より，本件住宅内の畳・建具・諸道具全部を代金15万円，売買物件の引渡しは同月30日限りの約定で買受け，Y_2はY_1の債務を保証した。Xは同日代金全額を支払ったが，Y_1は期限までに上記物件を引き渡さなかったので，Xは停止条件付契約解除の意思表示を本件訴状により行い，催告期間経過により契約は解除された。XはY_1およびY_2に対し，代金の返還を訴求した。1審は，Y_1に対する請求を認容したが，Y_2に対する請求については，主たる債務が契約解除により消滅した結果生ずるところの別個独立の法律上の債務である原状回復義務は，主たる債務に従たるものでないから，保証人は特約のない限り，これを履行する責めがないとして棄却した（大判大

正6年10月27日を引用)。XはY_2に対する請求につき控訴したが，原審も棄却。Xが上告。

【判決理由】 破棄差戻し「売買契約の解除のように遡及効を生ずる場合には，その契約の解除による原状回復義務は本来の債務が契約解除によって消滅した結果生ずる別個独立の債務であって，本来の債務に従たるものでもないから，右契約当事者のための保証人は，特約のないかぎり，これが履行の責に任ずべきではないとする判例（大判大正6年10月27日民録23輯1867頁，なお，大判大正6年4月23日民録9輯484頁等参照）があることは，原判決の引用する第1審判決の示すとおりである。しかしながら，特定物の売買における売主のための保証においては，通常，その契約から直接に生ずる売主の債務につき保証人が自ら履行の責に任ずるというよりも，むしろ，売主の債務不履行に基因して売主が買主に対し負担することあるべき債務につき責に任ずる趣旨でなされるものと解するのが相当であるから，保証人は，債務不履行により売主が買主に対し負担する損害賠償義務についてはもちろん，特に反対の意思表示のないかぎり，売主の債務不履行により契約が解除された場合における原状回復義務についても保証の責に任ずるものと認めるのを相当とする。したがって，前示判例は，右の趣旨においてこれを変更すべきものと認める。

原審の確定するところによれば，Xは昭和31年7月2日Y_1からその住宅内に存在する本件畳建具を買いうけて代金15万円を同人に交付し，Y_2はY_1のXに対する右債務につき保証したところ，右契約はY_1の債務不履行を理由に解除されたというのである。前段説示したところに照せば，Y_2は，前記保証に際し，右売買契約の解除による原状回復義務については保証しない旨の特約がなされた事実が明らかにされないかぎり，Y_1のXに対する右代金返還の義務につき保証の責に任ずべきものと認むべきところ，原審が，右特約の有無に考慮を払うことなく，前示判例の趣旨にしたがいY_2に保証の責なしと速断したことは，本件保証契約の趣旨に関しその判断を誤った結果審理不尽に陥った違法があるばかりでなく，記録によれば，Y_2は原審において右Y_1の債務は和解契約により既に消滅し，したがってY_2の債務も消滅した旨抗弁していることが明らかであるから，この点についても更に審理を尽させるため，本件を原裁判所に差し戻すのを相当と認める。」（裁判長裁判官　横田喜三郎　裁判官　入

➡ *124*

江俊郎　奥野健一　石坂修一　山田作之助　五鬼上堅磐　横田正俊　草鹿浅之介　長部謹吾　城戸芳彦　石田和外　柏原語六　田中二郎　松田二郎　岩田　誠）

［関連裁判例］

124 保証債務の範囲（2）――合意解除による原状回復義務

最(一)判昭和47年3月23日民集26巻2号274頁

（最判解〈昭47〉83頁，法協90巻9号1219頁，百選Ⅱ〈第2版〉66頁）

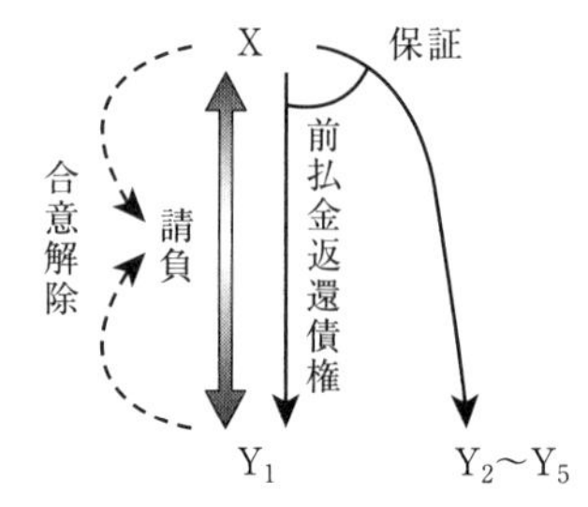

【事実】 XはY$_1$（有限会社東亜建設）との間で，工事代金2900万円（3割は前払，残金は出来高払の特約あり）で本件建物新築および改築工事の請負契約を締結し，Y_2〜Y_5はY_1が請負契約に基づき負担する債務につき連帯保証をした。XはY_1に上記工事代金の前払として約937万円を支払ったが，Y_1は資金難から工事の続行が困難な状態となり，上記契約を合意解除し，それまでの本件工事の出来高を400万円と評価し，上記前払金額から同評価額を控除した額をXに支払う旨を約した。そこでXは，Y_1〜Y_5に対し，連帯して上記残額約537万を支払うことを訴求した。1審は，XのY_1に対する請求を認容したが，XのY_2〜Y_5に対する請求については，原状回復義務は契約の解除によって新たに発生する債務であって，解除された契約の連帯保証人は特約のない限り保証責任を負わないとの理由で棄却した。原審もXの控訴を棄却。Xが上告。

【判決理由】 XのY_2〜Y_5に対する連帯支払請求に関する部分につき，破棄差戻し「ところで，請負契約が注文主と請負人との間において合意解除され，その際請負人が注文主に対し既に受領した前払金を返還することを約したとしても，請負人の保証人が，当然に，右債務につきその責に任ずべきものではない。けだし，そうでないとすれば，保証人の関知しない合意解除の当事者の意思によって，保証人に過大な責任を負担させる結果になるおそれがあり，必ずしも保証人の意思にそうものではないからである。しかしながら，工事代金の前払を受ける請負人のための保証は，特段の事情の存しないかぎり，請負人の債務不履行に基づき請負契約が解除権の行使によって解除された結果請負人の

➡ *124*

負担することあるべき前払金返還債務についても，少なくとも請負契約上前払すべきものと定められた金額の限度においては，保証する趣旨でなされるものと解しえられるのであるから（最大判昭和40年6月30日民集19巻4号1143頁参照），請負契約が合意解除され，その際請負人が注文主に対し，請負契約上前払すべきものと定められた金額の範囲内において，前払金返還債務を負担することを約した場合においても，右合意解除が請負人の債務不履行に基づくものであり，かつ，右約定の債務が実質的にみて解除権の行使による解除によって負担すべき請負人の前払金返還債務より重いものではないと認められるときは，請負人の保証人は，特段の事情の存しないかぎり，右約定の債務についても，その責に任ずべきものと解するのを相当とする。けだし，このような場合においては，保証人の責任が過大に失することがなく，また保証人の通常の意思に反するものでもないからである。

本件についてこれをみるに，本件合意解除は請負人である Y_1 の債務不履行に基づくものというべきであり，また請負契約上工事代金の3割である870万円は前払されることが定められているのであるから，本件工事の既済工事部分の出来高についての評価額が，適正なものであるとするならば，請負人が本件約定により注文主に対し負担するに至った前払金537万9500円の返還債務は，実質的にみて，請負人の債務不履行に基づく解除権の行使により請負人の負担すべき前払金返還債務の範囲内のものと認めることができ，したがって請負人の保証人である Y_1 を除くその余の Y_2〜Y_5 らにおいてその責に任ずべきはずのものである。X の原審における主張は，必ずしも明確ではないが，X は原審において本件合意解除が Y_1 の債務不履行に基づくものであり，Y_1 を除くその余の Y_2〜Y_5 らが Y_1 の負担する前示前払金返還債務につき保証人としてその責に任ずべきである旨の主張をしているのであるから，原審はよろしく釈明権を行使して，X が前示の趣旨において前記前払金返還債務をもって右保証債務の範囲に属するものと主張するか否かを明らかにすべきであったというべきである。原審がこの点につき思いを致すことなく，たやすく，X の Y_2，Y_3，Y_4，Y_5 に対する本訴請求のうち，前示前払金返還債務に関する保証債務金537万9500円およびこれに対する昭和42年9月1日から支払ずみに至るまで年5分の割合による遅延損害金の連帯支払を請求する部分を棄却すべきものと

➡ 125

したことには，釈明権不行使ひいては審理不尽の違法があり，論旨は，この限度において理由があるが，これをこえる部分については理由がないといわなければならない。

なお，論旨は，原判決中 Y_1 に関する部分の違法をいうものではないから，Y_1 に対する上告は棄却を免れない。

よって，主文第一項掲記の部分につき原判決を破棄し，前示の点につき更に審理を尽くさせるため，右部分を福岡高等裁判所に差し戻すこととするが，Y_2，Y_3，Y_4，Y_5 に対するその余の上告および Y_1 に対する上告は，いずれもこれを棄却することとし，民訴法 407 条，396 条，394 条，95 条，89 条に従い，裁判官全員の一致で，主文のとおり判決する。」（裁判長裁判官　藤林益三　裁判官　岩田　誠　大隅健一郎　下田武三）

125 物上保証人の事前求償権——保証と物上保証の関係

最(三)判平成 2 年 12 月 18 日民集 44 巻 9 号 1686 頁

（*最判解〈平 2〉501 頁，法協 109 巻 4 号 701 頁，百選 II〈第 5 版新法対応補正版〉94 頁*）

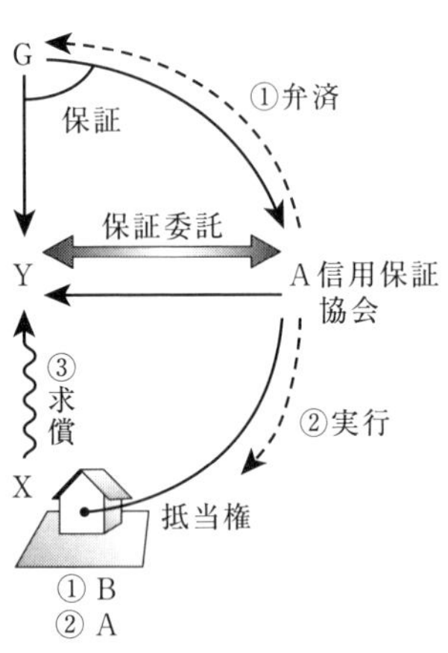

【事実】 X は Y の委託に基づき，Y が A 信用保証協会に対し保証委託取引によって負担する一切の債務を被担保債務として，X 所有の複数の不動産に根抵当権を設定した。Y が上記債務の弁済期到来後も支払を怠ったため，Y に代わって保証債務を履行した A は上記根抵当権を実行したが，売却代金は X の債務についての先順位根抵当権者 B に配当された。そこで，X は Y に対し，主位的に売却代価による Y の債務消滅を理由とする同額の求償を，予備的に 460 条 2 号に基づく事前求償を訴求した。1 審は X の請求棄却。原審も，債務者から委託を受けた物上保証人であっても，債務者に対しあらかじめ求償権を行使することはできないとして，X の控訴を棄却。X が上告。

【判決理由】 上告棄却「債務者の委託を受けてその者の債務を担保するため

➡ *125*

抵当権を設定した者（物上保証人）は，被担保債権の弁済期が到来したとしても，債務者に対してあらかじめ求償権を行使することはできないと解するのが相当である。けだし，抵当権については，民法372条の規定によって同法351条の規定が準用されるので，物上保証人が右債務を弁済し，又は抵当権の実行により右債務が消滅した場合には，物上保証人は債務者に対して求償権を取得し，その求償の範囲については保証債務に関する規定が準用されることになるが，右規定が債務者に対してあらかじめ求償権を行使することを許容する根拠となるものではなく，他にこれを許容する根拠となる規定もないからである。

なお，民法372条の規定によって抵当権について準用される同法351条の規定は，物上保証人の出捐により被担保債権が消滅した場合の物上保証人と債務者との法律関係が保証人の弁済により主債務が消滅した場合の保証人と主債務者との法律関係に類似することを示すものであるということができる。ところで，保証の委託とは，主債務者が債務の履行をしない場合に，受託者において右債務の履行をする責に任ずることを内容とする契約を受託者と債権者との間において締結することについて主債務者が受託者に委任することであるから，受託者が右委任に従った保証をしたときには，受託者は自ら保証債務を負担することになり，保証債務の弁済は右委任に係る事務処理により生ずる負担であるということができる。これに対して，物上保証の委託は，物権設定行為の委任にすぎず，債務負担行為の委任ではないから，受託者が右委任に従って抵当権を設定したとしても，受託者は抵当不動産の価額の限度で責任を負担するものにすぎず，抵当不動産の売却代金による被担保債権の消滅の有無及びその範囲は，抵当不動産の売却代金の配当等によって確定するものであるから，求償権の範囲はもちろんその存在すらあらかじめ確定することはできず，また，抵当不動産の売却代金の配当等による被担保債権の消滅又は受託者のする被担保債権の弁済をもって委任事務の処理と解することもできないのである。したがって，物上保証人の出捐によって債務が消滅した後の求償関係に類似性があるからといって，右に説示した相違点を無視して，委託を受けた保証人の事前求償権に関する民法460条の規定を委託を受けた物上保証人に類推適用することはできないといわざるをえない。

そうすると，右と同旨の見解に立って，Xの請求を棄却した原審の判断は

➡ 126

正当として是認することができ，論旨は採用することができない。」（裁判長裁判官　園部逸夫　裁判官　坂上壽夫　佐藤庄市郎　可部恒雄）

126 事前求償権を被保全債権とする仮差押えと事後求償権の消滅時効の中断

最(三)判平成27年2月17日民集69巻1号1頁

(最判解〈平27上〉1頁，民商151巻2号20頁，平27重判75頁・133頁)

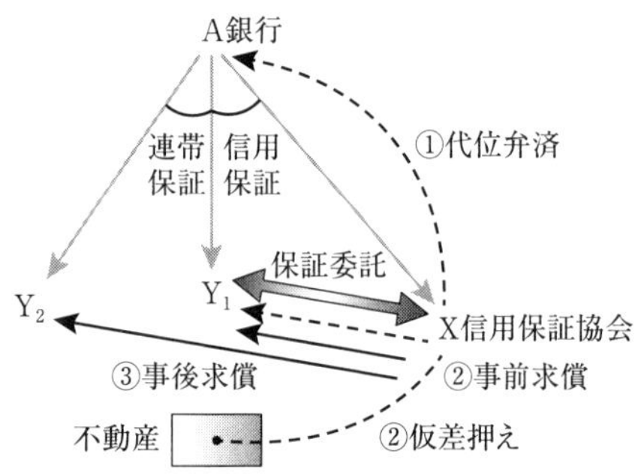

【事実】 Y_1は，1990年5月11日，株式会社A（第一勧業銀行）との間で，貸越極度額500万円の貸越契約を締結した。その際，X（滋賀県信用保証協会）は，Y_1との間で同年2月26日に締結した信用保証委託契約に基づき，Aに対し，上記貸越契約に基づくY_1の債務を保証した。Y_1は，Aから，上記貸越契約に基づき借入れをした。Y_2は，1990年2月26日，Xとの間で，本件信用保証委託契約に基づきY_1がXに対して負担すべき債務について連帯保証する旨の契約をした。

Y_1がAに対する上記債務につき約定の分割弁済をしなかったため，Xは，1994年10月17日，Y_1を債務者として，Y_1所有の不動産につき，本件信用保証委託契約に基づく事前求償権を被保全債権とする不動産仮差押命令の申立てをし，同日に仮差押命令を得て，仮差押登記をした。

Y_1は，1994年11月4日，Aに対する上記債務の期限の利益を失った。Xは，同月18日，Aに対し，借入残元本および約定利息の合計額を代位弁済し，Y_1に対する求償権を取得した。

Xは，2010年12月24日，Y_1およびその連帯保証人であるY_2に対し，上記求償権等に基づき，連帯してその支払を求める訴訟を提起した。Yらが上記求償権の消滅時効を主張したところ，原審は，事前求償権を被保全債権とする仮差押えは，事後求償権の消滅時効をも中断する効力を有するとして，Xの請求を認容した。Yらが上告受理の申立てをした。

【判決理由】 上告棄却「4　事前求償権を被保全債権とする仮差押えは，事後求償権の消滅時効をも中断する効力を有するものと解するのが相当である。その理由は，次のとおりである。

事前求償権は，事後求償権と別個の権利ではあるものの（最㈢判昭和 60 年 2 月 12 日民集 39 巻 1 号 89 頁参照），事後求償権を確保するために認められた権利であるという関係にあるから，委託を受けた保証人が事前求償権を被保全債権とする仮差押えをすれば，事後求償権についても権利を行使しているのと同等のものとして評価することができる。また，上記のような事前求償権と事後求償権との関係に鑑みれば，委託を受けた保証人が事前求償権を被保全債権とする仮差押えをした場合であっても民法 459 条 1 項後段所定の行為をした後に改めて事後求償権について消滅時効の中断の措置をとらなければならないとすることは，当事者の合理的な意思ないし期待に反し相当でない。

5　以上と同旨の原審の判断は，正当として是認することができる。」（裁判長裁判官　木内道祥　裁判官　岡部喜代子　大谷剛彦　大橋正春　山﨑敏充）

127　共同保証人間の求償権

最(一)判平成 27 年 11 月 19 日民集 69 巻 7 号 1988 頁

(最判解〈平 27 下〉505 頁，法協 135 巻 2 号 387 頁，民商 152 巻 3 号 41 頁，平 28 重判 75 頁)

【事 実】 A（当時Bの代表取締役）およびY（当時Bの取締役）は，B（アップル不動産株式会社）から委託を受け，1989 年 4 月 10 日，株式会社C（滋賀銀行）との間で，BがCに対して負担する一切の債務を連帯保証する旨の契約をした。Bは，1990 年 8 月 14 日，Cから 2 口合計 8490 万円を借り入れたが，そのさい，X（滋賀県信用保証協会）は，Bから信用保証の委託を受け，1990 年 8 月 13 日，Cとの間で，Bの上記各借入金債務を連帯保証する旨の契約をした。

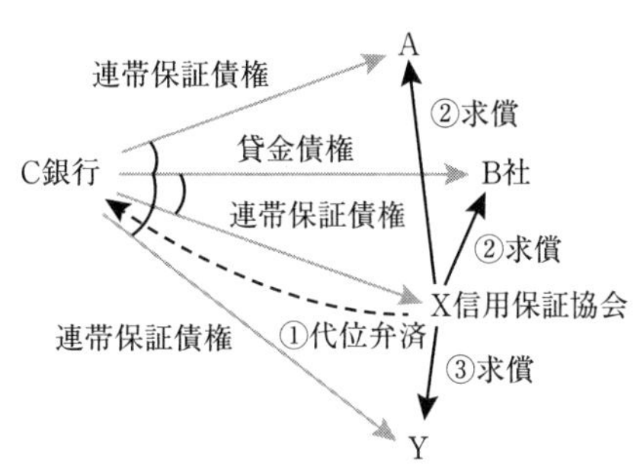

Xは，1994 年 2 月 23 日，Cに対し，上記借入金の残債務全額を代位弁済した。Bは，1994 年 12 月 30 日から 2001 年 5 月 16 日までの間，Xに対し，上記代位弁済により発生した求償金債務を一部弁済した。Xは，2002 年 5 月 20 日，Bおよび

Aに対し，上記求償金の支払を求める訴訟を提起し，同年9月13日，Xの請求を認容する判決が言い渡され，その後同判決は確定した。

Xは，2012年7月25日になって，Bの借入金債務の他の共同保証人であるYに対し，求償金残元金と遅延損害金の支払を求めて訴えを提起した。1審は，XのBに対する請求を認容する確定判決によりXのYに対する求償権の消滅時効が中断されたとして，Xの請求を認容した。これに対し，原審は，保証人が主たる債務者に対して取得した求償権と共同保証人間の求償権との間に主従の関係があるとはいえないから，Bに対する求償権の消滅時効の中断事由がある場合であっても，Yに対する求償権について消滅時効の中断の効力が生ずることはないとして，Xの請求を棄却した。Xが上告受理の申立てをした。

【判決理由】 上告棄却 「民法465条に規定する共同保証人間の求償権は，主たる債務者の資力が不十分な場合に，弁済をした保証人のみが損失を負担しなければならないとすると共同保証人間の公平に反することから，共同保証人間の負担を最終的に調整するためのものであり，保証人が主たる債務者に対して取得した求償権を担保するためのものではないと解される。

したがって，保証人が主たる債務者に対して取得した求償権の消滅時効の中断事由がある場合であっても，共同保証人間の求償権について消滅時効の中断の効力は生じないものと解するのが相当である。」（裁判長裁判官　山浦善樹　裁判官　櫻井龍子　池上政幸　大谷直人　小池　裕）

解　説

(1) *122*は，保証契約における錯誤に関するものである。

まず，2017年改正前の旧95条の解釈について，*122*は，動機の錯誤による法律行為の無効が認められるためには，「その動機が相手方に表示されて法律行為の内容となり，もし錯誤がなかったならば表意者がその意思表示をしなかったであろうと認められる場合であることを要する」とし，「動機は，たとえそれが表示されても，当事者の意思解釈上，それが法律行為の内容とされたものと認められない限り，表意者の意思表示に要素の錯誤はない」（傍点筆者）との一般論を判示したものとして重要な意義を有する判例である。2017年改正後の95条においては，「表意者がその法律行為の基礎とした事情」についてその認識が真実に反する錯誤（動機の錯誤）がある場合（同条1項2号）については，契約当事者間において「その事情が法律行為の基礎とされていること」が表示されていたときに限って取消しが認められる（同条2項）とされるから（傍点筆者），上記の判示は，同条2項の解釈において問題となろう。

次に，保証契約の錯誤に関しては，判例には，主たる債務の内容ないし態様に関する錯誤について，「保証契約は，特定の主債務を保証する契約であるから，主債務がいかなるものであるかは，保証契約の重要な内容である」ことから，主たる債務が商品の売買契約が存在しない空クレジット契約である立替払契約上の債務である場合に，保証契約の錯誤無効を認めたものがある（最㈠判平成14年7月11日判時1805号56頁）。これに対し，*122*は，主債務者に関する事情に関する錯誤が問題となったものであるが，「主債務者が誰であるかは同契約の内容である保証債務の一要素となるものである」が，「主債務者が反社会的勢力でないことはその主債務者に関する事情の一つであって，これが当然に同契約の内容となっているということはできない」との見地から，保証債務の錯誤無効を否定している。

他方で，*122*は，主債務者が反社会的勢力でないことそれ自体が保証契約の内容にならないとしても，債権者および債務者は相互に主債務者が反社会的勢力であるか否かについて基本契約上の調査義務を負い，債権者がその義務に違反した結果，保証契約が締結された場合には，保証人は免責されることを認めており，錯誤の論理の外で保証債務の効力が否定される場合があることを認めている点も留意されよう。

⑵　主たる債務が解除によって消滅した場合には，保証債務もこれに従って消滅すると一応いえそうであるが，解除の後に残る債務が消滅した本来の債務と「同一性」を有する場合は別であるとの考え方がある。古い判例（*123*に引用）は，契約の解除による原状回復義務は本来の債務が契約解除によって消滅した結果生ずる別個独立の債務であるから，保証人の責任は及ばないとしたが，*123*はこれを変更したものである。そのさい，当事者が有する通常の意思は何かという保証契約の趣旨解釈によって保証債務の範囲を導いている。

*124*は，債務不履行に基づく解除ではなく，合意解除の事案に関するものである。合意解除の結果生ずる債務は，合意解除の当事者の意思によって当初の債務より過大な責任を負わされるおそれがあるので，債務不履行に基づく解除

により負担すべき債務とのバランスを考慮しなければならないとしたものである。

(3) *125* は，委託を受けた保証人の事前求償権に関する 460 条の規定を委託を受けた物上保証人に類推適用することはできないとしたものである。判旨の理由づけのなかで展開される，保証の委託と物上保証の委託の相違についての一般論は，事前求償権の法的性質のみならず，保証と物上保証の関係を考えるうえで興味深い素材を提供している。

126 は，委託を受けた保証人が事前求償権を被保全債権とする仮差押えをした場合に，事後求償権について消滅時効の中断（2017 年改正後の 149 条では完成猶予事由とされる）を認めたものである。判例によれば，事前求償権は，事後求償権とその発生要件や消滅事由を異にする別個の権利ではあり，消滅時効の起算点も異なるとされるが（最㈢判昭和 60 年 2 月 12 日民集 39 巻 1 号 89 頁），*126* は，事前求償権は，「事後求償権を確保するために認められた権利であるという関係」にあることから，事前求償権の行使は，「事後求償権についても権利を行使しているのと同等のものとして評価することができる」と述べて，上記の結論を導いていることが注目される。

(4) 共同保証人の 1 人が弁済などの債務の消滅行為をした場合には，主たる債務者に対する求償権を有するが，それとともに，他の共同保証人に対する求償権も取得する（465 条）。この場合において，*127* は，保証人の主たる債務者に対する求償権の消滅時効の中断事由があっても，共同保証人間の求償権について消滅時効の中断の効力は生じないとしたものである。その理由として，共同保証人間の求償権は，「保証人が主たる債務者に対して取得した求償権を担保するためのものではない」と述べていることが注目される。このことは，共同保証人間の代位に関して，共同保証人の 1 人は，主たる債務者に対する求償権の範囲内ではなく，他の保証人に対する求償権の範囲内で，債権者が有していた原債権を行使することができる（2017 年改正で追加された 501 条 2 項括弧書）こととも関係していよう。

[3] 根保証・継続的保証

128 期間の定めのない保証人の解約権（1）——相当の期間の経過

大判昭和7年12月17日民集11巻2334頁（判民昭和7年度184事件）

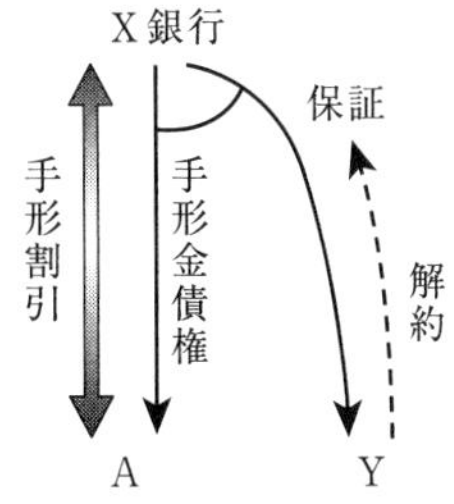

【事実】 1928年4月に，X銀行はAとの間で手形割引契約を締結し，Yは同契約により将来発生しうべきAの債務につき期間の定めなき保証契約を締結した。1930年10月に至り，Aの営業方針が放漫であるためYは上記契約の継続につき不安を感じ，Xに対してその解約の意思表示をなした。その後，Aが振り出した為替手形をXが割り引いたが不渡りとなったため，Yに対して手形金および利息の支払を訴求した。1審はXの請求を認容したが，原審はこれを取り消しXの請求を棄却した。Xが上告。

【判決理由】 上告棄却「而して，債権者と主債務者間の手形割引契約に因りて将来主債務者の負担することあるべき債務に付，期間の定なき保証契約を為したる保証人が，保証契約後相当の期間を経過したる後債権者に対して保証契約解約の意思表示を為したるに拘らず，債権者が其の後尚主債務者の為手形割引を為して其の手形上の債務に付右保証人に其の責ありと為すは信義の原則に反すべく，又他の一面に於て債権者の承諾なき限り，若くは右割引契約の終了せざる限り，保証人は永久保証人たる責任を免れ得ざるものとなすは，到底妥当に非ざるが故に，右の如き保証人は，保証契約締結後相当期間を経過したるときは，債権者に対して保証契約解約の意思表示を為し，以て将来主債務者の負担することあるべき債務に付ては保証責任を免れ得るものと解するを相当とし，其の保証契約締結以来既に原審認定の如き日時を経過したるときは，既に相当の期間を経過したるものと云ふべく，又斯る場合に保証契約を解約し得ざる商慣習法あることは，之を認め得ざる所なるを以て，原判決には所論の如き違法あるものとなすを得ず。論旨何れも理由なし。」

➡ *129*

129 期間の定めのない保証人の解約権（2）――債務者の資産状態の悪化

大判昭和9年2月27日民集13巻215頁（*判民昭和9年度21事件*）

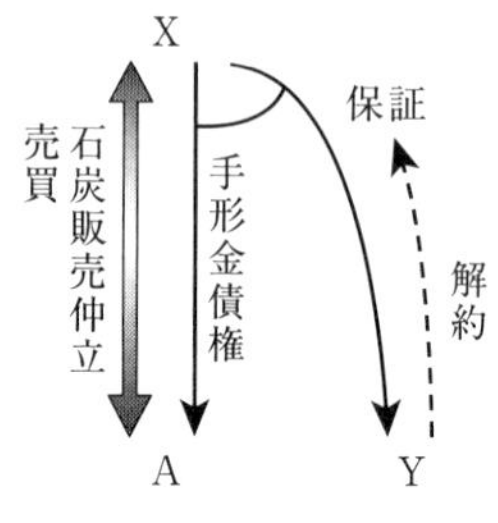

【事実】 Yは，XとAの間の石炭販売仲立および売買取引より生ずべき一切の金銭債務の履行をなすべき責任を負う旨の保証契約をXと締結したが，AがXに対する手形債務を弁済しないので，XがYに対しその支払を訴求した。Yは，Aの資産状態の変化を理由とする解約申入れにより保証契約は消滅したと主張したが，原審はXの請求を認容。Yが上告。

【判決理由】 破棄差戻し 「今夫れ単純なる保証に於て其の已存債務を保証する場合は問題無し（無きに非ず唯少なきのみ）。其の主債務は将来成立すべきものなる場合（身元引受の如き固より其の一なり）に，或は主債務の一定額までを限り之を保証す若くは或時期までに生ずる主債務に限り之を保証すと約し，或は保証に対しては何時までに請求を為すべく此時以後は最早保証人に取懸るを得ずと約する等此種の定めあれば格別，爾らざる限り，各場合の事情に照し相当と目すべき時間を経過したる後は，保証人に於て相当の予告期間を以て任意解約権を行使するを得（茲に相当の予告期間と云ふは爾後の分は最早無保証となるが故に債権者に於て此が対策を講ずるに必要なる期間を指す）と解すること反対の事情無き以上，之を以て当事者の意思に諧へるものと云はざるを得ず。蓋際限無く将来の分に付きても其の責に任ずと云ふが如きは，常識上殆んど意料の外に在ればなり。尚此外保証後に至り，主債務者の資産状態著く悪化し，それ以上保証を継続するときは爾後の分に対し，或は生ずることあるべき求償権の実現到底覚束無き虞ある場合には，相当期間の経過と否とを論せず，而も予告期間を置くこと無く，保証人は直ちに解約を為すを得と解すること，之を当事者の意思に尋ぬるも之を民法第589条の法意に照すも，共に其の相当なるを知るに足るものあり。但以上2個の解約権は夫の単純なる保証，即ち従属的債務たる保証が将来成立すべき主債務に付為されたる場合に於ては例外無く之を肯定するを得べきも，独其の将来成立すべき債務を保証し，而も保証せらるべき債務の額若くは成立時期に付きても何等の制限あること無く，又保証

➡ *130*

人に取懸るを得る時期に付きても別段の定め無き場合の如き（否寧ろ斯かる場合に於てこそ）縦令名は保証と云ふと雖，実は所謂請合の意味を有すること決して稀ならざるに於て，斯かる場合を夫の単純なる保証の場合と卒易に一網打尽し去らむこと，当事者の意思にも亦信義の道にも必しも合へりと云ふ可からず。殊に事危ふしと見るに及び，何等債権者の了解をも経ること無く，一片の意思表示輙く其の責任を⊠脱するを得るに至りて，何の請合の意味があらむ。請合の意味は此期に際してこそ最も其の功用を発揮する次第なるは殆んと多言を俟ざらむなり。」

原審がＹのＸとの保証契約が身元保証に当たるかのみを問題とし，Ｙの解約権の有無を判断しなかったのは審理不尽であるとする。

130　継続的供給契約における買主の代金債務の保証人の解約権——相当の理由（主債務者に対する信頼喪失）

最(二)判昭和39年12月18日民集18巻10号2179頁

（*最判解〈昭39〉515頁，民商53巻3号381頁，百選Ⅱ〈第3版〉64頁，百選Ⅱ〈第5版新法対応補正板〉66頁，百選Ⅱ〈第9版〉40頁，銀行取引百選〈新版〉173頁*）

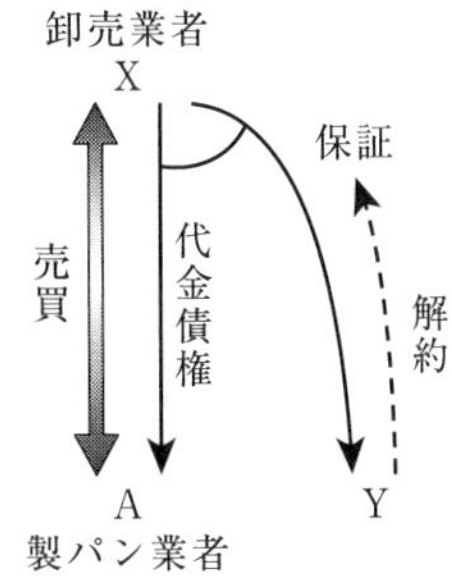

【事実】 卸売業者Ｘは製パン業を営むＡと小麦粉の売買取引をしていたところ，Ａの未払代金が19万円余に達したため上記取引は中止されるに至ったが，その後まもなく，Ａの叔父Ｙからの申入れで，ＸはＡに対し取引を再開し，ＹはＸとの約定により，新規の取引代金額にその都度上記未払金の支払分として2万円を加算した金額の約束手形をＸ宛に振り出してＡの債務を決済した。その後，ＹはＡに不信行為があったので上記約定を解約した。ＡはＹの了解を得たと称して取引を再開してもらい，Ｙ振出名義の約束手形を偽造してＸに支払を行ってきたが，一部が不渡りとなった。そこで，ＸがＹに対して手形金の支払を訴求した。1審はＸの請求認容。原審は，当初の取引の旧債務の引受けについては支払義務があるが，新規取引につきＹのなした保証契約の解約は有効であると判示し，前者の請求のみ認容。Ｘが上告。

【判決理由】 上告棄却 「原判決がＸの予備的主張を斥ける理由として，本件

➡ 131

のごとき期間の定めのない継続的保証契約は保証人の主債務者に対する信頼関係が害されるに至った等保証人として解約申入れをするにつき相当の理由がある場合においては，右解約により相手方が信義則上看過しえない損害をこうむるとかの特段の事情ある場合を除き，一方的にこれを解約しうるものと解するのを相当とするとし，挙示の証拠により，ＹはＡの叔父でこれまでも同人のために多額の出金を余儀なくされたことがあるのであるが，Ｘに対し前記保証をなすに際し，ＡはＹに対し，自分がＸとの取引再開後同人から仕入れる小麦粉の代金はその各翌月の５日までにＹ方に持参することを約していたのにかかわらず，これを再三怠り，そのためにＹ自身の出金が相当の額に達したので，Ｙとして前途に不安を感じ解約の申入れをするに至った事情を認定判示し，このような事情のもとではＹとして本件解約の申入れをなすにつき相当の理由があったというべきであり，他面Ｘ側にも前示のような特段の事情はないものとして，Ｙのなした本件保証契約の解約申入れを有効と判断したことは，正当として是認できる。」（裁判長裁判官　奥野健一　裁判官　山田作之助　草鹿浅之介　城戸芳彦　石田和外）

131 債権者の保証人に対する信義則上の通知義務

最(一)判昭和48年3月1日金法679号35頁

【事実】 Ｘ信用金庫はＡとの間で債権元本極度額7000万円を限度とする融資取引を約定したが，Y_1およびY_2は，Ｘと根保証契約を締結し，連帯保証債務を負担した。Ｘが行なった証書貸付および手形貸付の債権残額の支払をY_1およびY_2に対して訴求したが，原審は，証書貸付についてのみＸの請求を認容。Ｘから上告。

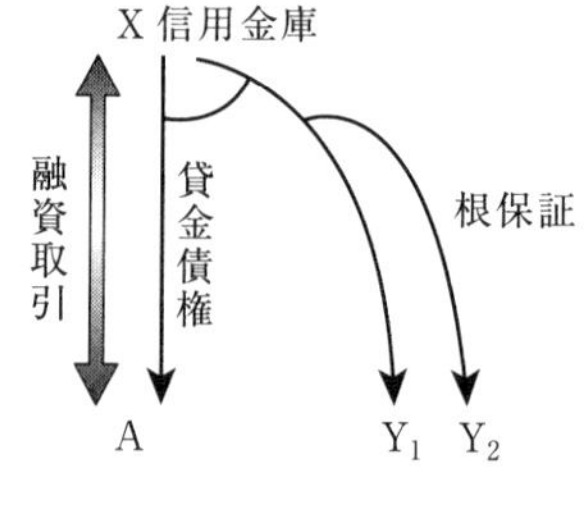

【判決理由】 上告棄却 「原審は，原判示(イ)の契約の締結後３年余を経，訴外Ａ会社の経営状態が悪化し，(イ)，(ロ)の各契約による担保物件も第三者に売却されて右会社の事業場から搬出され，Ｘにおいてもその事情を了知しうる状態にあつたにかかわらず，Ｘが金融機関としてなすべきこの点の注意を怠り，

かつＹらの意向を打診することなく，漫然本件手形貸付をしたものであるとの事実を認定し，右事実関係のもとにおいては，Ｘが，(イ)の契約における期間の定めのない継続的保証契約に基づき，右手形貸付についてＹらに対し保証債務の履行を求めるのは，信義則に反し権利の濫用であつて許されないとしたのであり，この点の認定判断は，原判決挙示の証拠関係に照らして肯認することができないものではない。右認定判断に所論の違法はなく，論旨は採用することができない。」（裁判長裁判官　岸　盛一　裁判官　大隅健一郎　藤林益三　下田武三　岸上康夫）

132　根保証契約の元本確定期日前の被保証債権の譲渡と保証債務の随伴性

最(二)判平成24年12月14日民集66巻12号3559頁 （最判解〈平24下〉729頁，百選Ⅱ〈第9版〉42頁，平25重判77頁）

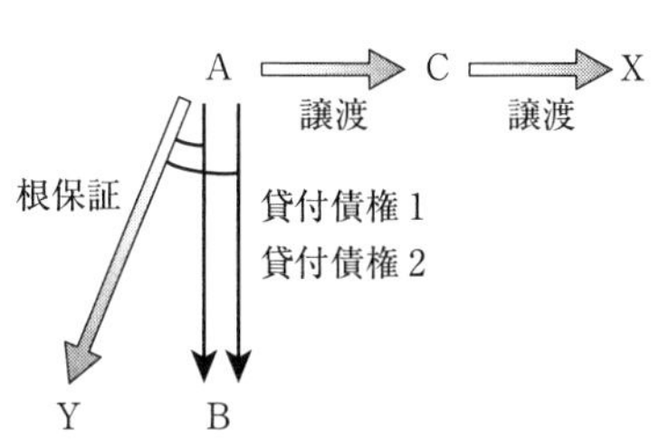

【事実】 Ａ（株式会社不動産クレジット）は，平成19年6月29日，Ｂ（有限会社シンセン）に対し，弁済期を平成20年6月5日として8億円を貸し付けるとともに（本件貸付債権1)，Ｙ（アリアス株式会社）との間で，Ａを貸主とし，Ｂを借主とする金銭消費貸借契約取引等により生ずるＢの債務を主たる債務とし，極度額を48億3000万円，保証期間を平成19年6月29日から5年間とする連帯保証をした（本件根保証契約)。Ｂが本件貸付債権1をその弁済期に返済できなかったため，その借換えとして，Ａは，平成20年8月25日，Ｂに対し，弁済期を平成21年8月5日として7億円（本件貸付債権2）および9990万円（本件貸付債権3）を貸し付けた。

Ａ社は，平成20年9月26日，本件貸付債権2および本件貸付債権3をＣ（株式会社SFCG）に譲渡し，Ｃは，同日，当該各債権をＸ（株式会社IOMA BOND INVESTMENT）に譲渡した。そして，Ｂが当該各債権を返済しないため，Ｘは，Ｙに対し，本件根保証契約に基づく保証債務の履行請求として，7億9990万円の一部である1000万円の支払を求めて訴えた。

1審は，Ｘの請求を認容。原審は，根抵当権の場合とは異なり，根保証の場合は，元本確定期日前に被担保債権の一部が譲渡された場合であっても，保証人に対する保証債権もこれに随伴して移転するとして，Ｙの控訴を棄却した。Ｙから上告。

➡ *132*

【判決理由】 上告棄却「5　根保証契約を締結した当事者は，通常，主たる債務の範囲に含まれる個別の債務が発生すれば保証人がこれをその都度保証し，当該債務の弁済期が到来すれば，当該根保証契約に定める元本確定期日（本件根保証契約のように，保証期間の定めがある場合には，保証期間の満了日の翌日を元本確定期日とする定めをしたものと解することができる。）前であっても，保証人に対してその保証債務の履行を求めることができるものとして契約を締結し，被保証債権が譲渡された場合には保証債権もこれに随伴して移転することを前提としているものと解するのが合理的である。そうすると，被保証債権を譲り受けた者は，その譲渡が当該根保証契約に定める元本確定期日前にされた場合であっても，当該根保証契約の当事者間において被保証債権の譲受人の請求を妨げるような別段の合意がない限り，保証人に対し，保証債務の履行を求めることができるというべきである。

本件根保証契約の当事者間においては上記別段の合意があることはうかがわれないから，X は，Y に対し，保証債務の履行を求めることができる。

6　これと同旨の原審の判断は，正当として是認することができる。論旨は採用することができない。」

須藤正彦裁判官の補足意見

「私は，法廷意見に賛同するものであるが，所論に鑑み，いわゆる根保証の随伴性の問題に関連して以下のとおり補足しておきたい。

Y は，本件根保証契約を根抵当権と同じように捉えるべきであり，元本確定期日前に A から譲渡された債権については保証人としての責めを負わないにもかかわらず，Y に保証人としての責めを負わせることになる原審の結論が Y の予測に反する結果を招来する旨の主張をする。もとより，根保証契約については，契約自由の原則上，別段の合意により保証債権に随伴性を生じさせないようにすることも自由であり，したがって，例えば，根保証契約において，主たる債務の範囲に含まれる債務のうち，元本確定期日の時点で主債務者が当初の債権者に対して負う債務のみについて保証人が責めを負う旨の定めを置いておけば，その定めは，法廷意見における「譲受人の請求を妨げる別段の合意」と解されて，そのとおりの効力が認められるというべきである。

しかるところ，原審の適法に確定した事実によれば，A は，B に対し，平成19年6月29日，8億円を貸し付け，さらにその借換えとして，同20年8月25日に計7億9990万円を貸し付けたものである。そして，記録によれば，平成19年6月29日付けの，A，B及びYの三者を当事者とする「金銭消費貸借・手形割引等継続取引並びに限度付根保証承諾書兼金銭消費貸借契約証書」（以下「本件根保証契約書」という。）には，保証人たるYは，極度額（48億3000万円）の範囲内で，同日付けの貸付けに係る債務のほか，本件根保証契約締結日現在に発生している債務及び5年間の保証期間（元本確定期日の前日まで）に発生する債務並びにこれらのうち債権者（A）がCに譲渡した債権に係る債務を保証する旨が記載されている。このような本件根保証契約書上に記載された文言からすれば，主たる債務の範囲に含まれる債務のうち，元本確定期日の時点で主債務者たるBが当初の債権者たるAに対して負う債務のみについて保証人としての責めを負うとの趣旨はうかがい得ない。

なお，平成19年6月29日付けの8億円の貸付けに係る債務は，主たる債務の範囲に含まれているから，Yは，この個別の債務を含めて保証したものである。もとより，個別の債務の保証債権は主たる債権の移転に随伴するところ，もしこの8億円の貸付けに係る債権について譲渡がされれば，保証債権も債権の譲受人に移転するから，その場合，Yは8億円の貸付けに係る債権について保証人としての責めを免れないところのものである。しかして，この8億円の貸付けに係る債権とその借換えによって発生した7億9990万円の貸付けに係る債権とは経済的実質においては同一と評価され，後者は元本確定期日前にCに譲渡され，それが更にXに譲渡されたものであるから，Yが当該債権について保証人としての責めを負うということはその予測の範囲内のことと思われるのである。

以上要するに，本件根保証契約書の記載文言に沿った合理的意思解釈という見地に立ってみた場合，本件根保証契約においては，Xの請求を妨げるような別段の合意がされたとみることはできないというべきである。」（裁判長裁判官　須藤正彦　裁判官　竹内行夫　千葉勝美　小貫芳信）

解　説

(1)　継続的な取引から生ずる不特定の債務を主たる債務とする根保証契約な

いし継続的保証契約においては，保証人が制限なく責任を負うとなると，保証人にとって酷になる場合があるので，判例は，場合に応じてこれを限定している。とりわけ期間の定めのない根保証契約について，判例は，一定の事由がある場合に保証人の解約権を認めている。2004年および2017年の民法改正において，この点に関して規定を置くことも検討されたが，考慮すべき様々な要素を的確に表現することが極めて困難であり，裁判規範として不明確なものとなるおそれがあるとの理由から見送られたところである（法制審議会・民法（債権関係）部会資料70A・4頁）。したがって，この点については，判例法理が重要な意義を有している。

*128*は，保証契約締結後に相当の期間を経過したときは，解約しうるとする（任意解約権）。*129*は，相当の期間が経過していない場合であっても，主たる債務者の資産状態が著しく悪化し，それ以上継続するときは求償権の確保が困難となるおそれがある場合に解約権があるとしたものである（特別解約権）。継続的供給契約の買主の代金債務の保証人についても，期間の定めのない保証契約と同じことがいえそうだが，*130*は，*129*に似て，主債務者の不信行為など保証人として「解約の申入れをなすにつき相当の理由」がある場合に解除しうると判示したものである。

さらに，*131*は，主債務者の経営状態の悪化により保証人のリスクが生ずる状況で，保証人の意向を打診せずに新たな融資を行った銀行による保証債務の履行請求を信義則違反・権利濫用としたものである。このことは，根保証契約において債権者に信義則上の通知義務が課されることを意味しよう。この通知義務は，債権者の側から保証人に対してその時々のリスクを評価しうる情報を提供させて，上に述べたような保証人の解約権の行使の機会を実質的に保障するという機能を果たすものである。債務者側に近い立場にある保証人でなく，主債務者の財務状況を了知しうる立場にない保証人にとって，債権者の通知義務はとくに意義があろう。

⑵　*132*は，根保証契約の主たる債務の範囲に含まれる被保証債権が元本確定期日前に譲渡された場合について，保証債権の随伴性を肯定して，譲受人による保証債務の履行請求を認めたものである。根抵当権については，元本確定前に被担保債権が譲渡された場合に随伴性が明文で否定されているが（398条

の7第1項)，根保証についてはこれと異なる解決を採用したものである。

もっとも，元本確定前の根保証に被保証債権の譲渡に対する随伴性を認めるか否かは，保証の本質に反しない限り，保証契約の当事者間で自由に定めることができるというのが判旨の前提であり（須藤正彦裁判官の補足意見を参照)，「根保証契約の当事者間において被保証債権の譲受人の請求を妨げるような別段の合意」をすれば，元本確定期日前の根保証について随伴性を排除することは可能である。したがって，*132*は，別段の合意が認められない場合のデフォルト・ルールを定めたにすぎない。いずれにせよ，元本確定前の保証債権の随伴性を肯定するときは，被保証債権の一部が譲渡されたが，それを含めた被保証債権の総額が根保証の極度額を超える場合など，当初の債権者および被保証債権の譲受人と保証人との間の法律関係に関して解釈論上の問題が生ずるが，これは残された問題である。

第4節　債権の譲渡

[1]　債権の譲渡性――譲渡制限特約

133　譲渡禁止特約の差押・転付命令に対する効力

最(二)判昭和45年4月10日民集24巻4号240頁
(*最判解〈昭和45下〉617頁，民商63巻6号901頁，銀行取引百選〈新版〉200頁，民事執行・保全百選154頁*)

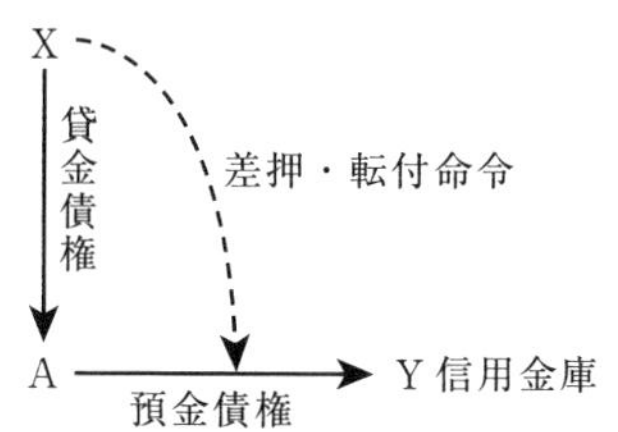

【事実】 Xは，Aに対する債務弁済契約公正証書の執行力ある正本に基づき，AがY（城南信用金庫）に対して有する預金債権（定期預金，定期積金および普通預金）の差押えおよび転付命令を取得し，転付命令はYおよびAに送達された。そこで，XがYに対し，転付された上記預金債権の支払を訴求したところ，Yは，上記預金債権には譲渡禁止特約があったからXは転付命令によって上記債権を取得しないと争った。1審はXの請求棄却。原審は，転付命令による債権の移転についても466条2項が準用されるものと解し，転付命令を受けたXが当時上記特約の存在につき悪意である場合にはその債権を取得できないとして，Xの控訴棄却。Xが上告。

➡ *133*

【判決理由】 破棄差戻し「譲渡禁止の特約のある債権であっても，差押債権者の善意・悪意を問わず，これを差し押え，かつ，転付命令によって移転することができるものであって，これにつき，同法466条2項の適用ないし類推適用をなすべきではないと解するのが相当である。けだし，同法466条2項は，その文理上，債権の譲渡を禁止する特約につき，その効力を認めたものであって，譲渡以外の原因による債権の移転について同条項の規定を準用ないし類推適用すべきものとする見解には，首肯するに足りる合理的根拠を見い出すことができないのみならず，譲渡禁止の特約のある債権に対して発せられた転付命令について，同法466条2項の準用があると解すると，民訴法570条，618条が明文をもって差押禁止財産を法定して財産中執行を免れ得るものを制限的に特定し，同法600条が差し押えた金銭の債権について差押債権者の選択に従い取立命令または転付命令を申請できる旨定めている法意に反し，私人がその意思表示によって，債権から強制執行の客体たる性質を奪い，あるいはそれを制限できることを認めることになるし，一般債権者は，担保となる債務者の総財産のうち，債務者の債権が，債務者，第三債務者間の譲渡禁止の特約により担保力を失う不利益をも受けなければならないことになるのであって，法の予想しない不当な結果をうむものといわなければならず，このような結果は，転付命令申請の際に差押債権者が善意であれば保護されるということや，差押債権者には取立命令を得る道が残されているということで補われるものではないからである。

原判決には，民法466条2項の解釈適用を誤った違法があり，論旨は理由がある。この点に関する大審院判例（大判大正4年4月1日民録21輯423頁，大判大正14年4月30日民集4巻5号209頁，大判昭和6年8月7日民集10巻10号783頁，大判昭和9年3月29日民集13巻4号328頁）は変更せらるべきものである。

よって，原判決を破棄し，さらに事案につき審理を尽させるため本件を原審に差し戻すのが相当であるから，その余の論旨に対する判断を省略し，民訴法407条1項に従い裁判官全員の一致で主文のとおり判決する。」（裁判長裁判官草鹿浅之介　裁判官　城戸芳彦　色川幸太郎　村上朝一）

134 譲渡禁止特約の第三者に対する効力

最(一)判昭和48年7月19日民集27巻7号823頁

(最判解〈昭48〉31頁，民商70巻6号1019頁，百選Ⅱ〈第5版新法対応補正版〉64頁，昭48重判54頁)

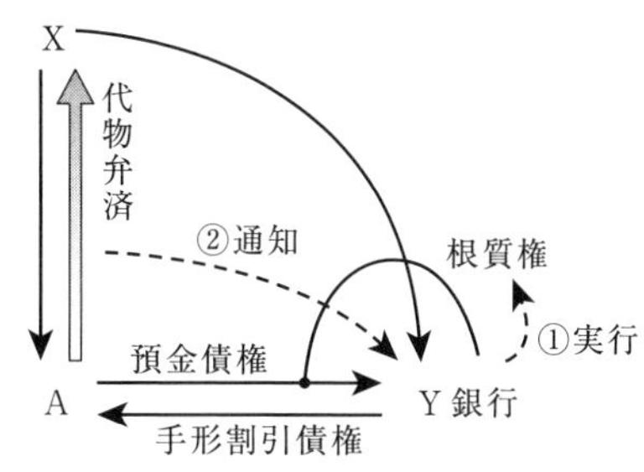

【事実】 AはY（第一相互銀行）に対し，534万余円の預金債権（定期預金，定期積金，当座預金および普通預金）を有していたが，1961年2月上旬に上記預金債権をXに譲渡し，同月9日に譲渡通知がYに到達した。上記預金債権にはYの承諾がなければ譲渡しえない旨の特約があったが，Aが同年2月2日に倒産したためXらはその取引代金の代物弁済として上記預金債権の譲渡を受けることにしたものであり，また当時上記預金債権の預金証書等はYの手中にあったため，Xらは上記譲渡禁止特約の存在を知らずに譲渡を受けたという事情があった。他方，Yは同年2月4日付で確定日付のある証書により上記預金債権に根質権の設定を受け，その後これを実行してAに対する手形買戻債権の弁済に充当し，手形をAに返還した。そこで，XらがYに対し，上記預金債権の支払，予備的にYの不法行為に基づく損害賠償を訴求したところ，Yは上記特約とそれにつきXの悪意を主張して争った。1審はXの請求認容。原審は，Xは質権の設定ある預金債権を取得したことになるが，Yの質権実行によりXは自己の出捐でYの債権を満足させたことになりAに法定代位するので，YはXに手形を返還すべきであったのに返還先を誤ってAに返還した過失があるとし，また譲渡禁止特約は善意のXに対抗しえないので上記特約があってもYの過失は解消されないとして，338万の限度でYには不法行為に基づく損害賠償義務があると判示した（なお，原審でXは脱退し，参加人Zが訴訟承継している）。Yが上告。

【判決理由】 破棄差戻し 「民法466条2項は債権の譲渡を禁止する特約は善意の第三者に対抗することができない旨規定し，その文言上は第三者の過失の有無を問わないかのようであるが，重大な過失は悪意と同様に取り扱うべきものであるから，譲渡禁止の特約の存在を知らずに債権を譲り受けた場合であっても，これにつき譲受人に重大な過失があるときは，悪意の譲受人と同様，譲渡によってその債権を取得しえないものと解するのを相当とする。そして，銀

➡ 135

行を債務者とする各種の預金債権については一般に譲渡禁止の特約が付されて預金証書等にその旨が記載されており，また預金の種類によっては，明示の特約がなくとも，その性質上黙示の特約があるものと解されていることは，ひろく知られているところであって，このことは少なくとも銀行取引につき経験のある者にとっては周知の事柄に属するというべきである。

叙上の見地に立って本件を見るに，本件預金債権の譲受人であるXが前記譲渡禁止の特約の存在につき善意であった旨の原審の認定は，判示のごとき事実関係のもとにおいては首肯しえないではないけれども，Yがその主張の譲渡禁止の特約をもってXに対抗することができるかどうかを判断するためには，原審はさらにすすんで釈明権を行使し，Xに重大な過失があったかどうかについての主張立証を尽くさせるべきであったのである。しかるに，原審はこの点についてなんら判示するところがないのであるから，原判決には民法466条2項の解釈を誤り，ひいて審理不尽の違法があるのを免れない。本件上告は，この点において理由があるものというべきである。

よって，上告理由中その余の点についての判断を省略し，民訴法407条1項により原判決を破棄し，前記の事情につきさらに審理させるため本件を原審に差し戻すこととし，裁判官全員の一致で，主文のとおり判決する。」（裁判長裁判官　大隅健一郎　裁判官　藤林益三　下田武三　岸　盛一　岸上康夫）

135 債務者の承諾がある場合の譲渡禁止特約の効力

最(一)判昭和52年3月17日民集31巻2号308頁

（最判解〈昭52〉115頁，法協95巻10号273頁，百選Ⅱ〈第2版〉74頁，昭和52重判70頁）

【事実】 Yは，1969年6月18日にAに対しビルの一室を賃貸し，保証金120万円の預託を受けたが，この保証金返還請求権には譲渡禁止の特約が付されていた。Aは，1970年8月26日に上記保証金返還請求権をBに譲渡し，同日Yに対し確定日付のある証書でその旨を通知したが，Bは上記特約が付されていることを知っていた。その後，YはAおよびBに対し上記債権の譲渡を承諾する旨の通知をした。他方，Xは1970年6月11日にAに対し100万円を貸し与え，これに関して公正証書を作成されたが，Aが弁済を怠ったため，Xは1971年1月20日に上記公正証書に基づき上記保証金返還請求権を差し押さえ，転付命令を得た（なお，Y

➡ 136

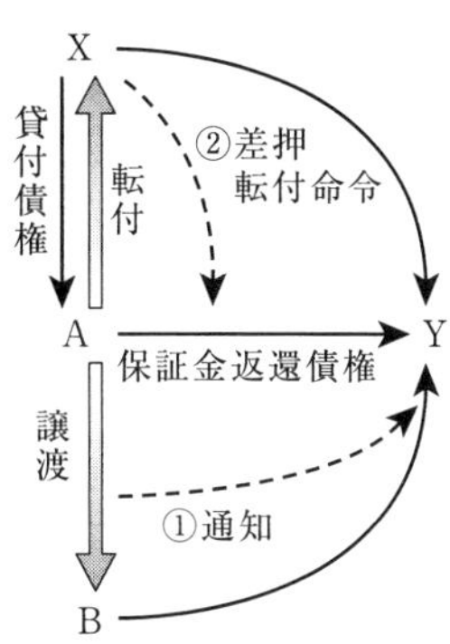

は1970年12月18日に上記貸室を明け渡し，Aは Yの債務を控除した36万余円の返還請求債権を有した)。そこで，XがYに対し転付を受けた上記債権の支払を訴求した。1審は，譲渡禁止特約により悪意のBに上記債権は移転しなかったとしてXの請求を認容したが，原審は，Yの承諾により債権譲渡は譲渡の日に遡及して効力を生じたとして，Xの請求を棄却した。Xが上告。

【判決理由】 上告棄却 「譲渡禁止の特約のある指名債権をその譲受人が右特約の存在を知つて譲り受けた場合でも，その後，債務者が右債権の譲渡について承諾を与えたときは，右債権譲渡は譲渡の時にさかのぼって有効となり，譲渡に際し債権者から債務者に対して確定日付のある譲渡通知がされている限り，債務者は，右承諾以後において債権を差し押え転付命令を受けた第三者に対しても，右債権譲渡が有効であることをもって対抗することができるものと解するのが相当であり，右承諾に際し改めて確定日付のある証書をもってする債権者からの譲渡通知又は債務者の承諾を要しないというべきである。」（裁判長裁判官　団藤重光　裁判官　下田武三　岸上康夫）

136 譲渡人による債権譲渡禁止特約の効力の主張の可否

最(二)判平成21年3月27日民集63巻3号449頁 (*最判解〈平21上〉247頁，平21重判93頁*)

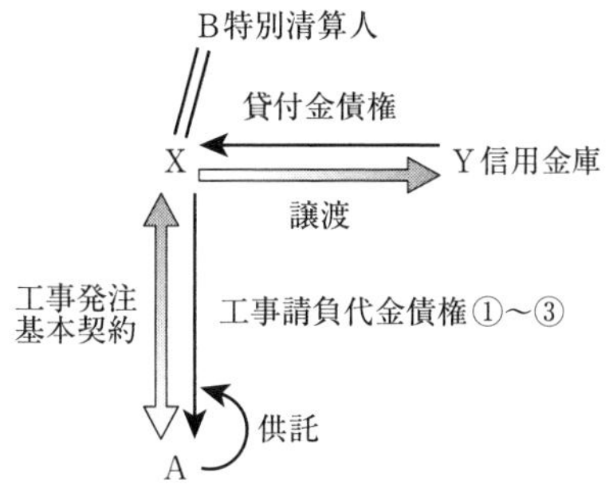

【事実】 X（株式会社高岡組）とY信用金庫（尼崎信用金庫）は，2002年12月2日，YがXとの間の手形貸付取引に基づき，Xに対して現在および将来有する貸付金債権およびこれに附帯する一切の債権の担保として，XがYに対して，XがA（株式会社レオパレス21）に対して2002年6月2日から2006年12月2日までの間に取得する工事請負代金債権（本件債権）を譲渡する旨の債権譲渡担保契約を締結し

➡ 136

た。その後，Xは，Aに対し，本件債権に含まれる債権①ないし債権③を取得した。なお，本件債権には，XとAとの間の工事発注基本契約書および工事発注基本契約約款によって，譲渡禁止の特約が付されていた。

Aは，2004年12月6日に債権①について，2005年2月8日に債権②について，同年12月27日に債権③について，それぞれ債権者不確知を供託原因として各債権額に相当する金員を供託した。

Xは，2004年12月27日に解散し，2005年3月25日に特別清算開始決定を受けた。そして，特別清算手続の遂行中に，X（特別清算人B）は，Yに対し，XがYに譲渡した本件債権には譲渡禁止特約が付されていたから，本件債権譲渡は無効であると主張し，XがAの供託した供託金の還付請求権を有することの確認を求めて本訴を提起した。これに対し，Yは，Xに対し，上記債権譲渡が有効であるとして，Yが同請求権の確認を求める反訴を提起した。

1審は，Xの本訴請求を認容し，Yの反訴請求を棄却した。Yが控訴。原審は，本件債権には譲渡禁止特約が付されており，その譲渡についてAの承諾があったと認めることはできないとして，本件債権の譲渡は無効であると判示して，Yの控訴を棄却した。Yから上告。

【判決理由】 破棄自判。Xの本訴請求を棄却，Yの反訴請求を認容「(1) 民法は，原則として債権の譲渡性を認め（466条1項），当事者が反対の意思を表示した場合にはこれを認めない旨定めている（同条2項本文）ところ，債権の譲渡性を否定する意思を表示した譲渡禁止の特約は，債務者の利益を保護するために付されるものと解される。そうすると，譲渡禁止の特約に反して債権を譲渡した債権者は，同特約の存在を理由に譲渡の無効を主張する独自の利益を有しないのであって，債務者に譲渡の無効を主張する意思があることが明らかであるなどの特段の事情がない限り，その無効を主張することは許されないと解するのが相当である。

(2) これを本件についてみると，前記事実関係によれば，Xは，自ら譲渡禁止の特約に反して本件債権を譲渡した債権者であり，債務者であるAは，本件債権譲渡の無効を主張することなく債権者不確知を理由として本件債権の債権額に相当する金員を供託しているというのである。そうすると，Xには譲渡禁止の特約の存在を理由とする本件債権譲渡の無効を主張する独自の利益はなく，前記特段の事情の存在もうかがわれないから，Xが上記無効を主張することは許されないものというべきである。

5　以上と異なる原審の判断には，判決に影響を及ぼすことが明らかな法令の違反がある。これと同旨をいう論旨は理由があり，原判決は破棄を免れない。そして，以上説示したところによれば，Xの本訴請求は理由がなく，Yの反訴請求は理由があるというべきであるから，第1審判決を取消した上，本訴請求を棄却し，反訴請求を認容することとする。」（裁判長裁判官　今井　功　裁判官　中川了滋　古田佑紀　竹内行夫）

解　説

2017年改正前の旧466条2項が規定する譲渡禁止特約の効力については，学説上は，物権的効力説と債権的効力説とを対置する図式のもとで議論がなされ，判例は，譲渡禁止特約が付された債権の譲渡は無効であるとする物権的効力説の立場を採るものと解されていた。

これに対し，2017年改正後の466条2項・3項では，譲渡制限特約が付されたときであっても，債権譲渡の効力は妨げられないと改めたうえで，当該特約について悪意または重過失の譲受人その他の第三者に対しては，債務者は，その債務の履行を拒むことができ，かつ，譲渡人に対する債務消滅事由をもって対抗することができるとすることで，債権の譲受人の利益の保護も図りつつ，譲渡制限特約によって弁済の相手方を固定するという債務者の利益も引き続き保護するものとしている。その結果，2017年改正の前後で，規律が変更された部分と規律に変更がない部分とが存することになり，それに応じて，改正前の判例が有する意義についても変更が生じている。

(1)　債務者が譲渡制限特約の効力を主張しうる相手方の範囲について，*133*は，譲渡禁止特約付きの債権であっても，これを差し押さえて転付することは可能であることを認めたものである。こう解しないと，私人間の合意により自由に強制執行を回避しうるような財産（差押禁止財産）を創り出すことを認めることになることがその理由である。466条の4第1項は，*133*を実質的に維持しつつ，その規律を明文化したものである。

また，旧466条2項は「善意の第三者」には譲渡禁止特約を対抗することができないと規定していたところ，*134*は，善意であっても重大な過失ある譲受人は「善意の第三者」に含まれないとした。466条3項は，この点を明文化したものである。そして，*134*で債権の譲受人に重過失があると判断されたのは，銀行に対する預金債権の事案であって，譲渡禁止特約の存在は，銀行取引について経験のある者にとっては周知の事柄に属することであったことが大きく作用しているといえよう。この点は，466条3項にいう「重大な過失」の解釈一般においても意義を有するものといえよう。

他方で，*134*は，預金債権に譲渡禁止特約が付された事案であったが，2017年改正後も，預貯金債権に譲渡制限特約が付された場合については，466条の5が特則を定めている。これによると，改正前と同様に，債務者は譲渡制限特約を悪意または重過失の譲受人等に対抗することができ，譲渡は無効となるとされるので，改正後も，*134*の結論には変更はない。

⑵　譲渡制限特約の効力を主張しうる者の範囲について，*135*は，譲渡禁止特約は，債務者の承諾がある場合には債権の移転を妨げないことを明らかにしたものである。譲渡禁止特約は弁済の相手方である債権者を固定するという債務者の利益を保護するものであることを考えれば，債務者の承諾がある場合には特約の効力を認める必要がないのは当然であろう。このことは，平成29年改正後の譲渡制限特約についても妥当するから，*135*は，この点に関する先例としての意義を有しよう。

もっとも，2017年改正前は，譲渡禁止特約が付された債権の譲渡は無効であるとされていたため，債務者が承諾を与えたことにより債権譲渡が譲渡時に遡って有効になると第三者の権利が害される場合があるので，この点を考慮する必要がある。*135*は，債務者の承諾以後に譲渡債権を差し押さえ転付命令を受けた第三者が存した事案であったが，これに対し，債務者の承諾前に当該債権を差し押さえた第三者がいる場合については，判例は，「民法116条の法意に照らし」，当該第三者に対しては債権譲渡の効力を主張することができないとする（最㈠判平成9年6月5日民集51巻5号2053頁）。しかし，2017年改正後の466条2項のもとでは，譲渡制限特約が付された債権の譲渡は有効とされるため，債務者が承諾を与えたことにより第三者の権利が害される事態は生じないことになろう。したがって，上記平成9年最判が先例としての意義を有するのは，譲渡制限特約に反する譲渡が無効とされる預貯金債権の場合（466条の5

第1項）に限られることになろう。

さらに進んで，*136* は，「債務者に譲渡の無効を主張する意思があることが明らかであるなどの特段の事情」がない限り，当該債権を譲渡した債権者は譲渡の無効を主張することができないとする。その理由は，譲渡禁止特約が「債務者の利益を保護するために付されるもの」と解することから，譲渡債権者には，「同特約の存在を理由に譲渡の無効を主張する独自の利益」を有しないことにある（傍点筆者）。平成29年改正後の466条3項のもとでは，譲渡制限特約の効力を主張することができるのは「債務者」であることが明文化されており，*136* を判例として援用する必要はなくなったといえよう。

［2］ 債権譲渡の第三者対抗要件

137 確定日付のある証書による通知

大連判大正3年12月22日民録20輯1146頁

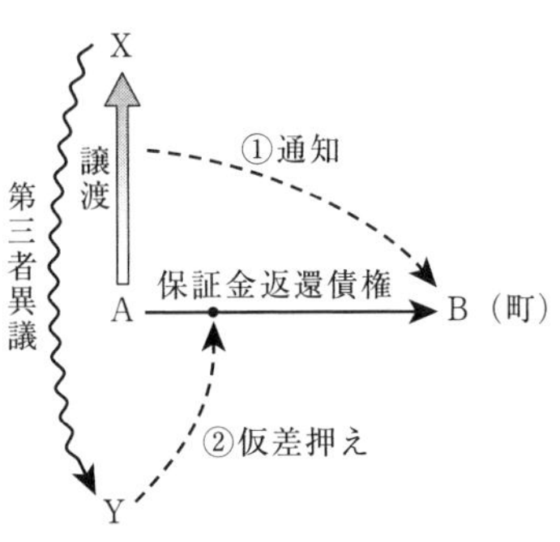

【事 実】 Xは，1913年6月6日にAがB（町）に差し入れた建築保証金の返還債権を譲り受け，XとAの連署でその旨を通知し，Bは同月9日に受理した。XA間の債権譲渡の書面には確定日付を取得したが，上記譲渡通知書には確定日付がなかった。他方，YはAのBに対する上記債権の仮差押えをなし，仮差押命令は同月13日にBに送達された。そこで，XがYに対して仮差押目的物に対する異議の訴えを提起した。原審はXの請求棄却。Xが上告。

【判決理由】 上告棄却 「指名債権の譲渡に関する民法第467条第2項の規定は，債権譲渡の日附を明確にし，依て以て債権者と債務者と通謀して債権譲渡の日附を溯らしめ第三者を害するの弊を予防せんとするの目的に出でたるものなれば，債権の譲渡を債務者以外の第三者に対抗せんとするには，債務者に対して旧債権者の為す通知行為又は債務者の為す承諾行為に付確定日附ある証書を必要としたるものにして，通知又は承諾ありたることを確定日附ある証書を以て証明すべきことを規定したるに非ずと解せざるべからず。如何となれば該

➡ 138

条は通知又は承諾に付ての対抗条件を定めたるものに非ずして，債権譲渡に付ての対抗条件に関する規定なれば，通知又は承諾ありたることの証明方法として確定日附ある証書を必要とするものと解するを得ざればなり。本件に於て原判決の確定せる所に依れば，ＡはＢに対して有せし係争債権をＸに譲渡したるも，其譲渡の事実を債務者に対し確定日附ある証書を以て通知せざりしと云ふに在れば，Ｘは係争債権を譲受けたることを第三者たるＹに対抗することを得ざるものと云はざるべからず。然らば原裁判所が如上の理由に依りＸの請求を排斥したるは至当にして上告論旨は理由なし。」

138　資料・債権譲渡通知書

10.9.17
12-18

債権譲渡通知書

謹啓

当社は、当社が貴社に対して有する後記債権を、平成一〇年九月六日付債権譲渡契約により有斐商事株式会社代表取締役星川夏雄殿へ譲渡致しましたので、民法第四六七条によりご通知致します。

記

譲渡先　東京都千代田区神田神保町二丁目一七番地
有斐商事株式会社
代表取締役星川夏雄殿

金額　金五〇〇〇万円

債権の表示　平成一〇年五月一〇日契約、同年六月二日商品送付済分の売掛代金債権

内容証明書用紙

平成一〇年九月六日

通知人　東京都港区三田二丁目一五番四五号
株式会社ムック製作代表取締役風間英吾

被通知人　東京都新宿区西早稲田一丁目六番一号
麦原商事株式会社
代表取締役　秋月一馬殿

この郵便物は　平成10年9月17日
第56136号書留内容証明郵便物として
差し出したことを証明します。

神田郵便局長

神田
10.9.17
12-18

139 第1譲渡に確定日付のある証書によらずに承諾がなされた場合

大連判大正8年3月28日民録25輯441頁（百選Ⅱ〈初版〉82頁）

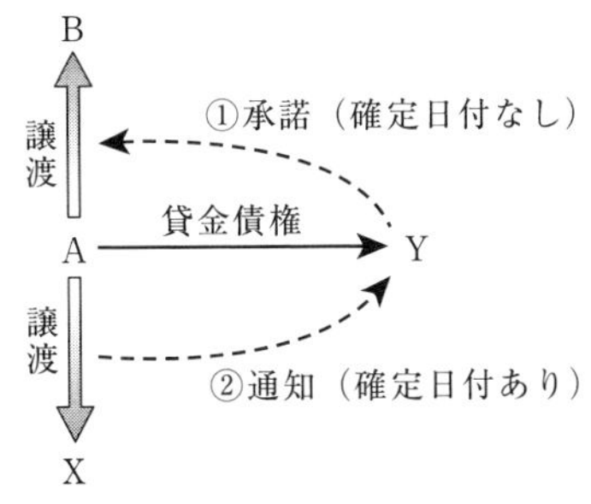

【事実】 AはYに対する貸金債権をBに譲渡したが，Yは確定日付のある証書によらずにこれを承諾した。その後，AはXに上記債権を譲渡し，Aは確定日付のある証書によりYにその旨を通知した。そこで，XがYに対し譲り受けた貸金債権の支払を訴求した。原審は，AX間の債権譲渡がYに通知される以前に，YがAB間の債権譲渡を承諾したこと理由にXの請求を斥けた。Xが上告。

【判決理由】 破棄差戻し「指名債権に付きて譲渡契約ありたるときは，契約当事者間に於ては譲受人は特約なき限り契約と同時に其債権を取得すと雖も，之を以て債務者其他の第三者に対抗するには，民法第467条所定の手続を履践せざるべからず。而して同条は譲受人が其債権を債務者に対抗するには，譲渡人より債務者に対し債権譲渡の事実を通知し又は債務者が之を承諾したることを要し，更に其債権を債務者以外の第三者に対抗するには，叙上の通知又は承諾が確定日附ある証書に依て行はるることを要する旨規定したるのみにして，指名債権者が其債権を第三者に譲渡し，債務者に対する債権譲渡の通知又は其承諾が確定日附ある証書に依らずして行はれたる後，更に同一債権を他の第三者に譲渡し確定日附ある証書を以て債権譲渡の事実を通知したる場合に於て，真正の債権者は第1の譲受人なりや，将た第2の譲受人なりやに付きては，直接に之を明定せずと雖も，同条の法意を審究するに，第1の譲受人は同条第1項の規定に依れば其債権を債務者に対抗することを得るものの如しと雖も，同条第2項の規定に依り第2の譲受人に対抗することを得ざる結果として債務者にも其債権を対抗することを得ざるに至る。詳言すれば第2の譲受人は，確定日附ある証書を以て債権譲渡の事実を債務者に通知したるか故に，同条第2項の規定に依り爾後其債権を以て第1の譲受人に対抗することを得べく，其結果として第1の譲受人は其債権を債務者に対抗するを得ずして其一旦取得したる債権も取得せざることと為り，第2の譲受人は唯一の債権者と為るに至るもの

➡ *139*

と解するを相当とす。加之同条第 2 項の立法の趣旨は，債権譲渡の場合に於て債務者其他の利害関係人が共謀して其通知又は承諾を為したる日時を遡らしめ，以て第三者の権利を害することを予防せんが為めに確定日附ある証書に依る通知又は承諾を以て権利優劣の標準と為したるものなれば，叙上の場合に於て確定日附ある証書を以て債権譲渡の通知を為したる第 2 の譲受人を唯一真正の債権者とするは立法の精神にも合すべし。若し夫れ法文の字句に拘泥して，第一の譲受人は債権譲渡の通知若は其承諾ありたるに因り其債権を絶対に債務者に対抗することを得るものとし，同条第 2 項を以て債権譲受人と債務者以外の第三者との関係を規定したるものとせば，第 1 の譲受人は債務者に対する関係に於ては債権者なれども，第三者に対する関係に於ては債権者に非ざることと為り，権利の本質に反する奇観を呈するのみならず，債務者の資力を信頼して債権を譲受けたる第 2 の譲受人は，法律に定めたる厳格の手続を履践したるに拘らず，第 1 の譲受人が債務者より弁済を受け，之を費消して無資力と為りたる場合に於ては，救済を受くるの途なきに至るべし。然り而して第 2 の債権譲渡に付き確定日附ある証書を以て通知を為したる以前に於て，債務者が第 1 の譲受人に対して為したる弁済の有効なるは勿論なれども，尚其債権が残存する場合に於ては，債務者は第 2 の譲受人に対して之を弁済せざるべからず。然るに原判決に於て，X は債権者 A より債権を譲受け，債権者は確定日附ある証書を以て債務者なる Y に債権譲渡の通知を為したれども，其以前既に第三者が A より債権を譲受け，債務者に於て之を承諾したる事実あるを以て，X は債権者に非ざる旨判示したるは，債権譲渡に関する法則を不当に適用したるものにして本論旨は理由あり。従て原判決は此の点に於て破毀を免れざるものとす。因て他の上告論旨に対しては必要なきを以て説明を為さず。

以上説明する如く本件上告は理由あり，且本件の判旨は当院従来の判例（大判明治 36 年 4 月 18 日）に抵触する所あるを以て，裁判所構成法第 49 条第 54 条に従ひ民事の総部を聯合して審理し，民事訴訟法第 447 条第 1 項第 448 条第 1 項に従ひ主文の如く判決す。」

140 第2譲渡前に第1譲渡の債権が消滅した場合

大判昭和7年12月6日民集11巻2414頁（法協52巻4号765頁）

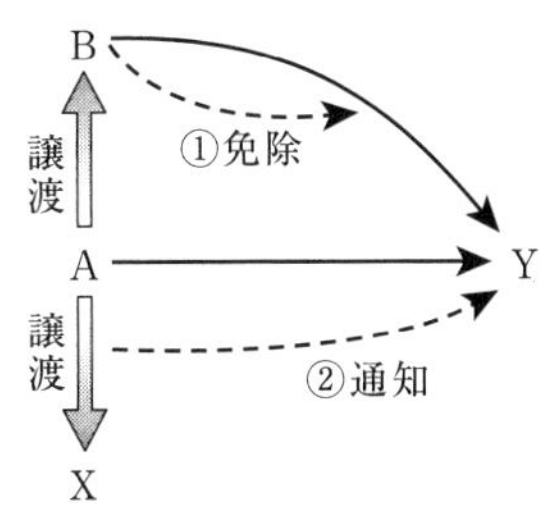

【事実】 Y会社は当時の取締役Aから合計約24300円を借り受けた。昭和2年12月23日に，AはBに上記貸金債権を無償で譲渡したが，AからYへの譲渡通知はなされなかった。昭和3年5月25日に，BはYに対する債権を免除した。ところが，昭和3年6月27日に，AはXに上記貸金債権を譲渡し，Yに対して譲渡通知をした。そこで，XがYに対し上記貸金債権の支払を訴求した。Xは，AからBへの債権譲渡は通知がないので第三者であるXに対抗しえないと主張したが，原審は，上記貸金債権はXがAから譲渡を受ける以前に消滅しているので対抗問題は生じないとして，Xの請求を斥けた。Xから上告。

【判決理由】 上告棄却「債権者が指名債権を第三者に譲渡し，債務者に対する債権譲渡の通知又は其の承諾が確定日附ある証書に依らずして行はれたる後，更に同一債権を他の第三者に譲渡し，確定日附ある証書を以て之を通知したる場合に於ては，第2の譲受人は民法第467条第2項の規定に依り其の債権譲渡を以て第1の譲受人に対抗することを得べく，其の結果第1の譲受人は其の債権を債務者に対抗することを得ず，一旦取得したる債権も取得せざることとなり，第2の譲受人は唯一の債権者と為るに至るものなることは，論旨引用の当院聯合判決の判示する所なりと雖，右は第1の債権譲渡ありたる後其の債権が弁済其の他の事由により消滅せざる間第2の債権譲渡ありたる場合に関する問題にして，第1の債権譲渡ありたる後其の債権が弁済其の他の事由に因り消滅したるに拘らず更に該債権に付第2の譲渡の行はれたる場合に付ては，之を同一に解釈することを得ざるものとす。而して此の後の場合に於ては縦令第1の譲受人が債権譲渡の対抗要件を具備せざりしとするも，第2の譲受人は既に消滅に帰したる債権を譲受けたるものに外ならざるを以て，其の譲渡行為は無効にして該債権を取得するに由なく，従て此の場合に於ては何等債権譲渡の対抗問題を生ずる余地なく，第2の譲渡行為に付確定日附ある証書を以て其の通知を為したりとするも，該債権の取得を以て第1の譲受人に対抗し得るが如き問

➡ 141

題を生ぜざるものとす。蓋し対抗とは彼此利害相反する場合に生ずる観念にして，同一債権に付二重譲渡の行はれたる場合の如く第1の譲受人と第2の譲受人の利害相対立する場合に，対抗要件を定め其の要件を具備せざる者をして之を具備したる者に対抗することを得ざらしむるなり。従て第2の譲受当時債権が既に消滅し居りたる場合の如きは，利害対立の関係を生ぜざるを以て，民法第467条に所謂第三者の中には斯の如き第2の譲受人を包含せさるものと解するを可とす。而して債権消滅の原因が弁済なると将債務の免除たるとは，叙上の結論に毫も差異を来さざるものとす。本件に於て訴外BCは昭和3年5月25日Aより譲渡を受けたるY会社に対する本件債権を免除し，XがAより本件債権を譲受けたる同年6月27日当時本件債権が消滅し居りたる事実は原院の確定したる所なるのみならず，原判決援用の証拠に依れば右事実は之を肯定し得ざるにあらざるを以て，原院が論旨摘録の如く判示し，此の点に関するXの主張を排斥したるは正当にして論旨理由なし」

141 第1譲渡および第2譲渡がともに確定日付のある証書によって通知または承諾がなされた場合――到達時説

最(一)判昭和49年3月7日民集28巻2号174頁

(最判解〈昭49〉92頁，百選II〈第6版〉62頁，百選II〈第9版〉48頁，昭49重判64頁)

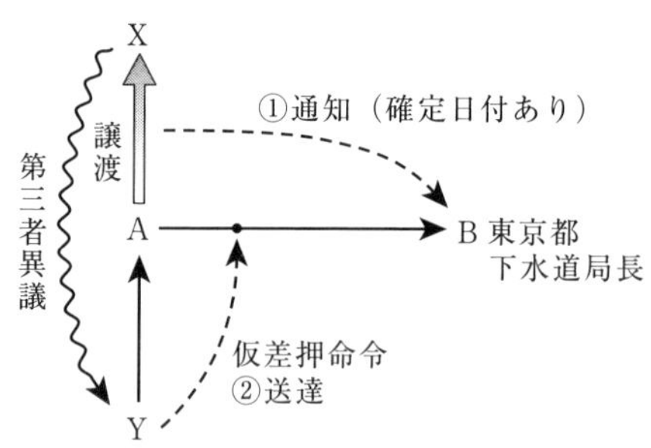

【事実】 Xは，1969年2月13日頃，AからAがB（東京都下水道局長）に対して有する2044万余円の債権を譲り受け，Aは債権譲渡の通知としてB宛ての債権譲渡証書に公証人から同月14日付の印章の押捺を受け，同日午後3時頃Bに持参して交付した。他方，Yは，Aに対して有する1303万余円の金銭債権の執行を保全するため，同日上記債権に対する仮差押命令を得て，この仮差押命令は同日午後4時5分頃Bに送達された。そこで，Xは，上記仮差押命令に基づく執行の排除を求めてYを相手に第三者異議の訴えを提起した。1審・原審ともに，判旨掲記のとおり判示し

て，Xの請求を棄却。Xが上告。

【判決理由】 破棄自判 「民法467条1項が，債権譲渡につき，債務者の承諾と並んで債務者に対する譲渡の通知をもって，債務者のみならず債務者以外の第三者に対する関係においても対抗要件としたのは，債権を譲り受けようとする第三者は，先ず債務者に対し債権の存否ないしはその帰属を確かめ，債務者は，当該債権が既に譲渡されていたとしても，譲渡の通知を受けないか又はその承諾をしていないかぎり，第三者に対し債権の帰属に変動のないことを表示するのが通常であり，第三者はかかる債務者の表示を信頼してその債権を譲り受けることがあるという事情の存することによるものである。このように，民法の規定する債権譲渡についての対抗要件制度は，当該債権の債務者の債権譲渡の有無についての認識を通じ，右債務者によってそれが第三者に表示されうるものであることを根幹として成立しているものというべきである。そして，同条2項が，右通知又は承諾が第三者に対する対抗要件たり得るためには，確定日附ある証書をもってすることを必要としている趣旨は，債務者が第三者に対し債権譲渡のないことを表示したため，第三者がこれに信頼してその債権を譲り受けたのちに譲渡人たる旧債権者が，債権を他に二重に譲渡し債務者と通謀して譲渡の通知又はその承諾のあった日時を遡らしめる等作為して，右第三者の権利を害するに至ることを可及的に防止することにあるものと解すべきであるから，前示のような同条1項所定の債権譲渡についての対抗要件制度の構造になんらの変更を加えるものではないのである。

右のような民法467条の対抗要件制度の構造に鑑みれば，債権が二重に譲渡された場合，譲受人相互の間の優劣は，通知又は承諾に付された確定日附の先後によって定めるべきではなく，確定日附のある通知が債務者に到達した日時又は確定日附のある債務者の承諾の日時の先後によって決すべきであり，また，確定日附は通知又は承諾そのものにつき必要であると解すべきである。そして，右の理は，債権の譲受人と同一債権に対し仮差押命令の執行をした者との間の優劣を決する場合においてもなんら異なるものではない。」

「しかるに原判決は，民法467条2項は債権譲渡の対抗要件として「確定日附ある証書による通知」を必要とすることを定めた規定であり，右の「確定日附ある証書による通知」とは，債権譲渡あるいはその通知のいずれかについて

➡ 142
確定日附があれば足りるとする趣旨であって，同一債権の譲受人相互の間の優劣は，確定日附として表示されている日附の先後のみを基準として決すべきであると解し，本件債権譲渡証書上の確定日附と本件仮差押命令が第三債務者たるＢに送達された日時とは同一の日であってその先後を定めることができないから，ＸとＹとの優劣を決することはできないとして，結局，Ｘの本訴請求を排斥しているが，右は民法467条の解釈を誤ったものというべきであり，その違法は原判決の結論に影響のあることが明らかである。それゆえ，右の違法をいう論旨は理由があるから，原判決を破棄し，Ｘの本訴請求を棄却した第１審判決を取り消したうえ，その請求を認容すべきである。」（裁判長裁判官　岸　盛一　裁判官　大隅健一郎　藤林益三　下田武三　岸上康夫）

142 確定日付のある証書による通知の同時到達（1）――譲受人の債務者に対する関係

最(三)判昭和55年1月11日民集34巻1号42頁

（*最判解〈昭55〉13頁，民商111巻1号102頁，百選Ⅱ〈第4版〉72頁，平5重判86頁*）

【事実】 ＸはＡに対し630万円の貸金債権を有していたが，昭和49年3月4日頃，ＡがＹに対して有していた123万余円の売掛金債権（本件債権）を上記貸金債権中の対当額の弁済に代えて譲り受け，Ａは同日付内容証明郵便でその旨をＹに通知した。また，Ａは同月5日頃，ＢおよびＣに対し，いずれも本件債権をそれぞれ譲渡し，上記各譲渡につき同日付内容証明郵便をもってその旨をＹに通知した。他方，Ｄ社会保険事務所は，同月6日，Ａの健康保険料等の滞納金総額27万余円を徴収するため，本件債権を差し押えた。そして，Ｘ，Ｂ，Ｃに対する各債権譲渡の通知およびＤによる債権差押通知書は，いずれも同日午後零時から午後6時までの間にＹに到達した。ＸがＹに対して，本件債権の支払を訴求した。1審は，Ｘが他の譲受人よりも先に対抗要件を具備したこと（Ｘに対する譲渡の確定日付のある通知がＹに到達した日時が他の譲受人らのそれよりも先であること）の主張・立証がないとして，Ｘの請求を棄却した。原審も，Ｘの控訴を棄却。Ｘ

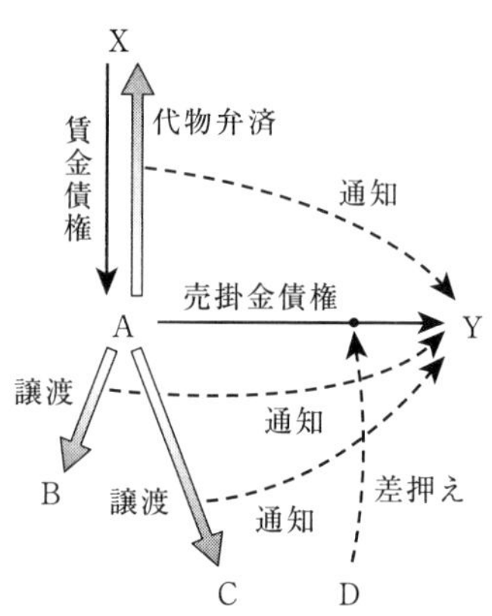

➡ *142*

が上告。

【判決理由】 破棄自判「指名債権が二重に譲渡され，確定日付のある各譲渡通知が同時に第三債務者に到達したときは，各譲受人は，第三債務者に対しそれぞれの譲受債権についてその全額の弁済を請求することができ，譲受人の1人から弁済の請求を受けた第三債務者は，他の譲受人に対する弁済その他の債務消滅事由がない限り，単に同順位の譲受人が他に存在することを理由として弁済の責めを免れることはできないもの，と解するのが相当である。また，指名債権の譲渡にかかる確定日付のある譲渡通知と右債権に対する債権差押通知とが同時に第三債務者に到達した場合であつても，右債権の譲受人は第三債務者に対してその給付を求める訴を提起・追行し無条件の勝訴判決を得ることができるのであり，ただ，右判決に基づいて強制執行がされた場合に，第三債務者は，二重払の負担を免れるため，当該債権に差押がされていることを執行上の障害として執行機関に呈示することにより，執行手続が満足的段階に進むことを阻止しうる（民訴法544条参照）にすぎないのである（最㈢判昭和48年3月13日民集27巻2号344頁参照）。

これを本件についてみると，前記の事実関係のもとにおいては，XのYに対する本件請求は，前示の⑶および⑷の各事由の存在によつてはなんら妨げられるものではないものというべく，記録によつても，YにおいてX以外の他の譲受人に対して既に弁済をしたなどの債務消滅事由等の存在を主張・立証した形跡はなんらうかがわれないから，Xの本件請求は全部理由があるものというべきである。

しかるに，原判決は，前示⑵および⑶の各債権譲渡通知書並びに⑷）の債権差押通知書がいずれも昭和49年3月6日午後零時から午後6時までの間にYに到達したのであるが，それ以上には右各通知書の到達の先後関係が確定できないためその相互間の優劣関係を決定することができないとして，Xの本件請求を排斥したものであつて，右は民法467条の解釈を誤つたものといわなければならず，その違法は原判決の結論に影響を及ぼすことが明らかであるから，原判決を破棄し，Xの本件請求を棄却した第1審判決を取り消したうえ，その請求を全部認容すべきである。」（裁判長裁判官　江里口清雄　裁判官　高辻正巳　環　昌一　横井大三）

143 確定日付のある証書による通知の同時到達 (2) ――譲受人相互間の関係

最(三)判平成5年3月30日民集47巻4号3334頁

(最判解〈平5上〉583頁，民商111巻1号102頁，百選Ⅱ〈第6版〉64頁，百選Ⅱ〈第9版〉50頁，平5重判83頁)

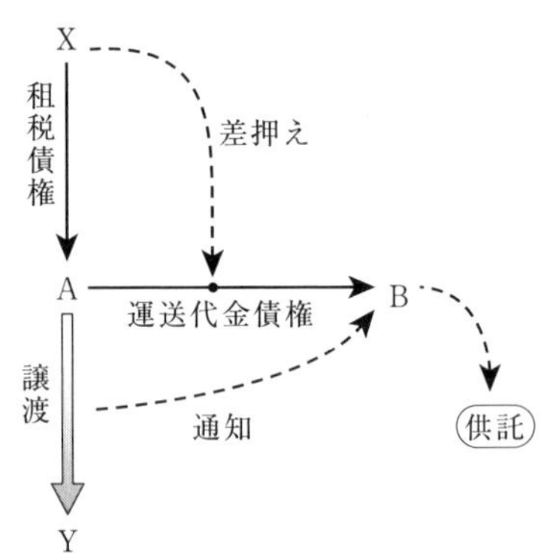

【事 実】 X（国）は，昭和60年9月24日，A会社に対する244万余円の租税債権を徴収するため，AがBに対して有していた運送代金支払請求権（本件債権）62万円を差し押さえ，この債権差押えの通知は，同日Bに送達された。他方，Yは，昭和60年9月18日，Aから本件債権を譲り受け，AはBに対し，同月19日の確定日付のある内容証明郵便をもって上記債権譲渡の通知をし，この通知は同月24日Bに到達した。上記債権差押えの通知と上記債権譲渡の通知のBへの各到達時の先後関係は不明であったため，Bは債権者不確知を理由として，本件債権額62万円を供託した。そこで，Xは，上記供託金につきAが取得した供託金還付請求権を差し押さえたうえ，Yを相手方としてXが上記供託金の還付請求権の取立権を有することの確認を訴求した。他方，YもXを相手方として上記供託金の還付請求権を有することの確認を反訴で求めた。1審は，債権差押えの効力は債権譲受人にも及ぶと解さざるをえないから，差押債権者が債権譲受人に優先する関係にあるとして，Xの請求を認容し，Yの反訴請求を棄却した。これに対し原審は，債権差押えの通知と債権譲渡の通知のBへの各到達時の先後関係が不明である場合には，XとYは互いに自己が優先的地位にある債権者であると主張しえず，その結果，いずれもBに対し自己の債権の優先を主張し得る地位にないとして，Xの請求およびYの反訴請求をともに棄却した。Xが上告。

【判決理由】 一部破棄自判，一部上告棄却 「しかしながら，原審の右判断は是認することができない。その理由は，次のとおりである。

1　国税徴収法に基づく滞納処分としての債権差押えの通知と確定日付のある右債権譲渡の通知とが当該第三債務者に到達したが，その到達の先後関係が不明であるために，その相互間の優劣を決することができない場合には，右各通知は同時に第三債務者に到達したものとして取り扱うのが相当である。

2　そして，右のように各通知の到達の先後関係が不明であるためにその相互間の優劣を決することができない場合であっても，それぞれの立場において取得した第三債務者に対する法的地位が変容を受けるわけではないから，国税の徴収職員は，国税徴収法 67 条 1 項に基づき差し押さえた右債権の取立権を取得し，また，債権譲受人も，右債権差押えの存在にかかわらず，第三債務者に対して右債権の給付を求める訴えを提起し，勝訴判決を得ることができる(最㈢判昭和 55 年 1 月 11 日民集 34 巻 1 号 42 頁参照)。しかし，このような場合には，前記のとおり，差押債権者と債権譲受人との間では，互いに相手方に対して自己が優先的地位にある債権者であると主張することが許されない関係に立つ。

3　そして，滞納処分としての債権差押えの通知と確定日付のある右債権譲渡の通知の第三債務者への到達の先後関係が不明であるために，第三債務者が債権者を確知することができないことを原因として右債権額に相当する金員を供託した場合において，被差押債権額と譲受債権額との合計額が右供託金額を超過するときは，差押債権者と債権譲受人は，公平の原則に照らし，被差押債権額と譲受債権額に応じて供託金額を案分した額の供託金還付請求権をそれぞれ分割取得するものと解するのが相当である。

4　これを本件についてみるのに，前記の事実関係によれば，本件債権差押通知と本件債権譲渡通知の第三債務者組合への到達の先後関係が不明であるために，第三債務者 B が本件債権額に相当する 62 万円を供託し，被差押債権額(62 万円）と譲受債権額（62 万円）の合計額（124 万円）は右供託金額を超過するから，差押債権者である X と債権譲受人である Y は，公平の原則に照らし，被差押債権額と譲受債権額に応じて供託金額を案分した額，すなわち各 31 万円の右供託金還付請求権をそれぞれ分割取得するものというべきである。

5　そうすると，右と異なる解釈の下に X の本訴請求をすべて棄却すべきものとした原審の判断には，法令の解釈適用を誤った違法があり，これが判決に影響を及ぼすことは明らかである。そして，前記説示に徴すれば，X の本訴請求は，X が福岡法務局昭和 61 年度金第 1313 号の供託金 62 万円のうち 31 万円の還付請求権の取立権を有することの確認を求める限度で理由があるから

→ *144*

右の限度でこれを認容し，その余は失当として棄却すべきものである。論旨は右の限度において理由がある。

四　以上の次第で，Xの本訴請求中，Xが福岡法務局昭和61年度金第1313号の供託金62万円のうち31万円の還付請求権の取立権を有することの確認請求を棄却した部分は破棄を免れず，右部分に関するXの本訴請求を認容した第1審判決はその限度で正当であるから，右部分についてYの控訴を棄却し，Xのその余の上告を棄却することとする。」（裁判長裁判官　貞家克己　裁判官　坂上壽夫　園部逸夫　佐藤庄市郎　可部恒雄）

144 資料・債権者不確知供託に関する最高裁判決について

平成5年5月18日民43814号法務局民事行政部長・地方法務局長あて民事局第4課長通知

【通知】 今般，金銭債権に対し，滞納処分による差押えとその譲渡がされたところ各通知の先後関係が不明であるため債権者のいずれが優先するかを知ることができないとして第三債務者からされた債権者不確知供託について，別添のとおり，最高裁判所第三小法廷は，この場合において，先後関係が最終的に判明しないときは，供託金還付請求権は，国と債権譲受人とに各債権額に応じて案分された割合で帰属する旨の判示をした（確定）。この判旨によると債権に対して差押え等が競合し，その対抗要件の具備の先後関係が不明である場合においては，払渡請求権は，被供託者に各債権額に応じて案分された割合で帰属することになると考えられるが，上記判示における先後関係の不明は実体的な関係を究極的・客観的にみた場合のことであるから，今後，第三債権者から債権者不確知供託の申請がされた場合において，その供託原因が債権譲渡通知等の先後関係が不明であるとするものであっても，従来どおりこれを受理して差し支えないので，この旨貴管下供託官に周知方取り計らい願います。

なお，すでに同様の事実で供託されたものに関し被供託者の一部から自己の債権の案分額について供託金払渡請求がされた場合には，供託規則第24条第2号の書面を添付することは必要であるので，念のため申し添えます。

解　説

467条2項は，債権の譲渡について，確定日付のある証書による債務者に対する通知または債務者の承諾が，債務者以外の第三者に対する対抗要件となることを規定している。*137*は，確定日付は，債務者に対する通知の証書に付されたものでなければならないとしたものである。

債権が二重に譲渡された場合には，複雑な関係が生ずる。

(1)　まず，第2譲渡のみに確定日付のある通知または承諾がされた場合をみよう。

第1譲渡に確定日付のある証書によらずに承諾がされた場合については，*139*は，確定日付のある証書による通知のなされた第2譲渡が優先するとした。ただし，第1譲渡が単なる通知であっても，第2譲渡以前に債務者による弁済等により債権が消滅していた場合には，そもそも二重譲渡の関係にはなく，対抗要件の問題ではないとするのが，*140*である。これによると，第1譲受人と債務者とが通謀して弁済の日時を遡らせれば，第2譲受人が害される危険がある。しかし，債務者の立場からすれば，確定日付のある証書による通知に対して弁済したのでなければ，後から第2譲渡がなされ，確定日付のある証書による通知または承諾がなされると，その弁済の効力が否定されるというのでは酷であり，467条1項も無意味になるので，上記の結論はやむをえないともいえる。それでは，第2譲渡後，第2譲渡につき確定日付のある証書による通知がされる以前に，第1譲受人に対して債務者が弁済した場合はどうなるのか。各自で考えてみよう。

(2)　次に，第1譲渡と第2譲渡がともに確定日付のある証書による通知または承諾がされた場合をみよう。

この場合につき，*141*は，譲受人相互の間の優劣を決するのは，確定日付の先後（確定日付説）ではなく，確定日付のある証書による通知が債務者に到達した時点の先後（到達時説）であると判示し，債務者の認識を基準として二重譲渡の優劣を決する立場を採用した。債権を譲り受けようとする第三者の立場からすれば，自分に先行する確定日付のある証書による通知のされた譲渡の有無を債務者に確かめれば十分であることを意味する。

債務者の認識を基準として優劣を決することができないのが，確定日付のあ

➡ *145*

る証書による通知の同時到達のケースである。この場合につき，*142*は，各譲受人は債務者に対する関係では，それぞれ譲受債権の全額を債務者に請求しうるとした。債務者がその弁済を拒絶しうる法律上の事由としては，他に優先する債権者が存するという事由のみであるとすれば，これに応ずるしかないことになるのであろう。*143*は，譲受人相互間の関係について判示したものであるが，「公平の原則に照らし」，各債権額に応じて分割した金額をそれぞれが分割取得するとした。もっとも，*143*は，債務者が譲渡の先後不明を理由に，債権者不確知を理由とする弁済供託を行なった場合において，各譲受人が相互に供託金の還付請求権の帰属を争った事案である。したがって，譲受人の一人が債務者から債権全額の弁済を受けた場合に，他方の譲受人がこの者に各譲受債権に応じた按分額を請求しうるかは，なお残された問題であるが，*143*と整合的に解釈するならば，これを肯定することになろう。各譲受人は債務者に対する関係では債権全額を請求しうる（つまり，弁済金を保持する法律上の原因がある）としても，優劣のない他の譲受人との関係で，この債権が自己に排他的に帰属することを実体法上正当化しえないからである。

［3］　将来債権の譲渡

145 将来債権譲渡契約の有効性

最(三)判平成11年1月29日民集53巻1号151頁・興銀リース事件

(最判解〈平11上〉79頁，法協119巻4号762頁，百選Ⅱ〈第7版〉58頁，百選Ⅱ〈第9版〉46頁，社会保障百選〈第5版〉52頁，平11重判82頁)

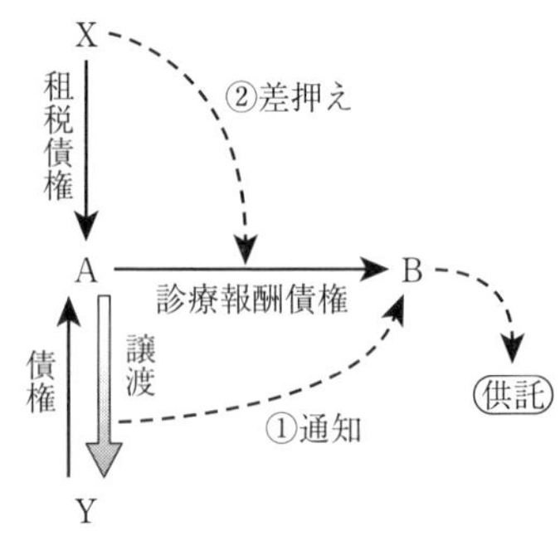

【事実】 診療所を経営する医師Aは，1982年11月16日，Y（興銀リース株式会社）との間で，YのAに対する債権の回収のため，Aが同年12月1日から8年3か月の間にB（社会保険診療報酬支払基金）から支払を受けるべき各月の診療報酬債権の一定額分をYに対して譲渡する旨の契約を締結し，1982年11月24日，Bに対し，本件契約について確定日付のある証書をもって通知をした。他方，C（仙台国税局長）は，1989年5月25日，国税

の滞納処分として，Aが1989年7月1日から1990年6月30日までの間にBから支払を受けるべき各診療報酬債権を差し押さえ，Bに対してその旨の差押通知書が送達された。そこで，Bは，本件債権部分に係る各債権について，債権者不確知等を原因とし，被供託者をAまたはYとして，合計519万円余を供託した。Cは，上記の各供託金についてのAの還付請求権を順次差し押さえた。そして，X（国）は，本件契約のうち譲渡開始から1年を超えた後に弁済期が到来する各診療報酬債権に関する部分は無効であり，その債権者はAであると主張して，Xが各還付請求権について取立権を有することの確認を求めて訴えた。

1審および原審は，本件債権部分に係る各債権は，本件契約による譲渡開始から6年7か月経過後に弁済期が到来したもので，本件契約締結時点において債権が安定して発生することが確実に期待されたものであったとはいえないとして，その部分の契約の有効性を否定し，Xの請求を認容した。Yから上告。

【判決理由】 破棄自判「1　将来発生すべき債権を目的とする債権譲渡契約の有効性については，次のように解すべきものと考える。

㈠　債権譲渡契約にあっては，譲渡の目的とされる債権がその発生原因や譲渡に係る額等をもって特定される必要があることはいうまでもなく，将来の一定期間内に発生し，又は弁済期が到来すべき幾つかの債権を譲渡の目的とする場合には，適宜の方法により右期間の始期と終期を明確にするなどして譲渡の目的とされる債権が特定されるべきである。ところで，原判決は，将来発生すべき診療報酬債権を目的とする債権譲渡契約について，一定額以上が安定して発生することが確実に期待されるそれほど遠い将来のものではないものを目的とする限りにおいて有効とすべきものとしている。しかしながら，将来発生すべき債権を目的とする債権譲渡契約にあっては，契約当事者は，譲渡の目的とされる債権の発生の基礎を成す事情をしんしゃくし，右事情の下における債権発生の可能性の程度を考慮した上，右債権が見込みどおり発生しなかった場合に譲受人に生ずる不利益については譲渡人の契約上の責任の追及により清算することとして，契約を締結するものと見るべきであるから，右契約の締結時において右債権発生の可能性が低かったことは，右契約の効力を当然に左右するものではないと解するのが相当である。

㈡　もっとも，契約締結時における譲渡人の資産状況，右当時における譲渡人の営業等の推移に関する見込み，契約内容，契約が締結された経緯等を総合

➡ *145*

的に考慮し，将来の一定期間内に発生すべき債権を目的とする債権譲渡契約について，右期間の長さ等の契約内容が譲渡人の営業活動等に対して社会通念に照らし相当とされる範囲を著しく逸脱する制限を加え，又は他の債権者に不当な不利益を与えるものであると見られるなどの特段の事情の認められる場合には，右契約は公序良俗に反するなどとして，その効力の全部又は一部が否定されることがあるものというべきである。

㈢　所論引用に係る最㈡判昭和53年12月15日裁判集民事125号839頁は，契約締結後一年の間に支払担当機関から医師に対して支払われるべき診療報酬債権を目的とする債権譲渡契約の有効性が問題とされた事案において，当該事案の事実関係の下においてはこれを肯定すべきものと判断したにとどまり，将来発生すべき債権を目的とする債権譲渡契約の有効性に関する一般的な基準を明らかにしたものとは解し難い。

2　以上を本件について見るに，本件契約による債権譲渡については，その期間及び譲渡に係る各債権の額は明確に特定されていて，Y以外のAの債権者に対する対抗要件の具備においても欠けるところはない。AがYとの間に本件契約を締結するに至った経緯，契約締結当時のAの資産状況等は明らかではないが，診療所等の開設や診療用機器の設置等に際して医師が相当の額の債務を負担することがあるのは周知のところであり，この際に右医師が担保として提供するのに適した不動産等を有していないことも十分に考えられるところである。このような場合に，医師に融資する側からすれば，現に担保物件が存在しなくても，この融資により整備される診療施設によって医師が将来にわたり診療による収益を上げる見込みが高ければ，これを担保として右融資を実行することには十分な合理性があるのであり，融資を受ける医師の側においても，債務の弁済のために，債権者と協議の上，同人に対して以後の収支見込みに基づき将来発生すべき診療報酬債権を一定の範囲で譲渡することは，それなりに合理的な行為として選択の対象に含まれているというべきである。このような融資形態が是認されることによって，能力があり，将来有望でありながら，現在は十分な資産を有しない者に対する金融的支援が可能になるのであって，医師が右のような債権譲渡契約を締結したとの一事をもって，右医師の経済的な信用状態が当時既に悪化していたと見ることができないのはもとより，将来

➡ 146

において右状態の悪化を招来することを免れないと見ることもできない。現に，本件において，Aにつき右のような事情が存在したことをうかがわせる証拠は提出されていない。してみると，Aが本件契約を締結したからといって，直ちに，本件債権部分に係る本件契約の効力が否定されるべき特段の事情が存在するということはできず，他に，右特段の事情の存在等に関し，主張立証は行われていない。

そうすると，本件債権部分に係る本件契約の効力を否定してXの請求を認容すべきものとした原審の判断には，法令の解釈適用の誤りがあるというほかなく，右違法は原判決の結論に影響を及ぼすことが明らかである。この点をいう論旨は理由があり，論旨のその余の点について判断するまでもなく，原判決は破棄を免れない。そして，右に説示したところに徴すれば，Xの本件請求は，理由がないことが明らかであるから，右請求を認容した第一審判決を取り消し，これを棄却すべきである。」（裁判長裁判官　千種秀夫　裁判官　園部逸夫　尾崎行信　元原利文　金谷利廣）

146　集合債権の譲渡予約

最(二)判平成12年4月21日民集54巻4号1562頁

(最判解〈平12上〉499頁，法協123巻6号85頁，民商123巻6号85頁，百選Ⅰ〈第5版新法対応補正版〉206頁，平12重判64頁)

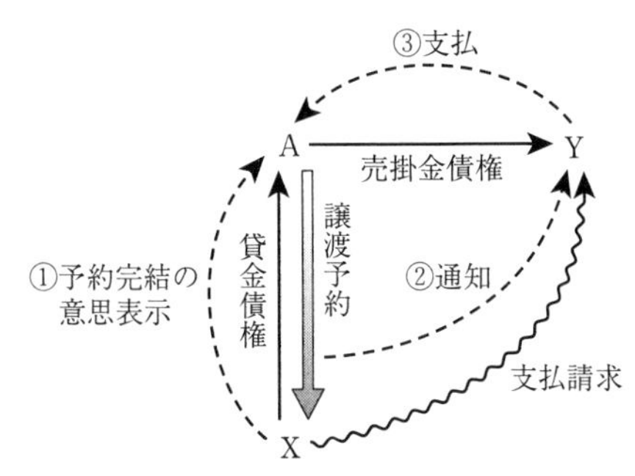

【事実】 A（株式会社カツラ）は，X（中山商事株式会社）から寝装品の材料である原綿等を継続的に仕入れてきたが，Aは1991年頃から資金繰りに困難が生じるようになり，Xは，Aの依頼により，融資や支払の猶予をするなど，その資金繰りに協力していた。Xは，1992年9月当時，既にA所有の不動産に後順位の根抵当権の設定を受けていたが，以後も引き続きAへの援助を続けていくためには，Aから更に担保の提供を受けることが必要と考え，Aと協議した結果，同月1日，Aとの間で，XのAに対する現在および将来の債権

➡ 146

を担保するため，Aがその取引先であるYを含む11社に対して現に有しまたは将来有することのある一切の商品売掛代金債権について債権譲渡予約を締結した。その内容は，AがXに対する債務の弁済を遅滞し，支払停止に陥り，またはその他不信用な事実があったときは，AはXに対する債務について期限の利益を失い，Xは，直ちに債権譲渡の予約を完結し，債権の取立て等を実行することができるとするものであった。

Aは，1993年11月4日，Xに，経営の改善の見通しが立たないので廃業する旨連絡した。Xは，同月5日，Aに対し，本件予約の完結の意思表示をし，Aの記名印および代表者印の押なつ済みの債権譲渡通知書に日付，譲渡債権の額等を補充した上，Yを含む11社に発送し，翌6日ころ到達した。ところが，上記通知書を受け取ったYは，譲渡の有無をAに問い合わせたところ，Aの代表取締役らが譲渡を否定したので，譲渡がなかったものと信じて，同年11月9日，買掛金全額をAに支払った。その後，XがYに対して譲受債権の支払請求をしたが，Yが拒絶したため，その支払を求めて訴えた。1審は，本件予約は，譲渡の目的となる債権が特定されておらず，公序良俗に反して無効であるとしてXの請求を棄却したが，原審は，Xの請求を認容した。Yから上告。

【判決理由】 上告棄却 「1　まず，債権譲渡の予約にあっては，予約完結時において譲渡の目的となるべき債権を譲渡人が有する他の債権から識別することができる程度に特定されていれば足りる。そして，この理は，将来発生すべき債権が譲渡予約の目的とされている場合でも変わるものではない。本件予約において譲渡の目的となるべき債権は，債権者及び債務者が特定され，発生原因が特定の商品についての売買取引とされていることによって，他の債権から識別ができる程度に特定されているということができる。

2　次に，本件予約によって担保される債権の額は将来増減するものであるが，予約完結の意思表示がされた時点で確定するものであるから，右債権の額が本件予約を締結した時点で確定していないからといって，本件予約の効力が左右されるものではない。

3　また，前記のような本件予約の締結に至る経緯に照らすと，XがAの窮状に乗じて本件予約を締結させ，抜け駆け的に自己の債権の保全を図ったなどということはできない。さらに，本件予約においては，AにXに対する債務の不履行等の事由が生じたときに，Xが予約完結の意思表示をして，Aがその時に第三債務者であるＹらに対して有する売掛代金債権を譲り受けることができるとするものであって，右完結の意思表示がされるまでは，Ａは，本件予約の目的となる債権を自ら取り立てたり，これを処分したりすることができ，Ａの債権者もこれを差し押さえることができるのであるから，本件予約が，Ａの経営を過度に拘束し，あるいは他の債権者を不当に害するなどとはいえず，本件予約は，公序良俗に反するものではない。

以上によると，本件予約が有効であるとした原審の判断は，正当として是認することができる。所論引用の判例は，事案を異にし本件に適切でない。論旨は採用することができない。」（裁判長裁判官　亀山継夫　裁判官　河合伸一　福田博　北川弘治　梶谷　玄）

147　集合債権譲渡担保における第三者対抗要件

最(一)判平成13年11月22日民集55巻6号1056頁・ダイエーオーエムシー事件

（最判解〈平13下〉681頁，民商130巻3号124頁，百選Ⅰ〈第8版〉202頁，百選Ⅰ〈第9版〉198頁，平13重判76頁）

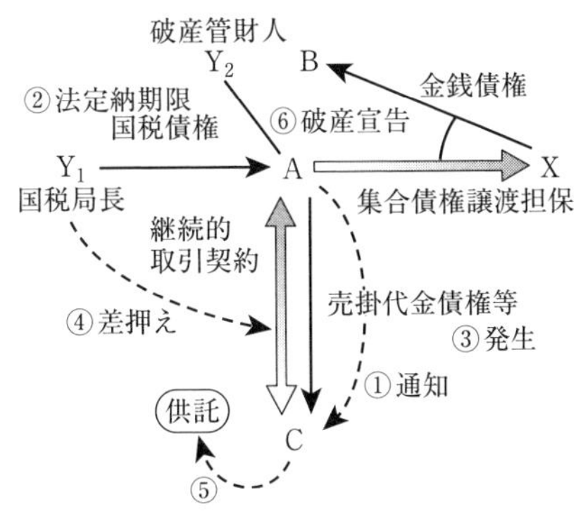

【事実】 Ａ（株式会社ベストフーズ）は，Ｘ（株式会社ダイエーオーエムシー）との間で，1997年3月31日，Ｂ（株式会社イヤマフーズ）がＸ社に対して負担する一切の債務の担保として，ＡがＣ（株式会社ダイエー）との間の継続的取引契約に基づき，その時点で有するおよび将来1年間に取得する商品売掛代金債権および商品販売受託手数料債権をＸ社に譲渡する旨の債権譲渡担保設定契約を締結した。Ａは，Ｃに対し，1997年6月4日，確定日付のある内容証明郵便をもって，債権譲渡担保設定通知をし，同通知は翌日にＣに到達した。

1998年3月25日，Ａが手形不渡りを出したことにより，ＢはＸに対する債務の期限の利益を喪失し，本件契約において定める担保権実行の事由が発生した。Ｘは，Ｃに対し，同月31日，確定日付のない書面をもって本件譲渡担保設定契約について譲渡担保権実行の通知をした。他方，Y_1（国）は，1998年4月3日付けお

➡ 147

よび同月6日付けの差押通知書をCに送達して，同年3月11日〜20日および同月21日〜30日の商品売掛代金債権および商品販売受託手数料債権について，Aに対する滞納処分による差押えをした。Cは，1998年5月26日，上記債権について，債権者を確知することができないことを理由に，被供託者をAまたはXとする供託をした。Aは，同年6月25日，破産宣告を受け，Y_2が破産管財人に選任された。

そこで，Xは，Y_1およびY_2に対し，上記債権の債権者であると主張して，Xが弁済供託金の還付請求権を有することの確認を求めて訴えを提起した。

1審は，Xの請求を棄却。原審も，次のように述べて，Xの請求を棄却した。すなわち，一方で，Xの本件通知には，AがCに対する債権につきXのために譲渡担保権を設定したとの記載があるが，これに続けて，Xからの別途の通知があった場合にはXに弁済することを求めるとの記載もあり，将来の別途の通知があるまでは，CはAに対する弁済等により，担保権の目的物を消滅させることが認められているから，債務者が本件通知により債権の帰属に変動が生じたと認識することを期待することはできない。他方で，本件契約が，将来，約定の担保権実行の事由が発生し，XがCに担保権実行の通知をした時点でXに債権が移転するという内容であったとしても，不確実な将来の事由が生じたら債権譲渡の効力を発生させるということを通知するにすぎない。したがって，本件通知をもって第三者対抗要件としての通知の効力を認めることはできない。Xから上告。

【判決理由】 破棄自判 「(1) 甲が乙に対する金銭債務の担保として，発生原因となる取引の種類，発生期間等で特定される甲の丙に対する既に生じ，又は将来生ずべき債権を一括して乙に譲渡することとし，乙が丙に対し担保権実行として取立ての通知をするまでは，譲渡債権の取立てを甲に許諾し，甲が取り立てた金銭について乙への引渡しを要しないこととした甲，乙間の債権譲渡契約は，いわゆる集合債権を対象とした譲渡担保契約といわれるものの1つと解される。この場合は，既に生じ，又は将来生ずべき債権は，甲から乙に確定的に譲渡されており，ただ，甲，乙間において，乙に帰属した債権の一部について，甲に取立権限を付与し，取り立てた金銭の乙への引渡しを要しないとの合意が付加されているものと解すべきである。したがって，上記債権譲渡について第三者対抗要件を具備するためには，指名債権譲渡の対抗要件（民法467条2項）の方法によることができるのであり，その際に，丙に対し，甲に付与された取立権限の行使への協力を依頼したとしても，第三者対抗要件の効果を妨げるものではない。

➡ *148*

⑵　原審の確定した前記事実関係によれば，本件契約は，Aが，BのXに対する債務の担保として，Xに対し，Cとの間の継続的取引契約に基づく本件目的債権を一括して確定的に譲渡する旨の契約であり，譲渡の対象となる債権の特定に欠けるところはない。そして，本件通知中の「Aは，同社がCに対して有する本件目的債権につき，Xを権利者とする譲渡担保権を設定したので，民法467条に基づいて通知する。」旨の記載は，AがCに対し，担保として本件目的債権をXに譲渡したことをいうものであることが明らかであり，本件目的債権譲渡の第三者対抗要件としての通知の記載として欠けるところはないというべきである。本件通知には，上記記載に加えて，「XからCに対して譲渡担保権実行通知（書面又は口頭による。）がされた場合には，この債権に対する弁済をXにされたい。」旨の記載があるが，この記載は，Xが，自己に属する債権についてAに取立権限を付与したことから，Cに対し，別途の通知がされるまではAに支払うよう依頼するとの趣旨を包含するものと解すべきであって，この記載があることによって，債権がXに移転した旨の通知と認めることができないとすることは失当である。

4　そうすると，本件通知に債権譲渡の第三者対抗要件としての通知の効力を否定してXの請求を棄却すべきものとした原審の判断には，判決に影響を及ぼすことが明らかな法令の違反がある。この点をいう論旨は理由があり，原判決は破棄を免れない。

そして，以上説示したところによれば，Xの本件請求は理由があることが明らかであるから，本件請求を棄却した第1審判決を取り消し，これを認容すべきである。」（裁判長裁判官　藤井正雄　裁判官　井嶋一友　町田　顯　深澤武久）

148　指名債権の譲渡予約における第三者対抗要件

最(三)判平成13年11月27日民集55巻6号1090頁・ゴルフクラブ会員権譲渡予約事件

(最判解〈平13下〉703頁，平13重判78頁)

【事実】　Aは，1984年7月3日，Z（幸福銀行）との間で，AがZに対して負担する債務の担保として，Y（大宝塚ゴルフ会社）の経営に係るゴルフ場およびその附帯施設の優先的利用権を内容とするゴルフクラブ会員権をZに譲渡することを

➡ 148

予約し，同債務についてAに不履行があったときは，Zの予約完結の意思表示により本件ゴルフクラブ会員権譲渡の本契約を成立させることができる旨の合意をし，そのころ，Yは，確定日付のある証書により，本件譲渡予約を承諾した。

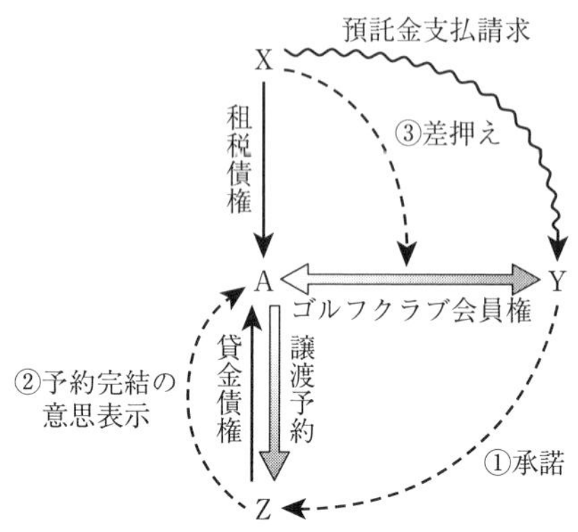

Zは，平成3年10月5日，Aに対し，本件譲渡予約を完結する旨の意思表示をしたが，これによる本件ゴルフクラブ会員権の譲渡について，確定日付のある証書によるYへの通知またはYの承諾はなされていない。他方，X（国）は，同月9日，Aに対する滞納処分として本件ゴルフクラブ会員権を差し押さえ，同日，差押通知書をYに送達した。その後，本件ゴルフクラブ会員権について預託金の据置期間が経過し，Aが解散してゴルフクラブの会員資格を喪失したため，Aは，預託金950万円の返還請求権を取得した。そこで，Xは，本件預託金を取り立てるため，Yに対して訴えを提起した。ZがYに補助参加。1審および原審は，Xの請求を認容した。Yから上告。

【判決理由】 上告棄却「3　民法467条の規定する指名債権譲渡についての債務者以外の第三者に対する対抗要件の制度は，債務者が債権譲渡により債権の帰属に変更が生じた事実を認識することを通じ，これが債務者によって第三者に表示され得るものであることを根幹として成立しているところ（最㈠判昭和49年3月7日民集28巻2号174頁参照），指名債権譲渡の予約につき確定日付のある証書により債務者に対する通知又はその承諾がされても，債務者は，これによって予約完結権の行使により当該債権の帰属が将来変更される可能性を了知するに止まり，当該債権の帰属に変更が生じた事実を認識するものではないから，上記予約の完結による債権譲渡の効力は，当該予約についてされた上記の通知又は承諾をもって，第三者に対抗することはできないと解すべきである。

これを本件についてみると，本件譲渡予約については確定日付ある証書によりYの承諾を得たものの，予約完結権の行使による債権譲渡について第三者に対する対抗要件を具備していないZは，本件ゴルフクラブ会員権の譲受けをXに対抗することはできないといわなければならない。

以上と同旨に帰する原審の判断は是認することができ，その過程に所論の違法はない。」(裁判長裁判官　奥田昌道　裁判官　千種秀夫　金谷利廣　濱田邦夫)

149 国税の法定納期限前になされた将来債権の譲渡の第三者対抗要件

最(一)判平成19年2月15日民集61巻1号243頁 (最判解〈平19上〉125頁，租税百選〈第5版〉214頁，平19重判74頁)

【事実】 A(株式会社ベストフーズ) は，1997年3月31日，X(株式会社オーエムシーカード) との間で，B(株式会社イヤマフーズ) がXに対して負担する一切の債務の担保として，AがC(株式会社ダイエー) との間の継続的取引契約に基づき，同日現在有し，および同日から1年の間に取得する商品売掛代金債権および商品販売受託手数料債権をXに譲渡する旨の債権譲渡担保契約を締結した。そして，Aは，同年6月5日，Cに対し，同月4日付けの確定日付のある内容証明郵便をもって，本件契約に係る債権譲渡担保の設定を通知した。

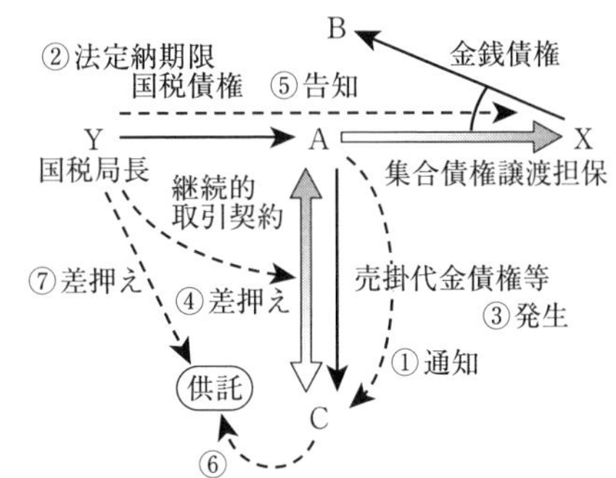

その後，Aが国税を滞納したため，Aに対する国税の滞納処分として，本件目的債権のうち1998年3月11日から同月30日までの間に発生したもの（本件債権）が差し押さえられた。Y（関東信越国税局長）は，同年4月10日，Aが同日現在滞納していた国税のうち本件債権の発生前に法定納期限等を徒過していた国税（本件国税）について，国税徴収法24条1項の規定により譲渡担保財産である本件債権から徴収するため，Xに対し，同条2項所定の告知をした。Cは，同年5月26日，本件債権について，債権者不確知を理由に，被供託者をAまたはXとして2億8212万余円を供託した。Xは，同月27日，Yに対し，Xが本件債権を譲渡担保財産としたのは本件国税の法定納期限等以前である旨を述べた書面を提出し，その提出に当たっては，上記内容証明郵便の原本を呈示するとともにその写しを提出した。これに対し，Yは，2001年11月22日，国税徴収法24条3項の規定に基づき，譲渡担保権者であるXを第二次納税義務者とみなし，上記供託金に係る還付

➡ *149*

請求権を差し押さえた。そこで，XがYに対し，その取消しを求めて訴えた。

1審は，Yの本件差押えを違法として取り消した。これに対し，原審は，本件差押えに違法はないと判断し，1審を取り消し，Xの請求を棄却した。Xから上告。

【判決理由】 破棄自判 「⑴ 将来発生すべき債権を目的とする債権譲渡契約は，譲渡の目的とされる債権が特定されている限り，原則として有効なものである（最㈢判平成11年1月29日民集53巻1号151頁参照）。また，将来発生すべき債権を目的とする譲渡担保契約が締結された場合には，債権譲渡の効果の発生を留保する特段の付款のない限り，譲渡担保の目的とされた債権は譲渡担保契約によって譲渡担保設定者から譲渡担保権者に確定的に譲渡されているのであり，この場合において，譲渡担保の目的とされた債権が将来発生したときには，譲渡担保権者は，譲渡担保設定者の特段の行為を要することなく当然に，当該債権を担保の目的で取得することができるものである。そして，前記の場合において，譲渡担保契約に係る債権の譲渡については，指名債権譲渡の対抗要件（民法467条2項）の方法により第三者に対する対抗要件を具備することができるのである（最㈠判平成13年11月22日民集55巻6号1056頁参照）。

以上のような将来発生すべき債権に係る譲渡担保権者の法的地位にかんがみれば，国税徴収法24条6項の解釈においては，国税の法定納期限等以前に，将来発生すべき債権を目的として，債権譲渡の効果の発生を留保する特段の付款のない譲渡担保契約が締結され，その債権譲渡につき第三者に対する対抗要件が具備されていた場合には，譲渡担保の目的とされた債権が国税の法定納期限等の到来後に発生したとしても，当該債権は「国税の法定納期限等以前に譲渡担保財産となっている」ものに該当すると解するのが相当である。

⑵ 前記事実関係によれば，本件契約においては，約定の担保権実行の事由が生じたことに基づき，XがCに対して担保権実行の通知をするまでは，Aがその計算においてCから本件目的債権につき弁済を受けることができるものとされていたというのであるが，これをもって，本件契約による債権譲渡の効果の発生を留保する付款であると解することはできない（前掲平成13年11月22日第一小法廷判決参照）。そして，前記事実関係によれば，Xは，前記1⑹のとおり，本件差押えに先立ち，本件債権が本件国税の法定納期限等以前に

譲渡担保財産となっている事実を内容証明郵便によって証明したものということができるから，本件について国税徴収法24条1項の規定を適用することはできないというべきである。

そうすると，Yが同条3項の規定に基づきXを第二次納税義務者とみなして行った本件差押えは違法というべきである。

5　以上のとおりであるから，本件差押えに違法はないとした原審の判断には，判決に影響を及ぼすことが明らかな法令の違反がある。論旨は理由があり，原判決は破棄を免れない。そして，第1審判決が本件差押えの取消しを求めるXの請求を認容したのは正当であるから，Yの控訴を棄却すべきである。」（裁判長裁判官　横尾和子　裁判官　甲斐中辰夫　泉　徳治　才口千晴）

解　説

2017年改正では，将来債権を「現に発生していない債権」と定義したうえで，将来債権の譲渡に関する規定を新設している（466条の6，467条1項）。これらの規定は，債務者の事業上の収益に着目した資金調達の方法が注目されるなかで形成された将来債権の譲渡についての判例法の規律を明文化したものである。したがって，上記規定を解釈するうえでは，従前の判例法の規律を理解しておくことが重要である。

(1)　まず，将来発生すべき債権を目的とする債権譲渡契約の有効性については，先例として，最(二)判昭和53年12月15日（判時916号25頁）がある。この判決が，将来生ずべき医師の診療報酬債権の譲渡契約の有効性が争われた事案で，それが「医師が通常の診療業務を継続している限り，一定額以上の安定したものであることが確実に期待されるもの」であるとの認識に立ちつつ，「将来生じるものであっても，それほど遠い将来のものでなければ，特段の事情のない限り，現在すでに債権発生の原因が確定し，その発生を確実に予測しうるものであるから，始期と終期を特定してその権利の範囲を確定することによって，これを有効に譲渡することができるというべきである」（傍点筆者）と判示したことから，それ以降，債権発生の「確実性」を将来債権の譲渡契約の有効要件とするのが判例の立場であるとの理解が広く受容され，それに沿った実務の運用がされていた。

➡ 解説

*145*は，上記判決は，当該事案の事実関係の下で債権譲渡契約の有効性を肯定した事例判決としての意義を有するにとどまり，将来発生すべき債権を目的とする債権譲渡契約にあっては，「右契約の締結時において右債権発生の可能性が低かったことは，右契約の効力を当然に左右するものではない」との立場を明らかにした重要な判決である。もっとも，*145*は，将来債権の包括的な譲渡を広く認める一方で，それによって生ずる問題を考慮に入れて，①「譲渡人の営業活動等に対して社会通念に照らし相当とされる範囲を著しく逸脱する制限を加え」る場合や，②「他の債権者に不当な不利益を与える」場合には，公序良俗違反により譲渡契約の効力の全部または一部が否定されることがありうるという限定を付していることに注意すべきである。

⑵ 次に，債権譲渡契約においては，譲渡の目的とされる債権が「譲渡人が有する他の債権から識別することができる程度に特定されてい」ることが必要である（*146*）（傍点筆者）。将来発生すべき債権の一括譲渡（集合債権譲渡）の場合には，譲渡の目的債権を特定する方法としては，「その発生原因や譲渡に係る額等」（*145*），あるいは「発生原因となる取引の種類，発生期間等」（*147*）によることが，判例上も認められている。

⑶ 債権譲渡契約の有効性に関し，上記⑴および⑵の要件を充たしているのかを判断するのがいつの時点であるかについては，譲渡の効力が発生する時点との関係から，次の2つの類型を区別する必要がある。すなわち，一方で，①通常の債権譲渡契約の場合は，譲渡契約の時点が基準とされる。*125*・*127*は，これを前提にした判断を行っている。他方で，②債権の譲渡予約の場合には，予約完結の意思表示がされた時点で譲渡の効力が生ずるから，上記⑵の特定性の要件は，予約完結時において満たせば足りるといえる。また，予約完結の意思表示がされるまでは，譲渡の効力が生じていないから，譲渡人の経営を過度に拘束し，あるいは他の債権者を不当に害することを理由に，公序良俗違反とされることも考えにくい。*146*は，この理を示したものである。

⑷ （将来）債権譲渡の債務者以外の第三者に対する対抗要件についても，①通常の債権譲渡契約の場合と，②債権の譲渡予約の場合とでは，その扱いを異にしている。

すなわち，①金銭債務の担保として既発生および将来債権を一括して譲渡する集合債権譲渡担保契約の場合について，*147* は，集合債権の譲渡について指名債権譲渡の対抗要件（467条2項）の方法によることを認めたものである。注目すべきは，その理由づけとして，*147* は，既発生債権のみならず，将来債権を含めた集合債権全体について，譲渡担保契約の時点において，譲渡人（甲）から譲受人（乙）に「確定的に譲渡されて」おり，ただ，甲乙間において，乙が債務者に対し「担保権実行としての取立ての通知」をするまでは，「乙に帰属した債権の一部について，甲に取立権限を付与し，取り立てた金銭の乙への引渡しを要しないとの合意が付加されているものと解すべきである」（傍点筆者）という集合債権についての見方を示している点である。これによると，将来生ずべき債権の譲渡にあっても，譲渡の効力が確定的に生ずるのは，当該債権が具体的に発生した時点ではなく，当初の譲渡契約の時点であって，そうであるがゆえに，将来債権の移転（帰属の変更）についても，指名債権譲渡の対抗要件の方法によって第三者対抗要件を具備することが可能となるわけである。

以上の論理を，②債権譲渡の予約に及ぼしたのが，*147* の直後に現れた *148* である。*148* は，指名債権譲渡の予約については，当該予約について確定日付のある証書による通知または承諾がなされても，予約完結による債権譲渡の効力を第三者に対抗することはできないと判示したものである。譲渡予約にあっては，債権譲渡の効力が生ずるのは予約完結権を行使した時点であるから，譲渡予約について債務者に対する通知または承諾がされても，「当該債権の帰属が将来変更される可能性を了知するに止まり，当該債権の帰属に変更が生じた事実を認識するものではないから」（傍点筆者）というのが，その理由である。その結果，債権譲渡の予約については，予約時には第三者対抗要件を具備することはできないことになる。

このような論理は，将来債権を目的とする譲渡担保と国税債権の優劣が争点となった *149* においても確認されよう。*149* は，「債権譲渡の効果の発生を留保する特段の付款のない限り，譲渡担保の目的とされた債権は譲渡担保契約によって譲渡担保設定者から譲渡担保権者に確定的に譲渡されているのであり，この場合において，譲渡担保の目的とされた債権が将来発生したときには，譲渡担保権者は，譲渡担保設定者の特段の行為を要することなく当然に，当該債権を担保の目的で取得することができる」と判示したうえで，このような将来

➡ 150

債権にかかる「譲渡担保権者の法的地位」にかんがみれば，譲渡担保の目的とされた債権が国税の法定納期限等の到来後に発生したとしても，当該将来債権が国税徴収法24条6項（現8項）にいう「国税の法定納期限等以前に譲渡担保財産となっている」ものに該当するとの結論を導いている。

以上からすると，判例の基礎にある考え方は，将来債権の譲渡担保契約が締結された場合には，具体的な債権の発生前の段階であっても，第三者対抗要件を具備した時点で，目的債権の帰属の変更という「債権譲渡の効果」が確定的に生じていることにあるとみることができよう。その結果，一方で，譲渡担保設定者は目的債権に対する処分権を失い，他方で，譲渡担保権者には，当該債権が具体的に発生したときにはこれを当然に取得しうる法的権能が帰属している。つまり，目的債権は，譲渡担保設定者の責任財産から逸出し，「譲渡担保財産となっている」わけである。

［4］　債権譲渡における債務者の抗弁

150　債務者が債権の譲受人に対抗することができる事由

最(二)判昭和42年10月27日民集21巻8号2161頁

（*最判解〈昭42〉479頁，百選Ⅱ〈第3版〉68頁，百選Ⅱ〈第4版〉68頁，百選Ⅱ〈第7版〉60頁，百選Ⅱ〈第8版〉56頁*）

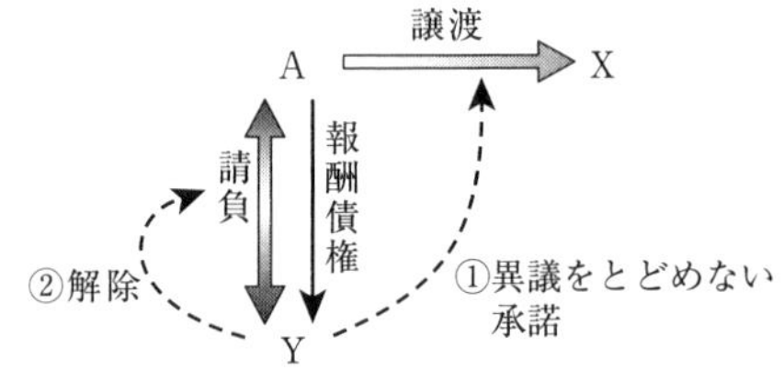

【事 実】 1963年4月15日，Yの注文によりA建設会社は店舗兼住宅の建築工事を請け負い，工事完成時期を同年6月末とし，報酬金290万円（契約時に100万円，4月30日に50万円，6月5日に40万円，完成引渡時に90万円，残金は支払済みの仮契約金10万円を充当する）とする請負契約がYA間に成立した。同年6月19日，Aは，上記報酬請求権のうち完成引渡時に支払われるべき分割払金90万円中の80万円をXに譲渡し，Yは異議をとどめずしてこれを承諾した。この譲渡に際しXは，上記債権が請負契約に基づく報酬請求権であり，しかも将来完成されるべき未完成工事部分の報酬金に属するものであることを知っていた。AはYから報酬金のうち200万円を受け取りながら同年7月30日以降工事を中止し，約6分どおりの工事をしたまま放置し

たので，Yは同年9月25日に上記請負契約を解除した。XがYに対しAから上記譲受債権の支払を訴求したが，1審・原審ともXの請求を棄却した。Xが上告し，Yの異議をとどめない承諾により，Yは契約解除による残代金の支払義務の消滅という抗弁事由をXに対抗しえないはずだと主張した。

【判決理由】 上告棄却 「請負契約は，報酬の支払いと仕事の完成とが対価関係に立つ諾成，双務契約であって，請負人の有する報酬請求権はその仕事完成引渡と同時履行の関係に立ち，かつ仕事完成義務の不履行を事由とする請負契約の解除により消滅するものであるから，右報酬請求権が第三者に譲渡され対抗要件をそなえた後に請負人の仕事完成義務不履行が生じこれに基づき請負契約が解除された場合においても，右債権譲渡前すでに反対給付義務が発生している以上，債権譲渡時すでに契約解除を生ずるに至るべき原因が存在していたものというべきである。従って，このような場合には，債務者は，右債権譲渡について異議をとどめない承諾をすれば，右契約解除をもつて報酬請求権の譲受人に対抗することができないが，しかし，債務者が異議をとどめない承諾をしても，譲受人において右債権が未完成仕事部分に関する請負報酬請求権であることを知っていた場合には債務者は，譲受人に契約解除をもって対抗することができるものと解すべきである。けだし，民法468条1項本文が指名債権の譲渡につき債務者の異議をとどめない承諾に抗弁喪失の効果をみとめているのは，債権譲受人の利益を保護し一般債権取引の安全を保障するため法律が附与した法律上の効果と解すべきであって，悪意の譲受人に対してはこのような保護を与えることを要しないというべきだからである。

従って，Yは，Aが本件債権譲渡後に残工事完成義務を履行しなかったため，本件請負契約が解除された結果報酬残金90万円の支払義務がなくなったことを理由として，本件債権の悪意の譲受人たるXに対しその支払いを拒むことができるものというべきであり，これと同旨の原審の判断は正当である。所論は原審の認定にそわない事実を前提とする部分もあり，引用の判例は本件に適切でなく，論旨は理由がない。」（裁判長裁判官　奥野健一　裁判官　草鹿浅之介　城戸芳彦　石田和外　色川幸太郎）

151 譲渡債権を被担保債権とする抵当権の復活(1)

大決昭和8年8月18日民集12巻2105頁(判民昭和8年度141事件,百選II〈第3版〉70頁)

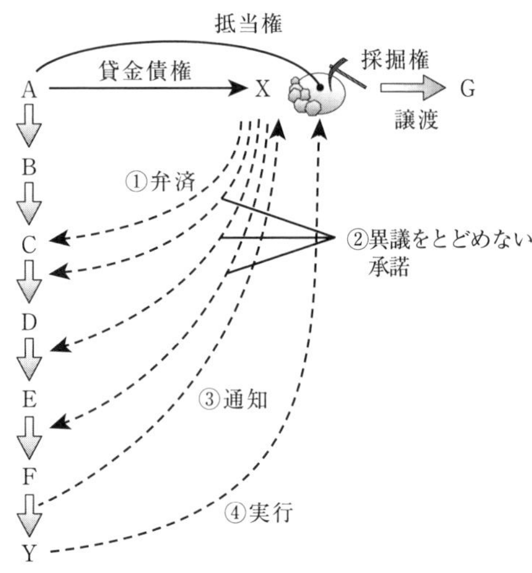

【事実】 XはA銀行から6万円を借り入れ,その担保としてXの有する採掘権に抵当権を設定した。Xは上記債務のうち3万円をAに弁済したが,残債権3万円および抵当権は,AからB,BからCに順次譲渡された。XはCに残債務を完済した。ところが,Cは消滅した3万円の残債権および抵当権を現存するものとしてDに譲渡し,次いでDからE,EからFへと順次譲渡され,各譲渡につきXは異議をとどめず承諾した。そして,FはYに上記残債権および抵当権を譲渡し,Xに譲渡通知をした。また,上記の抵当権譲渡はそれぞれ登記が経由された。その後,Xは上記採掘権をGに譲渡した。Yは上記残債権の弁済を受けるため抵当権を実行したところ,Xは異議申立てをしたが却下されたので抗告した。XはCに対する残債務の完済により抵当権は消滅しており,Xが異議をとどめず承諾したとしても抵当権には関係しないと主張したが,原審は,Xの異議をとどめない承諾により,Yとの関係では残債権は法律上消滅せずにYに移転したとみなされ,抵当権もこれに随伴してYに有効に移転したと解するのが相当であるとして,Xの抗告を棄却した。Xが上告。

【判決理由】 上告棄却 「債務者が指名債権の譲渡を異議を留めずして承諾したるときは,譲渡人に対抗することを得べかりし事由あるも之を以て譲受人に対抗し得ざること民法第468条第1項の規定する所なるを以て,抵当権附債権に付債権者が債務者の完済に因り債権及抵当権の消滅したるに拘らず抵当権と共に該債権を譲受人に譲渡し,債務者異議を留めずして之を承諾したる場合に於ても,右の規定に依り債務者は譲受人に対して右債務の消滅を対抗し得ざること勿論なりと雖，抵当権の消滅に付ては輙く之と同一の推理を為し得るものと即断するを得ず。何となれば民法第468条は債権譲渡のみに関するものにして物権の譲渡に付規定したるものにあらず。而も抵当権の譲渡に付債務者が異議を留めずして之を承諾したる場合の効果に付法律は何等規定する所なきを以て，一般の法理に依りて之を決するの外なければなり。抑抵当権は債権に従たる物権なるを以て債権の消滅に因り其の債務の弁済を担保する抵当権の消滅するは当然の事由に属し，苟も債権の消滅を主張し得る者は抵当権の消滅を其の消滅の登記の有無に拘らず何人に対しても主張し得るものと謂はざるべからずと雖，其の反面に於て債権の消滅を対抗し得ざる者が抵当権消滅の登記なきに拘らず債権の消滅を理由とする抵当権の消滅を主張し得ざることも亦否定し得ざる所にして，斯く解するも例へば債務者以外の抵当権設定者或は先順位抵当権の消滅に因り順位を進め得たる後順位抵当権者の如き其の抵当権の消滅に付正当の利益を有する第三者をして不測の損害を被らしむることなし。蓋此等の第三者は債権消滅の事実を主張し得るものなるを以て，債権の不存在を前提とする抵当権の消滅を主張し得ること前段説示の如くなればなり。……故に前段論述の法理に依り異議を留めずして右債権譲渡の承諾を為したるXは，債権譲渡人Cに対抗し得べき事由即ち同人に対する弁済に因りて債権消滅したる事実を該債権の譲受人Yに対抗し得ざるものにして，従って又右弁済に因る抵当権消滅の登記を為すことなくして，其の儘譲渡の登記を経て現に抵当権の譲受人となりたるYに対し債権消滅に因る抵当権消滅の事実を対抗し得ざるものと謂はざるべからず。然らば原審が……説示したるは，果して冒頭論述の法理に依拠したるものなりや措辞簡にして其の意を尽さざるの憾なきに非ずと雖，要するにXが抵当権の消滅を譲受人Yに対して主張し得ざる旨判定したる点に於て，原決定は結局正当にして所論の如き違法なく論旨採用に値せず。」

152 譲渡債権を被担保債権とする抵当権の復活 (2)

最(三)判平成4年11月6日判時1454号85頁 (百選Ⅱ〈第6版〉60頁，百選Ⅱ〈第7版〉62頁)

【事実】 Xは，1981年1月30日にY_1からその所有する土地を買い受け，3月23日に所有権移転登記を経由したが，その間の2月4日にAはY_1に対する貸付金債

➡ 153

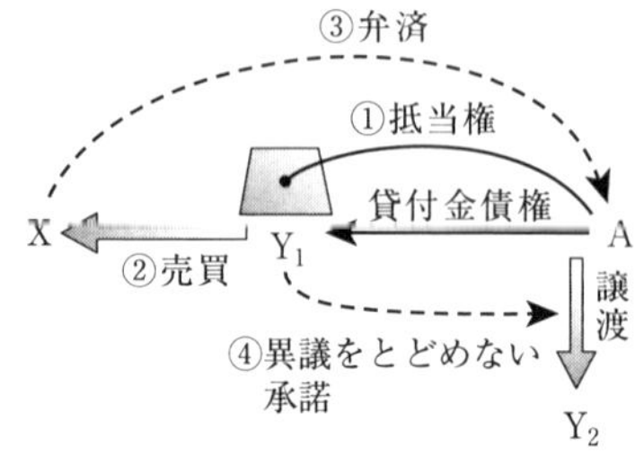

権の担保として上記土地に抵当権の設定を受けた。そこで，Xは，5月26日にAおよびY_1と協議し，XがY_1に代わって上記抵当権の被担保債権の残金1230万円をAに支払い，その支払はXのY_1に対する売買残代金をもって充てることなどを合意し，同日Aに1230万円を支払った。しかし，その翌日に，Y_2がAからY_1に対する上記貸付金債権を譲り受けたことを原因として抵当権移転の付記登記を経由した。そこで，Xは，Y_1に対し上記土地の所有権確認を訴求し，Y_2に対し所有権に基づき抵当権設定登記の抹消を訴求したところ，Y_2は，上記貸金債権をAからY_2に譲渡し，Y_1がこれを承諾する旨が記載された5月27日の確定日付のある証書があると主張した。1審は，XのY_1およびY_2に対する各請求を認容した。原審は，XがAに対して弁済したことで，AのY_1に対する債権は法定代位によりXに移転し，その移転には対抗要件を要しないが，この法定代位はY_2の付記登記より前に生じたのだから，Y_2は上記債権の取得をXに対抗しえないとして，Y_1およびY_2の控訴を棄却。Y_1およびY_2が上告し，原審には500条の解釈を誤った違法があると主張した。

【判決理由】 上告棄却 「右の事実によれば，本件抵当権は，Xがその被担保債権である本件貸付金債権を代位弁済したことによって消滅したところ，Y_2がその後にAから当該貸付金債権の譲渡を受け，債務者であるY_1が異議を留めず債権譲渡を承諾しても，これによってY_1がY_2に対して本件貸付金債権の消滅を主張し得なくなるのは格別，抵当不動産の第三取得者であるXに対する関係において，その被担保債権の弁済によって消滅した本件抵当権の効力が復活することはないと解するのが相当である。XがY_2に対して本件抵当権設定登記の抹消登記手続を求める請求は認容されるべきもので，これと同旨の原審の結論は正当として是認することができる。」（裁判長裁判官 園部逸夫 裁判官 坂上壽夫 貞家克己 佐藤庄市郎 可部恒雄）

153 譲渡債権の保証人の保証債務の復活

大判昭和15年10月9日民集19巻1966頁（判民昭和15年度107事件，民商13巻4号691頁）

【事実】 ABはCから700円を借り受けた。その際，Xが連帯保証をし，またA

➡ 解説

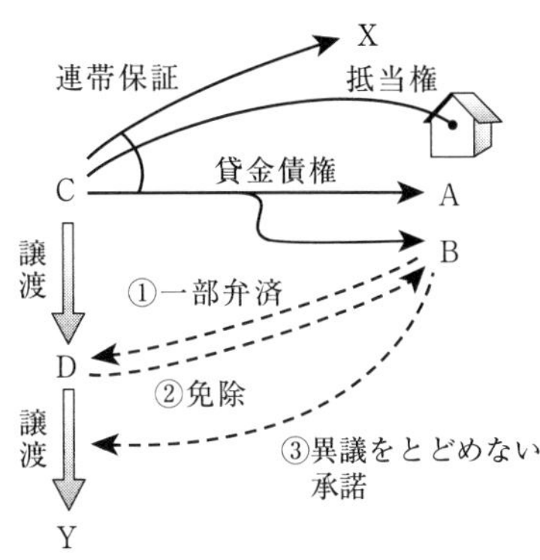

はその所有建物に抵当権を設定し，Aの不履行を停止条件として賃借権をCのために成立させる特約を締結し，公正証書を作成するとともに抵当権設定登記および賃借権請求権保全の仮登記を経由した。その後，Cは上記債権および抵当権と停止条件付賃借権をDに譲渡し，各々その旨の登記をした。そして，Dが抵当権を実行したところ，ABとDの間で，ABが300円を即時に支払い，200円を期限までに支払えば，DがABの債務を免除する旨の契約が締結されたが，ABが約定どおり支払ったので，Dは競売を取り下げ，抵当権登記および賃借権請求権保全の仮登記を抹消した。ところが，Dは元金200円と利息損害金238円の残債権があると主張してこれをYに譲渡し，Aに譲渡通知をしたところ，ABはYに債権譲渡の承諾をした。そして，Yが上記公正証書を利用してX所有の動産を差し押さえた。実は，DY間の債権譲渡は，Yが上記公正証書を利用してXに対し強制執行をすることでXに200円を出捐させる方法としてなされたものであった。XがYに対して請求異議の訴えを提起した。1審は，Xの請求を認容。原審も，Dの免除によりXの連帯保証債務も消滅したとして，Yの控訴を棄却。Yが上告。

【判決理由】 上告棄却 「債務者が異議を留めずして指名債権の譲渡を承諾したるときは，譲受人に対抗することを得べかりし事由あるも之を以て譲受人に対抗することを得ざれども，之が為め斯かる承諾の事実なき連帯保証人迄が譲渡人に対する異議を以て譲受人に対し主張し得るの権利を失ふものに非ざるを以て，本件に於て原審認定の如く連帯債務者A及Bが本件債権譲渡に付異議を留めずして承諾を為したりとするも，連帯保証人たるXが本件債権の譲渡に付何等承諾を与へたるものに非ざる以上，Dが本件残債務を免除したる事実を以てYに対し之を主張し得るは勿論なれば，原判決には何等違法なく，之と異なる見解に立脚して原判決を非難する論旨も亦採用するに足らず。」

解　説

(1) 債権譲渡においては，債務者は，対抗要件具備時までに譲渡人に対して生じた事由をもって譲受人に対抗することができる（468条1項。2017年改正前の旧468条2項に対応する）。

ところで，旧468条1項は，債務者が異議をとどめないで債権譲渡の承諾をしたときは，債務者は譲渡人に対抗することができた事由があっても，これをもって譲受人に対抗することができないと規定していた。このような異議をとどめない承諾の「抗弁喪失の効果」について，*150*は「債権譲受人の利益を保護し一般債権取引の安全を保障するため法律が附与した法律上の効果」と説明する。しかし，2017年改正では，異議をとどめない承諾の制度は廃止され，抗弁を放棄する旨の意思表示の一般的規律に委ねられることとなった。したがって，上記のような法定効果としての異議をとどめない承諾の制度を前提として，悪意の譲受人には抗弁喪失の効果は認められないとした*150*は，先例としての意義を失うことになろう。

もっとも，*150*が，譲受人が何を認識していれば，譲渡債権の抗弁事由の存在について「悪意」といえるのかを論ずるさいに，判旨が「債権譲渡前すでに反対給付義務が発生している以上，債権譲渡当時すでに契約解除を生ずるに至るべき原因が存在していたものというべきである」としたうえで，「譲受人において右債権が未完成仕事部分に関する請負報酬請求権であることを知っていた場合」には悪意の譲受人に当たるとした部分は，468条1項にいう「対抗要件具備時までに譲渡人に対して生じた事由」の解釈において，先例としての重要な意義を有するといえよう。

⑵ 旧468条1項のもとでは，譲渡債権が弁済等の事由により消滅していたにもかかわらず，債務者が異議をとどめない承諾をした場合には，承諾に法律が付与した法定効果として，譲受人との関係では譲渡債権は消滅しなかったものとして扱われることになるので，あたかも一旦消滅した譲渡債権が復活するのと同様の効果が生ずる。

これに対し，2017年改正後においては，抗弁切断の効果は，債務者が譲渡人または譲受人との合意により，譲受人に対して，消滅した譲渡債権と同一の内容の新たな債務を負担するという債務負担行為によって基礎づけられることになろう。さらに，弁済等の事由により消滅した譲渡債権に物的担保または人的担保が付されていた場合には，附従性により一旦消滅したこれらの担保権も

➡ *154*

復活するのかという問題が生ずる。旧468条1項のもとでは，担保権の復活も同項の法的効果として説明されたが，2017年改正後においては，担保権の復活も，債務者と譲受人との間の担保権の再設定の合意（担保権消滅の抗弁の放棄）に基づくものと位置づけられることになろう。

旧468条1項のもとでの判例においては，物的担保である抵当権について，*151*によれば，債務者所有の不動産に抵当権が設定された事案では，抵当権も債権に従い復活するとされたが，*152*によれば，債務者が異議をとどめない承諾をしても，抵当不動産の第三取得者に対する関係では抵当権の効力は復活しないとされる。他方，人的担保については，*153*によれば，債務者が異議をとどめず承諾しても，連帯保証人が承諾を与えていないならば，連帯保証債務の消滅を譲受人に対抗しうるとする。これらの判例の準則は，異議をとどめない承諾に関与していない第三者に不利益を与えるような場合には，これらの第三者との関係では，人的担保および物的担保の復活は認められないという考え方を基本とするものと理解しえよう。そうすると，2017年改正後においては，債務者と譲受人との間で抵当権の再設定の合意がされたと認められる場合に，それが第三者に不利益を与えない限りで，抵当権の復活（抵当権設定登記の流用）が認められることになろう。

［5］ 債務引受

154 併存的債務引受

最(三)判昭和41年12月20日民集20巻10号2139頁

（*最判解〈昭41〉541頁，法協84巻12号135頁，民商57巻1号87頁，百選Ⅱ〈第5版新法対応補正版〉78頁，百選Ⅱ〈第8版〉64頁*）

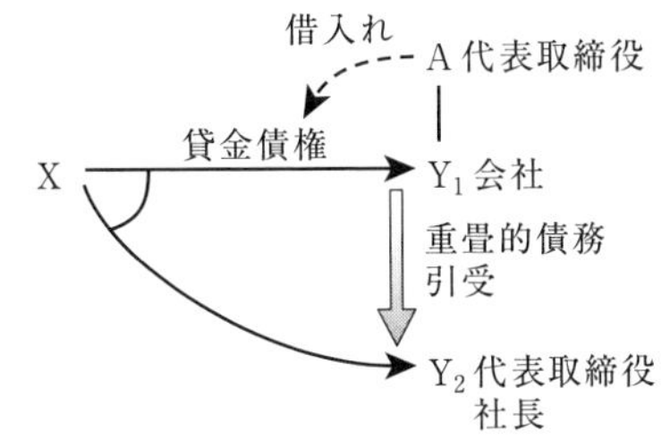

【事実】 Y_1会社は1951年8月頃，フィリピン産の鉄鉱石を輸入しB会社に売り渡すことになり，Y_1の専務取締役で代表取締役の1人であったAが買付交渉のためフィリピンに渡航しその折衝にあたったが，Y_1の代表取締役社長Y_2との意見対立を来たし，Y_1が買付交渉に必要な資金を支出しなかったため，Aはその費用に充てるために，同年10月5日

債権　債権の譲渡

→ *154*

に代表取締役を解任されるまでの間にXから借入金をした。AとY_2の確執は収まらず，XがY_1に対し上記貸金債務の支払を訴求するとともに，Y_2に対し，1954年8月31日に，Y_2はXとの間でY_1の上記貸金債務につき，①連帯保証した，そうでないとしても，②重畳的債務引受の合意をしたと主張してその支払を訴求した。1審および原審とも，Y_1の債務の時効消滅を認めてY_1に対する請求を斥けたが，Y_2に対する請求については，原審は②の事実を認定して請求を認容した。Y_2から上告。

【判決理由】 破棄差戻し 「重畳的債務引受がなされた場合には，反対に解すべき特段の事情のないかぎり，原債務者と引受人との関係について連帯債務関係が生ずるものと解するのを相当する。本件について，原判決が右債務引受の経緯として認定判示するところによれば，Y_2は本件貸金債務の原債務者Y_1の解散後，Y_1の清算人からその清算事務の一環としてY_1所有不動産等を売却処分する権限を与えられてその衝に当つていたところ，その頃Xの代理人CはY_1の清算人に対し本件貸金の履行を求めていたが，その債務存在の承認さえ得られなかつたので，Y_1の前社長であり事実上清算事務の一部を担当していたY_2に対しその責を負うべきことを要求した結果，Y_2において個人としてY_1の債務につき重畳的債務引受をすることになつたというのであるから，これによつて連帯債務関係が生じない特段の事情があるとは解されず，したがつて，右原債務者の債務の時効消滅の効果は，民法439条の適用上，右原債務者の負担部分について債務引受人にも及ぶものと解するのを相当とする。

ところで，Y_2らは，原審において，重畳的債務引受人として右原債務者の消滅時効の効果を援用しているものと解されるのに，原判決は，右の点について，なんら審理判断を尽すことなく，Y_2の消滅時効の主張を排斥して右債務引受人たるY_2の債務の存在を認容した点に理由不備の違法があるものといわなければならない。

右の点を指摘する論旨は理由があるから，その余の論点について判断するまでもなく，原判決はY_2敗訴の部分について破棄を免れず，右部分につき本件を原審に差し戻すべきである。」（裁判長裁判官　柏原語六　裁判官　五鬼上堅磐　田中二郎　下村三郎）

➡ 解説・*155*

解　説

154 は，併存的（重畳的）債務引受がなされた場合には，原債務者と引受人との間に連帯債務関係を生ずるのが原則であるとする。2017 年改正により新設された 470 条 1 項は，併存的債務引受の引受人は，債務者と連帯して，債務者が債権者に対して負担する債務と同一の内容の債務を負担すると規定して，*154* が示した規律を明文化している。

もっとも，2017 年改正前には，連帯債務において絶対的効力事由が広く認められていたため，学説には，連帯債務における絶対的効力事由に関する規定を当然に適用することは妥当でないとの批判があった。2017 年改正後においては，連帯債務において相対的効力事由が広く認められ，時効消滅の効果に関する旧 439 条も削除されたから，事案の解決としては，*154* は変更されているといえよう。

［6］　契約上の地位の譲渡

155　賃貸人の地位の譲渡

最(二)判昭和 46 年 4 月 23 日民集 25 巻 3 号 388 頁

（最判解〈昭 46〉108 頁，法協 90 巻 5 号 830 頁，民商 66 巻 1 号 166 頁，百選Ⅱ〈第 3 版〉78 頁，百選Ⅱ〈第 5 版新法対応補正版〉80 頁，百選Ⅱ〈第 9 版〉70 頁）

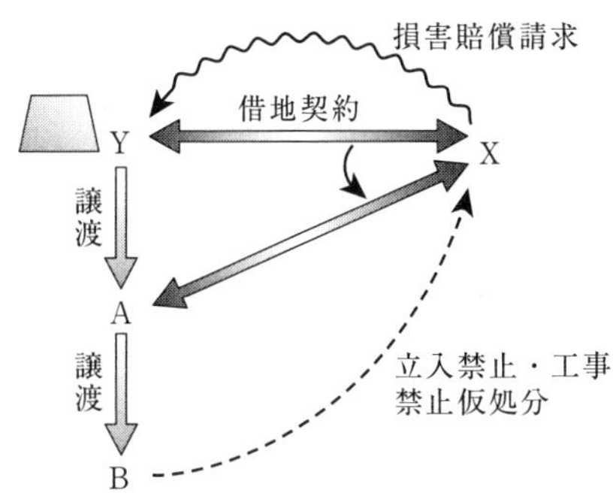

【事実】 X は，1948 年 5 月 26 日に，Y より Y 所有の土地を建物所有の目的で賃借したが空地の状態で放置しておいたところ，1961 年 11 月 25 日に Y は A に上記土地を売り渡した。その際，YA 双方とも借地権付売買であることを十分に了承し，売買代金も更地価格に比して低廉に定められた。A は上記土地を B に譲渡し，B は，X が建物を建築しようとしたのに対し，立入禁止・工事禁止の仮処分をした。そこで，X は Y に対し賃貸人の使用収益せしめる債務の履行不能を理由に損害賠償を訴求した。一度上告され，差戻し後の原審は，Y は A に対し上記土地の所有権とともに賃貸人の地位を譲渡する旨の契約をしたと認められるので

→ 156

Yに債務不履行はないとして，Xの請求を棄却した。Xが上告し，Xの関与なくYA間の契約によってXの法律関係が変更されることはないと主張した。

【判決理由】 上告棄却 「土地の賃貸借契約における賃貸人の地位の譲渡は，賃貸人の義務の移転を伴なうものではあるけれども，賃貸人の義務は賃貸人が何びとであるかによつて履行方法が特に異なるわけのものではなく，また，土地所有権の移転があつたときに新所有者にその義務の承継を認めることがむしろ賃借人にとつて有利であるというのを妨げないから，一般の債務の引受の場合と異なり，特段の事情のある場合を除き，新所有者が旧所有者の賃貸人としての権利義務を承継するには，賃借人の承諾を必要とせず，旧所有者と新所有者間の契約をもつてこれをなすことができると解するのが相当である。

叙上の見地に立つて本件をみると，前記事実関係に徴し，YとX間の賃貸借契約関係はAとX間に有効に移行し，賃貸借契約に基づいてYがXに対して負担した本件土地の使用収益をなさしめる義務につき，Yに債務不履行はないといわなければならない。したがつて，これと同趣旨の原判決の判断は正当である。」(裁判長裁判官　色川幸太郎　裁判官　村上朝一　岡原昌男　小川信雄)

156 預託会員制ゴルフクラブ会員権の譲渡

最(二)判平成8年7月12日民集50巻7号1918頁

(最判解〈平8下〉559頁，法協117巻5号735頁，民商116巻6号944頁，平成8重判65頁)

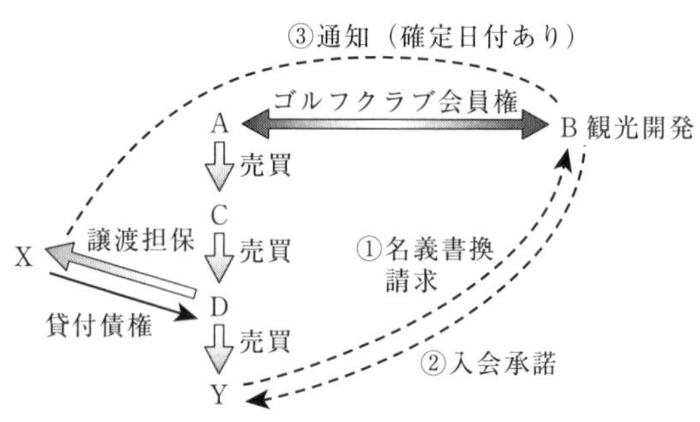

【事実】 Aは，B観光開発株式会社が経営する預託金会員制ゴルフクラブであるBゴルフクラブの自己名義の個人正会員権（本件会員権）を有していた。Aは，1992年3月16日，これをゴルフ会員権売買業者であるC会社に売り渡し，裏面の裏書欄に署名押印した預託金預り証のほか，いずれも署名押印した名義書換請求書，会員権譲渡通知書，白紙委任状，

➡ 156

印鑑登録証明書等の書類を交付したが，Ｃはさらにｄ会社に本件会員権を売り渡し，上記各書類を交付した。ＤはＹ（株式会社富美商事）に本件会員権を代金2130万円で売り渡したが，Ｙから本件会員権の名義書換手続請求の代行を委託されたため，上記各書類をＹに交付せず引き続き預かり保管していた。そして，ＤはＡからＹへの名義書換えの手続を請求する上記名義書換請求書を作成し，同年5月19日，Ｂに提出した。ところが，Ｄは，同月22日，ゴルフ会員権担保融資等を業とするＸ（シティゴルフ株式会社）から2300万円を借り受け，その借入金債務を担保するためＸに対して本件会員権を譲渡担保として譲渡し，上記各書類（ただし，名義書換請求書は新たに偽造したもの）を交付した。Ｂは，同年6月16日頃，Ｙに対し，入会承諾書（確定日付なし）によりＢゴルフクラブへの入会を承認するとともに，名義書換料103万円の支払を請求し，Ｙは同月22日これを支払った。他方，Ｘは，Ａの署名押印のある上記会員権譲渡通知書の譲受人欄にＸの住所・名称を記載して，同月25日に内容証明郵便で発送し，同月26日にＢに到達した。そこで，ＸがＹに対しゴルフ会員権の地位確認を訴求したところ，ＹもＸに対し同趣旨の確認を反訴請求した。1審・原審ともに，Ｘへの会員権譲渡は第三者対抗要件を具備したのに対し，ＢによるＹの入会承諾書には確定日付がないとして，Ｘの請求を許容し，Ｙの反訴請求を棄却した。Ｙが上告。

【判決理由】 上告棄却（福田裁判官の補足意見，河合裁判官の反対意見がある）

「原審の確定したところによれば，本件会員権は預託金会員制ゴルフクラブの会員権であり，その法律関係は会員と本件ゴルフクラブを経営するＢ観光開発との債権的契約関係であるが，会員権の譲渡については，譲渡を受けた者は，Ｂ観光開発の承認を得た上，会員権について名義書換えの手続をしなければならないものとされている。右の趣旨は，会員となろうとする者を事前に審査し，会員としてふさわしくない者の入会を認めないことにより，ゴルフクラブの品位を保つことを目的とするものというべきであるから，Ｂ観光開発との関係では，会員権の譲渡を受けた者は，その承認を得て名義書換えがされるまでは会員権に基づく権利を行使することができないが，譲渡の当事者間においては，名義書換えがされたときに本件ゴルフクラブの会員たる地位を取得するものとして，会員権は，有効に移転するものというべきである。そして，この場合において，右譲渡をＢ観光開発以外の第三者に対抗するには，指名債権の譲渡の場合に準じて，譲渡人が確定日付のある証書によりこれをＢ観光開発に通知し，又はＢ観光開発が確定日付のある証書によりこれを承諾するこ

➡ *156*

とを要し，かつ，そのことをもって足りるものと解するのが相当である。もっとも，従来，会員権の譲渡に際して確定日付のある証書による通知承諾の手続が必ずしも履行されていなかったという実情を勘案すれば，現在までに会員権を譲り受け，既に名義書換えを完了してゴルフクラブにおいて会員として処遇されている者については，その後に当該会員権を二重に譲り受けた者や差押債権者等が，当該会員が右のような対抗要件具備の手続を経ていないことを理由としてその権利取得を否定することが，信義則上許されない場合があり得るというべきである。

そうすると，X が前記会員権譲渡通知書を内容証明郵便により発送したことはDに代わってこれを行ったものと解することができるから，右内容証明郵便がB観光開発に到達したことにより，X 会社は，本件会員権の取得について第三者に対する対抗要件を備えたものというべきである。そして，他方，B観光開発の Y に対する入会承諾書には確定日付が付されていないところ，原審の前記認定事実によれば，X については，Y が確定日付のある証書による通知承諾の手続を経ていないことを主張することが信義則上許されないというべき事情は認められない。したがって，X は，本件会員権の取得をもって，Y に対抗することができるものというべきである。右と同旨の原審の判断は，正当として是認することができる。」

福田博裁判官の補足意見

「預託金会員制ゴルフクラブの会員権の譲渡については，従来，譲渡人から譲受人に対して，会員の署名押印のある預託金預り証，名義書換請求書，白紙委任状，印鑑登録証明書等の書類を交付することにより，当事者間での譲渡が行われ，譲受人は，右書類を利用してゴルフ場経営会社に対し当該会員権の自己への名義書換えの手続を請求し，名義書換えにつきゴルフ場経営会社の承認を得た上で，ゴルフ場施設利用権等の会員としての権利を行使するという形態が広く行われていたものであって，会員権の譲渡につき，確定日付のある証書により，譲渡人がこれを通知し，あるいはゴルフ場経営会社がこれを承諾するということは，ほとんど行われていなかったといわれている。

右のような形態による会員権の譲渡は，会員権取引において実務上形成されてきたものであるが，右の方法は，譲渡人と譲受人との間の権利の移転及び譲

➡ 156

受人のゴルフ場経営会社に対する権利行使という2つの側面における関係者の権利調整を考慮したものではあっても，譲受人の会員権の取得をゴルフ場経営会社以外の第三者に対抗するための対抗要件という点については，これを十分に意識したものではなかった。そのため，会員権の譲渡と第三者による差押え等が交錯した場合においては，譲受人と差押債権者等との優劣関係が必ずしも明らかでなく，この点をめぐってしばしば紛争を生ずるという難点があった。今回，会員権の譲渡の第三者に対する対抗要件について，多数意見のいうように指名債権譲渡に準ずる方法によるべきことが明らかにされたことは，今後の会員権取引における権利関係を明確にし，譲受人の地位を安定させるという点で，現在会員権を有する者，今後会員権を譲り受けようとする者のみならず，ゴルフ場経営会社に対しても，資するところは小さくないものと思われる。そうであれば，ゴルフ場経営会社においても，会員権の譲渡人からの確定日付のある証書による通知に対応して，個別の会員権について譲渡当事者間における権利の移転関係を迅速に把握し，これを記録するなど，本判決により明らかにされた対抗要件具備の方法に積極的に対応する態勢を整えることが要請されているものということができよう。

しかし，冒頭に述べたように，従来のゴルフ会員権取引においては，永年にわたり前記のような譲渡方法が行われてきたものである。そして，ゴルフ会員権については，債権債務の双方を含む包括的な権利関係として，指名債権譲渡について民法の規定する対抗要件具備の手続を経ないでも，前記のような名義書換手続を履行することにより会員としての地位を取得するものと一般的に考えられてきたものであり，現在までに会員権を譲り受け，名義書換えを経てゴルフクラブにおいて現に会員として処遇されている者は，このような手続を経ることにより自己の会員としての権利が確保され，もはや第三者の行為により覆されることはないとの認識の下に，平穏に会員としての権利を行使してきたものであり，特段の事情がない限りその法益は保護されるべきものである。このような点を考えると，会員権の譲渡の第三者に対する対抗要件について，今後は，多数意見のいうように指名債権譲渡についての民法の規定を準用するとの解釈を定着させるとしても，個別の事案についてこれを適用するに当たっては，右のような者の利益が不当に侵害されることのないように十分に配慮することが要請されるというべきである。すなわち，ゴルフ会員権の二重譲渡においては，売買の際に預託金預り証の交付を受けなかった者等について，いわゆる背信的悪意者に当たるなどとして，信義則上，先に会員権の譲渡を受けて名義書換えを完了している者が確定日付のある証書による通知承諾の手続を経ていないことを主張する利益を欠くものと判断される場合を，ある程度広く認めるべきものと解するのが相当である。また，第三者が会員権に対して差押えを行ったような場合においても，差押債権者等が，現にゴルフクラブにおいて会員として処遇されている者が確定日付のある証書による通知承諾の手続を経ていないことを主張することが，信義則上許されない場合を，広く認めるべきものと考える。」（裁判長裁判官　河合伸一　裁判官　大西勝也　根岸重治　福田　博）

解　説

2017年改正で新設された539条の2は，判例・学説を踏まえて，契約上の地位の移転に関する規律を明文化している。これによると，契約上の地位は，契約の当事者の一方が第三者との間で契約上の地位を譲渡する旨の合意をした場合において，その契約の相手方の承諾を要件として移転するものとされる。

もっとも，その例外として，契約の相手方の承諾が不要とされる場合があり，この点は解釈に委ねられるとされるので（法制審議会・民法（債権関係）部会資料74A・16頁），契約類型ごとに債権債務関係を分析検討する必要がある。

(1)　不動産の賃貸人の地位の譲渡については，かつての判例には，譲渡人・譲受人間の契約のほかにその相手方である賃借人の同意を必要とするものがあったが（大判大正6年12月19日民録23輯2155頁，大判大正9年9月4日民録26輯1240頁），*155*はこれを改め，賃借人の承諾を不要としたものである。その理由は，賃貸人の中心的債務は目的物を使用収益させる債務であるが，賃貸人が何ぴとであるかによって履行方法が特に異なるわけのものではなく，この債務の履行の可否は賃貸借の目的物の所有権と密接な関係があるから，目的物の所有権の移転に伴い賃貸人の地位が移転すると解するのが合理的であることによる。*155*が示した規律は，不動産の賃貸人たる地位の移転に関しては，2017年改正により，605条の2第1項および605条の3に明文化されたが，*155*は，同条の趣旨を理解するうえで意義を有するのみならず，契約上の地位の移転一般において，相手方の承諾が不要とされるのはどのような場合であるかの解釈に当たっても参照されよう。

⑵　預託金会員制のゴルフクラブ会員権について，*156*は，ゴルフクラブの「会員権」と「会員たる地位」という2つの側面を区別して論じていることが注目される。会員権は，ゴルフ場施設の優先的利用権，預託金返還請求権，年会費支払義務などを内容とする，ゴルフクラブを経営する会社と会員との「債権的契約関係」であるが，会員権は，譲渡の当事者間においては，譲渡の合意によって有効に移転するとされる。これに対し，会員権の譲渡を受けた者は，経営会社の承認を得て名義書換えがされたときに「会員たる地位」を取得し，経営会社に対して会員権に基づく権利を行使することができると判示する。ここでは，ゴルフクラブ会員権という債権的契約関係に基づく地位は，ゴルフクラブ経営会社の承諾がなくても，譲渡の当事者間の合意のみによって有効に移転し，経営会社の承認および名義書換えは，会員権に基づく経営会社に対する権利行使の要件にすぎない。したがって，ゴルフクラブ会員権は，539条の2が定める一般原則の例外として，契約上の地位の移転に，相手方の承諾が不要とされる契約類型の1つと位置づけられよう。

相手方の承諾がなくても，当事者間の譲渡の合意のみによって契約上の地位が移転すると解するときは，会員権を二重に譲り受けた者や差押債権者等と競合する事態が生ずることになる。そこで，*156*は，会員権という債権的契約関係に基づく地位の譲渡の第三者対抗要件については，「指名債権の譲渡の場合に準じて」扱うものとした。*156*は，契約上の地位の移転の対抗要件についての先例としても，重要な意義を有する。なお，このような対抗要件の具備の方法は，*156*以前に実務上行われていた会員権の譲渡方法と異なることから，*156*は，信義則を用いた一定の配慮を行っているが，この点は，判例による法形成のあり方の観点からも興味深い。

➡ 157

第5節　債権の消滅

[1]　債権の準占有者に対する弁済

157 債権の準占有者 (1) ——詐称代理人

最(三)判昭和37年8月21日民集16巻9号1809頁
(最判解〈昭37〉427頁，民商48巻6号871頁，百選Ⅱ〈初版〉92頁，百選Ⅱ〈第7版〉74頁)

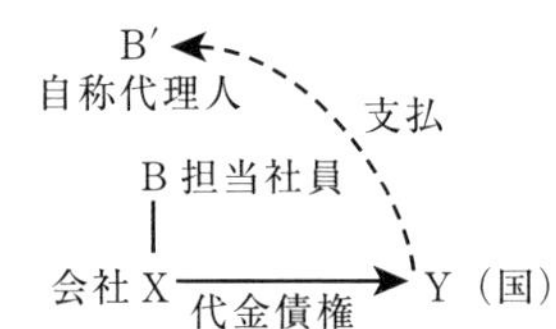

【事実】 X会社は，A（東京特別調達局）との間で122万余円相当の本件物品を連合軍調達物資として納入する契約を結び，その納入を完了した。そして，Xの担当社員Bが本件物品代金の支払請求書をAに提出したところ，Aの係官が受取人をBとする支払請求書受理書をBに交付した。その後，Aの支払公示があったので，Xの代金領収書に上記受理書を添えて提出し上記代金の支払を請求したが，それ以前にB′と称する者がXの代金領収書に受領書を添えて提出し上記代金の支払を請求したので，Aの支払係官が小切手を交付して上記代金の支払を済ませたとして，Xに対する支払を拒絶した。そこで，XはY（国）に対して上記代金の支払を訴求した。原審はXの請求を棄却。Xが上告し，Yは無過失といえず，478条の準占有者には詐称代理人は含まれないと主張した。

【判決理由】 破棄差戻し「債権者の代理人と称して債権を行使する者も民法478条にいわゆる債権の準占有者に該ると解すべきことは原判決説示のとおりであつて，これと見解を異にする上告理由第四点の論旨は理由がない。

しかし，民法478条により債権の準占有者に対する弁済が有効とされるのは，弁済者が善意かつ無過失である場合に限ると解すべきところ，原判決によれば，A（東京特別調達局）における連合軍調達物資の需品契約及び代金支払手続の概要は，——連合軍から物資調達の要求があると，調達局契約部契約第1課乃至第3課（本件物品のような品目の需品契約事務は第3課の所管であつた）において指名業者に入札させ，落札者と需品契約を締結して契約書を作成し，これにより業者が納品を完了すると，連合軍から調達局及び業者に対し納品受領書が送付され，業者は経理部第1課に代金支払請求書に納品受領書その他の関

➡ 157

係書類を添えて提出し，同課では，右書類を審査した後，調達局備付の受理書及び同控の用紙（所要事項記入欄を空白にして両者を続けて印刷した1枚の用紙）に予め受理書発行担当官が受理書番号及び受付記号番号を記入し，課長または受理書発行担当官が契印したものを業者に提出し業者に所要事項を記入させた後，受理書発行担当官が調達局名義の支払期限の日付印を押し，経理部長名義の「書類受領専用」と表示された印で契印した上，課長及び受理書発行担当官が記名捺印して受理書及びその控を作成する。受理書は切り離されて業者に交付され，控は代金支払請求書その他の関係書類と共に経理第2課を経て経理部長の決済を受け，同部出納課に回付され，同課において支払の準備を整えると，支払を公示し，これより業者が出納課に受理書と代金領収書を提出すると，同課では，提出された受理書と保管しているその控とを照合し，かつ代金領収書中の印影と届出済みの業者の印鑑とを対照した後，受理書及び代金領収書と引き換えに日本銀行あての小切手を交付する――以上のような一連の手続を経てなされるものであつたこと，しかるに本件にあつては，三田元彦（B′）と称する者が出納課に提出した受理書は上告会社が特調から交付を受けた受理書とは別のものであつて（しかし，後者の受取人欄には「山田元彦」（B）と記載されているのに対し，前者の受取人欄には最初「山」と記載され，これを抹消して「三田元彦」と記載されており，後者には特調経理部経理課長，総理府事務官塚本麟太郎，発行担当官，総理府事務官平泰治，鈴木敏郎の各記名捺印があるのに対し，前者には同塚本麟太郎，同平泰治，古川平八郎の記名捺印があるほかは，両者の記載内容が酷似している），特調には，上告会社が交付を受けた受理書と符合する受理書控がすりかえられて，三田元彦と称する者が提出した受理書と符合する受理書控が保管されていたこと，右偽造の受理書及びその控はいずれも特調備付けの用紙が使用されており，また，これらには特調名義の支払期限の日附印が押され，受理書発行担当官として古川平八郎名義の記名捺印があり，更に右受理書とその控は特調経理部長名義の「書類受領専用」と表示された印及び平名義の印で契印がなされていて，右平泰治及び古川平八郎名義の捺印または契印はいずれも同人らの印を押したものであり右日附印及び「書類受領専用」と表示された契印は特調備付けの印を押したものであつて，平泰治及び古川平八郎はいずれも当時特調経理部第1課の受理書発行担

➡ 157

当官であつたこと等の事実が確定されており，また，特調における前示受理書及びその控の用紙，特調の庁印，受理書発行担当官の印及び受理書控その他の関係書類の保管の状況（原判決理由第一の四において詳細に認定しているとおりである）は盗用のおそれがない程厳重なものではなく，当時業者の中には特調契約部契約第1課及び経理部経理第1課等の室内（執務場所）に無断で出入りする者が少なからずあり，それらの者の中には特調における事務の取扱に精通する者があつたこと等の事実も原審の確定しているところであつて，以上認定の諸事実を考慮するときは，本件受理書及びその控の偽造並びに偽造の受理書と真正の受理書とのすりかえが，仮に調達局内部の者によつてなされたものではなかつたとしても，部外者がこれに成功しえたのは，調達局内部，特に，前記支払手続の一環をなす関係部課における用紙，印鑑，書類等の保管等につき欠けるところがあり，その過失によるものであろうことは容易に推断しうるところであり，そして，本件のように，弁済手続に数人の者が段階的に関与して一連の手続をなしている場合にあつては，右の手続に干与する各人の過失は，いずれも弁済者側の過失として評価され，右の一連の手続のいずれかの部分の事務担当者に過失があるとされる場合は，たとえその末端の事務担当者に過失がないとしても，弁済者はその無過失を主張しえないものと解するのが相当であつて，従つて，特調は，他に特段の事情がない限り，本件弁済につきその無過失を主張することは許されず，本件弁済を有効となしえない筋合である。しかるに，原判決は，右特段の事情の有無につき何ら触れることなく，末端の事務担当者である経理部出納課の係官が善意無過失であつたことを認定判示したのみで，直ちに本件弁済を有効と断じているのであつて，この点において原判決には審理不尽，理由不備の違法があるものというほかはなく，上告理由第一点乃至第三点の論旨は理由があり，原判決は破棄を免れない。」（裁判長裁判官五鬼上堅磐　裁判官　河村又介　垂水克己　石坂修一　横田正俊）

158 債権の準占有者（2）——二重譲渡の劣後する譲受人

最(二)判昭和61年4月11日民集40巻3号558頁
(最判解〈昭61〉222頁，民商95巻6号905頁，百選Ⅱ〈第3版〉84頁，百選Ⅱ〈第8版〉68頁，百選Ⅱ〈第9版〉54頁，倒産百選〈第6版〉148頁，昭61重判74頁)

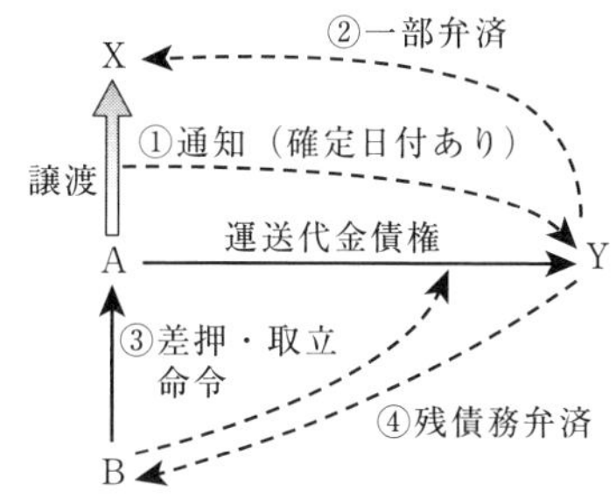

【事実】 Xは，昭和54年6月27日，A会社からAのY会社に対する運送代金債権（511万余円）の譲渡を受け，同年6月28日頃到達の確定日付のある書面をもってYに対し債権譲渡の通知をした。Xは，同年7月6日，Yから上記債権の一部（266万余円）の弁済を受けた。ところが，Aは，上記譲渡通知の後，同年8月8日頃，Xの債務不履行を理由に上記債権譲渡を解除し，Yに対しその旨の通知をしたが，この解除がAの誤解に基づくものであることが判明し，同年9月1日頃，Yに対し上記解除を撤回する旨の通知をした。他方，Bは，Aに対する債権に基づき，AのYに対する上記債権中215万余円について同年8月15日に差押命令を，同年11月1日に差押・取立命令を取得し，各命令はYに送達された。Yは，Aの債権譲渡契約の解除が有効にされたと信じ，解除撤回の通知を受けてAの一貫しない態度に不審を抱いたものの，上記各命令を送達した裁判所の判断に過誤はないと考えて，それに従い11月21日にBに対して215万余円を支払った。そこで，XはYに対し，上記債権残額244万余円の支払を訴求した。1審および原審は，Bに正当な取立権限があると過失なく信じたYの弁済は478条により有効であるとして，Bへの支払額を控除した残額についてのみXの請求を認めた。Xが上告。なお，Yは，原審の口頭弁論終結後に破産宣告を受け，ZがY会社の破産管財人に就任し，Yの訴訟手続を受継した。

【判決理由】 破棄自判 「二重に譲渡された指名債権の債務者が，民法467条2項所定の対抗要件を具備した他の譲受人（以下「優先譲受人」という。）よりのちにこれを具備した譲受人（以下「劣後譲受人」といい，「譲受人」には，債権の譲受人と同一債権に対し仮差押命令及び差押・取立命令の執行をした者を含む。）に対してした弁済についても，同法478条の規定の適用があるものと解すべきである。思うに，同法467条2項の規定は，指名債権が二重に譲渡された場合，その優劣は対抗要件具備の先後によって決すべき旨を定めており，

➡ *158*

右の理は，債権の譲受人と同一債権に対し仮差押命令及び差押・取立命令の執行をした者との間の優劣を決する場合においても異ならないと解すべきであるが（最㈠判昭和49年3月7日民集28巻2号174頁参照），右規定は，債務者の劣後譲受人に対する弁済の効力についてまで定めているものとはいえず，その弁済の効力は，債権の消滅に関する民法の規定によって決すべきものであり，債務者が，右弁済をするについて，劣後譲受人の債権者としての外観を信頼し，右譲受人を真の債権者と信じ，かつ，そのように信ずるにつき過失のないときは，債務者の右信頼を保護し，取引の安全を図る必要があるので，民法478条の規定により，右譲受人に対する弁済はその効力を有するものと解すべきであるからである。そして，このような見解を採ることは，結果的に優先譲受人が債務者から弁済を受けえない場合が生ずることを認めることとなるが，その場合にも，右優先譲受人は，債権の準占有者たる劣後譲受人に対して弁済にかかる金員につき不当利得として返還を求めること等により，対抗要件具備の効果を保持しえないものではないから，必ずしも対抗要件に関する規定の趣旨をないがしろにすることにはならないというべきである。それゆえ，原審の確定したところによれば，本件債権部分の二重の譲受人と同視しうる立場にあるXとBの対抗関係における優劣は，譲渡人であるAの確定日付のある文書による本件譲渡通知のYに到達した日時と前記仮差押命令がYに送達された日時の先後によるべきものであって，Xが唯一の債権者であり，Bの得た前記の仮差押命令及び差押・取立命令は，Aに帰属しない債権を対象としたものとして，Xに対してはその効力を主張しえず，無効であったが，右仮差押命令等を得たBは本件債権部分の取立権者としての外形を有し，右債権の準占有者に当たるということができるから，同人に対する弁済につき民法478条の規定の適用があるものというべきである。」

「そこで，次に，債権の準占有者であるBに弁済したYの過失の有無について検討すると，民法467条2項の規定は，指名債権の二重譲渡につき劣後譲受人は同項所定の対抗要件を先に具備した優先譲受人に対抗しえない旨を定めているのであるから，優先譲受人の債権譲受行為又はその対抗要件に瑕疵があるためその効力を生じない等の場合でない限り，優先譲受人が債権者となるべきものであつて，債務者としても優先譲受人に対して弁済すべきであり，また，

➡ 158

債務者が，右譲受人に対して弁済するときは，債務消滅に関する規定に基づきその効果を主張しうるものである。したがって，債務者において，劣後譲受人が真正の債権者であると信じてした弁済につき過失がなかったというためには，優先譲受人の債権譲受行為又は対抗要件に瑕疵があるためその効力を生じないと誤信してもやむを得ない事情があるなど劣後譲受人を真の債権者であると信ずるにつき相当な理由があることが必要であると解すべきである。そして，原審の確定したところによれば，Ａの本件譲渡通知のＹに対する到達日がＢの得た本件債権仮差押命令のＹへの送達日よりも早かったというのであるから，債務者であるＹとしては，少なくとも，準占有者であるＢに弁済すべきか否かにつき疑問を抱くべき事情があつたというべきであって，Ｂの得た前記の仮差押命令及び差押・取立命令が裁判所の発したものであるとの一事をもって，いまだＹにＢが真の債権者であると信ずるにつき相当の理由があったということはできないから，Ｙが，前示のとおり，前記債権差押・取立命令等を発した裁判所の判断に過誤なきものと速断して，取立権限を有しないＢに対して弁済したことに，過失がなかったものとすることはできない。

以上説示したところによれば，前記確定事実のもとにおいては，Ｘは，Ｙに対し，札幌地方裁判所昭和 58 年(フ)第 480 号破産事件につき本件債権の残額 244 万 6893 円とこれに対する本件訴状送達の日の翌日である昭和 55 年 8 月 5 日から破産宣告の前日の前である昭和 59 年 2 月 6 日までの商事法定利率年 6 分の割合による遅延損害金 51 万 5254 円との合計 296 万 2147 円の破産債権を有するものというべきである。しかるところ，第 1 審判決においてＸの本訴の変更前の請求のうち 29 万 5742 円とこれに対する遅延損害金の請求部分を認容した部分については，当該債権につきＺから異議の申立がないのであって，右請求認容部分に該当する部分を控除した本件債権の残額 215 万 1151 円及びこれに対する前記期間にかかる遅延損害金 45 万 2979 円の合計 260 万 4130 円の破産債権につき確定を求める本訴請求は理由があるから，これを認容すべきである。」（裁判長裁判官　大橋　進　裁判官　牧　圭次　島谷六郎　藤島　昭）

➡ 159・160

159 弁済（1）――定期預金の期限前払戻し

最(三)判昭和41年10月4日民集20巻8号1565頁
（最判解〈昭41〉419頁，法協84巻9号107頁，民商56巻4号649頁）

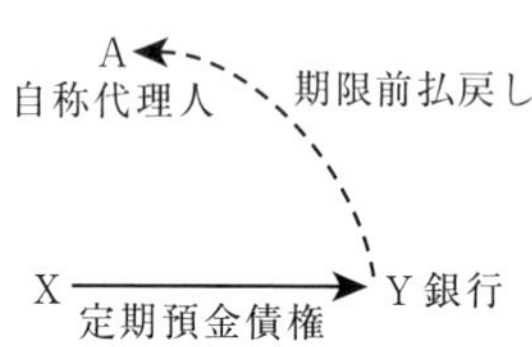

【事実】 Xは，1958年6月4日，Y（三井銀行）との間で50万円の定期預金契約を締結したが，その際，契約当事者において，上記預金を期限前に払い戻す場合には利息を日歩7厘（普通預金の利息と同率）とする商慣習による意思を有していた。同年10月11日，Xの代理人と称するAに対し，上記定期預金の元金とこれに対する同年6月4日から同年10月10日まで上記利率による利息とを払い戻した。そこで，XはYに対し，上記定期預金の元金および約定利息年6分による利息・損害金の支払を訴求した。1審および原審ともXの請求を棄却。Xが上告。

【判決理由】 上告棄却「右の事実によれば，原審は，本件定期預金債権の期限前払戻について，当事者間に前記合意の存した事実を認定しているものと解せられるところ，かかる合意の存しない場合は別論として，本件においては，期限前払戻の場合における弁済の具体的内容が契約成立時にすでに合意により確定されているのであるから，Yのなした前記の期限前払戻は，民法478条にいう弁済に該当し，同条の適用をうけるものと解するのが相当である。したがって，原審が，前記期限前払戻について，本件定期預金契約の解約を前提とするかのごとき判示をしたのは，措辞必ずしも妥当ではないが，右払戻について同条の適用を肯定したのは，結論において正当である。所論は，いずれも，原審の前記認定にそわない独自の見解であって，採用できない。」（裁判長裁判官　下村三郎　裁判官　五鬼上堅磐　横田正俊　柏原語六　田中二郎）

160 弁済（2）――預金担保貸付

最(一)判昭和59年2月23日民集38巻3号445頁・神田信用金庫預担貸事件
（最判解〈昭59〉86頁，百選Ⅱ〈第6版〉76頁　百選Ⅱ〈第9版〉56頁，昭59重判83頁）

【事実】 Xは，Y（神田信用金庫）と取引のあるAの紹介でYに預金することとし，Aの事務所でYの得意先係Bに定期預金の申込みをしてBから預り証の交付

➡ 160

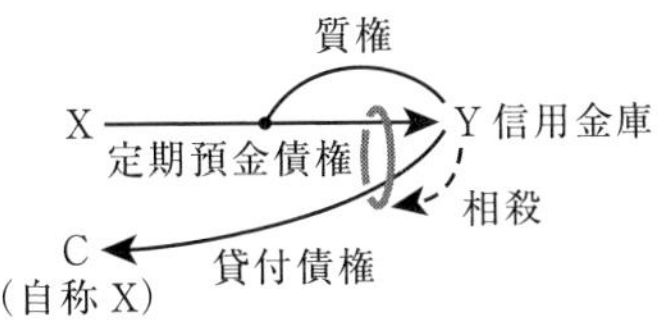

を受けた。そして，X の印章および預り証を A に預けて定期預金証書の受領を依頼した。ところが，1 週間後に，A は X に預金証書と印章のコピーを交付しただけで預金証書の原本は手交しなかったが，X は格別疑問を差し挟まなかった。その後，X と名乗る男 C が A とともに Y の支店を訪れ，上記定期預金を担保に融資の申込みをしたところ，Y の融資係は C を X と誤信し，C が提出した預金証書および貸付けに必要な一件書類の印影と X の届出印と照合し両者が同一であることを確認したうえ，上記定期預金に質権を設定のうえ手形貸付を実行した。しばらくして，A の倒産を耳にした X が心配になり，Y に問い合わせたところ，上記定期預金を担保とする上記貸付けを知らされた。そして，Y は貸付債権と X の定期預金債務とを相殺する旨の意思表示をした。そこで，X は Y に対し，上記定期預金の払戻しを訴求した。1 審は，478 条の類推適用または免責約款の適用により，X の Y に対する定期預金債権が Y の上記相殺により消滅したことを認めたが，原審は，Y は相殺権行使の時点では，上記貸付契約および担保設定契約が X の意思に基づかないでされたことを知っていたことを理由に，Y の相殺による債権消滅を否定し，X の請求を認容した。Y が上告。

【判決理由】 破棄差戻し「金融機関が，自行の記名式定期預金の預金者名義人であると称する第三者から，その定期預金を担保とする金銭貸付の申込みを受け，右定期預金についての預金通帳及び届出印と同一の印影の呈示を受けたため同人を右預金者本人と誤信してこれに応じ，右定期預金に担保権の設定を受けてその第三者に金銭を貸し付け，その後，担保権実行の趣旨で右貸付債権を自働債権とし右預金債権を受働債権として相殺をした場合には，少なくともその相殺の効力に関する限りは，これを実質的に定期預金の期限前解約による払戻と同視することができ，また，そうするのが相当であるから，右金融機関が，当該貸付け等の契約締結にあたり，右第三者を預金者本人と認定するにつき，かかる場合に金融機関として負担すべき相当の注意義務を尽くしたと認められるときには，民法 478 条の規定を類推適用し，右第三者に対する貸金債権と担保に供された定期預金債権との相殺をもつて真実の預金者に対抗することができるものと解するのが相当である（なお，この場合，当該金融機関が相殺の意思表示をする時点においては右第三者が真実の預金者と同一人でないことを知つていたとしても，これによつて上記結論に影響はない。）。

➡ *161*

そうすると，右と異なる見解に立ち，本件貸付時においてかかる場合に金融機関として尽くすべき相当な注意を用いたか否か等について審理を尽くすことなく，Yが本件貸付金債権をもつてした本件定期預金債権との相殺の効力を認めるに由がないとした原審の判断には，前記法条の解釈適用を誤り，ひいて理由不備を犯した違法があるものといわなければならない。論旨は理由があり，原判決は，その余の点について判断するまでもなく，破棄を免れない。そして，本件はさらに叙上の点について審理を尽くさせるためこれを原審に差し戻すのが相当である。」（裁判長裁判官　和田誠一　裁判官　藤崎萬里　中村治朗　谷口正孝　角田禮次郎）

161 弁済（3）――保険契約者貸付

最(一)判平成9年4月24日民集51巻4号1991頁

(最判解〈平9中〉607頁，法協117巻3号458頁，百選Ⅱ〈第5版新法対応補正版〉86頁，保険法百選194頁，平9重判71頁)

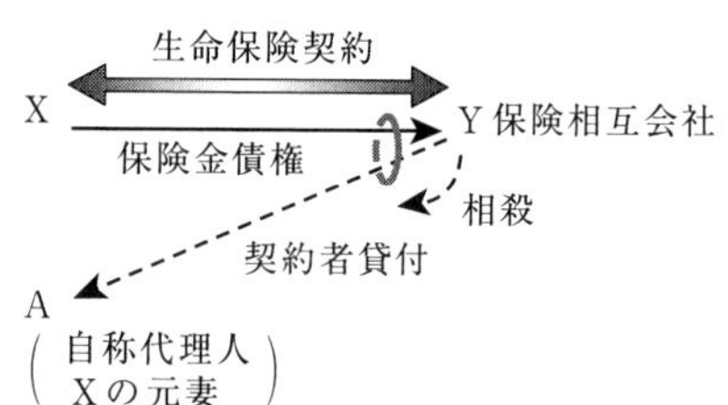

【事実】 XはY（日本生命保険相互会社）との間で，1977年4月1日，Xを保険契約者兼被保険者，保険金額を800万円，保険期間を15年，保険金受取人をXの妻Aとする生命保険契約を締結した。この保険契約に適用される普通保険約款には，保険契約者は解約払戻金の9割の範囲内でYから貸付けを受けることができ，保険金等の支払の際に貸付金の元利金が差し引かれる旨の定めがあった（契約者貸付制度）。Aは，1986年7月2日に，Xの代理人と称して，Yに対し，契約者貸付制度に基づき27万7000円の貸付けを申し込み，Yはこれを承諾して，貸付金額から印紙代を控除した27万6600円をB銀行のXの預金口座に振り込んだ。Xは，1990年6月頃にAと離婚したが，その頃Yから送付された上記貸付けに関する払込通知票を受領して，上記の経緯を知るに至った。なお，1992年4月1日に上記保険の満期が到来し，YはXに対し，上記貸付金の元利金を控除した58万余円を満期保険金とする旨を通知した。Xは，上記貸付けはAの無権代理行為によるもので無効であると主張して，Yに対し上記貸付契約上の債務の不存在の確認を訴求した。1審は，110条の表見代理の成立を認めてXの請求を棄却。原審は，

➡ 162

Aの基本代理権を認めず表見代理の成立を否定したうえで，478条の類推適用によりXの請求を棄却した。Xが上告。

【判決理由】 上告棄却 「原審の適法に確定したところによれば，本件生命保険契約の約款には，保険契約者はYから解約返戻金の9割の範囲内の金額の貸付けを受けることができ，保険金又は解約返戻金の支払の際に右貸付金の元利金が差し引かれる旨の定めがあり，本件貸付けは，このようないわゆる契約者貸付制度に基づいて行われたものである。右のような貸付けは，約款上の義務の履行として行われる上，貸付金額が解約返戻金の範囲内に限定され，保険金等の支払の際に元利金が差引計算されることにかんがみれば，その経済的実質において，保険金又は解約返戻金の前払と同視することができる。そうすると，保険会社が，右のような制度に基づいて保険契約者の代理人と称する者の申込みによる貸付けを実行した場合において，右の者を保険契約者の代理人と認定するにつき相当の注意義務を尽くしたときは，保険会社は，民法478条の類推適用により，保険契約者に対し，右貸付けの効力を主張することができるものと解するのが相当である。これと同旨をいう原審の判断は，正当として是認することができる。論旨は採用することができない。」（裁判長裁判官　遠藤光男　裁判官　小野幹雄　井嶋一友　藤井正雄）

162 現金自動支払機による支払

最(二)判平成5年7月19日判時1489号111頁・富士銀行CD事件

（百選Ⅱ〈第5版新法対応補正版〉88頁，消費者取引百選138頁，手形小切手百選〈第5版〉216頁，平5重判86頁）

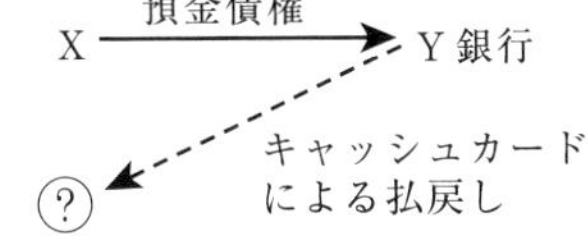

【事実】 XはY（富士銀行）に預金口座を有していたが，昭和56年4月23日に，何者かがYの支店およびYの提携銀行の支店で現金自動支払機（キャッシュディスペンサー）にキャッシュカードを入れ，Xの暗証番号を入力して195万余円の預金のほぼ全額を引き出した。XがYに対し，195万余円の預金の返還を訴求したのに対し，Yはキャッシュカード取引規定中の免責約款（「支払機によりカードを確認し，支払機操作の際，使用された暗証と届出の暗証との一致を確認のうえ預金を払い戻しました場合には，カードまたは暗証につき偽造，変造，盗用その他の事故があっても，そ

➡ *162*

のために生じた損害については，当行および提携行は責任を負いません」）による免責を主張した。1審および原審とも，上記払戻しに利用されたのが真正なカードであったと認定したうえで，上記免責約款の効力を認めてXの請求を棄却した。Xが上告し，本件カードによる支払システムはシステムとしての安全性に欠けるので免責約款は無効であると主張した。

【判決理由】 上告棄却 「銀行の設置した現金自動支払機を利用して預金者以外の者が預金の払戻しを受けたとしても，銀行が預金者に交付していた真正なキャッシュカードが使用され，正しい暗証番号が入力されていた場合には，銀行による暗証番号の管理が不十分であったなど特段の事情がない限り，銀行は，現金自動支払機によりキャッシュカードと暗証番号を確認して預金の払戻しをした場合には責任を負わない旨の免責約款により免責されるものと解するのが相当である。原判決は，右の趣旨をいうものとして是認することができる。論旨は，原判決の結論に影響のない説示部分を非難するか，又は独自の見解に立って原判決を論難するものにすぎず，採用することができない。

なお，本訴請求に係る金員は，昭和56年4月23日，Y及びその提携銀行の設置した現金自動支払機から支払われたものであること，当時YがXを含む預金者に交付していたキャッシュカードの磁気ストライプ上には，預金者がYに届け出た暗証番号がコード化されて記録されていたことは，原審の適法に確定したところであるが，所論中には，このようなキャッシュカードについては，市販のカードリーダーをパーソナルコンピューターに接続することにより，暗証番号を解読することができるから，支払システムとしての安全性を欠き，免責契約は無効であるとする部分がある。しかし，所論の方法で暗証番号を解読するためにはコンピューターに関する相応の知識と技術が必要であることは明らかである（なお，記録によれば，本件支払がされた当時，このような解読技術はそれほど知られていなかったことがうかがえる。）から，Yが当時採用していた現金自動支払機による支払システムが免責約款の効力を否定しなければならないほど安全性を欠くものということはできず，右の点に関する論旨は採用することができない。」（裁判長裁判官　藤島　昭　裁判官　中島敏次郎　木崎良平　大西勝也）

➡ 163

163 現金自動入出機による支払

最(三)判平成15年4月8日民集57巻4号337頁・親和銀行ATM事件

(最判解〈平15上〉223頁，法協122巻10号1771頁，民商129巻6号835頁，百選Ⅱ〈第8版〉72頁，百選Ⅱ〈第9版〉58頁，手形小切手百選〈第6版〉218頁，平5重判73頁)

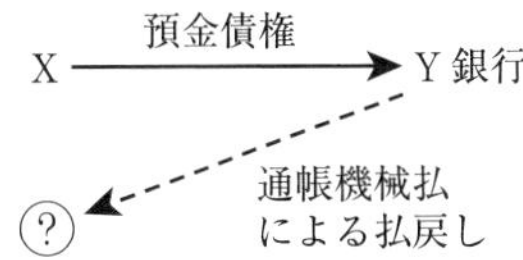

【事実】 Xは，1998年10月，Y(親和銀行)の長尾支店において，貯蓄預金口座を開設して貯蓄預金契約を締結し，同契約に係る通帳の交付を受けた。その際，キャッシュカードの利用を申し込み，その暗証番号をX所有に係る車両の自動車登録番号の4桁の数字と同じ数字として届出をし，キャッシュカードの交付を受けた。ところで，Yでは，預金者が通帳またはキャッシュカードを現金自動入出機（ATM）に挿入し暗証番号および金額を入力すれば預金の払戻しを受けることができる機械払のシステムを採用していたが，Yのカード規定は，このうち，キャッシュカードを使用した「カード機械払」による払戻しの方法と免責について規定するのみで，通帳を使用した「通帳機械払」については規定がなく，また，Xは「通帳機械払」の方法により払戻しが受けられることを知らなかった。

その後，Xは，本件通帳をダッシュボードに入れたまま本件車両を自宅近くの月ぎめ駐車場に駐車したところ，本件通帳を本件車両ごと盗まれた。そして，何者かが，その翌日，Yの3つの支店の各現金自動入出機で，合計17回にわたり，本件通帳を使用し本件暗証番号を入力して，「通帳機械払」の方法により前記預金口座からの払戻手続を行い，上記各現金自動入出機から合計801万円を引き出した。Xは，Y銀行の支店に本件通帳の喪失届出をしたが，これは本件払戻しの終了後のことであった。

そこで，Xは，Yに対して本件払戻しに係る預金801万円の返還を求める訴えを提起した。1審は，Xの請求を棄却。原審も，本件払戻しは民法478条により弁済の効力を有するとして，Xの請求を棄却した。Xから上告。

【判決理由】 破棄自判 「(1) 無権限者のした機械払の方法による預金の払戻しについても，民法478条の適用があるものと解すべきであり，これが非対面のものであることをもって同条の適用を否定すべきではない。

債権の準占有者に対する弁済が民法478条により有効とされるのは弁済者が善意かつ無過失の場合に限られるところ，債権の準占有者に対する機械払の方法による預金の払戻しにつき銀行が無過失であるというためには，払戻しの際

➡ *163*

に機械が正しく作動したことだけでなく，銀行において，預金者による暗証番号等の管理に遺漏がないようにさせるため当該機械払の方法により預金の払戻しが受けられる旨を預金者に明示すること等を含め，機械払システムの設置管理の全体について，可能な限度で無権限者による払戻しを排除し得るよう注意義務を尽くしていたことを要するというべきである。その理由は，次のとおりである。

機械払の方法による払戻しは，窓口における払戻しの場合と異なり，銀行の係員が預金の払戻請求をする者の挙措，応答等を観察してその者の権限の有無を判断したり，必要に応じて確認措置を加えたりするということがなく，専ら使用された通帳等が真正なものであり，入力された暗証番号が届出暗証番号と一致するものであることを機械的に確認することをもって払戻請求をする者が正当な権限を有するものと判定するものであって，真正な通帳等が使用され，正しい暗証番号が入力されさえすれば，当該行為をする者が誰であるのかは全く問われないものである。このように機械払においては弁済受領者の権限の判定が銀行側の組み立てたシステムにより機械的，形式的にされるものであることに照らすと，無権限者に払戻しがされたことについて銀行が無過失であるというためには，払戻しの時点において通帳等と暗証番号の確認が機械的に正しく行われたというだけでなく，機械払システムの利用者の過誤を減らし，預金者に暗証番号等の重要性を認識させることを含め，同システムが全体として，可能な限度で無権限者による払戻しを排除し得るよう組み立てられ，運営されるものであることを要するというべきである。

⑵ 前記事実関係によれば，Yは，通帳機械払のシステムを採用していたにもかかわらず，その旨をカード規定等に規定せず，預金者に対する明示を怠り（なお，記録によれば，Yにおいては，現金自動入出機の設置場所に「ATMご利用のお客様へ」と題する書面を掲示し，「当行の通帳・カードをご利用のお客様」の払戻手数料を表示していたことがうかがわれるが，これでは預金者に対する明示として十分とはいえない。)，Xは，通帳機械払の方法により預金の払戻しを受けられることを知らなかったというのである。無権限者による払戻しを排除するためには，預金者に対し暗証番号，通帳等が機械払に用いられるものであることを認識させ，その管理を十分に行わせる必要がある

➡ 解説

ことにかんがみると，通帳機械払のシステムを採用する銀行がシステムの設置管理について注意義務を尽くしたというためには，通帳機械払の方法により払戻しが受けられる旨を預金規定等に規定して預金者に明示することを要するというべきであるから，Ｙは，通帳機械払のシステムについて無権限者による払戻しを排除し得るよう注意義務を尽くしていたということはできず，本件払戻しについて過失があったというべきである。もっとも，前記事実関係によれば，Ｘは，本件暗証番号を本件車両の自動車登録番号の4桁の数字と同じ数字とし，かつ，本件通帳をダッシュボードに入れたまま本件車両を自宅近くの駐車場に駐車していたために，何者かにより本件通帳を本件車両ごと盗まれ，本件暗証番号を推知されて本件払戻しがされたものと認められるから，本件払戻しがされたことについてはＸにも帰責事由が存するというべきであるが，この程度の帰責事由をもってＹに過失があるとの前記判断を覆すには足りない。

したがって，本件払戻しについて，民法478条により弁済の効力を認めることはできない。

5　以上によれば，原審の前記判断には判決に影響を及ぼすことの明らかな法令違反がある。論旨は，この趣旨をいうものとして理由があり，原判決は破棄を免れない。そして，前記説示によれば，Ｘの本件預金返還請求は理由があるから，これを棄却した第1審判決を取り消し，同請求を認容すべきである。」（裁判長裁判官　上田豊三　裁判官　金谷利廣　濱田邦夫　藤田宙靖）

解　説

⑴　2017年改正により，旧478条にいう「債権の準占有者」の用語は，その意味をわかりやすいものとする観点から，一般的な解釈を踏まえて，「受領権者……以外の者であって取引上の社会通念に照らして受領権者としての外観を有するもの」と改められたが（筒井健夫＝村松秀樹編著『一問一答 民法（債権関係）改正』186-187頁），その実質的な内容を変更するものではない。したがって，旧478条のもとで形成された判例法は，改正後の478条の解釈においても，先例としての意義を有するといえよう。

⑵　旧478条の規定する「債権の準占有者」の意義については，*157*は，自

➡ 解説

らが債権者であると称する者だけでなく，自分は債権者の代理人であると称する者も含まれるとする。表見代理と478条のそれぞれにおける考慮要素の相違が，新たな取引に入る行為なのか，弁済という義務的な行為なのかによると捉えるならば，*157*はこの観点から説明しえよう。改正後の478条では，「受領権者」を「債権者及び法令の規定又は当事者の意思表示によって弁済を受領する権限を付与された第三者」と定義することにより，*157*の準則が明文化されている。

*158*は，478条の適用が，467条2項による第三者相互間の優劣の決定方法と抵触するところがある場合には，両者の機能の調和を考慮した解釈がされなければならないことを示すものである。

(3) 次に，478条の「弁済」の解釈に関しては，判例はこれを緩和し，弁済行為以外についても478条の適用ないし類推適用を広く認める傾向にある。

定期預金の期限前払戻しは，定期預金の期限前解約という合意とその弁済とに分解しうる。このうち前者は新たな合意であって義務的行為でないとすれば478条は適用されないことになろうが，*159*は，契約当事者が定期預金を期限前に払い戻す場合には普通預金と同率の利息とするという商慣習による意思を有していたという事実から，「期限前払戻の場合における弁済の具体的内容が契約成立時にすでに合意により確定されている」ことを理由として，478条にいう「弁済」に該当するとする。

さらに進んで，*160*は，定期預金を担保として銀行が貸付けを行うという預金担保貸付に478条の類推適用を認める。その理由づけとして，定期預金を担保権の設定を受けて金銭を貸し付けた後に，担保権実行の趣旨で貸付債権と預金債権とを相殺をした場合には，「少なくともその相殺の効力に関する限りは，これを実質的に定期預金の期限前解約による払戻と同視することができ，また，そうすることが相当である」（傍点筆者）と述べる。「定期預金の期限前解約による払戻と同視しうる」という説明は*159*と共通するが，その意義は上記の傍点部分から窺われるように*159*とはかなり異なっており，実質的にみれば，*159*は，定期預金に対する担保権設定という新たな取引行為についても478条の類推適用を認めたことを意味しよう。478条にいう「弁済」に相当するのは相殺であり，その具体的な帰結は，真の預金者に対して「相殺の効力」を対抗しうることにあるが，預金を担保とした貸付け等の契約締結の時点で勝負はついている。このことは，金融機関の善意無過失を判断する基準時が，それが相殺の意思表示をする時点ではなく，貸付時であると判示する部分に端的に現れている。したがって，他人の定期預金に対して担保権を設定したという行為の効果が真の預金者に帰属するというのが，ここでの478条類推適用の実質的意味である。このような局面に適合的な新たな表見法理を，判例が法創造したものと評価することができよう。

次いで，*161* は，貸付金と解約返戻金債権との相殺ではなく，貸付行為を「弁済」に類似する行為として478条を類推適用した点が注目される。つまり，他人が無断で行った貸付行為の効果が保険契約者に帰属するということになる。*160* をさらに一歩進めたものか（*160* では，貸付行為の効果それ自体が真の預金者に帰属するわけではない），生命保険契約の契約者貸付制度の特質に即した判断にすぎないのか（貸付けの実行が約款上の法的な義務を履行する行為である点では *159* に近い），判旨の理解が分かれるところである。

⑷　弁済者の善意・無過失の要件について。*162* は，銀行の設置した現金自動支払機による預金の払戻しの場合における弁済者の過失の判断方法が争点となったものである（直接には免責約款の有効性が争われている）。この場合には実際に払戻しを行うのは人でなく機械であり，機械それ自体の過失を措定するのは無理がある。この点に関し，*162* は，「銀行による暗証番号の管理が不十分であったなど特段の事情がない限り」という留保を付すことにより，システム全体の安全性管理が弁済者（システム提供者としての銀行）の過失判断の対象となることを認めている点に注意すべきである。

これに続いて現れた *163* は，現金自動入出機による預金の払戻し（機械払）に478条が適用されることを肯定したものであるが，弁済者の過失の判断については，*162* をさらに一歩進め，「機械払システムの設置管理の全体について，可能な限度で無権限者による払戻しを排除し得るよう注意義務を尽くしていたことを要する」（傍点筆者）としつつ，「システムの設置管理」についての注意義務には，「機械払システムの利用者の過誤を減らし，預金者に暗証番号等の重要性を認識させること」も含まれると判示したものである。もっとも，*163* は，一般の銀行では窓口における払戻しにのみ利用されている通帳を，機械払

➡ 164

にも用いることができるシステムを採用していた銀行に関する事案である点に特殊性がある。通帳機械払のシステムは，弁済受領者の権限が「機械的，形式的に」しか判定されないという点で，窓口における払戻しと比べて無権限者による払戻しのリスクが相対的に高いことから，そのようなリスクのある特殊なシステムを採用する場合には，それに相応した利用者の管理行動を促すために，「通帳機械払の方法により払戻しが受けられる旨を預金規定等に規定して預金者に明示すること」が必要であるというのが，*163*が認めた銀行の過失の具体的な内容である。こうしてみると，*163*が判示した弁済者の過失の判断は，機械払の場合に限られるものでなく，窓口払の場合を含めて，一般には利用者が想定していないような無権限者による払戻しのリスクを伴うシステムを採用している場合について広く妥当しうるものと解することができよう。

［2］ 預金等の帰属

164 無記名定期預金

最(三)判昭和48年3月27日民集27巻2号376頁・東京都民銀行事件
（最判解〈昭48〉169頁，民商71巻1号148頁，昭48重判57頁）

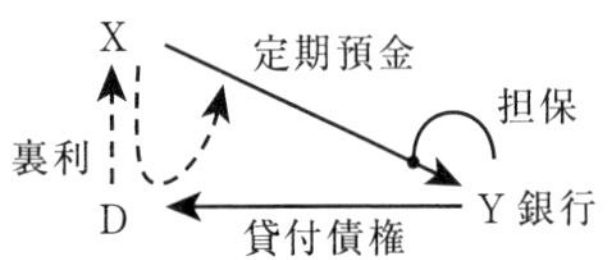

【事実】 Xは，A会社の設立者Bから導入預金の方法（Xが銀行に定期預金をなしその見返りとしてAが銀行から手形割引を受ければ，銀行利息とAからの利息とを受けられるというもの）による融資の依頼を受け，またY（東京都民銀行）板橋支店長Cから，取引のあるD（Aの取締役）の定期預金として預け入れるのであれば手形割引ができるとの説明を受けた。そこで，Xは，Aに融資を得させるために，Xの妻FをDの事務員に仕立ててY銀行板橋支店に赴かせ，そのように誤信させる言動をさせて，Yに1000万円の無記名定期預金をした。同日，Dが上記定期預金証書と印鑑を持参し自己が預金者である旨の言動をしたうえで，Yに上記定期預金を担保とする手形割引を依頼したので，Yは融資を行った。その後，Aの金融の便宜のため，上記定期預金は2回の預替により，3口の無記名定期預金と1口のE会社名義の記名式定期預金となった。以上の事実関係のもとで，XはYに対して上記定期預金の払戻しを訴求した。1審は，Xの請求を認容したが，原審は，無記名定

➡ 164

期預金の預金者は通常は出捐者であるとしても，預入に際し預金者が誰であるかの意思表示がなされ銀行がこれに承諾した場合には，その者を預金者とする定期預金契約が成立するとして，DまたはEを預金者と認め，Xの請求を棄却した。Xが上告。

【判決理由】 破棄差戻し 「原判決は，昭和31年12月13日，Xの妻であるFが，Xにおいて同日G（株式会社東京銀行本店）から振出をうけた支払人G，金額1000万円，受取人Y銀行板橋支店なる記名式銀行小切手1通を持参して本件第1回の無記名定期預金をしたものであることを認めながら，(1) DとYとの間には同年10月下旬から定期預金を担保とする手形割引の取引があつたこと，(2) Dは，同年11月頃Y銀行板橋支店次長Hに対し，近いうちに1000万円位の預金をする旨話していたこと，(3) Dは，同年12月13日Hに対し，同日，1000万円，期限3か月の定期預金をすることにしたので，事務員を赴かせる旨電話をし，自己の名刺に，1000万円を事務員に持参させるからよろしく，と記入して，Fに手渡し，同人を自己の事務員に仕立ててYに赴かせたこと，(4) Fは，本件第1回の無記名定期預金の預入手続をする際，その事務を担当したHに対し，Xの妻であることは告げず，Hが「Dさんの使いの方ですね」と念を押したところ，「はい」と答えて，前記小切手をHに交付し，所定の印鑑票に「D之印」と刻した印鑑を押捺し，預金契約に必要な手続をしていること，(5) Hは，終始，FをDの使者として遇し，金額1000万円の無記名定期預金証書を作成してFに交付する際に，「Dによろしく」と挨拶したにもかかわらず，Fは何ら異議を述べなかつたこと，(6) 同日夕刻，Dは，右無記名定期預金証書および印鑑を持参のうえ，Y銀行板橋支店に赴き，Hに対し，無記名定期預金をしたからよろしく，と挨拶したこと等の事実を認定し，右事実からすれば，Dが本件第1回の無記名定期預金契約の預金者は自己である旨の意思表示をし，Y銀行においてこれを承諾したものというべきであるとし，さらに，原判決は，(7) Xは，昭和31年11月下旬，貸金業とその仲介を目的とするA（株式会社中小企業金融相談所）の設立者Bから，Aに対する1000万円の融資の依頼をうけたが，その際，BからXにおいて銀行に対し1000万円の定期預金をし，これを見返りとしてAが銀行から手形割引をうければ，Xとしては，銀行利息とAからの利息をうけられる旨提案され

➡ 164

たこと，(8) そこで，Xは，同年12月10日Y銀行板橋支店支店長Cに対し，Xが1000万円の定期預金をすればこれを見合いにAに対する手形割引が可能かどうかを尋ねたところ，Cから，Xが定期預金をしたのではAの手形割引をすることはできないが，AはDの名前でY銀行板橋支店と取引があるから，Dの定期預金として預け入れるのであれば手形割引が可能である旨の説明をうけていたこと，(9) Xは，Fが本件第1回の無記名定期預金の預入手続をするにつき，FがDの事務員としてY銀行板橋支店に赴くことを承諾していたこと，(10) 本件第1回無記名定期預金がされた後，XはAから利息の支払をうけていたこと等の事実を認定したうえ，Xは，Aの金融の便宜のため，Dの預金として本件第1回の無記名定期預金をすることを承諾していたものと認めるべきであるとし，これを前提に，本件第1回および第2回の預替によつて各成立したE株式会社名義の記名式定期預金1口の預金者はEであり，また，その他の3口の無記名定期預金の預金者はDであると判断している。

ところで，無記名定期預金契約において，当該預金の出捐者が，自ら預入行為をした場合はもとより，他の者に金銭を交付し無記名定期預金をすることを依頼し，この者が預入行為をした場合であつても，預入行為者が右金銭を横領し自己の預金とする意図で無記名定期預金をしたなどの特段の事情の認められないかぎり，出捐者をもつて無記名定期預金の預金者と解すべきであることは，当裁判所の確定した判例であり（最㈠判昭和32年12月19日民集11巻13号2278頁，最㈢判昭和35年3月8日裁判集民事40号177頁），いまこれを変更する要はない。けだし，無記名定期預金契約が締結されたにすぎない段階においては，銀行は預金者が何人であるかにつき格別利害関係を有するものではないから，出捐者の利益保護の観点から，右のような特段の事情のないかぎり，出捐者を預金者と認めるのが相当であり，銀行が，無記名定期預金債権に担保の設定をうけ，または，右債権を受働債権として相殺をする予定のもとに，新たに貸付をする場合においては，預金者を定め，その者に対し貸付をし，これによつて生じた貸金債権を自働債権として無記名定期預金債務と相殺がされるに至つたとき等は，実質的には，無記名定期預金の期限前払戻と同視することができるから，銀行は，銀行が預金者と定めた者（以下，表見預金者という。）が真実の預金者と異なるとしても，銀行として尽くすべき相当な注意を用いた

➡ 164

以上，民法 478 条の類推適用，あるいは，無記名定期預金契約上存する免責規定によつて，表見預金者に対する貸金債権と無記名定期預金債務との相殺等をもつて真実の預金者に対抗しうるものと解するのが相当であり，かく解することによつて，真実の預金者と銀行との利害の調整がはかられうるからである。

叙上の見地に立つて本件をみるに，原判決の認定した前記(1)ないし(6)の真実は，D が本件第 1 回の無記名定期預金につき預金者は自己であるかのような行動をとつたことを示すものではあるが，いまだこれらの事実をもつて，D が，本件第 1 回の無記名定期預金をする際，X の出捐した 1000 万円を横領し，自己の預金とする意思を有していたなど前記特段の事情があるとまではいえない。また，原判決は，前記(7)ないし(10)の事実から，X は D に対し D の預金として本件第 1 回の無記名定期預金をすることを承諾した旨判示している。しかしながら，右各(7)ないし(10)の事実からは，X は D に対し名義上のみ預金者を D とすることを承諾していたものとみることができないわけではなく，かりに，真実預金者を D とすることの承諾がされたと認めるためには，X が D に対し 1000 万円の返還を求めうることが前提とならなければならないから，原審としては，X と D との間に 1000 万円の返還の合意がいかなる法律関係のもとにされたか，さらに，X と A との間にいかなる法律関係があつたかを審理判断すべきものである。そして，X を本件第 1 回の無記名定期預金ならびにこれを前提とする本件第 1 回および第 2 回の預替によつて成立した各定期預金の真実の預金者と認めるべきであるとすれば，さらに，Y 銀行の抗弁について審理判断すべきものであり，Y 銀行の相殺の抗弁については，Y 銀行板橋支店が，右各定期預金を担保とし，もしくは，この各定期預金債権を受働債権として相殺することを予定して，D または E との間に手形割引等の銀行取引をするにあたり，Y 銀行板橋支店が銀行として尽くすべき相当の注意を用いて D または E を預金者と確定したかどうか，すなわち，Y 銀行板橋支店が，前記(6)のように D から定期預金証書の呈示をうけながら，その後の取引をするにあたり，何ゆえに定期預金証書の占有取得の方法をとらなかつたかなどの点について審理し，右抗弁の成否につき判断すべきものである。

しかるに，原判決は，右の諸点について何ら審理判断することなく，本件第 1 回の無記名定期預金ならびに本件第 1 回および第 2 回の預替によつて成立し

➡ *165*

た各定期預金の預金者はXとは認められないと判断し，結局，Xの主位的請求および予備的請求を排斥したものである。それゆえ，原判決には，叙上の諸点について審理不尽，理由不備の違法があるというべきである。論旨は理由があり，原判決は破棄を免れない。」（裁判長裁判官　関根小郷　裁判官　田中二郎　天野武一　坂本吉勝）

165 記名式定期預金

最(三)判昭和57年3月30日（昭和54年(オ)第1186号）
金法992号38頁・阪神相互銀行事件
(最判解〈昭57〉300頁)

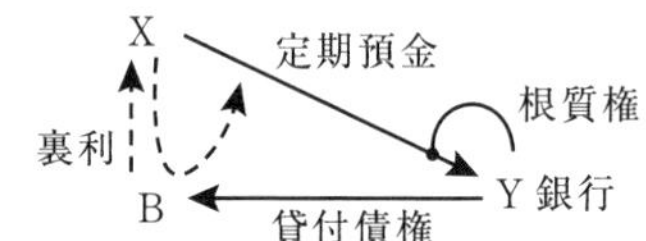

【事実】 A会社を経営するBは，Y（阪神相互銀行）から1億円の融資を受けるにあたり，Yに対し9000万円の定期預金を担保に供することになった。そこでBはXに銀行利率以上の裏金利を支払うことを条件に定期預金をすることを依頼したところ，Xはこれを承諾し，自己の定期預金とする意思でBに9000万円を交付した。Bは上記資金を一旦自己の当座預金に預け入れた後，Yに交付し架空人名義による定期預金をしたが，Yは根質権を設定のうえ上記金額に相当する手形貸付を実行した。その際，Bの申出によりYは預金証書および印鑑をBに保管させることとし，Bはこれを X に交付した。その後，上記と同様の方法で一部弁済と新規貸付が繰り返されたが，Aが倒産したため，XはYに対し定期預金の返還を訴求した。1審はXの請求を棄却。原審は，預入行為者の表示行為を中心に考慮してBが預金者であると判断して，Xの控訴を棄却。Xが上告。

【判決理由】 破棄差戻し「無記名定期預金契約において，当該預金の出捐者が，他の者に金銭を交付し無記名定期預金をすることを依頼し，この者が預入行為をした場合，預入行為者が右金銭を横領し自己の預金とする意思で無記名定期預金をしたなどの特段の事情の認められない限り，出捐者をもって無記名定期預金の預金者と解すべきであることは，当裁判所の確定した判例（最㈠判昭和32年12月19日民集11巻13号2278頁，最㈢判昭和35年3月8日裁判集民事40号177頁，最㈢判昭和48年3月27日民集27巻2号376頁〔*164*事件〕）であるところ，この理は，記名式定期預金においても異なるものではな

➡ 166

い（最㈡判昭和53年5月1日裁判集民事124号1頁参照）から，預入行為者が出捐者から交付を受けた金銭を横領し自己の預金とする意図で記名式定期預金をしたなどの特段の事情の認められない限り，出捐者をもつて記名式定期預金の預金者と解するのが相当である。

これを本件についてみるに，原審の認定した事実関係によれば，Bは，Yに対し，第1，2回預金及び本件預金について預金者は自己であることを示して預金手続をしたというものではあるが，定期預金証書をAないしXに交付していたというのであり，また，届印鑑もAないしXに交付したことがあるというのであるから，右事情に照らすと，BがAの出捐した金銭につきその支配を排してこれを横領し，自己の預金とする意思を有していたとまでみるのは十分でないというべきところ，原審は，他に前記特段の事情を認めるべき事実を認定することなく，本件預金の預金者はBであつてXではないとしたことになるから，原判決には預金者の認定に関する法律の解釈適用を誤つた違法があるといわざるをえず，右違法は原判決の結論に影響を及ぼすことが明らかであつて，論旨は理由がある。そして，本件において，前記特段の事情があるかどうか等について更に審理を尽くさせる必要があるから，本件を原審に差し戻すこととする。」（裁判長裁判官　伊藤正己　裁判官　環　昌一　横井大三　寺田治郎）

166 普通預金口座への誤振込による預金債権の成否

最(二)判平成8年4月26日民集50巻5号1267頁・「カ)トウシン」誤振込事件

（最判解〈平8上〉364頁，百選II〈第8版〉146頁，百選II〈第9版〉128頁，手形小切手判例百選〈第6版〉222頁，民事執行・保全百選48頁，平8重判73頁）

【事実】 Xは，A（株式会社東辰（トウシン））から，建物の一部を賃借し，毎月月末に翌月分賃料をAのB（第一勧業銀行）大森支店の当座預金口座に振り込んで支払っていた。また，Xは，C（株式会社透信（トウシン））から通信用紙等を購入し，その代金をCのD（富士銀行）上

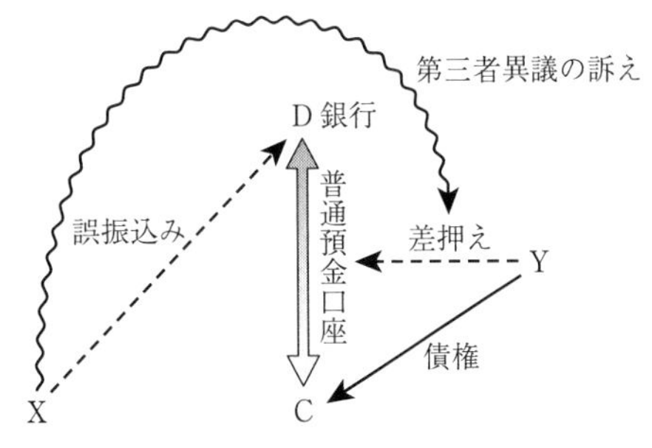

➡ 166

野支店の普通預金口座に振り込む方法で支払っていたことがあったが，1987 年 1 月の支払を最後に取引はなく，債務もなかった。X は，A に対し，1989 年 5 月分の賃料等の合計 558 万円余を支払うため，同年 4 月 28 日，D 銀行大森支店に上記額の金員の振込依頼をしたが，誤って，振込先を D 銀行上野支店の C の普通預金口座と指定したため，同口座に 558 万円余の入金記帳がされた。

C の債権者である Y は，1989 年 7 月 31 日，C の D に対して有する普通預金債権を差し押さえたが，差押時の預金残高 572 万円余のうち，558 万円余は，X の上記振込みに係るものであった。そこで，X は Y に対し，Y の強制執行のうち X の上記振込みに係る預金債権に対する部分につき，第三者異議の訴えを提起した。

1 審および原審ともに X の請求を認容。原審は，受取人と振込依頼人との間において当該振込金を受け取る正当な原因関係が存在しないことを理由に，本件預金債権は成立していないとした。そのうえで，本件振込みに係る金員の価値は，実質的には X に帰属しているものというべきであるのに，外観上存在する本件預金債権に対する差押えにより，これがあたかも C の責任財産を構成しているかのように取り扱われる結果となっているから，X は，上記金銭価値の実質的帰属者たる地位に基づき，本件預金債権に対する差押えの排除を求めることができると判示した。Y から上告。

【判決理由】 破棄自判 「1　振込依頼人から受取人の銀行の普通預金口座に振込みがあったときは，振込依頼人と受取人との間に振込みの原因となる法律関係が存在するか否かにかかわらず，受取人と銀行との間に振込金額相当の普通預金契約が成立し，受取人が銀行に対して右金額相当の普通預金債権を取得するものと解するのが相当である。けだし，前記普通預金規定には，振込みがあった場合にはこれを預金口座に受け入れるという趣旨の定めがあるだけで，受取人と銀行との間の普通預金契約の成否を振込依頼人と受取人との間の振込みの原因となる法律関係の有無に懸からせていることをうかがわせる定めは置かれていないし，振込みは，銀行間及び銀行店舗間の送金手続を通して安全，安価，迅速に資金を移動する手段であって，多数かつ多額の資金移動を円滑に処理するため，その仲介に当たる銀行が各資金移動の原因となる法律関係の存否，内容等を関知することなくこれを遂行する仕組みが採られているからである。

2　また，振込依頼人と受取人との間に振込みの原因となる法律関係が存在しないにかかわらず，振込みによって受取人が振込金額相当の預金債権を取得したときは，振込依頼人は，受取人に対し，右同額の不当利得返還請求権を有

➡ 167

することがあるにとどまり，右預金債権の譲渡を妨げる権利を取得するわけではないから，受取人の債権者がした右預金債権に対する強制執行の不許を求めることはできないというべきである。

3　これを本件についてみるに，前記事実関係の下では，Ｃは，Ｄに対し，本件振込みに係る普通預金債権を取得したものというべきである。そして，振込依頼人であるＸと受取人であるＣとの間に本件振込みの原因となる法律関係は何ら存在しなかったとしても，Ｘは，Ｃに対し，右同額の不当利得返還請求権を取得し得るにとどまり，本件預金債権の譲渡を妨げる権利を有するとはいえないから，本件預金債権に対してされた強制執行の不許を求めることはできない。

四　そうすると，右と異なる原審の判断には，法令の解釈適用を誤った違法があり，右違法が判決の結論に影響を及ぼすことは明らかであるから，その趣旨をいう論旨は理由があり，原判決は破棄を免れない。そして，以上に判示したところによれば，Ｘの本件請求は理由がないから，右請求を認容した第一審判決を取り消し，これを棄却すべきものである。」（裁判長裁判官　河合伸一　裁判官　大西勝也　根岸重治　福田　博）

167　専用普通預金口座の預金債権の帰属

最(二)判平成15年2月21日民集57巻2号95頁・富士火災海上保険代理店専用口座事件

(最判解〈平15上〉53頁，法協121巻11号1961頁，百選Ⅱ〈第9版〉130頁，倒産百選〈第4版〉46頁，商法(総則・商行為)百選〈第5版〉66頁，保険法百選218頁，平5重判83頁)

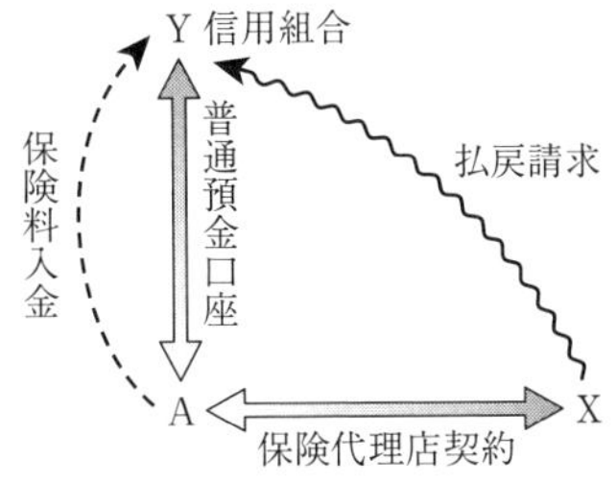

【事実】 Ａ（矢野建設工業株式会社）は，Ｘ（富士火災海上保険株式会社）の損害保険代理店である。

Ａは，Ｘのために保険契約者から収受した保険料のみを入金する目的で，1986年6月，Ｙ（小樽商工信用組合）余市支店に「富士火災海上保険㈱代理店矢野建設工業㈱矢野繁樹」名義の普通預金口座を開設し，本件預金口座の通帳および届出印はＡが保管していた。Ａは，保険料として収受した金銭をすべて本件預金口座に入金したうえで，毎月20日ころ，本件預金口座から前月分の保険料相当額の払戻しを受け，

➡ *167*

そこから代理店手数料額を控除した額の金銭をXに送金していた。

1997年5月6日当時，本件預金口座には，AがXのために収受した保険料およびこれに対する預金利息の合計342万円余が預け入れられていたが，Aは，同日，2度目の不渡り手形を出すことが確実となったため，Yの小樽支店長に本件預金口座の通帳および届出印を交付した。そこで，Xは，5月7日ころ，Yに対し，上記の本件預金債権はXに帰属するとして，本件預金債権の払戻しを請求した。

1審は，Xの請求認容。原審も，次のように判示して，Xの請求を全部認容した。すなわち，預金の原資を出捐した者の利益を保護する観点から，出捐者が預金者として預金債権の帰属主体になると解するのが相当である。そして，①Aは，Xを代理して保険契約者から収受した保険料を専用の金庫ないし集金袋で保管し，他の金銭と混同していなかったこと，②本件預金の原資は，上記保険料およびその預金利息であること，③Aは，上記保険料自体の帰属については，独自の実質的または経済的な利益を有していないこと，④Xは，Aが保険料を収受することにより保険金支払の危険を負担するので，保険料の帰属について実質的または経済的な利益を有していることを考慮すると，本件預金の出捐者はXと認めるのが相当である。また，Aは，本件預金口座の通帳および届出印の所持者として，本件預金口座を管理し得る立場にあったが，本件預金口座の目的やその払戻しについてXとの間の契約による制約を受けていたから，Xから本件預金口座の管理をゆだねられているにすぎず，本件預金口座を実質的に管理しうる地位を有していたのはXにほかならない。以上から，本件預金口座はXに帰属するというべきである。Yから上告。

【判決理由】 破棄自判（福田裁判官の反対意見がある）

「前記事実関係によれば，金融機関であるYとの間で普通預金契約を締結して本件預金口座を開設したのは，Aである。また，本件預金口座の名義である『富士火災海上保険㈱代理店矢野建設工業㈱矢野繁樹』が預金者としてAではなくXを表示しているものとは認められないし，XがAにYとの間での普通預金契約締結の代理権を授与していた事情は，記録上全くうかがわれない。

そして，本件預金口座の通帳及び届出印は，Aが保管しており，本件預金口座への入金及び本件預金口座からの払戻し事務を行っていたのは，Aのみであるから，本件預金口座の管理者は，名実ともにAであるというべきである。

さらに，受任者が委任契約によって委任者から代理権を授与されている場合，

➡ 167

受任者が受け取った物の所有権は当然に委任者に移転するが，金銭については，占有と所有とが結合しているため，金銭の所有権は常に金銭の受領者（占有者）である受任者に帰属し，受任者は同額の金銭を委任者に支払うべき義務を負うことになるにすぎない。そうすると，Xの代理人であるAが保険契約者から収受した保険料の所有権はいったんAに帰属し，Aは，同額の金銭をXに送金する義務を負担することになるのであって，Xは，AがYから払戻しを受けた金銭の送金を受けることによって，初めて保険料に相当する金銭の所有権を取得するに至るというべきである。したがって，本件預金の原資は，Aが所有していた金銭にほかならない。

したがって，本件事実関係の下においては，本件預金債権は，Xにではなく，Aに帰属するというべきである。Aが本件預金債権をAの他の財産と明確に区分して管理していたり，あるいは，本件預金の目的や使途についてAとXとの間の契約によって制限が設けられ，本件預金口座がXに交付されるべき金銭を一時入金しておくための専用口座であるという事情があるからといって，これらが金融機関であるYに対する関係で本件預金債権の帰属者の認定を左右する事情になるわけではない。

4　以上によれば，本件預金債権はXに帰属するとは認められないというべきである。論旨は理由がある。これと異なる原審の判断には，判決に影響を及ぼすことが明らかな法令の違反があり，原判決は破棄を免れない。そして，以上説示したところによれば，Xの請求は理由がないから，第1審判決を取り消した上，Xの請求を棄却することとする。」

福田博裁判官の反対意見

「私は，本件預金債権がXに帰属するとは認められないとする多数意見に賛同することはできない。その理由は，次のとおりである。

Aは，損害保険会社の委託を受けて，その損害保険会社のために保険契約の締結の代理又は媒介を行う損害保険代理店（保険業法2条19項）であり，商法第1編第7章の代理商であるといえる。そして，Aは，本件代理店契約に基づいて，Xを代理して保険契約の締結，保険料の収受等の業務を行い，かつ，善良な管理者の注意をもって，収受した保険料をAの財産と明確に区分して保管し，これを他に流用してはならない義務を負っているところ，この

➡ *167*

ような内容を有する本件代理店契約には，Aに対し，収受した保険料を保管することを目的とする預金口座をXのために開設する権限，すなわちXの代理人として金融機関との間でXのために預金契約を締結するための権限を授与することも含まれていると解するのが相当である。

本件預金口座の名義は，『富士火災海上保険㈱代理店矢野建設工業㈱矢野繁樹』となっており，預金者としてAを表示しているものであることが一見明白であるとはいいきれないし，そこに『代理店』の文字が含まれていることからすると，むしろ，Xが代理人であるAを使って本件預金口座を開設したことを表示していると解するのが相当である。Aが本件預金口座の通帳及び届出印を保管し，本件預金口座の金銭の出し入れを行っていたことも，代理人として，本人であるXのためにしていたことであると評価すべきである。

Aが保険契約者から収受した保険料の所有権がいったんAに帰属するのは多数意見のいうとおりであるが，上記のように本件預金口座はXのものであるから，保険料を本件預金口座に入金することによってAのXに対する保険料引渡し義務は完了することになる。後日XからAに送付される保険料請求書の記載に従ってAが本件預金口座から資金を引き出し，Aの手数料を控除した残額をXに送金するという資金の移動は，AがXの代理人として，Xの預金口座間で資金移動事務を行っているものであるにすぎない。

原審は，預金の原資の出えん者が預金債権の帰属主体になるという理論を前提に，Xが本件預金の原資の出えん者であるから本件預金債権の帰属主体であるとしている。私は，このような判断過程を正当なものであると考えるものではないが，上記のように，本件預金口座はXがAを代理人として開設したものであると考えられるから，Xが預金者としてする本件預金債権の支払請求を認容すべきものとした原判決は，結論において是認することができる。

よって，本件上告は，棄却すべきである。」（裁判長裁判官　亀山継夫　裁判官　福田　博　北川弘治　梶谷　玄　滝井繁男）

➡ 168

168 別口普通預金口座に保管された前払金——信託契約の成立

最(一)判平成14年1月17日民集56巻1号20頁・愛知県公共工事前払金事件

(最判解〈平14上〉18頁，法協123巻1号205頁，倒産百選〈第6版〉106頁，平14重判73頁)

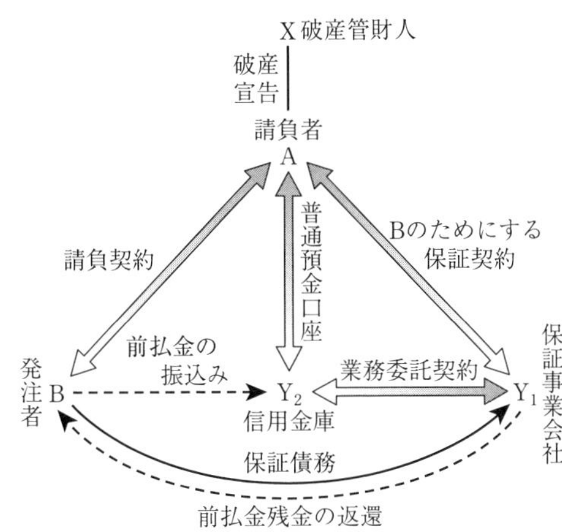

【事 実】 1998年3月27日，A（仲田建設株式会社）は，地方公共団体B（愛知県）との間で本件公共工事の請負契約を締結し，同年4月2日，保証事業会社Y_1（東日本建設業保証株式会社）との間で，公共工事の前払金保証事業に関する法律（平成11年法律第160号による改正前のもの。以下「保証事業法」という）およびY_1前払金保証約款に基づき，Bのために，本件請負工事がAの責めに帰すべき事由によって解除された場合にAがBに対して負担する前払金返還債務についてY_1が保証する旨の契約を締結した。そして，同年4月20日，AはBから，Y_1が前払金の預託金融機関としてあらかじめ業務委託契約を締結していたY_2（豊田信用金庫）にAが開設した普通預金口座に前払金1696万円余の振込みを受けて，預金をした。

ところが，Aの営業停止により本件工事の続行が不可能となったため，Bは，同年6月29日，本件請負契約を解除した。そして，Y_1は，同年7月31日，Bに対し，保証債務の履行として本件前払金から解除時までの工事の既済部分に対する代価に相当する額を控除した残金相当額を支払った。その後，同年8月7日，Aは破産宣告を受け，その破産管財人に選任されたXが，Y_1に対し，本件預金についてXが債権者であること等の確認を求めるとともに，Y_2に対し，本件預金の残額およびこれに対する遅延損害金の支払を求めて訴えを提起した。

1審はXの請求を棄却。原審は，Aは，Y_1から前払金の払出に関する管理・使途の監査の業務委託を受けたY_2によって預金口座からの払出について厳重に用途を規制され，かつY_1から支払の中止にまで及ぶ監査をされていること，Y_1が保証債務を履行した場合にBに代位することが予定されていること等から，Y_1は，Aから本件預金債権につき債権質またはこれに類似する担保の設定を受けたものと認

➡ 168

めるのが相当であり，Y_1 は別除権を有するとして，X の控訴を棄却した。X から上告。

【判決理由】 上告棄却 「3　本件請負契約を直接規律する愛知県公共工事請負契約約款は，前払金を当該工事の必要経費以外に支出してはならないことを定めるのみで，前払金の保管方法，管理・監査方法等については定めていない。しかし，前払金の支払は保証事業法の規定する前払金返還債務の保証がされたことを前提としているところ，保証事業法によれば，保証契約を締結した保証事業会社は当該請負者が前払金を適正に使用しているかどうかについて厳正な監査を行うよう義務付けられており（27 条），保証事業会社は前払金返還債務の保証契約を締結しようとするときは前払金保証約款に基づかなければならないとされ（12 条 1 項），この前払金保証約款である本件保証約款は，建設省から各都道府県に通知されていた。そして，本件保証約款によれば，前記 1 (3)記載のとおり，前払金の保管，払出しの方法，Y_1 による前払金の使途についての監査，使途が適正でないときの払出し中止の措置等が規定されているのである。したがって，A はもちろん B も，本件保証約款の定めるところを合意内容とした上で本件前払金の授受をしたものというべきである。このような合意内容に照らせば，本件前払金が本件預金口座に振り込まれた時点で，B と A との間で，B を委託者，A を受託者，本件前払金を信託財産とし，これを当該工事の必要経費の支払に充てることを目的とした信託契約が成立したと解するのが相当であり，したがって，本件前払金が本件預金口座に振り込まれただけでは請負代金の支払があったとはいえず，本件預金口座から A に払い出されることによって，当該金員は請負代金の支払として A の固有財産に帰属することになるというべきである。

また，この信託内容は本件前払金を当該工事の必要経費のみに支出することであり，受託事務の履行の結果は委託者である B に帰属すべき出来高に反映されるのであるから，信託の受益者は委託者である B であるというべきである。

そして，本件預金は，A の一般財産から分別管理され，特定性をもって保管されており，これにつき登記，登録の方法がないから，委託者である B は，第三者に対しても，本件預金が信託財産であることを対抗することができるの

➡ 169

であって（信託法3条1項参照），信託が終了して同法63条のいわゆる法定信託が成立した場合も同様であるから，信託財産である本件預金はAの破産財団に組み入れられることはないものということができる（同法16条参照）。

したがって，本件事実関係の下においてY_1がAから本件預金につき債権質等の担保の設定を受けたものとした原審の判断は相当ではないが，Xの請求を棄却すべきものとした結論は是認することができる。」（裁判長裁判官　町田顯　裁判官　井嶋一友　藤井正雄　深澤武久）

169　預貯金債権の共同相続

最大決平成28年12月19日民集70巻8号2121頁

（*最判解〈平28〉526頁，民商153巻5号102頁，百選Ⅲ〈第3版〉142頁，平29重判85頁*）

【事実】　Aが死亡し，Aの弟Bの子でAの養子であるXと，Aの妹でAの養子であるCの子YがAを相続した。Aは，不動産（評価額合計約258万円）のほかに，預貯金債権（合計約4000万円）を有していた。XがYを相手方としてAの遺産分割を申し立てたところ，1審・原審とも，預貯金債権は，相続開始と同時に当然に相続人が相続分に応じて分割取得し，相続人全員の合意がない限り遺産分割の対象とならないとしたうえで，CがAから約5500万円の贈与を受けたことはYの特別受益に当たるから，Yの具体的相続分は0であるとして，Xが不動産を取得すべきものとした。これに対し，Xが抗告許可の申立てをしたところ，原審はこれを許可した。

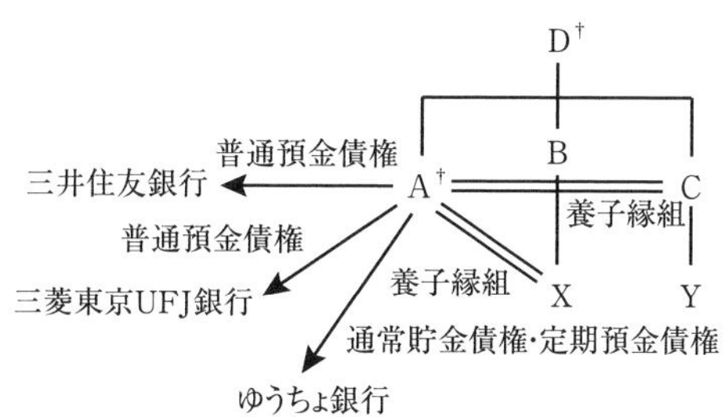

【判決理由】　破棄差戻し（岡部・大谷・小貫・山﨑・小池・木澤・鬼丸・木内裁判官の補足意見，大橋裁判官の意見がある）

「(1)　相続人が数人ある場合，各共同相続人は，相続開始の時から被相続人の権利義務を承継するが，相続開始とともに共同相続人の共有に属することとなる相続財産については，相続分に応じた共有関係の解消をする手続を経るこ

➡ *169*

となる（民法 896 条，898 条，899 条）。そして，この場合の共有が基本的には同法 249 条以下に規定する共有と性質を異にするものでないとはいえ（最㈢判昭和 30 年 5 月 31 日民集 9 巻 6 号 793 頁参照），この共有関係を協議によらずに解消するには，通常の共有物分割訴訟ではなく，遺産全体の価値を総合的に把握し，各共同相続人の事情を考慮して行うべく特別に設けられた裁判手続である遺産分割審判（同法 906 条，907 条 2 項）によるべきものとされており（最㈡判昭和 50 年 11 月 7 日民集 29 巻 10 号 1525 頁参照），また，その手続において基準となる相続分は，特別受益等を考慮して定められる具体的相続分である（同法 903 条から 904 条の 2 まで）。このように，遺産分割の仕組みは，被相続人の権利義務の承継に当たり共同相続人間の実質的公平を図ることを旨とするものであることから，一般的には，遺産分割においては被相続人の財産をできる限り幅広く対象とすることが望ましく，また，遺産分割手続を行う実務上の観点からは，現金のように，評価についての不確定要素が少なく，具体的な遺産分割の方法を定めるに当たっての調整に資する財産を遺産分割の対象とすることに対する要請も広く存在することがうかがわれる。

ところで，具体的な遺産分割の方法を定めるに当たっての調整に資する財産であるという点においては，本件で問題とされている預貯金が現金に近いものとして想起される。預貯金契約は，消費寄託の性質を有するものであるが，預貯金契約に基づいて金融機関の処理すべき事務には，預貯金の返還だけでなく，振込入金の受入れ，各種料金の自動支払，定期預金の自動継続処理等，委任事務ないし準委任事務の性質を有するものも多く含まれている（最㈠判平成 21 年 1 月 22 日民集 63 巻 1 号 228 頁参照）。そして，これを前提として，普通預金口座等が賃金や各種年金給付等の受領のために一般的に利用されるほか，公共料金やクレジットカード等の支払のための口座振替が広く利用され，定期預金等についても総合口座取引において当座貸越の担保とされるなど，預貯金は決済手段としての性格を強めてきている。また，一般的な預貯金については，預金保険等によって一定額の元本及びこれに対応する利息の支払が担保されている上（預金保険法第 3 章第 3 節等），その払戻手続は簡易であって，金融機関が預金者に対して預貯金口座の取引経過を開示すべき義務を負うこと（前掲最㈠判平成 21 年 1 月 22 日参照）などから預貯金債権の存否及びその額が争わ

➡ 169

れる事態は多くなく，預貯金債権を細分化してもこれによりその価値が低下することはないと考えられる。このようなことから，預貯金は，預金者においても，確実かつ簡易に換価することができるという点で現金との差をそれほど意識させない財産であると受け止められているといえる。

共同相続の場合において，一般の可分債権が相続開始と同時に当然に相続分に応じて分割されるという理解を前提としながら，遺産分割手続の当事者の同意を得て預貯金債権を遺産分割の対象とするという運用が実務上広く行われてきているが，これも，以上のような事情を背景とするものであると解される。

⑵　そこで，以上のような観点を踏まえて，改めて本件預貯金の内容及び性質を子細にみつつ，相続人全員の合意の有無にかかわらずこれを遺産分割の対象とすることができるか否かにつき検討する。

ア　まず，別紙預貯金目録記載1から3まで，5及び6の各預貯金債権について検討する。

普通預金契約及び通常貯金契約は，一旦契約を締結して口座を開設すると，以後預金者がいつでも自由に預入れや払戻しをすることができる継続的取引契約であり，口座に入金が行われるたびにその額についての消費寄託契約が成立するが，その結果発生した預貯金債権は，口座の既存の預貯金債権と合算され，1個の預貯金債権として扱われるものである。また，普通預金契約及び通常貯金契約は預貯金残高が零になっても存続し，その後に入金が行われれば入金額相当の預貯金債権が発生する。このように，普通預金債権及び通常貯金債権は，いずれも，1個の債権として同一性を保持しながら，常にその残高が変動し得るものである。そして，この理は，預金者が死亡した場合においても異ならないというべきである。すなわち，預金者が死亡することにより，普通預金債権及び通常貯金債権は共同相続人全員に帰属するに至るところ，その帰属の態様について検討すると，上記各債権は，口座において管理されており，預貯金契約上の地位を準共有する共同相続人が全員で預貯金契約を解約しない限り，同一性を保持しながら常にその残高が変動し得るものとして存在し，各共同相続人に確定額の債権として分割されることはないと解される。そして，相続開始時における各共同相続人の法定相続分相当額を算定することはできるが，預貯金契約が終了していない以上，その額は観念的なものにすぎないというべきで

➡ *169*

ある。預貯金債権が相続開始時の残高に基づいて当然に相続分に応じて分割され，その後口座に入金が行われるたびに，各共同相続人に分割されて帰属した既存の残高に，入金額を相続分に応じて分割した額を合算した預貯金債権が成立すると解することは，預貯金契約の当事者に煩雑な計算を強いるものであり，その合理的意思にも反するとすらいえよう。

イ　次に，別紙預貯金目録記載4の定期貯金債権について検討する。

定期貯金の前身である定期郵便貯金につき，郵便貯金法は，一定の預入期間を定め，その期間内には払戻しをしない条件で一定の金額を一時に預入するものと定め（7条1項4号），原則として預入期間が経過した後でなければ貯金を払い戻すことができず，例外的に預入期間内に貯金を払い戻すことができる場合には一部払戻しの取扱いをしないものと定めている（59条，45条1項，2項)。同法が定期郵便貯金について上記のようにその分割払戻しを制限する趣旨は，定額郵便貯金や銀行等民間金融機関で取り扱われている定期預金と同様に，多数の預金者を対象とした大量の事務処理を迅速かつ画一的に処理する必要上，貯金の管理を容易にして，定期郵便貯金に係る事務の定型化，簡素化を図ることにあるものと解される。

郵政民営化法の施行により，日本郵政公社は解散し，その行っていた銀行業務は株式会社ゆうちょ銀行に承継された。ゆうちょ銀行は，通常貯金，定額貯金等のほかに定期貯金を受け入れているところ，その基本的内容が定期郵便貯金と異なるものであることはうかがわれないから，定期貯金についても，定期郵便貯金と同様の趣旨で，契約上その分割払戻しが制限されているものと解される。そして，定期貯金の利率が通常貯金のそれよりも高いことは公知の事実であるところ，上記の制限は，預入期間内には払戻しをしないという条件と共に定期貯金の利率が高いことの前提となっており，単なる特約ではなく定期貯金契約の要素というべきである。しかるに，定期貯金債権が相続により分割されると解すると，それに応じた利子を含めた債権額の計算が必要になる事態を生じかねず，定期貯金に係る事務の定型化，簡素化を図るという趣旨に反する。他方，仮に同債権が相続により分割されると解したとしても，同債権には上記の制限がある以上，共同相続人は共同して全額の払戻しを求めざるを得ず，単独でこれを行使する余地はないのであるから，そのように解する意義は乏しい。

➡ 解説

ウ　前記(1)に示された預貯金一般の性格等を踏まえつつ以上のような各種預貯金債権の内容及び性質をみると，共同相続された普通預金債権，通常貯金債権及び定期貯金債権は，いずれも，相続開始と同時に当然に相続分に応じて分割されることはなく，遺産分割の対象となるものと解するのが相当である。

(3)　以上説示するところに従い，最㈢判平成16年4月20日裁判集民事214号13頁その他上記見解と異なる当裁判所の判例は，いずれも変更すべきである。

5　以上によれば，本件預貯金が遺産分割の対象とならないとした原審の判断には，裁判に影響を及ぼすことが明らかな法令の違反がある。論旨は，この趣旨をいうものとして理由があり，原決定は破棄を免れない。そして，更に審理を尽くさせるため，本件を原審に差し戻すこととする。」（裁判長裁判官　寺田逸郎　裁判官　櫻井龍子　岡部喜代子　大谷剛彦　大橋正春　小貫芳信　鬼丸かおる　木内道祥　山本庸幸　山﨑敏充　池上政幸　大谷直人　小池　裕　木澤克之　菅野博之）

解　説

(1)　定期預金の「預金者の認定」に関しては，預入行為者を基準に預金者を決定する主観説と，預金の出捐者を預金者と認定する客観説の見解の対立がある。判例は，まず無記名定期預金について客観説を採ることを明らかにした。もっとも，初めて判例の立場を示したとされる最㈠判昭和32年12月19日（民集11巻13号2278頁）は，無記名定期預金制度の特徴を詳論したうえで，客観説に立つ原審の認定を摘示するのみであったのに対し，*164*は，より一般的な形で客観説を根拠づけている。その理由づけのポイントは，「定期預金契約が締結されたにすぎない段階においては，銀行は預金者が何人であるかにつき格別利害関係を有するものではない」という点にあるが，これは，真実の預金者と異なる表見預金者に弁済した段階における銀行の保護は，外観受領権者への弁済の法理によって図れば足りるということを前提としている。

次いで，記名式定期預金についても，客観説に立つ原審の認定判断を是認したものがいくつかあったが（最㈠判昭和51年2月26日金法784号33頁，最㈡判昭和52年8月9日民集31巻4号742頁など），*165*は，より明確に客観説を一般論

➡ 解説

として判示したものである（なお，*165* は同日に 2 件下された最高裁判決の 1 つである）。

(2) これに対し，預金口座において管理されている普通預金や当座預金などの流動性預金については，客観説の考え方はうまく妥当しない。

流動性のある預金口座においては，口座名義人または第三者による預入れ等がなされたときに，個々の預入金ごとに預金債権が成立しているわけではなく，入金記帳がなされた時点で，個々の預入金はその特定性を失い，それを組み込んだ新たな一個の残高債権が成立するものと解されている。したがって，客観説に従って，個々の預入金ごとに成立した預金債権がそれぞれの出捐者に帰属すると解するのは無理があり，ある時点までのすべての個別の入金と支払とを差引計算した残高（バランス）として存在する「一個の暫定的な残高債権」が帰属するのは誰か，という形で問題が設定されることになろう。

このような預貯金口座において管理される預貯金債権をめぐる法律関係について，詳細な一般論を判示したのが，*169* である。これによると，「普通預金契約及び通常貯金契約は，一旦契約を締結して口座を開設すると，以後預金者がいつでも自由に預入れや払戻しをすることができる継続的取引契約であり，口座に入金が行われるたびにその額についての消費寄託契約が成立するが，その結果発生した預貯金債権は，口座の既存の預貯金債権と合算され，1 個の預貯金債権として扱われるものである」と捉えられる。そこから，預金者が死亡したときは，預貯金債権は共同相続人全員に帰属するが，その「帰属の態様」については，預貯金債権は，「口座において管理されており，預貯金契約上の地位を準共有する共同相続人が全員で預貯金契約を解約しない限り，同一性を保持しながら常にその残高が変動し得るものとして存在し，各共同相続人に確定額の債権として分割されることはない」との帰結が導かれ，遺産分割の対象となるとされる。

預貯金口座において管理される「預貯金債権」は，2017 年改正により，「預金口座又は貯金口座に係る預金又は貯金に係る債権」（466 条の 5 第 1 項），および「債権者の預金又は貯金の口座に対する払込み」，「預金又は貯金に係る債権」（477 条）として規定がされ，民法上の概念となっている。*169* が判示した一般論は，これらの規定を含めて，「預貯金口座にかかる預貯金債権」に関し

➡ 解説

て生ずる法的問題について適切な解決を与えるうえでも参照されるべき重要な先例といえるであろう。

(3) *168* は，受取人の指定を誤った振込みがなされた場合に，振込金額相当の受取人の預金債権が成立するかが争われた事案で，振込依頼人と受取人との間に振込みの原因となる法律関係が存在するか否かにかかわらず，受取人が振込金額相当の預金債権を取得し，振込依頼人は受取人に対し，同額の不当利得返還請求権を取得しうるにとどまると判示したものである。学説には，定期預金について判例が採る客観説との整合性から，当該誤振込みに係る金額相当の預金債権はその出捐者である振込依頼人に帰属するとの見解も主張されていたところ，*166* はこれを否定したものであり，ここに普通預金口座の法的性格が示されているとみることが可能である。

その後に現れた *167* は，保険代理店が開設した専用普通預金口座に存する預金債権の帰属が争われた事案で，当該預金債権が保険代理店に帰属すると判示した。*167* は，その原審が客観説に立って，保険料の帰属について利益を有する保険会社 X を出捐者と認め，本件預金債権は X に帰属するとしたのを破棄自判したものであり，*167* の判旨は客観説によって結論を導いていないことからみても，普通預金については客観説は妥当しないことを前提にしていると解される。そして，*167* の判旨が，①金融機関と普通預金契約を締結して本件預金口座を開設したのが A であり，預金口座の名義も A ではなく X を表示したものと認められないこと，② X が A に普通預金契約締結の代理権を授与していた事情はうかがわれないこと，③本件預金口座の管理者は名実ともに A であることなどを理由に，本件預金債権は A に帰属するとの結論を導いていることからすると，*167* は，普通預金口座に存する預金債権の帰属者とは，当該預金契約の当事者としての預金者であると解しているものとみることができよう。

ところで，このような判例法理を前提にすると，普通預金口座に関しては，預金債権の帰属者と，普通預金口座に預け入れられた金銭について実質的な利益を有する者とが乖離する場合が生ずることになり，後者の法的救済が問題となろう。この点につき，*168* は，公共工事の発注者である地方公共団体 B が，請負人 A の普通預金口座に振り込んだ前払金について，B と A との間で，B

➡ 170
を委託者かつ受益者，Aを受託者とする信託契約の成立を認めて，当該預金債権はAの破産財団に組み入れられることはないと結論づけたものである。もっとも，本件は，信託契約の成立要件（信託法旧1条〔現行3条に相当する〕）であるBからAへの「財産の移転その他の処分」を特に問題なく認定しうる事案であり，また，Aが当該普通預金口座を開設したのは，Y_1とあらかじめ業務委託契約を締結していた前払金の預託金融機関Y_2であることから，実質的にみて，金融機関に対する関係においても，本件預金債権がAの責任財産を構成しないことの公示があったといえる事案である。そのような事情が認められないケースにおいて，どこまで信託法理による救済が可能であるかは，将来に残された課題である。

［3］ 弁済と差押え

170 先日付振込みの依頼に基づいて仮差押命令の送達後になされた弁済の効力

最(一)判平成18年7月20日民集60巻6号2475頁
（最解判〈平18下〉823頁，民商135巻6号192頁，民事執行・保全百選〈第3版〉108頁，平18重判136頁）

【事実】 Y（東芝コンポーネンツ株式会社）は，その取引銀行であるA（千葉銀行，茂原支店扱い）との間で，2001年4月20日，オンラインシステム（パソコンバンクサービスおよびオンラインデータ伝送サービス）の利用契約を締結した。

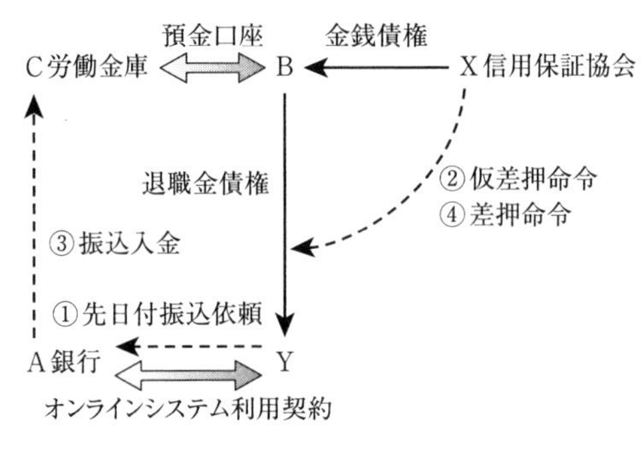

Yの従業員Bは，同年12月31日限りYを退職し，Yから退職金として1138万800円を支給されることになった。Bは，その退職に先立ち，Yに対し，本件退職金をC（中央労働金庫）木更津支店のB名義の預金口座へ振込みの方法で支払うことを依頼した。Yは，同年12月26日，A茂原支店に対し，本件オンラインシステムを通じて，本件退職金がAの提携金融機関であるCの上記口座に，Aの年末最終営業日である同月28日に振込入金されるよう依頼し，本件振込依頼は，

➡ 170

依頼の当日である同月 26 日，A により受理され，本件オンラインシステムの中に依頼履歴として電磁記録された。

X（千葉県信用保証協会）は，B を債務者，Y を第三債務者とし，B が Y から支給される給与，賞与および退職金から税金等を控除した残額の 4 分の 1 の債権で，仮差押命令送達日以降に支払期の到来する 1749 万 2070 円に満つるまでを仮差押債権として，千葉地方裁判所に対し仮差押命令を申し立て，同月 26 日，これに基づく債権仮差押命令が発令され，本件仮差押命令は，同月 27 日午前 11 時ころ，Y の守衛所に送達された。同日は，Y の年内最終営業日であり，その終業予定時刻は午後零時 15 分であった。Y の総務部担当者は，B が同月 31 日付け退職となっており，B への給与および退職金は既に支払済みであって，本件仮差押命令に係る債権は存在しない旨を記載した同月 27 日付け陳述書を千葉地方裁判所に提出した。同月 28 日，本件振込依頼に基づき，本件口座に本件退職金が入金された。

X は，B が X から支給される同月 31 日に支払期の到来した本件退職金の 4 分の 1 につき，千葉地方裁判所木更津支部に対し債権差押命令を申し立て，これに基づく債権差押命令が 2002 年 5 月 7 日に発令され，同月 8 日に Y に送達された。

X は，Y に対し，本件差押命令に基づく差押債権の取立てとして，差押債権相当額 284 万 5200 円の金員の支払を求めて訴えを提起した。

1 審は，Y は，本件仮差押命令送達後，振込完了までに振込依頼の一部撤回をすることが可能であったから，B への本件退職金の支払は X に対抗しえないとして，X の請求を認容した。これに対し，原審は，第三債務者が，債務の本旨に従った弁済をするために，金融機関に対し差押債務者が指定した口座への振込みを依頼した後に，差押命令の送達を受けた場合，弁済期までに長い期間がある時期に振込依頼がされたなどの特段の事情がない限り，第三債務者の依頼に基づいて金融機関がした差押債務者に対する送金手続が差押命令の第三債務者への送達後にされたとしても，第三債務者の上記振込依頼に基づく弁済をもって差押債権者に対抗することができるとし，Y は，B への退職金の弁済をもって X に対抗することができるとして，X の請求を棄却した。X から上告。

【判決理由】 破棄差戻し「(1) 金銭の支払を目的とする債権に対する仮差押えの執行は，保全執行裁判所が第三債務者に対し債務者への弁済を禁止する命令を発する方法により行うものとされ（民事保全法 50 条 1 項），弁済禁止の命令を受けた第三債務者がその対象となった債権の弁済をした場合は，差押債権者はその受けた損害の限度において更に弁済すべき旨を第三債務者に請求することができる（民法 481 条 1 項)。この弁済禁止の効力が生ずるのは，仮差押

➡ *170*

命令が第三債務者に送達された時である（民事保全法50条5項，民事執行法145条4項)。

前記事実関係によれば，本件仮差押命令は，本件退職金債権につき，第三債務者であるＹからＡに対する本件振込依頼がされた日の翌日にＹに送達されたが，その時点ではまだＡから債務者であるＢの本件口座への振込みはされておらず，同振込みは本件仮差押命令送達の日の翌日にされたことが明らかである。

⑵　依頼人から振込依頼を受け，その資金を受け取った銀行（仕向銀行）がこれを受取人の取引銀行（被仕向銀行）に開設された受取人の預金口座に入金するという方法で隔地者間の債権債務の決済や資金移動を行う振込手続が，信頼性の高い決済手段として広く利用されていることは，原判決の判示するとおりであるが，一般に，振込依頼をしても，その撤回が許されないわけではなく，銀行実務上，一定の時点までに振込依頼が撤回された場合には，仕向銀行は被仕向銀行に対していわゆる組戻しを依頼し，一度取り組んだ為替取引を解消する取扱いが行われている（全国銀行協会連合会が平成6年4月に制定した振込規定ひな型・全銀協平6・4・1全事第8号参照)。本件においても，前記事実関係によれば，Ｙは本件仮差押命令が送達された日（本件退職金が本件口座に振り込まれる日の前日）の午後3時までにＡ茂原支店の窓口に赴けば振込依頼の撤回の手続を執ることが可能であると知っていたことがうかがわれる。

⑶　以上によれば，取引銀行に対して先日付振込みの依頼をした後にその振込みに係る債権について仮差押命令の送達を受けた第三債務者は，振込依頼を撤回して債務者の預金口座に振込入金されるのを止めることができる限り，弁済をするかどうかについての決定権を依然として有するというべきであり，取引銀行に対して先日付振込みを依頼したというだけでは，仮差押命令の弁済禁止の効力を免れることはできない。そうすると，上記第三債務者は，原則として，仮差押命令の送達後にされた債務者の預金口座への振込みをもって仮差押債権者に対抗することはできないというべきであり，上記送達を受けた時点において，その第三債務者に人的又は時間的余裕がなく，振込依頼を撤回することが著しく困難であるなどの特段の事情がある場合に限り，上記振込みによる弁済を仮差押債権者に対抗することができるにすぎないものと解するのが相当

➡ 解説

である。

以上と異なる見解に立って，弁済期までに長い期間がある時期に振込依頼がされたなどの特段の事情がない限り，第三債務者は，差押命令（仮差押命令についても同じ。）の送達後にされた振込みによる弁済をもって仮差押債権者に対抗することができるとした原審の判断には，民法 481 条 1 項の解釈適用を誤った違法があるといわざるを得ない。

5　以上によれば，原審の判断には判決に影響を及ぼすことが明らかな法令の違反がある。論旨は理由があり，原判決は破棄を免れない。そして，本件の具体的事情の下において，Y が本件仮差押命令の送達を受けた時点で人的又は時間的余裕がなく，振込依頼を撤回することが著しく困難であるなどの特段の事情があったかどうか等について更に審理を尽くさせるため，本件を原審に差し戻すこととする。」（裁判長裁判官　島田仁郎　裁判官　横尾和子　甲斐中辰夫　泉　徳治　才口千晴）

解　説

債権の差押えまたは仮差押えがなされた場合には，差押命令または仮差押命令が第三債務者に送達された時に弁済禁止の効力が生ずる（民事執行法 145 条 2 項，民事保全法 50 条 5 項）。その結果，第三債務者が当該債権について自己の債権者に弁済しても，差押債権者には弁済の効力を対抗しえない（481 条 1 項）。

それでは，差押命令の送達以前に第三債務者による弁済行為が既になされていたが，その弁済の効力が生じたのは送達後であった場合にはどうなるか。*170* は，仮差押命令の送達を受けた時点で，被差押債権の弁済のために，第三債務者が取引銀行に対し先日付振込みの依頼を行っていた場合について，当該振込みによる弁済を差押債権者に対抗しうるのは，「第三債務者に人的又は時間的余裕がなく，振込依頼を撤回することが著しく困難であるなどの特段の事情がある場合」に限られる旨を判示したものである。仮差押命令の送達を受けた第三債務者が，振込依頼を撤回して振込入金されるのを止めることがなお可能である場合には，債務者は弁済をするかどうかの決定権を依然として有しているから，仮差押命令の弁済禁止効により，第三債務者には弁済の効力を生じさせないように必要な措置をとる積極的義務が課されることを意味していよう。

➡ *171*

なお，*170* は，第三債務者が仮差押命令の送達を受けた場合における差押債権者に対する弁済の効力の対抗の可否という 481 条 1 項の解釈が争われたものであるが，これと実質的に共通の問題は，債権譲渡の通知を受けた債務者が既に弁済行為を行っていた場合に，その後に生じた弁済の効力を当該債権の譲受人に対抗しうるかという局面でも生ずるものであり，468 条 1 項にいう「対抗要件具備時までに譲渡人に対して生じた事由」の解釈においても意義があろう。

［4］ 弁済の充当

171 過払金充当合意の意義――基本契約がある場合

最(一)判平成 19 年 6 月 7 日民集 61 巻 4 号 1537 頁 (*最判解〈平 19 上〉452 頁，民商 137 巻 3 号 69 頁，平 19 重判 76 頁*)

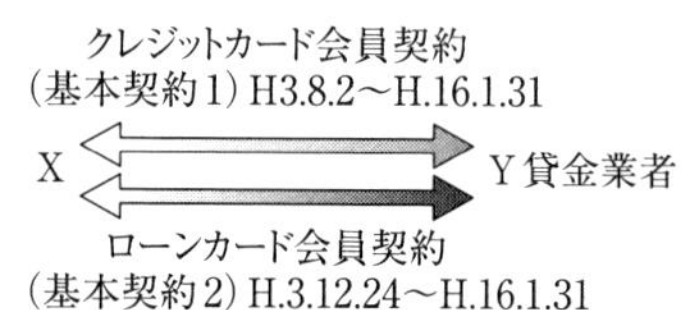

【事実】 貸金業者であるＹ（株式会社オリエントコーポレーション）は，昭和 63 年 6 月頃，Ｘとの間で，Ｘを会員とするクレジットカード会員契約を締結し，Ｘに対し，「オリコカード」という名称のクレジットカードを交付した。また，Ｙは，1991 年 12 月頃，Ｘとの間で，Ｘを会員とするローンカード会員契約（本件基本契約 2）を締結し，Ｘに対し，「アメニティ」という名称のローンカードを交付した。

上記のクレジットカード会員契約およびローンカード会員契約には，金銭消費貸借に関する契約の条項（前者につき「本件基本契約 1」，後者につき「本件基本契約 2」という）が含まれており，本件各基本契約においては，①借入方法（会員は，借入限度額の範囲内において 1 万円単位で繰り返しＹ社から金員の借入れをすることができる），②返済方法（翌月に一括して返済する方法，または毎月末日の借入残高に応じて定められる一定額を返済する方法〔残高スライドリボルビング方式〕，これに加えて，本件基本契約 1 では，指定された回数に応じて毎月同額の元本および利息を分割して返済する方法〔元利均等分割返済方式〕のいずれか）の中から会員が選択する），③借入利率，④利息の計算方法（前月 27 日の返済後の残元金に対し前月 28 日から当月 27 日までの実質年利を乗じて算出する），⑤返済金の支払方法（毎月 27 日に会員の指定口座からの口座振替の方法により支払う）がそれぞれ定められていた。

ＸとＹとの間で，1991 年 8 月 2 日から 2004 年 1 月 31 日までの間，本件基本契

➡ 171

約1に基づき，また，1991年12月24日から2004年1月31日までの間，本件基本契約2に基づき，金員の借入れと返済とを繰り返し行ってきた（以下，本件各基本契約に基づくそれぞれ一連の取引を「本件各取引」という）。

Xは，2004年2月頃，その負担する債務の整理手続を弁護士Aに委任した。そして，Xは，Yに対し，本件各取引のそれぞれにつき，本件各基本契約に基づく各借入金債務に対する各弁済金のうち利息制限法1条1項所定の利息の制限額を超えて利息として支払われた部分（制限超過部分）を元本に充当すると，過払金が発生し，かつ，この過払金を同一の基本契約において弁済当時存在する債務またはその後に発生する新たな貸付けに係る債務に充当してもなお過払金が残存しているとして，不当利得返還請求権に基づき，本件各取引において発生した過払金の支払等を求めて訴えた。これに対し，Yは，利息制限法所定の制限利率による引き直し計算を行うさいに，1つの基本契約に基づいて継続的に融資取引がされている場合においても，各貸付けおよびそれに対応する各返済はそれぞれ別個独立のものであるから，別個の貸付けに過払金が充当されることはないと主張し，その結果，10年以上前に発生した過払金の不当利得返還請求権は時効によって消滅していると争った。

1審および原審はともに，本件各基本契約と各貸付けの性質・関係に照らすと，本件各取引はそれぞれが全体として1個の取引であり，各取引内において，Xが支払った制限超過部分が元本に充当された結果過払金が発生し，その後に新たな貸付けに係る債務が発生した場合であっても，当該過払金は上記貸付けに係る債務に当然に充当されるものと解すべきであると判断して，Xの請求を一部認容した。Yから上告。

【判決理由】 上告一部棄却，一部却下 「よって検討するに，同一の貸主と借主との間で基本契約に基づき継続的に貸付けが繰り返される金銭消費貸借取引において，借主がそのうちの一つの借入金債務につき利息制限法所定の制限を超える利息を任意に支払い，この制限超過部分を元本に充当してもなお過払金が存する場合，この過払金は，当事者間に充当に関する特約が存在するなど特段の事情のない限り，弁済当時存在する他の借入金債務に充当されると解するのが相当である（最㈡判平成15年7月18日民集57巻7号895頁，最㈠判平成15年9月11日裁判集民事210号617頁参照）。これに対して，弁済によって過払金が発生しても，その当時他の借入金債務が存在しなかった場合には，上記過払金は，その後に発生した新たな借入金債務に当然に充当されるものと

➡ 解説

いうことはできない。しかし，この場合においても，少なくとも，当事者間に上記過払金を新たな借入金債務に充当する旨の合意が存在するときは，その合意に従った充当がされるものというべきである。

これを本件についてみるに，前記事実関係等によれば，ＹとＸとの間で締結された本件各基本契約において，Ｘは借入限度額の範囲内において１万円単位で繰り返しＹから金員を借り入れることができ，借入金の返済の方式は毎月一定の支払日に借主であるＸの指定口座からの口座振替の方法によることとされ，毎月の返済額は前月における借入金債務の残額の合計を基準とする一定額に定められ，利息は前月の支払日の返済後の残元金の合計に対する当該支払日の翌日から当月の支払日までの期間に応じて計算することとされていたというのである。これによれば，本件各基本契約に基づく債務の弁済は，各貸付けごとに個別的な対応関係をもって行われることが予定されているものではなく，本件各基本契約に基づく借入金の全体に対して行われるものと解されるのであり，充当の対象となるのはこのような全体としての借入金債務であると解することができる。そうすると，本件各基本契約は，同契約に基づく各借入金債務に対する各弁済金のうち制限超過部分を元本に充当した結果，過払金が発生した場合には，上記過払金を，弁済当時存在する他の借入金債務に充当することはもとより，弁済当時他の借入金債務が存在しないときでもその後に発生する新たな借入金債務に充当する旨の合意を含んでいるものと解するのが相当である。原審の前記判断は，これと同旨をいうものとして，是認することができる。論旨は採用することができない。」（裁判長裁判官　甲斐中辰夫　裁判官　横尾和子　泉　徳治　才口千晴　涌井紀夫）

解　説

借入金債務につき，利息制限法１条（平成18年改正前１条１項）所定の利息の制限額を超える利息を任意に支払った場合には，不当利得返還請求としての過払金返還請求権が発生するが，これに関して，「過払金充当合意」についての一連の判例法が形成されている。

(1)「過払金充当合意」とは，*171* によれば，「弁済当時他の借入金債務が存在しなかった場合においても，上記過払金をその後に発生する新たな借入金債務に充当する旨の合意」と定義される。ここで，その後に発生する新たな借入金債務に「充当する旨の合意」と表現されるが，理論的には，合意による弁済充当の問題ではないことに注意を要する。

借入金債務の弁済により過払金が発生した場合に，当該弁済当時に他の借入金債務が存在する場合に，過払金が当該債務に充当されるかは，通常の弁済充当（488条〜491条）の問題であり，判例によれば，上記借入金債務に対する借主の充当指定の意思が推認されると解されている（最㈡判平成15年7月18日民集57巻7号895頁，最㈢判平成19年2月13日民集61巻1号182頁〔ただし傍論〕）。

これに対し，弁済当時に他の借入金債務は存在していなかった場合には，理論的には，存在しない債務に弁済の充当指定をすることは考えられず，これを借主による弁済の充当指定の推認の問題として処理することはできない。したがって，その時点では不当利得返還請求権としての過払金返還債権がいったん発生することになるが，過払金充当合意というのは，その後に新たな貸付けがなされたことにより借入金債務が発生した場合には，それと同時に過払金相当額と借入金債務との差引計算により過払金返還債務を消滅させることを予定する合意である。理論的には，事前の包括的合意による更改または当然相殺と捉えることができよう

さらに加えて，最㈠判平成21年1月22日（民集63巻1号247頁）は，過払金充当合意には，「借主は基本契約に基づく新たな借入金債務の発生が見込まれなくなった時点，すなわち，基本契約に基づく継続的な金銭消費貸借取引が終了した時点で過払金が存在していればその返還請求権を行使することとし，それまでは過払金が発生してもその都度その返還を請求することはせず，これをそのままその後に発生する新たな借入金債務への充当の用に供するという趣旨が含まれているものと解するのが相当である」と述べて，上記の取引終了時までは，過払金返還請求権の行使には法律上の障害があり，消滅時効の時効期間は進行しないと判示する。

過払金にかかる不当利得返還請求権が発生した場合には，直ちにこれを行使することができるのが原則であるが，その例外として，過払金充当合意は，弁済によって過払金が発生しても，その都度その返還を個別に請求することはせずに，過払金は，その後に発生することが見込まれる「新たな借入金債務への

➡ 解説

充当の用に供するという趣旨」で，それまでの間，いわば貸主に寄託されたものとして扱うという内容を含むものであることを意味しよう。

⑵　このような「過払金充当合意」は，基本契約の約定として貸主と借主の間で実際に明示的に合意されたものではなく，継続的な金銭消費貸借契約という基本契約の補充的または規範的な解釈によって導かれるものとして，判例によって形成されてきたものである。判例において，過払金充当合意が認められた場合には，次の類型がある。

第1に，1個の基本契約に基づいて継続的に金銭消費貸借取引がなされる場合がある。*171* は，カードの利用によるリボルビング方式の継続的な金銭の貸付けを予定した2個の基本契約が締結された事案であるが，各基本契約に「過払金充当合意」が含まれることを認めたものである。

第2に，基本契約に基づかない多数回の貸付けが1個の連続した貸付取引と評価される場合がある。上記最㈢判平成19年2月13日は，当該事案の判断としてこれを否定したが，最㈠判平成19年7月19日（民集61巻5号2175頁）は，同一の貸主と借主の間で基本契約を締結せずにされた多数回の金銭の貸付けが「1個の連続した貸付取引」と評価することができる場合について，各貸付けにかかる金銭消費貸借契約は過払金充当合意を含んでいると解するのが合理的であると判示する。

第3に，複数の基本契約に基づく各取引ないし1個の基本契約と確定金額にかかる金銭消費貸借契約に基づく各取引とが，1個の連続した貸付取引と評価される場合がある。

最㈡判平成20年1月18日（民集62巻1号28頁）は，複数の基本契約が順次締結されて存在する場合について，「第1の基本契約に基づく債務が完済されてもこれが終了せず，第1の基本契約に基づく取引と第2の基本契約に基づく取引とが事実上1個の連続した貸付取引であると評価することができる場合」には「第1の基本契約に基づく取引により発生した過払金を新たな借入金債務に充当する旨の合意」が存在するが，そのような合意が存在するなどの特段の事情のない限り，第1の基本契約に基づく取引にかかる過払金が第2の基本契約に基づく取引にかかる債務には充当されないと判示する（そのほか，最㈠判平成23年7月14日裁集民236号237頁は，4つの基本契約に基づく取引が事実上1個の

➡ 172

連続した貸付取引であるとした原審の判断を否定する)。

さらに，第2の最㈢判平成24年9月11日（民集66巻9号3227頁）は，第2の契約が不動産に担保権を設定した上で締結される確定金額に係る金銭消費貸借契約である場合について，上記の論理を及ぼし，第1の基本契約および第2の契約に基づく各取引とが事実上1個の連続した貸付取引であると評価することができるかを問題としている。

以上のように，基本契約の有無や複数の契約の相互関係によって考慮要因は異なりうるが，いずれにおいても，当事者間に過払金充当合意が存在するか否かは，過払金にかかる不当利得返還請求権が累積するという複数の権利関係が発生する事態を当事者が望んでいないと評価しうるか，という規範的な評価の問題であるといえよう。

［5］ 弁済の提供

172 現実の提供――金銭債務の場合における僅かな金額不足

最(一)判昭和35年12月15日民集14巻14号3060頁
(最判解〈昭35〉430頁，法協79巻6号759頁，民商45巻1号66頁)

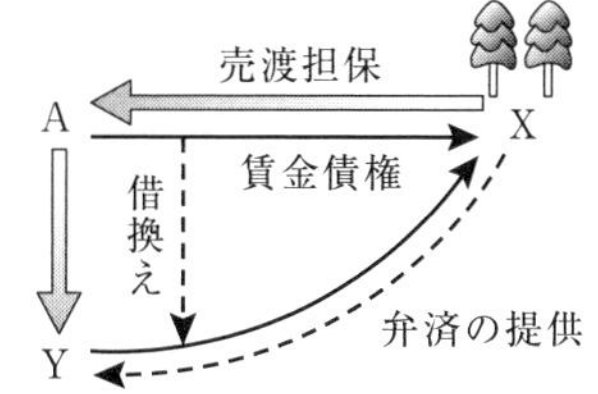

【事実】 Xは，Aから8万円を借り受け，X所有の山林を売渡担保としてAに所有権移転登記をした。その後，上記借金をYから借り換えることとし，Yから12万円を借り入れ，売渡担保としてYに中間省略により上記山林の所有権移転登記をした。Xは，上記借金の返済期限内にYに対し元金12万円とその利息33,140円を弁済のため現実に提供したが，Yは山林の売買であると争ってその受領を拒絶したので，Xは即日上記金員を弁済供託した。XはYに対し，上記山林の所有権確認・移転登記および明渡し等を訴求した。1審および原審ともにXの請求を認容。Yは上告し，正しく計算された利息額は少なくみても34,500円であり，Xは債務の本旨に従った履行をしていないと主張した。

【判決理由】 上告棄却 「原判決認定の弁済提供および供託金額は，本件消費貸借成立が原判示のように昭和28年9月下旬とすれば，原判示の元金120,000

➡ 173

円とその利息金33,140円計153,140円では不足であることは所論のとおりであるが，所論の提供，供託さるべき元利合計金154,500円に比し，不足額は僅かに1300余円をいでないものであるから，この一事をもって弁済提供および供託の効果を否定しえないものというべきである。」（裁判長裁判官　入江俊郎　裁判官　斎藤悠輔　下飯坂潤夫　高木常七）

173 口頭の提供――債権者の協力義務

大判大正14年12月3日民集4巻685頁・深川渡事件（*法協44巻12号2285頁*）

【事実】 東京の肥料商人と地方人との大豆粕取引について目的物の引渡場所を「深川渡」と定めた場合には，その引渡しは売主指定の深川所在の倉庫または付近の艀船繋留河岸において引き渡すという慣習があった。東京の肥料商Xは，上記慣習によるという意思をもって，引渡場所・深川渡，大正9年5月中に引渡しと同時に代金を支払うという約定で，大豆粕740枚を千葉の肥料商Yに売り渡す契約を結んだ。Xは5月中旬以降深川丸三倉庫に引渡しの準備を整え，Yに対し物品と引換えに代金支払を請求したが，Yがこれに応ぜず，6月3日に期間を定めて催告したがYはなお応じないので，契約を解除し，Yに対し目的物の価格下落による損害の賠償を訴求した。原審は，Xが引渡場所を特定してYに通知しなかったのでYは代金支払につき遅滞の責めはないとして，Xの請求を棄却。Xが上告。

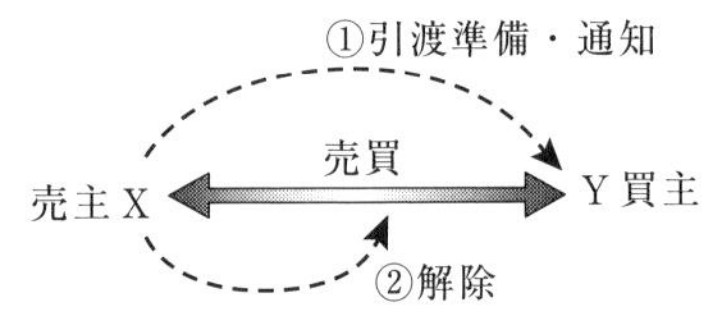

【判決理由】 破棄差戻し「右慣習に所謂売人の引渡場所の指定は必ずしも明示なることを要せず。黙示ありたる場合は勿論買人に於て既に引渡場所を知り若は之を知ることを得べかりしに於ては，特に之を通知せざるも右慣習に於ける指定の条件は具備せられたるものと解するを相当とするが故に，Xが引渡の準備を完了し之をYに通知し代金支払を催告したる際，Yが引渡場所を知り又は之を知ることを得べかりしに拘らず。之に応せざりしものとすれば，固より遅滞の責に任せざるべからず。而して本件に於てXは引渡場所が丸三倉庫なることはYの了知する所なる旨主張するものなること，原審に於けるX弁論の全趣旨に徴し之を看取するに難からざるのみならず。仮にYが之を知

➡ 174

らざりしとするも，Yに於て誠実に取引するの意思あらば相手方に対する一片の問合せに依り直に之を知ることを得べかりしものにして，斯かる場合には信義の原則に依りYは右問合せを為すことを要し之を怠りたるに於ては遅滞の責を免るるを得ざるものとす。然らば本件に於てYの遅滞の有無を決するには，Yが引渡場所の丸三倉庫なることを知りたるや否，及Xが引渡準備を完了したる事実の有無を審究せざるべからざるに，原審は事茲に出でず，単にXが引渡場所を通知せざりし一事に依り直にYに遅滞の責なしと為したるは違法にして，此の点に関する論旨は結局其の理由あり。原判決は破毀すべきものとす。」

174 口頭の提供も不要とされる場合

最大判昭和32年6月5日民集11巻6号915頁 *（最判解〈昭32〉105頁，民商36巻6号38頁）*

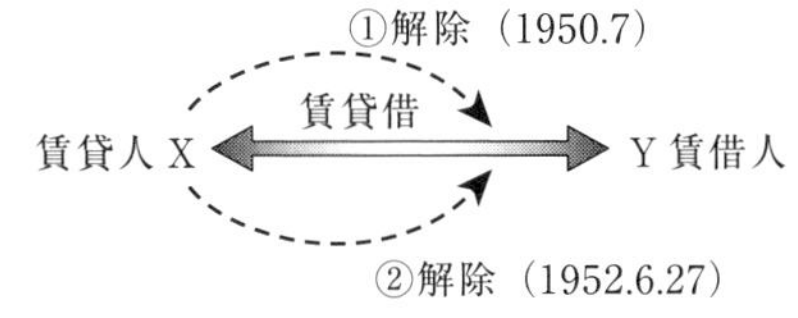

【事実】 XはYにビルの1室を賃貸したが，1950年7月頃にYが同室に電灯線の引込工事をしたところ，XはYが現状を変更する施設を造らないという契約条項に違反したと主張して契約を解除し，Yに対し貸室の明渡しおよび賃料相当損害金の支払を訴求した。実は，Yの上記工事は，その当時Xがビルの賃借人等との間で賃料増額をめぐる紛争を生じ，Xはその要求を貫徹するためにビル全体の電気を停電すると脅かしたためにYが営業上の支障を避けようとして行ったものであった。1審ではX敗訴。ところが，Yは1952年4月分まで順次賃料を供託し，かつその通知をXにしてきたが，同年5月から7月までの3か月分の賃料の支払をしなかったので，Xは6月27日付で賃料不払を原因とする特約に基づく無催告解除をした。原審は，無断工事については1審の判断を支持し，賃料不払については，賃貸借契約の解除を前提とした訴訟提起後であるからXはあらかじめ賃料の受領を拒絶していると認められるのでYに遅滞の責めはないとして，Xの控訴を棄却した。Xが上告。

【判決理由】 上告棄却（小谷・藤田・池田・河村・下飯坂裁判官の少数意見がある）

「債権者が予め弁済の受領を拒んだときは，債務者をして現実の提供をなさしめることは無益に帰する場合があるから，これを緩和して民法493条但書に

➡ *174*
おいて，債務者は，いわゆる言語上の提供，すなわち弁済の準備をなしその旨を通知してその受領を催告するを以て足りると規定したのである。そして，債権者において予め受領拒絶の意思を表示した場合においても，その後意思を翻して弁済を受領するに至る可能性があるから，債権者にかかる機会を与えるために債務者をして言語上の提供をなさしめることを要するものとしているのである。しかし，債務者が言語上の提供をしても，債権者が契約そのものの存在を否定する等弁済を受領しない意思が明確と認められる場合においては，債務者が形式的に弁済の準備をし且つその旨を通知することを必要とするがごときは全く無意義であって，法はかかる無意義を要求しているものと解することはできない。それ故，かかる場合には，債務者は言語上の提供をしないからといって，債務不履行の責に任ずるものということはできない。

そして，本件第 1 審では，X は，Y が X に損害を及ぼす工事を X に無断でしたとの契約条項違反だけを理由として本件賃貸借の解除をしたと主張し，これを前提として本件貸室の明渡し並びに賃料に相当する損害金の支払を訴求し，昭和 27 年 5 月 17 日その弁論を終結したが，同年 6 月 19 日敗訴の判決を受くるやその敗訴判決の後である同年同月 27 日附を以て特約に基づき催告をしないで同年 5，6，7 月分の賃料（前月 25 日払の約束）不払を原因として本件賃貸借解除の意思表示をしたという予備的請求を原審口頭弁論期日において初めて主張したものであることは，本件記録上明らかなところである。以上の訴訟経過に照らし，X は，前記 3 ケ月分の賃料を損害金としてならば格別賃料としては予めこれが受領を拒絶しているものと認められるばかりでなく，第 1 審以来賃貸借契約の解除を主張し賃貸借契約そのものの存在を否定して弁済を受領しない意思が明確と認められるから，たとえ Y が賃料の弁済につき言語上の提供をしなくても，履行遅滞の責に任ずるものとすることができない。それ故，この点に関する原判決の説示は不充分であるが，本件解除の意思表示を無効としたのは結局正当であつて，論旨はその理由がない。」（5 名の裁判官の少数意見がある）（裁判長裁判官　田中耕太郎　裁判官　真野　毅　小谷勝重　島　保　斎藤悠輔　藤田八郎　河村又介　小林俊三　入江俊郎　池田　克　垂水克己　河村大助　下飯坂潤夫　奥野健一　高橋　潔）

➡ 175

175 債権者の受領遅滞の場合

最(一)判昭和45年8月20日民集24巻9号1243頁
(最判解〈昭45下〉1003頁，法協92巻2号197頁，民商64巻6号1060頁)

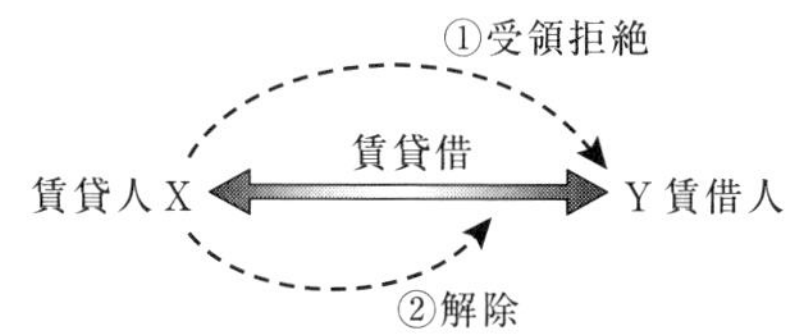

【事実】 XはYに対し，昭和34年12月に期間を3年，賃料を月額16000円として家屋を賃貸した。XはYに対し，昭和37年12月，24000円への賃料増額を申し入れたが，Yは18000円を限度として増額に応ずると回答した。そして，Yが昭和37年12月分の賃料をX方に持参提供したところ，Xは期間満了により賃貸借が終了したとしてその受領を拒絶し，明渡しを要求した。昭和38年4月，XがYに対し5か月分の賃料の支払の催告およびその不払を条件とする契約解除の意思表示をしたのに対し，Yが催告期間内にXの住所地に上記金員を持参して支払おうとしたところ，Xは不在でXの母Aが受領を拒絶した。そして，XがYに対し，家屋明渡しと延滞賃料および明渡しまでの損害金の支払を訴求したのに対し，Yは，Xは受領遅滞に陥ったのでYに履行遅滞の責めはなく，Xの解除は無効であると争った。1審は，Xの契約解除は無効とし，延滞賃料の支払請求のみを認容した。1審判決後の昭和41年6月，XがYに対し改めて昭和37年12月以降の賃料の支払を催告し，その不履行を条件とする契約解除の意思表示をした。原審は，再度の催告によりXの受領遅滞の効果は解消されたとして，解除は有効であるとし，Xの請求をすべて認容した。Yが上告。

【判決理由】 破棄差戻し 「債権者が契約の存在を否定する等弁済を受領しない意思が明確と認められるときは，債務者は，言語上の提供をしなくても債務不履行の責を免れるものと解すべきであること（最大判昭和32年6月5日民集11巻6号915頁），また，双務契約上の債務の受領遅滞にある者が契約解除の前提としての催告をするためには，受領遅滞を解消させた上でこれをしなければならないこと（最㈠判昭和35年10月27日民集14巻12号2733頁）は，当裁判所の判例とするところであつて，Xの受領拒絶に関するYの主張は，右判例に照らして検討することを要する。

本件において，Yの履行すべき債務は，同一の賃貸借関係から生ずる賃料債務であるから，ある時点において提供された賃料の受領拒絶は，特段の事情

➡ 175

がないかぎり，その後において提供されるべき賃料についても，受領拒絶の意思を明確にしたものと解するのが相当である。そして，前記Ｙの主張するところによれば，㈠昭和37年12月16日にＹよりＸに提供された同年12月分の賃料は，期間満了による賃貸借の終了を理由として，受領を拒絶されたというのであり，はたしてそうであるとすれば（なお，原判決の確定するところによれば，本件賃貸借は同月6日法定更新されている)，Ｘは，同月分の賃料につき受領遅滞に陥るとともに，その後に提供されるべき賃料についても，受領拒絶の意思を明確にしたものというべきである。しかるに，Ｘは，その後，率然として，㈡昭和38年4月15日付け書面をもって賃料の支払を催告し，Ｙが催告期間内である同月20日，催告にかかる賃料相当額を催告状記載のＸ肩書住所地に持参して支払おうとしたところ，Ｘ不在のため，居合わせたその母Ａに受領を求めたが拒絶された，というのである。はたして然りとすれば，本件において，Ｘとその父母との間に生活上緊密な関係があり，母Ａの拒絶をもってＸ本人の拒絶と同視しうるような事情があるときは，Ｘは，右提供にかかる賃料につき受領遅滞に陥るとともに，特段の事情がないかぎり，その後において提供されるべき賃料についても，受領拒絶の意思を明確にしたものといわなければならない（なお，記録によれば，Ｙは，右賃料提供の前後にわたつて，Ｘの所在を明らかにするよう，Ｘまたはその父Ｂあてに照会を発したが，回答をえられなかった，というのである)。

これによると，もしＹ主張のごとき事実が認められるとするならば，Ｘは，賃貸借の終了を理由とする賃料の受領拒絶の態度を改め，以後Ｙより賃料を提供されれば確実にこれを受領すべき旨を表示する等，自己の受領遅滞を解消させるための措置を講じたうえでなければ，Ｙの債務不履行責任を問いえないものというべきである。

しかるに，原判決が，前記昭和41年6月2日付け書面による催告および解除の意思表示の効力を判断するにあたり，なんら右の事情につき審究することなく，かりにＸの受領遅滞が先行していたとしても，右催告により受領遅滞の効果は解消したものと判示したのは，審理不尽，理由不備の違法があるものといわなければならない。論旨はこの点において理由あるに帰し，原判決は，その余の点につき判断するまでもなく，破棄を免れない。そして，本件は，右に説示した点につきさらに審理を必要とするので，原審に差し戻すのが相当である。」（裁判長裁判官　大隅健一郎　裁判官　入江俊郎　長部謹吾　松田二郎）

解　説

弁済は，債務者の弁済行為とそれに対する債権者の協力行為とが協働することによって債務の内容が実現されるプロセスである。したがって，債務者がいかなる行為をなせば「弁済の提供」があったと評価しうるのかという判断にあっては，当事者の公平を図るために，信義則を媒介とした調整がなされるべきことになる。

⑴　金銭債務の場合には全額の提供が必要であり，一部弁済では債務の本旨に従った弁済の提供とはいえないのが原則であるが，*172* は，不足額が僅少である場合に弁済の提供があったと評価される場合がありうることを示している。当該事案における紛争の経緯と，弁済の提供が有効でないとしたときに生ずる重大な結果をも考慮したうえで，上記の原則がもつ厳格さを信義則を用いて緩和したものといえよう。

⑵　弁済の提供の方法について，493 条が一応の分類を提供するが，信義則による調整がさらに要請される局面がありうる。

173 は，商慣習を考慮して債権者に信義則上の協力義務を認め，口頭の提供ありと判断した著名な事件である。

174 は，「弁済を受領しない意思が明確と認められる場合」には口頭の提供さえ不要であるとの準則を立てたものである。意思の明確性の判断方法については，その理由が「債権者が契約そのものの存在を否定する等」との判示部分に注意すべきである（事案は賃貸人が訴訟において賃貸借を解除したと主張していたもの）。

また，*175* は，受領遅滞に陥った債権者が債務者の債務不履行を理由に契約を解除するためには，催告の前提として，受領拒絶の態度を改め，以後弁済の提供があれば確実にこれを受領すべき旨を表示する等の「自己の受領拒絶を解消させるための措置」を講じたうえでなければならないとしたものである。

174・*175* が示した各準則は，いずれも主に賃貸借契約などの継続的契約において意義を有する。*175* の準則によっても *174* と同じ結論を導くことは可

➡ 176
能であったといえるが，174にはなお固有の意義が残っていよう。

［6］ 弁済の供託

176 損害賠償債務の一部の弁済供託

最(二)判平成6年7月18日民集48巻5号1165頁
（最判解〈平6〉466頁，民商114巻1号95頁，交通事故百選〈第5版〉184頁，供託先例百選〈第2版〉48頁，平6重判81頁）

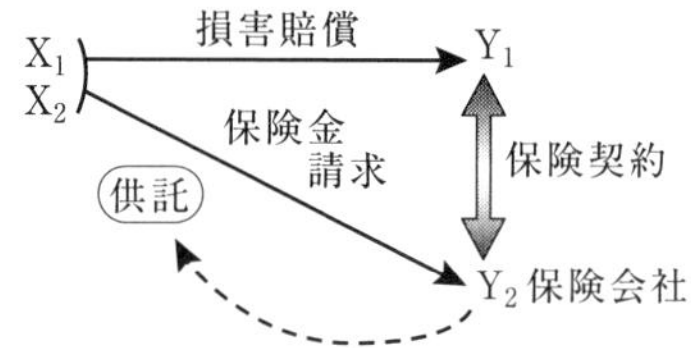

【事実】 X_1はY1運転の車に衝突され，重傷を負った。そこで，X_1およびその妻X_2は，Y_1に対し自賠法3条および709条に基づく損害賠償を訴求し，またY_1と任意の自動車保険契約を締結していたY_2保険会社に対し，直接請求として保険金支払を訴求した。1審は，X_1に対し2735万余円，X_2に対し220万円の賠償金の支払と各完済までの遅延損害金の支払をY_1に命じ，Y_2には保険金の支払総額が保険金額8000万円に満つるまで，X_1およびX_2のY_1に対する1審判決が確定したときはY_1の上記賠償額を支払うよう命じた。そこで，Y_2は，1審判決がY_1に命じた金員全額をいつでも支払う準備がある旨を申し出て口頭の提供をしたが，Xらはこれを拒絶したため，Y_2は上記金額を弁済供託した。Xは控訴したが，Yらも付帯控訴し供託分の債務が消滅した旨を抗弁した。原審は，損害賠償債権の特殊性から，X_1分についてY_2のした弁済提供は一部弁済であっても適法であるとし，その限度で債務消滅の効果を認めた。Xらが上告。

【判決理由】 上告棄却 「交通事故の加害者が被害者から損害の賠償を求める訴訟を提起された場合において，加害者は右事故についての事実関係に基づいて損害額を算定した判決が確定して初めて自己の負担する客観的な債務の全額を知るものであるから，加害者が第1審判決によって支払を命じられた損害賠償金の全額を提供し，供託してもなお，右提供に係る部分について遅滞の責めを免れることができず，右供託に係る部分について債務を免れることができないと解するのは，加害者に対し難きを強いることになる。他方，被害者は，右提供に係る金員を自己の請求する損害賠償債権の一部の弁済として受領し，右供託に係る金員を同様に一部の弁済として受領する旨留保して還付を受けるこ

➡ 解説

とができ，そうすることによって何ら不利益を受けるものではない。以上の点を考慮すると，右提供及び供託を有効とすることは債権債務関係に立つ当事者間の公平にかなうものというべきである。したがって，交通事故によって被った損害の賠償を求める訴訟の控訴審係属中に，加害者が被害者に対し，第1審判決によって支払を命じられた損害賠償金の全額を任意に弁済のため提供した場合には，その提供額が損害賠償債務の全額に満たないことが控訴審における審理判断の結果判明したときであっても，原則として，その弁済の提供はその範囲において有効なものであり，被害者においてその受領を拒絶したことを理由にされた弁済のための供託もまた有効なものと解するのが相当である。この理は，加害者との間で加害車両を被保険自動車として任意の自動車保険契約を締結している保険会社が被害者からいわゆる直接請求権に基づき保険金の支払を求める訴訟を提起された場合に，保険会社が被害者に対してする弁済の提供及び供託についても，異なるところはない。

そうすると，前記一の事実関係の下において，Y_2のした本件提供及び供託のうちX_1分についても，その額の範囲において有効なものとした原審の判断は，正当として是認することができ，原判決に所論の違法はない。」（裁判長裁判官　中島敏次郎　裁判官　木崎良平　大西勝也　根岸重治）

解　説

*176*は，1審判決が命じた損害賠償金の全額を弁済のため提供した場合には，その提供額が全額に満たないことが控訴審の審理判断の結果判明したときでも，その弁済の提供および供託はその範囲において有効であると判示したものである。これは，不法行為に基づく損害賠償債務については，「損害額を算定した判決が確定して初めて自己の負担する客観的な債務の全額を知りうる」という特殊性をその理由とするものである。賠償債務の一部の弁済供託の有効性を認める実益は，債務者が弁済提供した範囲で法定利率による遅延損害金の負担のリスクを免れうるという点にある。

➡ 177

[7] 弁済による代位

177 法定代位により取得する原債権と求償権の関係──代位に関する特約の効力

最(三)判昭和59年5月29日民集38巻7号885頁
(最判解〈昭59〉271頁，百選Ⅱ〈第6版〉80頁，百選Ⅱ〈第7版〉82頁，百選Ⅱ〈第9版〉60頁，昭59重判86頁)

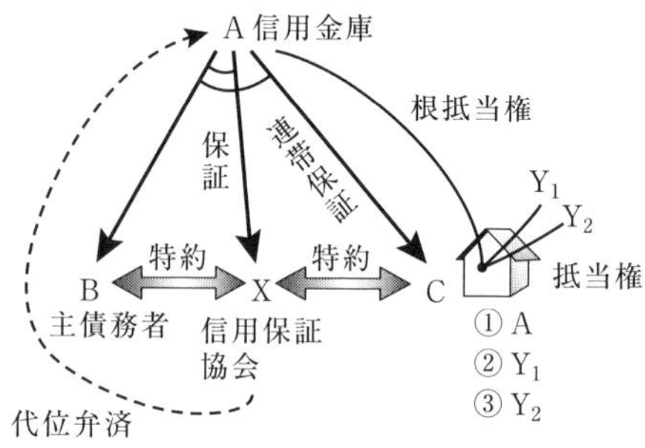

【事実】 B会社は，A信用金庫との間で当座貸越等を内容とする信用取引約定を結び，Bの代表取締役Cは，Aに対し，C所有の建物に上記取引による債権を被担保債権とし極度額600万円とする根抵当権を設定し，かつ上記借受金債務を連帯保証した。そして，BはAから上記約定に基づいて480万円（利息11%，遅延損害金18.25%）を借り入れた。さらに，X信用保証協会はBから信用保証の委託申込みを受けて，上記借受金債務を保証したが，その際，①Bとの間で，XがAに対し代位弁済したときは，BはXに対しXの代位弁済額全額および代位弁済の翌日から支払済みまで年18.25%の遅延損害金を支払う旨の特約をし，②Cとの間で，501条ただし書5号の定める代位割合について，Xが代位弁済したときは，XがCがAに対し設定した上記根抵当権全部につきAに代位し，上記①の特約の範囲内でAの有していた上記根抵当権の全部を行使することができる旨の特約をした。他方で，上記建物については，Y_1およびY_2は後順位の根抵当権の設定を受けていた。その後，Bは上記借受金の弁済を怠り，上記根抵当権の担保すべき元本が確定した。Xは上記借受金元本のうち454万円を代位弁済し，上記根抵当権の全部について移転の付記登記を経由した。そして，上記建物の競売手続が開始されたが，Xが元本454万円と年18.25%による損害金83万円の債権額を届け出たのに対し，執行裁判所は，上記債権額のうち，元本の2分の1（501条ただし書5号）である227万円と商事法定利率の年6分による損害金13万余円に限って交付すべきものとする売却代金交付計算書を作成し，これに対してXが異議を申し立てたが完結しなかった。そこで，XはY_1およびY_2を被告として配当異議の訴えを提起した。1審はXの請求を棄却したが，原審はこれを認容した。Y_2が上告し，⑴保証人Xと債務者Bとの間で代位弁済による求償権の内容につき法定利息（459条2項が準用する442条2項による）と異

➡ 177

なる特約をしても，その効力を第三者 Y_2 に対して対抗することはできない，(2)保証人 X と物上保証人 C との間で 501 条ただし書 5 号の定める代位割合を変更する特約もその効力を第三者 Y_2 に対抗することはできない，と主張した。

【判決理由】 上告棄却　上告理由(1)について。「弁済による代位の制度は，代位弁済者が債務者に対して取得する求償権を確保するために，法の規定により弁済によって消滅すべきはずの債権者の債務者に対する債権（以下「原債権」という。）及びその担保権を代位弁済者に移転させ，代位弁済者がその求償権の範囲内で原債権及びその担保権を行使することを認める制度であり，したがって，代位弁済者が弁済による代位によって取得した担保権を実行する場合において，その被担保債権として扱うべきものは，原債権であって，保証人の債務者に対する求償権でないことはいうまでもない。債務者から委託を受けた保証人が債務者に対して取得する求償権の内容については，民法 459 条 2 項によって準用される同法 442 条 2 項は，これを代位弁済額のほかこれに対する弁済の日以後の法定利息等とする旨を定めているが，右の規定は，任意規定であって，保証人と債務者との間で右の法定利息に代えて法定利率と異なる約定利率による代位弁済の日の翌日以後の遅延損害金を支払う旨の特約をすることを禁ずるものではない。また，弁済による代位の制度は保証人と債務者との右のような特約の効力を制限する性質を当然に有すると解する根拠もない。けだし，単に右のような特約の効力を制限する明文がないというのみならず，当該担保権が根抵当権の場合においては，根抵当権はその極度額の範囲内で原債権を担保することに変わりはなく，保証人と債務者が約定利率による遅延損害金を支払う旨の特約によつて求償権の総額を増大させても，保証人が代位によって行使できる根抵当権の範囲は右の極度額及び原債権の残存額によって限定されるのであり，また，原債権の遅延損害金の利率が変更されるわけでもなく，いずれにしても，右の特約は，担保不動産の物的負担を増大させることにはならず，物上保証人に対しても，後順位の抵当権者その他の利害関係人に対しても，なんら不当な影響を及ぼすものではないからである。そして，保証人と右の利害関係人とが保証人と債務者との間で求償権の内容についてされた特約の効力に関して物権変動の対抗問題を生ずるような関係に立つものでないことは，右に説示したところから明らかであり，保証人は右の特約を登記しなければこれを

➡ 177

もって右の利害関係人に対抗することができない関係にあるわけでもない（法がそのような特約を登記する方法を現に講じていないのも，そのゆえであると解される。)。以上のとおりであるから，保証人が代位によって行使できる原債権の額の上限は，これらの利害関係人に対する関係において，約定利率による遅延損害金を含んだ求償権の総額によつて画されるものというべきである。

Y_2の引用する判例（最㈢判昭和49年11月5日裁判集民事113号89頁）は，その原審の確定した事実関係及び上告理由に照らすと，本判決の以上の判断と抵触するものではない。」

上告理由⑵について。「三　つぎに，保証人であるXと物上保証人であるCとの間でされた民法501条但書5号の定める代位の割合を変更する特約の第三者に対する効力の存否に関する違法をいう部分について，検討する。

民法501条は，その本文において弁済による代位の効果を定め，その但書各号において代位者相互間の優劣ないし代位の割合などを定めている。弁済による代位の制度は，すでに説示したとおり，その効果として，債権者の有していた原債権及びその担保権をそのまま代位弁済者に移転させるのであり，決してそれ以上の権利を移転させるなどして右の原債権及びその担保権の内容に変動をもたらすものではないのであって，代位弁済者はその求償権の範囲内で右の移転を受けた原債権及びその担保権自体を行使するにすぎないのであるから，弁済による代位が生ずることによって，物上保証人所有の担保不動産について右の原債権を担保する根抵当権等の担保権の存在を前提として抵当権等の担保権その他の権利関係を設定した利害関係人に対し，その権利を侵害するなどの不当な影響を及ぼすことはありえず，それゆえ，代位弁済者は，代位によって原債権を担保する根抵当権等の担保権を取得することについて，右の利害関係人との間で物権的な対抗問題を生ずる関係に立つことはないというべきである。そして，同条但書5号は，右のような代位の効果を前提として，物上保証人及び保証人相互間において，先に代位弁済した者が不当な利益を得たり，代位弁済が際限なく循環して行われたりする事態の生ずることを避けるため，右の代位者相互間における代位の割合を定めるなど一定の制限を設けているのであるが，その窮極の趣旨・目的とするところは代位者相互間の利害を公平かつ合理的に調節することにあるものというべきであるから，物上保証人及び保証人が代位の割合について同号の定める割合と異なる特約をし，これによってみずからその間の利害を具体的に調節している場合にまで，同号の定める割合によらなければならないものと解すべき理由はなく，同号が保証人と物上保証人の代位についてその頭数ないし担保不動産の価格の割合によって代位するものと規定しているのは，特約その他の特別な事情がない一般的な場合について規定しているにすぎず，同号はいわゆる補充規定であると解するのが相当である。したがって，物上保証人との間で同号の定める割合と異なる特約をした保証人は，後順位抵当権者等の利害関係人に対しても右特約の効力を主張することができ，その求償権の範囲内で右特約の割合に応じ抵当権等の担保権を行使することができるものというべきである。このように解すると，物上保証人（根抵当権設定者）及び保証人間に本件のように保証人が全部代位できる旨の特約がある場合には，保証人が代位弁済したときに，保証人が同号所定の割合と異なり債権者の有していた根抵当権の全部を行使することになり，後順位抵当権者その他の利害関係人は右のような特約がない場合に比較して不利益な立場におかれることになるが，同号は，共同抵当に関する同法 392 条のように，担保不動産についての後順位抵当権者その他の第三者のためにその権利を積極的に認めたうえで，代位の割合を規定していると解することはできず，また代位弁済をした保証人が行使する根抵当権は，その存在及び極度額が登記されているのであり，特約がある場合であつても，保証人が行使しうる根抵当権は右の極度額の範囲を超えることはありえないのであって，もともと，後順位の抵当権者その他の利害関係人は，債権者が右の根抵当権の被担保債権の全部につき極度額の範囲内で優先弁済を主張した場合には，それを承認せざるをえない立場にあり，右の特約によつて受ける不利益はみずから処分権限を有しない他人間の法律関係によって事実上反射的にもたらされるものにすぎず，右の特約そのものについて公示の方法がとられていなくても，その効果を甘受せざるをえない立場にあるものというべきである。

Y_2 の引用する前記判例は本件と事案を異にし，本判決の以上の判断は，右の判例に抵触するものではない。

四　叙上の見解に立って，本件についてみるに，原審の適法に確定した前記事実関係のもとにおいては，X が本件配当期日において B に対して有する原

➡ 178

債権は，Xが届出をした貸金元本454万円及びこれに対する期限の利益を失い残額を一時に支払うべきこととなった日ののちの日である昭和51年7月20日から本件配当期日である昭和52年7月22日まで貸付の際の約定利率である年18.25パーセントの割合による遅延損害金83万5360円を超えて存在することは明らかであり，右の原債権を担保するXのCに対して有する根抵当権の極度額は600万円であり，そしてXが本件配当期日において訴外Bに対して有する求償権は，代位弁済した454万円及びこれに対する信用保証の委託申込を承諾したときにおける求償権の内容についての特約に基づく遅延損害金である代位弁済の日の翌日である昭和51年7月20日から本件配当期日である昭和52年7月22日まで年18.25パーセントの割合による遅延損害金83万5360円となるから，Xは，原債権である貸金元本454万円（なお原判決添付第2売却代金交付計算書中順位7の債権の種類として「代位弁済元金」とあるのは右貸金元本の趣旨と解すべきである。)，遅延損害金83万5360円の交付を受けることができ，Y_2は全く交付を受けることができないものというべきである。

以上と同旨の原審の判断は，正当として是認することができ，原判決に所論の違法はない。」（裁判長裁判官　木戸口久治　裁判官　横井大三　伊藤正己　安岡滿彦）

178 法定代位の意義――求償権が破産債権である場合における財団債権である原債権の行使

最(三)判平成23年11月22日民集65巻8号3165頁

(最判解〈平23下〉705頁，民商146巻6号22頁，倒産百選〈第6版〉98頁，平24重判139頁)

【事実】 新聞販売店4店舗を経営するA（株式会社エーアンドエー）は，平成19年8月9日，大阪地方裁判所堺支部に破産手続開始の申立てをした。申立準備段階の7月時点では，7月分の売掛金をすべて回収できれば，全従業員に8月分の給料を支払うことができる見込みであった。しかし，同年8月17日，大口の売掛先であるCおよびDとの売掛金の支払交渉が決裂したため，当初予定の8月20日にすべての正社員に対する給料の支払は不可能となることが予測された。給料の遅配によって新聞の欠配が起こることを懸念したAの代表取締役Bは，新聞購読者に配布する販促品をAに納品してきた取引先であるX（三友商事株式会社）の取締役会長Eに，従業員の給料の立替払いを懇請した。Xは，Aの委託に基づき，平成

➡ 178

19年8月21日，Aの管理職従業員9名に対し，同年7月の給料237万7280円を第三者として立替払いし，これについて従業員の承諾を得た。

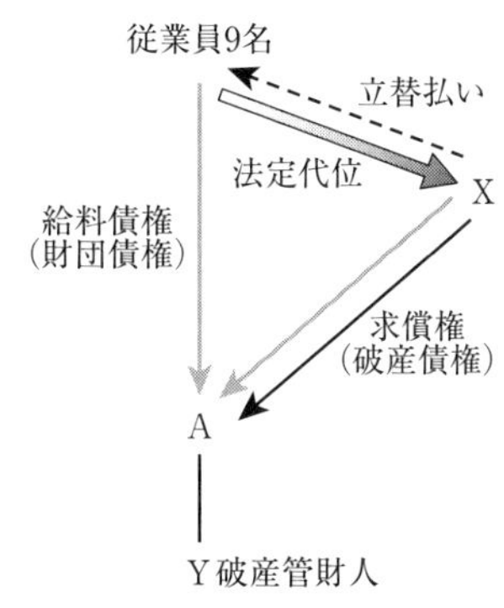

Aは，同年8月29日，破産手続開始決定を受け，Yが破産管財人に選任された。Xは，平成20年4月1日，Yに対し，破産規則50条1項に基づき，同年3月31日付け財団債権の申出書を提出し，上記立替払契約に基づき取得した求償権は，原債権である給料債権と同じく財団債権の性質を有するとして，これを財団債権として有する旨申し出たが，Yは，同年4月18日，これに対し異議を述べた。そこで，Xは，Yに対し，弁済による代位によって，従業員がAに対して有する給料債権を原債権として取得したとして，上記原債権に基づき，237万7280円およびこれに対する民法所定の年5分の割合による遅延損害金の支払を訴求した。

1審は，Xが代位弁済によって取得した給料債権は，原則として，財団債権には当たらないが，本件では，なお財団債権としての優先的な効力を付与すべき特段の事情があるとして，Xの請求を認容した。これに対し，原審は，代位弁済者が取得する原債権は，代位弁済者が債務者に対して取得する求償権の限度でのみその効力が認められるものであり，求償権が破産債権にすぎない場合には，求償権に対し付従性を有する原債権についても破産手続によらなければこれを行使することはできないとして，1審判決を取り消し，Xの訴えを却下した。Xから上告。

【判決理由】 破棄自判（田原裁判官の補足意見がある）「弁済による代位の制度は，代位弁済者が債務者に対して取得する求償権を確保するために，法の規定により弁済によって消滅すべきはずの原債権及びその担保権を代位弁済者に移転させ，代位弁済者がその求償権の範囲内で原債権及びその担保権を行使することを認める制度であり（最㈢判昭和59年5月29日民集38巻7号885頁，最㈠判昭和61年2月20日民集40巻1号43頁参照），原債権を求償権を確保するための一種の担保として機能させることをその趣旨とするものである。この制度趣旨に鑑みれば，求償権を実体法上行使し得る限り，これを確保するために原債権を行使することができ，求償権の行使が倒産手続による制約を受けるとしても，当該手続における原債権の行使自体が制約されていない以上，原債権の行使が求償権と同様の制約を受けるものではないと解するのが相当であ

➡ 178

る。そうであれば，弁済による代位により財団債権を取得した者は，同人が破産者に対して取得した求償権が破産債権にすぎない場合であっても，破産手続によらないで上記財団債権を行使することができるというべきである。このように解したとしても，他の破産債権者は，もともと原債権者による上記財団債権の行使を甘受せざるを得ない立場にあったのであるから，不当に不利益を被るということはできない。以上のことは，上記財団債権が労働債権であるとしても何ら異なるものではない。

したがって，X は，破産手続によらないで本件給料債権を行使することができるというべきである。

4　以上と異なる原審の判断には，判決に影響を及ぼすことが明らかな法令の違反がある。論旨は理由があり，原判決は破棄を免れない。そして，原審の適法に確定した事実関係によれば，X は，A から破産手続開始前に委託を受けていたことから，平成 19 年 8 月 21 日，A のために，本件給料債権合計 237 万 7280 円を弁済し，これと同時に従業員らの承諾を得て，従業員らに代位して本件給料債権の支払を求めているというのである。そうすると，X の請求には理由があり，第 1 審判決は結論において是認することができるから，Y の控訴を棄却すべきである。」

田原睦夫裁判官の補足意見

「私は，法廷意見に与するものであるが，代位弁済に基づく求償権及び原債権と倒産手続との関係について，従前下級審の裁判例が岐れ，また，学説においても種々の見解が主張されていることに鑑み，以下のとおり補足意見を述べる。

1　代位弁済に基づく求償権と原債権との関係に関する従前の判例法理について債権が第三者により代位弁済がなされた場合に代位弁済者が取得する求償権と原債権との関係については，法廷意見が引用する 2 件の判例によって，①弁済による代位の制度は，代位弁済者が債務者に対して取得する求償権を確保するために，弁済によって消滅するはずの原債権及びその担保権を法の規定により代位弁済者に移転させるものであり，②代位弁済者に移転した原債権及びその担保権は，求償権を確保することを目的とする附従的性質を有する，との判例法理が確立された。

➡ 178

本件に関する求償権及び原債権と倒産手続との関係についての見解の対立は，上記判例法理をいかに解するかに関連するものであるので，法廷意見を支持する立場から，上記の判例法理に関して私の理解するところを以下に述べる。

⑴ 「求償権を確保するため」の意義について

判例法理のいう「求償権を確保するため」の意義について，学説上種々の見解が説かれているが，私は，法廷意見が述べるように，原債権を「求償権を確保するため」の一種の担保として機能させることを意味すると解するのが相当であると考える。

代位弁済者の「求償権を確保するため」とは，「求償権の回収を確実ならしめるため」を意味するものと解されるのであり，その実質は，原債権を求償権者に法律上当然に移転させることによって，原債権をして求償権に対する担保的機能を果たさせようとするものであると言える。

その担保的機能としてどのような内容を有しているかについて，上記判例法理を踏まえた上で，原債権の保証や時効と求償権との関係等個別の論点について論じられてきた支配的見解を基に考察すると，原債権の移転による担保的機能とは，求償権確保のために原債権が譲渡担保の目的として求償権者に移転したのと同様の関係に立つと解するのが，両債権の関係を説明する上で最も理解しやすいと考えられる。

以下，そのような理解を前提に，求償権と原債権との主な関係についてみてみる。

ア　求償権と原債権とは別個の債権である。それゆえ，求償権と原債権とは以下のような関係になる。

①　原債権自体が求償権者に移転するのであるから，原債権それ自体の有する性質は，求償権者に移転することによって変化することはない。すなわち，原債権が一般の先取特権等優先権のある債権や，他の債権に後れてのみ行使が認められる劣後債権であるときは，原債権が求償権者に移転しても，その債権の性質が変化することはなく，求償権者は原債権の性質に従って原債権を行使することになる（なお，租税債権のごとく，弁済による代位自体がその債権の性質上生じない場合は別である。）。

②　求償権と原債権とは，それぞれ別個に時効が進行する。

➡ 178

③　求償権者が原債権を行使する場合，債務者は原債権に対する抗弁を主張することができる。

イ　原債権は，求償権の確保のために移転するのであるから，求償権者が原債権を行使する場合において，債務者は，求償権に対する抗弁を主張することができる。

ウ　原債権の保証人は，原債権が担保目的とはいえ求償権者に移転するのであるから，求償権者が原債権を行使し得る限り，保証責任を追及される関係に立つ。

エ　原債権のために設定された担保権は，原債権が担保目的とはいえ求償権者に移転するのであるから，その随伴性により当然に求償権者に移転する。求償権者は，担保権設定者に対して，その移転に伴う対抗要件の具備を請求することができる。

また，求償権者は，原債権を行使することができる場合には，原債権のために設定された担保権を実行することができる。

⑵　原債権が「附従的性質」を有するとの意義について

判例法理にいう附従的性質の意義について，次のように理解することができると考える。

①　求償権が消滅すれば，当然に原債権も消滅する。

②　求償権につき，期限の猶予が与えられるなど，その弁済期が未到来の場合は，原債権の弁済期が到来していても，原債権を行使することはできない。

③　債務者との関係で，求償権不行使特約や他の債権に劣後して行使する旨の劣後特約が締結されている場合などには，原債権それ自体に何らの制約が課されていなくても原債権を行使することができない。

2　倒産手続における求償権と原債権との関係について

倒産手続において求償権を行使するに当たっては，求償権者は破産法 104 条，民事再生法 86 条 2 項，会社更生法 135 条 2 項の基本的規律の下にその権利の行使が認められるが，求償権とともに原債権をも行使することができる場合の両債権の関係は，以下のとおりになると解される。

⑴　求償権者は，求償権と原債権の双方の債権につき倒産手続に参加（債権届出）することができる。その場合，両債権が重複する限度ではその一方の行

➡ 178

使しか認められないが，求償権の額が原債権の額を上回るとき（多くの場合，遅延損害金の利率は求償権の方が原債権よりも高い。）には，その上回る範囲で求償権を行使することができる。また，原債権が倒産手続上の優先債権であるときは，求償権者は原債権の優先債権としての権利を行使することができる。

⑵　求償権者が債権届出をしていなくても，原債権の債権届出がなされているときは，求償権者が破産法104条（及び民事再生法，会社更生法で準用する場合）の要件を満たす限り，求償権者は原債権の届出名義の変更（破産法113条1項，民事再生法96条，会社更生法141条）をすることができるが，これは譲渡担保権の行使に類するものとしての届出名義の変更と理解することができる。

⑶　求償権が，倒産手続による制約を受けて倒産手続によってのみその行使が認められる場合であっても，原債権は求償権確保のための譲渡担保に類するものであるから，倒産手続上，原債権を上記制約を受けることなく行使することが認められるか否かを検討する必要がある。

そして，原債権が財団債権や共益債権である場合には，それらの債権は倒産手続による制約を受けることなく行使することができるから，求償権自体の行使が倒産手続による制約を受けても，原債権を行使することができ，求償権は原債権の行使によって満足を得る限度でその行使が制約されることになる。

次に，原債権が実体法上優先権のある債権である場合には，破産手続及び会社更生手続では，優先債権であっても，その行使は各手続による制約を受けるから各手続に参加する必要があるが，民事再生手続では，優先債権については再生手続による制約が存しないから自由に行使することができる。

なお，原債権につき担保権が設定されている場合には，破産手続や民事再生手続では別除権として行使でき，それによって満足を受けることができない限度で各手続に参加できること，会社更生手続では更生担保権として手続に参加できることはいうまでもない。

3　結論

以上述べたとおり，弁済による代位により求償権者に移転する原債権と求償権との関係は，求償権を担保するべく原債権が移転するもので，その移転の法的構成は，譲渡担保に類するものと解されるのである。

➡ 179

以上よりすれば，財団債権たる性質を有する未払賃金債権を代位弁済したXは，破産手続による制約を受けることなく原債権それ自体を行使し得るのであって，それを否定した原判決は破棄を免れないものというべきである。」

（裁判長裁判官　岡部喜代子　裁判官　那須弘平　田原睦夫　大谷剛彦　寺田逸郎）

179 法定代位における保証人と物上保証人相互間の代位割合

最(一)判昭和61年11月27日民集40巻7号1205頁

（最判解〈昭61〉438頁，法協105巻7号996頁，民商100巻4号685頁，百選Ⅱ〈第3版〉90頁，昭61重判76頁）

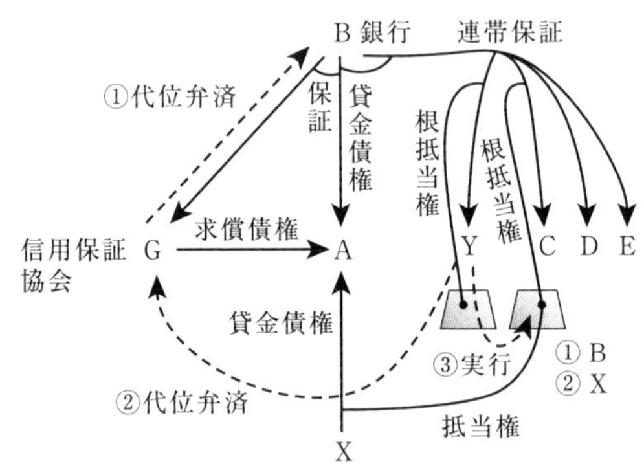

【事実】A会社は，B銀行と相互銀行取引約定を締結し，Y，C，D，EはBに対し，上記約定に基づくAの債務につきBの委託を受けて連帯保証し，YはY所有の甲地につき，CはC所有の乙地につきAの債務を担保するため極度額5000万円の根抵当権を設定した。Aは，Bから2000万円を借り受け，G信用保証協会は，Aの委託を受けてBに対しAの債務について信用保証をした。その後，Aは取引停止処分を受けたため，期限の利益を喪失するとともに上記銀行取引は終了し，上記根抵当権の担保すべきBのAに対する債権の元本額は1383万余円と確定し，AはBにそのうち400万円を弁済した。そして，GはAの残債務を弁済し，Aに対し弁済金1008万円およびこれに対する約定遅延損害金の求償債権を取得し，その確保のためBのAに対する上記債権と甲地・乙地の根抵当権を代位取得した。さらに，YはGのAに対する求償債権を弁済し，Aに対し弁済金1060万円および年5分による利息金の求償債権を取得し，その確保のためGのAに対する求償債権，BのAに対する上記債権および各根抵当権を代位取得した。他方で，XはAに対し有する元金1363万余円の貸金の担保のため，C所有の乙地について後順位の抵当権の設定を受けた。

そして，Yは上記求償債権1137万余円について乙地につき根抵当権を実行したところ，執行裁判所が作成した配当表に対して，Xが異議を申し立てたが完結し

➡ 179

なかった。そこで，XはYを被告として配当異議の訴えを提起し，上記配当表は，保証人4名のうち物上保証人を兼ねる二重資格者Y，Cについても単に頭数によって2人と数え，YのAに対する求償債権額（1137万余円）の4分の1（284万余円）を限度として根抵当権を行使しうるものとして作成されたが，Xは資格の数だけ頭数があるものとして計算した頭数によって（二重資格者は頭数を各2人として計算した頭数によって）代位しうる範囲を定めるべきであると主張してXの配当額の増額を求めた。1審および原審ともにXの請求を斥けた。Xが上告。

【判決理由】 上告棄却 「民法501条但書4号，5号の規定は，保証人又は物上保証人が複数存在する場合における弁済による代位に関し，右代位者相互間の利害を公平かつ合理的に調整するについて，代位者の通常の意思ないし期待によって代位の割合を決定するとの原則に基づき，代位の割合の決定基準として，担保物の価格に応じた割合と頭数による平等の割合を定めているが，右規定は，物上保証人相互間，保証人相互間，そして保証人及び物上保証人が存在する場合における保証人全員と物上保証人全員との間の代位の割合は定めているものの，代位者の中に保証人及び物上保証人の二重の資格をもつ者が含まれる場合における代位の割合の決定基準については直接定めていない。したがって，右の場合における代位の割合の決定基準については，二重の資格をもつ者を含む代位者の通常の意思ないし期待なるものを捉えることができるのであれば，右規定の原則に基づき，その意思ないし期待に適合する決定基準を求めるべきであるが，それができないときは，右規定の基本的な趣旨・目的である公平の理念にたち返って，代位者の頭数による平等の割合をもって決定基準とするほかはないものといわざるをえない。しかして，右の場合に，二重の資格をもつ者は他の代位者との関係では保証人の資格と物上保証人の資格による負担を独立して負う，すなわち，二重の資格をもつ者は代位者の頭数のうえでは2人である，として代位の割合を決定すべきであると考えるのが代位者の通常の意思ないし期待でないことは，取引の通念に照らして明らかであり，また，仮に二重の資格をもつ者を頭数のうえであくまで1人と扱い，かつ，その者の担保物の価格を精確に反映させて代位の割合を決定すべきであると考えるのが代位者の通常の意思ないし期待であるとしても，右の2つの要請を同時に満足させる簡明にしてかつ実効性ある基準を見い出すこともできない。そうすると，

➡ 180
複数の保証人及び物上保証人の中に二重の資格をもつ者が含まれる場合における代位の割合は，民法501条但書4号，5号の基本的な趣旨・目的である公平の理念に基づいて，二重の資格をもつ者も1人と扱い，全員の頭数に応じた平等の割合であると解するのが相当である。以上と同旨の原審の判断は，正当として是認することができ，原判決に所論の違法はない。」（裁判長裁判官　高島益郎　裁判官　谷口正孝　角田禮次郎　大内恒夫　佐藤哲郎）

180　一部代位

大決昭和6年4月7日民集10巻535頁（*法協51巻7号1325頁，百選Ⅱ〈第5版新法対応補正版〉90頁，百選Ⅱ〈第7版〉84頁*）

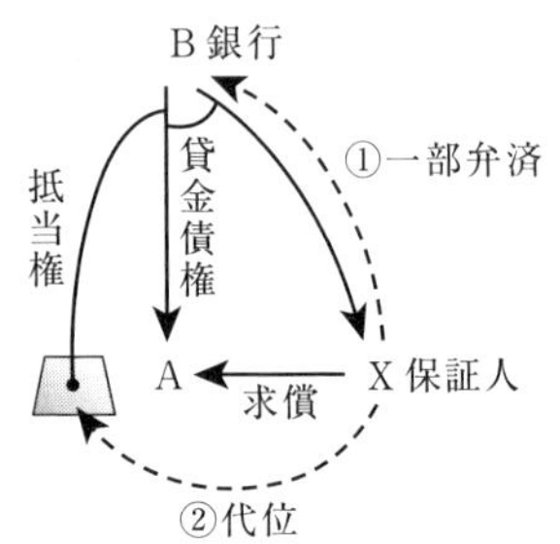

【事実】 AはB銀行より，1926年3月より毎年2回499余円の分割支払の約定で金4万円を借り受け，その債務を担保するためA所有の不動産に抵当権を設定した。他方で，XはAの上記債務を保証した。その後，Xは保証債務の履行としてBに対し元金合計4998余円と約定遅延利息331余円を支払い，上記抵当権登記に代位の付記登記を行った。そして，Aが償還に応じないので，抵当権実行のため競売の申立てを行ったが，裁判所はXはBと抵当権を共有するから，Bと共同でなければ競売の申立てはできないとして，Xの申立てを却下した。Xは抗告したが，原審は，割賦弁済債務については，保証人が一部弁済しても残存債務について弁済期未到来その他の事由で債権者が抵当権を実行できない時期には，代位者として抵当権の実行はできないとして，Xの抗告を棄却した。Xが上告。

【判決理由】 破棄差戻し「債権の一部に付代位弁済ありたるときは，代位者は其の弁済したる価格に応じて債権者と共に其の権利を行使し得べく，其の権利にして分割行使を為し得る以上，之が行使に付債権者と共同するの要なく，各別に之が行使を為し得ること民法第502条第1項の規定に徴し明白なり。蓋同法条には単に『債権者と共に其の権利を行ふ』とあるに過ぎざるも，其の権利にして分割行使を為し得る場合に於ては，債権者と共同することなく各自其の割合に応じて各別に之が行使を為し得る趣旨なること同条第2項と対照上毫

→ 181

も疑を容るる余地なければなり。而して右第502条第1項には，債権の一部に付代位弁済を為したる者が其の弁済したる価格に応じ債権者の権利を行使するに付何等の制限を設けざるを以て，残存債務に付債権者が其の権利の実行を為し得る時期に達したると否とを問はず，一部代位者は同条項に基き債権者の権利を行使し得るものと解せざるべからず。然るに原決定は……Xが代位弁済を為したる以外の残債務即昭和5年8月以降の分割弁済金の支払未了にして，債権者銀行Bが自ら抵当権実行を為し得べき関係に在ることは之を認め難きを以て，Xは未だ代位権者として抵当権の実行を為し得ざるものなりと説明し，Xの抗告を理由なしとして棄却したるは，民法第502条第1項の法意を誤解したるに基くものにして違法たるを免れず。」

181　1個の不動産が数個の債権を担保する場合における1個の債務の弁済による代位

最(一)判平成17年1月27日民集59巻1号200頁

(最判解〈平17上〉91頁，法協123巻6号1167頁，民商133巻1号166頁，平17重判80頁)

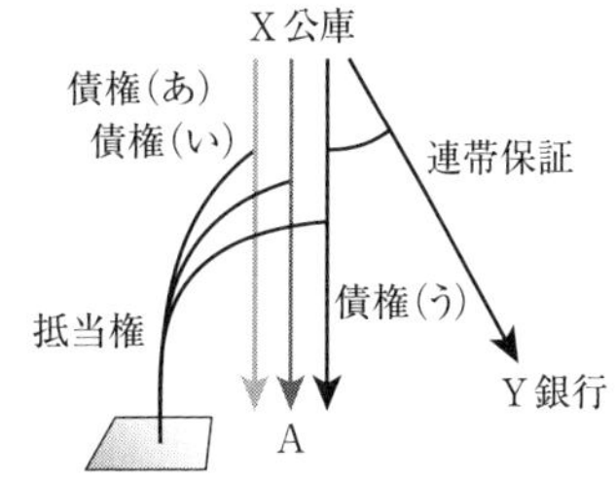

【事実】 X（住宅金融公庫）は，A（株式会社エルカクエイ）に対し，3個の貸付債権（本件債権(あ)，本件債権(い)，本件債権(う)）を有しており，Y（株式会社新生銀行）は，各貸金の交付日頃，Xに対し，Aの本件各債権に係る債務について連帯保証した。

Xは，1998年12月8日頃，Aとの間で，最終返済期限を，本件債権(あ)については2002年3月10日に，本件債権(い)については同年12月10日に，本件債権(う)については2004年3月10日にそれぞれ変更することを合意するとともに，Yとの間で，上記連帯保証契約における保証期間を，本件債権(あ)については1999年3月10日までと，本件債権(い)については同年12月10日までと，本件債権(う)については2001年3月10日までとそれぞれ定めることを合意した。また，Aは，1998年12月8日，Xとの間で，本件各債権を被担保債権として，A所有の本件不動産につき，第1順位の抵当権を設定する旨の合意をし，同月25日，上記合意に基づき，本件不動産につき，抵当権設定登記を了した。

Aは，2000年2月15日，東京地方裁判所に対し，会社更生法に基づく更生手続

➡ 181

開始の申立てをし，同年5月12日，更生手続開始の決定を受けた。Aは，上記更生手続開始の申立てにより，本件各債権につき期限の利益を喪失した。また，同裁判所が認可したAに対する更生計画では，YおよびXが有する本件抵当権に係る更生担保権について，本件不動産を売却処分し，その売却代金について実体法上の担保権ないし弁済を受ける権利の順位に従って弁済することを定めていた。

Yは，本件債権(あ)および本件債権(い)の保証期間が経過した後の2000年2月18日，Xに対し，保証期間が経過していない本件債権(う)に係る残債務全額16億1796万余円を代位弁済し，同年4月5日，上記代位弁済を原因とする本件抵当権の一部移転登記を受けた。

Aの管財人2名は，XとYとの間で本件管財人が販売する本件不動産の売却代金についての弁済受領権の優劣関係に争いがあったため，2001年4月25日，Xとの間で，①本件不動産の売却代金につき，X_3億6730万円対Y行16億500万円の割合で案分した額をそれぞれXとYに弁済すること，および，②XとYとの間において弁済受領権の優劣関係の争いが和解成立ないし判決確定により解決した後は，本件管財人は，上記案分額ではなく，上記解決した内容に従った弁済を行うものとすることを合意し，これに基づき，2001年10月31日から2003年4月30日までの間に，本件不動産の売却代金の中から，Xに対しては合計9243万余円，Yに対しては合計4億390万余円を弁済した。

Xは，本件不動産の売却代金からYが受領した弁済金のうち，2億9099万余円（Xの更生担保権の額3億8342万余円からYの弁済受領額9243万余円を控除した額）につき，XがYに優先して弁済を受ける権利を有していると主張して，Yに対し，不当利得返還請求権に基づき，2億9099万余円およびこれに対する遅延損害金の支払を求めて訴えた。

1審は，Xの請求を認容。原審も，債権の一部につき代位弁済がされた場合，当該債権を被担保債権とする抵当権の実行による売却代金からの弁済の受領については，代位弁済者は，債権者に劣後するものと解するのが相当であるが，ここにいう「債権の一部につき代位弁済がされた場合」とは，1個の債権の一部につき代位弁済がされた場合に限らず，抵当権が数個の債権を被担保債権としている場合において，そのうちの1個の債権に係る残債務全額につき代位弁済がされたときをも含むものと解するのが相当であるとして，Yの控訴を棄却した。Yから上告。

【判決理由】 破棄差戻し「不動産を目的とする1個の抵当権が数個の債権を担保し，そのうちの1個の債権のみについての保証人が当該債権に係る残債務全額につき代位弁済した場合は，当該抵当権は債権者と保証人の準共有となり，

➡ 181

当該抵当不動産の換価による売却代金が被担保債権のすべてを消滅させるに足りないときには，債権者と保証人は，両者間に上記売却代金からの弁済の受領についての特段の合意がない限り，上記売却代金につき，債権者が有する残債権額と保証人が代位によって取得した債権額に応じて案分して弁済を受けるものと解すべきである。なぜなら，この場合は，民法502条1項所定の債権の一部につき代位弁済がされた場合（前掲最㈠判昭和60年5月23日参照）とは異なり，債権者は，上記保証人が代位によって取得した債権について，抵当権の設定を受け，かつ，保証人を徴した目的を達して完全な満足を得ており，保証人が当該債権について債権者に代位して上記売却代金から弁済を受けることによって不利益を被るものとはいえず，また，保証人が自己の保証していない債権についてまで債権者の優先的な満足を受忍しなければならない理由はないからである。原判決引用の判例（最㈠判昭和62年4月23日金融法務事情1169号29頁）は，第1順位の根抵当権を有する債権者が，その元本確定後に，複数の被担保債権のうちの1個の債権に係る残債務全額につき代位弁済を受けた場合，残債権額及び根抵当権の極度額の限度内において，後順位抵当権者に優先して売却代金から弁済を受けることができる旨を判示したものであり，本件とは事案を異にする。

以上によれば，本件抵当権の数個の被担保債権（本件各債権）のうちの1個の債権（本件債権(う)）のみについての保証人であるYは，当該債権（本件債権(う)）に係る残債務全額につき代位弁済したが，本件管財人によって販売された本件不動産の売却代金が被担保債権（本件各債権）のすべてを消滅させるに足りないのであるから，YとXは，両者間に上記売却代金からの弁済の受領についての特段の合意がない限り，上記売却代金につき，Xが有する残債権額とYが代位によって取得した債権額に応じて案分して弁済を受けるものというべきである。これと異なる原審の判断には，判決に影響を及ぼすことが明らかな法令の違反がある。論旨は理由があり，原判決は破棄を免れない。そして，XがYに優先して弁済を受ける旨の合意の有無等について更に審理を尽くさせるため，本件を原審に差し戻すこととする。」（裁判長裁判官　泉　徳治 裁判官　横尾和子　甲斐中辰夫　島田仁郎）

➡ 解説

解　説

(1)　弁済による代位の制度の法的メカニズムを理論的にどのように捉えるかは，複雑で難しい問題である。*177* は，この点についての判例の見解を明らかにした重要な判決である。これによれば，代位弁済者が債務者に対して取得する求償権を確保するために，法の規定により弁済によって消滅すべきはずの債権者の債務者に対する債権（原債権）およびその担保権を代位弁済者に移転させ，代位弁済者がその求償権の範囲内で原債権およびその担保権を行使することを認める制度であると説明される。したがって，代位弁済者が代位によって取得した担保権の被担保債権となるのは原債権であって，求償権に担保権が接ぎ木されるのではない。もっとも，原債権の移転は求償権の確保を目的としたものだから，代位弁済者の原債権およびその担保権の行使は，求償権の範囲に限定されるという関係にある。

このように，求償権を確保するために，原債権が代位弁済者に移転するという法定代位を認める実益は，原債権に設定された物的担保および人的担保を代位弁済者が行使しうることにあるが，さらに，原債権それ自体が「実体法上優先権のある債権」である場合には，原債権それ自体の行使が認められることにも，代位弁済の意義が見いだされる。*178* は，この点を明らかにしたものであり，「原債権を求償権を確保するための一種の担保として機能させること」が法定代位の趣旨に含まれる（傍点筆者）と判示して，求償権が破産債権にすぎない場合であっても，法定代位によって財団債権（本件事案では労働債権）である原債権を取得した代位弁済者は，破産手続によらないでこれを行使することができるとの帰結を導いている（このような法定代位における求償権と原債権との関係については，田原睦夫裁判官の補足意見も参照）。

(2)　法定代位における代位者相互間の優劣ないし代位の割合は，501 条 3 項（2017 年改正前の旧 501 条柱書後段に対応する）に規定される。

177 は，上にみた判例理論を前提として，501 条 3 項 4 号（旧 501 条柱書後段 5 号。2004 年改正前の旧 501 条ただし書 5 号）は補充規定であるとし，保証人と物上保証人の間でこれと異なる代位割合を定める特約をした場合に，その特約の効力を後順位担保権者等の利害関係人に対しても主張しうることを認めたものである。なお，2017 年改正では，旧 501 条柱書後段が「次の各号の定めると

➡ 解説

ころに従わなければならない」と規定していたのを，501 条 3 項柱書では「次に掲げるところによる」と表現を改めて，強行規定ではないことを明確にしている。

次に，501 条 3 項 4 号（旧 501 条柱書後段 5 号）は，保証人または物上保証人相互間の代位割合を規定するが，保証人および物上保証人の二重の資格を兼ねる者が含まれる場合における代位割合の決定基準については直接定めていない。*179* は，「代位者の通常の意思ないし期待」を捉えることができない場合の決定基準につき，「右規定の基本的な趣旨・目的である公平の理念にたち返って」，二重資格者を 1 人と扱い，全員の頭数に応じた平等の割合としたものである。

⑶　まず，502 条が規定する一部代位，すなわち，1 個の債権の一部について弁済した者の代位については，担保権実行の局面では，*180* は，一部代位者が債権者と共同でなくとも，その弁済した債権額に応じて単独で抵当権を実行できるとした。

しかし，一部代位者が単独で担保権を実行できるとすると，債権者が換価時期を選択する利益を奪われ，全額の回収をすることができなくなるおそれがあり，*180* に対しては学説の批判があった。そこで，2017 年改正では，*180* が示した規律を改めて，債権者は単独で権利を行使することができるが（502 条 2 項），一部代位者は，債権者の同意を得て，債権者とともにその権利を行使することができるものとした（同条 1 項）。

他方で，担保権が実行された場合における競売代金の配当の局面では，判例は，代位により債権者が不利益を被るいわれはないとして，債権者が優先するとしている（最㈠判昭和 60 年 5 月 23 日民集 39 巻 4 号 940 頁（*51*），最㈠判昭和 62 年 4 月 23 日金法 1169 号 29 頁）。2017 年改正後の 502 条 3 項は，これを明文化している。

次に，1 個の抵当権が数個の債権を担保し，そのうちの 1 個の債権のみについての保証人が当該債権に係る残債務全額につき代位弁済した場合について判示したのが，*181* である。この場合には，代位弁済がなされる以前から，抵当権は，その被担保債権である**数個の債権にその債権額に応じて割り付けられた状態**にあり，各債権の債権者の準共有となっているが，その債権者の地位が同一人に帰属しているにすぎないと捉えることができる。そうすると，そのうち

➡ 182
の1個の被担保債権の全額についてその保証人が代位弁済した場合にも，弁済された1個の被担保債権が原債権として代位弁済者に移転し，その結果，当該抵当権は債権者と代位弁済者の準共有となり，債権者が有する残債権額と代位弁済者が代位によって取得した原債権の債権額に応じてそれぞれが弁済を受ける地位を有することになる。したがって，この場合には，502条が対象とする一部弁済の場合とは異なり，債権者と代位弁済者のいずれが優先すべきかという問題がそもそも生じないことに留意すべきである。

［8］ 担保保存義務

182 担保保存義務免除特約の効力

最(二)判平成7年6月23日民集49巻6号1737頁
(最判解〈平7下〉606頁，法協113巻2号1631頁，百選Ⅱ〈第8版〉76頁，百選Ⅱ〈第9版〉62頁，平7重判57頁)

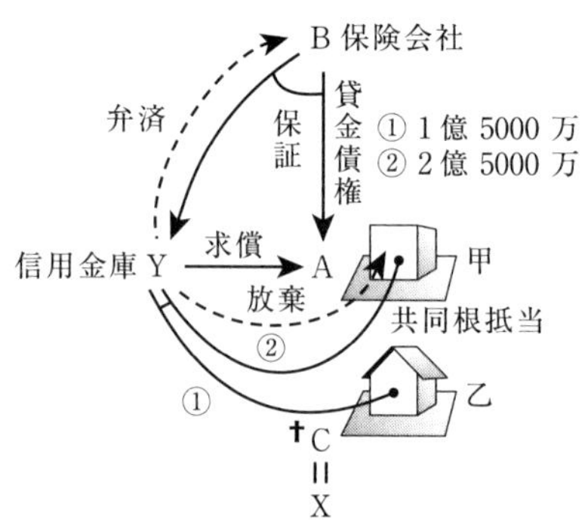

【事実】 Aは建築中のテナントビルの内装工事を行うため，Y（京都信用金庫）の連帯保証の下にB保険会社から4億円の融資を受けたが，YはAに対する求償債権を担保するため，甲物件（土地の共有持分権および上記ビル）とAの実姉であるC所有の乙物件（土地および建物）に共同根抵当権の設定を受け，かつ，CがAの求償債務について連帯保証する旨の合意が成立した。ところが，甲物件が未完成であったので，融資の実行にあたり，AはBから，まず乙物件の担保価値に見合う1億5000万円の貸付けを受け，次いで甲物件の完成を待って2億5000万円の貸付けを受けるという方法が採られた。第1次融資の際に，Cは乙物件に根抵当権を設定したが，その設定契約には504条に規定する債権者の担保保存義務を免除する特約が付されていた。そして，追加融資に伴い，Aは乙物件の根抵当権の共同担保として甲物件に根抵当権を設定した。その後Yは，Aから追加融資分の残債務全額の弁済を受けるのに伴い，Aから甲物件上の根抵当権を放棄して欲しいとの要請を受け，判旨掲記（特に(3)）の事実のもとでこれに応じた。他方，Cは上記放棄の前に死亡し，Cの子Xは，上記放棄

➡ 182

後，遺産分割等により乙物件を取得した。その後，Aは不渡手形を出して取引停止処分を受けたので，Yは第1次融資の残債務約1億円を弁済し，Xを含むCの相続人に求償債権を取得した。これに対し，XがYに対し，Yの甲物件の根抵当権の放棄により504条の免責の効果が生じており，Yが担保保存義務の免除特約を主張することは信義則違反または権利濫用に当たると主張して，乙物件上の根抵当権設定登記の抹消を訴求した。1審はXの請求を認容したが，原審は上記特約の存在を理由にXの請求を棄却した。Xが上告。

【判決理由】 上告棄却 「二 債務の保証人，物上保証人等，弁済をするについて正当な利益を有する者（以下「保証人等」という。）が，債権者との間で，あらかじめ民法504条に規定する債権者の担保保存義務を免除し，同条による免責の利益を放棄する旨を定める特約は，原則として有効であるが（最(一)判昭和48年3月1日裁判集民事108号275頁参照），債権者がこの特約の効力を主張することが信義則に反し，又は権利の濫用に当たるものとして許されない場合のあり得ることはいうまでもない。しかしながら，当該保証等の契約及び特約が締結された時の事情，その後の債権者と債務者との取引の経緯，債権者が担保を喪失し，又は減少させる行為をした時の状況等を総合して，債権者の右行為が，金融取引上の通念から見て合理性を有し，保証人等が特約の文言にかかわらず正当に有し，又は有し得べき代位の期待を奪うものとはいえないときは，他に特段の事情がない限り，債権者が右特約の効力を主張することは，信義則に反するものではなく，また，権利の濫用に当たるものでもないというべきである。

これを本件についてみると，原審が適法に確定したところによれば，前記の事実に加えて，次の事実を指摘することができる。(1) YのAに対する融資は計4億円であったが，その実行は2回に分割され，まず本件不動産についての根抵当権設定時にその担保価値に見合うものとして1億5000万円が，次いで本件追加担保設定時にほぼその担保価値に見合うものとして2億5000万円が貸し付けられた。(2) 追加融資分の弁済は，本件追加担保の目的物件の売却代金によってされた。(3) 本件追加担保の放棄に際し，Yは，Aに対してCの相続人らの了解を得ることを求めたが，Aが，その時間的余裕がないので直ちに右放棄をするよう強く要請し，かつ，Cの相続人らには異議の申立てを

➡ *182*

させない旨の念書を差し入れたので，Aの右物件売却に協力する趣旨でこれに応じた。

この事実関係からすると，Yが本件追加担保を放棄したことは，金融取引上の通念から見て合理性を有し，本件不動産を担保として提供したC及びその相続人らの本件追加担保への正当な代位の期待を奪うものとはいえないから，他に特段の事情のあることの主張立証のない本件においては，YがCの相続人らに対し本件特約の効力を主張することは，信義則に反するものではなく，また，権利の濫用に当たるものでもないというべきであり，したがって，右放棄によっては民法504条による免責の効果は生じなかったというべきである。

三　債権者が担保を喪失し，又は減少させた後に，物上保証人として代位の正当な利益を有していた者から担保物件を譲り受けた者も，民法504条による免責の効果を主張することができるのが原則である（最㈢判平成3年9月3日民集45巻7号1121頁参照)。しかし，債権者と物上保証人との間に本件特約のような担保保存義務免除の特約があるため，債権者が担保を喪失し，又は減少させた時に，右特約の効力により民法504条による免責の効果が生じなかった場合は，担保物件の第三取得者への譲渡によって改めて免責の効果が生ずることはないから，第三取得者は，免責の効果が生じていない状態の担保の負担がある物件を取得したことになり，債権者に対し，民法504条による免責の効果を主張することはできないと解するのが相当である。

本件においては，Yが本件追加担保を放棄した時には，前示のとおり，本件不動産の当時の所有者であるCの相続人らとの関係において民法504条による免責の効果は生じなかったのであるから，Xは，右相続人らから本件不動産の譲渡を受けた第三取得者であるとしても，免責の効果が生じていない状態の根抵当権の負担のある本件不動産を取得したものであって，Yに対し，民法504条による免責の効果を主張することはできない。

四　所論の点に関する原審の判断は，以上の趣旨に帰するものであるから，これを正当として是認することができる。」（裁判長裁判官　中島敏次郎　裁判官　大西勝也　根岸重治　河合伸一）

➡ 解説

解　説

504条は，法定代位権者が有する代位の正当な期待・利益を保護するため，債権者に担保保存義務を負わせている。しかし，銀行実務では，継続的な融資取引において繰り返される担保の解除や変更について担保保存義務違反を問われると円滑な経済活動に支障をきたすことから，担保保存義務を免除する特約を定めている。判例は，原則としてこの特約を有効とするが，信義則違反または権利濫用となる場合がありうることを認めている（*182*引用の判例）。

*182*は，当該事案に即した判断として，本件追加担保の放棄が「金融取引上の通念から見て合理性」を有し，物上保証人の正当な代位の期待を奪うものでないと判断したものである。さらに，担保物件の第三取得者は，免除特約により免責の効果が生じていない状態の担保の負担がある物件を取得したことになるので，債権者に対し免責の効果を主張しえないと判示して，免除特約の物権的効力を承認している。

この点に関連して，2017年改正で新設された504条2項は，債権者が担保を喪失し，または減少させたことについて「取引上の社会通念に照らして合理的な理由があると認められるとき」は，代位権者等の免責の効果は生じないと規定している。しかし，この改正は，担保保存義務の免除特約の効力やその限界に関する*182*を否定するものではなく，免除特約の有無によって，主張・立証責任にはなお相違があるとされる（筒井健夫＝村松秀樹編著『一問一答 民法（債権関係）改正』198-199頁（注2））。すなわち，担保保存義務の免除特約がない場合には，債権者が504条2項にいう「合理的な理由がある」ことの主張・立証責任を負うのに対し，免除特約が締結されている場合には，債権者が免除特約の効力を主張したときは，*182*の規律によって，代位権者はそれが信義則違反または権利濫用に当たると主張することになり，債権者の行為が「金融取引上の通念から見て合理性」がなく，代位の正当な期待を奪うものであることの主張・立証責任を代位権者が負うことになるからである。

➡ 183

[9] 相殺の効力

183 相殺適状と期限の利益の放棄――時効消滅した債権を自働債権とする相殺

最(一)判平成25年2月28日民集67巻2号343頁
(最判解〈平25〉54頁，法協131巻10号233頁，民商148巻3号316頁，百選Ⅱ〈第9版〉64頁，平25重判79頁)

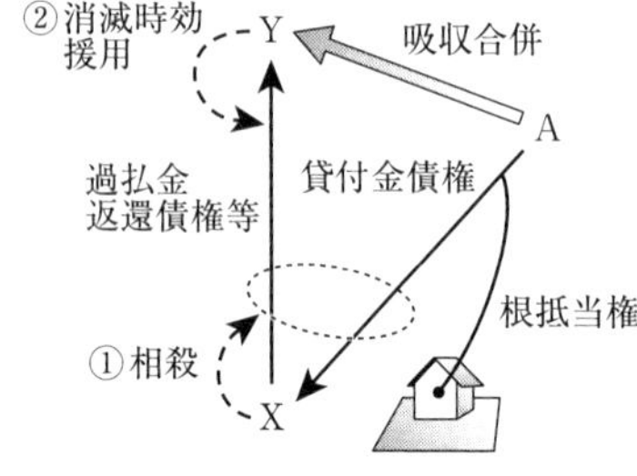

【事実】 Xは，貸金業者であるY（CFJ合同会社）との間で，平成7年4月17日から平成8年10月29日まで，利息制限法所定の制限を超える利息の約定で継続的な金銭消費貸借取引を行った。この取引の結果，同日時点において，18万953円の過払金が発生していた。

Xは，平成14年1月23日，貸金業者であるA（アイク株式会社）との間で，金銭消費貸借取引等による債務を担保するため，自己の所有する土地および建物に極度額を700万円とする根抵当権を設定した。そして，Aは，同月31日，Xに対し，457万円を貸し付けた。この金銭消費貸借契約には，Xが同年3月から平成29年2月まで毎月1日に約定の元利金を分割弁済することとし，その支払を遅滞したときは当然に期限の利益を喪失する旨の特約があった。

Yは，平成15年1月6日，Aを吸収合併する旨の登記を完了して，Xに対する貸主の地位を承継した。Xは，AおよびYに対し，上記の貸付けに係る元利金について継続的に弁済を行い，平成22年6月2日の時点において，残元金にかかる貸付金残債権の額は188万8111円であった。Xは，同年7月1日の返済期日における支払を遅滞したため，本件特約に基づき，同日の経過をもって期限の利益を喪失した。

Xは，平成22年8月17日，Yに対し，本件過払金返還請求権を含む合計28万1740円の債権を自働債権とし，本件貸付金残債権を受働債権として，対当額で相殺する旨の意思表示をした。さらに，Xは，同年11月15日までに，Yに対し，上記の相殺が有効である場合における本件貸付金残債権の残元利金に相当する166万8715円を弁済した。

Xは，本件根抵当権について，その被担保債権である貸付金債権が上記相殺および弁済により消滅したとして，Yに対し，所有権に基づき，根抵当権設定登記の抹消登記手続を求めて訴えた。Yは，平成22年9月28日，Xに対し，本件過

➡ 183

払金返還請求権については，上記取引が終了した時点（平成 8 年 10 月 29 日）から 10 年が経過し，時効消滅しているとして，その時効を援用する旨の意思表示をした。X による上記相殺につき，X は自働債権である本件過払金返還請求権の時効消滅以前に相殺適状にあったから 508 条によりその相殺の効力が認められると主張したのに対し，Y は同相殺が無効であると主張して争った。

1 審は，X の請求を認容した。Y が控訴するとともに，X に対し，上記貸付金の残元金 27 万 6507 円およびこれに対する遅延損害金の支払を求める反訴を提起した。原審も，X の本訴請求を認容すべきものとし，Y の反訴請求を棄却した。Y から上告。

【判決理由】 X の本訴請求部分につき破棄自判，Y の反訴請求部分につき破棄差戻し 「民法 505 条 1 項は，相殺適状につき，「双方の債務が弁済期にあるとき」と規定しているのであるから，その文理に照らせば，自働債権のみならず受働債権についても，弁済期が現実に到来していることが相殺の要件とされていると解される。また，受働債権の債務者がいつでも期限の利益を放棄することができることを理由に両債権が相殺適状にあると解することは，上記債務者が既に享受した期限の利益を自ら遡及的に消滅させることとなって，相当でない。したがって，既に弁済期にある自働債権と弁済期の定めのある受働債権とが相殺適状にあるというためには，受働債権につき，期限の利益を放棄することができるというだけではなく，期限の利益の放棄又は喪失等により，その弁済期が現実に到来していることを要するというべきである。

5 これを本件についてみると，本件貸付金残債権については，X が平成 22 年 7 月 1 日の返済期日における支払を遅滞したため，本件特約に基づき，同日の経過をもって，期限の利益を喪失し，その全額の弁済期が到来したことになり，この時点で本件過払金返還請求権と本件貸付金残債権とが相殺適状になったといえる。そして，当事者の相殺に対する期待を保護するという民法 508 条の趣旨に照らせば，同条が適用されるためには，消滅時効が援用された自働債権はその消滅時効期間が経過する以前に受働債権と相殺適状にあったことを要すると解される。前記事実関係によれば，消滅時効が援用された本件過払金返還請求権については，上記の相殺適状時において既にその消滅時効期間が経過していたから，本件過払金返還請求権と本件貸付金残債権との相殺に同条は適用されず，X がした相殺はその効力を有しない。そうすると，本件根抵当権

➡ 184
の被担保債権である上記2(2)の貸付金債権は，まだ残存していることになる。

6　以上と異なり，本件過払金返還請求権を自働債権とし，本件貸付金残債権を受働債権とする相殺の効力を認めた原審の判断には，判決に影響を及ぼすことが明らかな法令の違反がある。論旨は理由があり，原判決は破棄を免れない。そして，以上説示したところによれば，原判決中主文第1項に係るXの本訴請求部分は理由がないから，同部分につき，第1審判決を取消し，Xの本訴請求を棄却することとする。また，原判決中主文第2項に係るYの反訴請求部分については，上記2(2)の貸付金債権の残額等につき更に審理を尽くさせるため，同部分につき本件を原審に差し戻すこととする。」（裁判長裁判官　山浦善樹　裁判官　櫻井龍子　金築誠志　横田尤孝　白木　勇）

184　不法行為債権を自働債権とする相殺

最(一)判昭和42年11月30日民集21巻9号2477頁

（*最判解〈昭42〉619頁，法協86巻1号124頁，民商59巻1号75頁，百選Ⅱ〈初版〉98頁*）

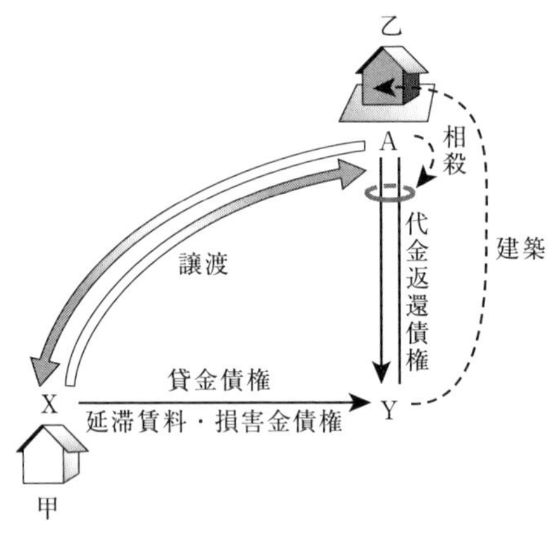

【事実】 XはYにX所有の甲建物を賃料月額2万円で賃貸したが，Yの賃料不払が1年9か月に及んだので，Xは賃貸借契約を解除した。他方，YはAから土地を代金91万余円で買い受け，その上に乙建物を建築したが，Yは売買代金のうち57万余円を支払ったものの残額の支払を怠ったため，Aは上記売買契約を解除し，上記土地をXに売却した。そこで，XがYに対し甲建物の明渡しと乙建物の収去および上記土地の明渡しを訴求した。これに対し，YはAに対して有する既払代金の返還債権について上記土地の留置権の抗弁を主張した。1審および2審ともXの請求を認容したが，最高裁は留置権の成立要件に関して2審の判断を否定し，原審に差し戻した。差戻し後に，Xは，Yに対して有する貸金債権と甲建物の延滞賃料および賃料相当額の損害金との合計57万8000円の債権

➡ 185

をAに譲渡し，Yにその旨を通知した。そして，Aは，上記譲受債権とYに対する既払代金の返還債権とを対当額で相殺する旨の意思表示をした。差戻し後の原審は，Yの返還債権消滅により留置権の消滅を認め，再びYの控訴を棄却した。Yが上告し，賃料相当の損害金という不法行為上の賠償債権を自働債権とする相殺は509条により許されないと主張した。

【判決理由】 上告棄却 「民法509条は，不法行為の被害者をして現実の弁済により損害の塡補をうけしめるとともに，不法行為の誘発を防止することを目的とするものであるから，不法行為に基づく損害賠償債権を自働債権とし不法行為による損害賠償債権以外の債権を受働債権として相殺をすることまでも禁止する趣旨ではないと解するのを相当とする。

ところで，訴外Aは，AがXから譲り受けた，XのYに対する貸金27万8,000円，昭和31年6月1日から同月12日までの月額2万円の割合による家賃および同日から翌年8月31日までの民法545条3項に基づく家賃相当の損害金合計30万円，合わせて総計57万8,000円の債権を自働債権とし，AとYとの間の土地売買契約解除に基づく代金内金57万1,875円の返還債権を受働債権として，対当額において相殺する旨の意思表示をしたことは，原審の適法に認定したところであり，そして右の受働債権が不法行為に基づく損害賠償債権でないことは明らかである。してみれば，仮りに所論のように右自働債権の中に不法行為に基づく債権が含まれているとしても，これを自働債権とする相殺が許されないとする所論は理由がなく，所論の相殺を有効とした原審の判断は，正当といわなければならない。」（裁判長裁判官　大隅健一郎　裁判官　入江俊郎　長部謹吾　松田二郎　岩田　誠）

185 同一事故から生じた物損賠償債権相互の相殺

最(二)判昭和54年9月7日判時954号29頁 (百選Ⅱ〈第3版〉92頁，百選Ⅱ〈第4版〉96頁，交通事故百選〈第5版〉178頁)

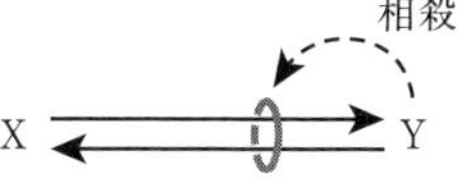

【事実】 X会社のライトバンと，Y会社の小型トラックが双方の運転者の不注意により交差点内で出会いがしらに衝突し，両車両とも破損した。XはYに対し車両破損による損害の賠償を時効完成満了の前日になって訴求したところ，Y

➡ *185*

は自車の破損による損害の賠償債権による相殺を主張し，相殺が認められない場合のために上記債権を反訴請求した。XはYの反訴に対して消滅時効を援用した。1審は，Yの相殺を認めず，Xの時効援用は信義則に反し許されないとして，Xの請求およびYの反訴をともに認容した。原審は，Yの相殺を認めず，Xの時効援用を認めて，Xの請求は認容し，Yの反訴は棄却した。Yが上告。

【判決理由】 上告棄却（大塚裁判官の補足意見がある）

「本件のようにY，X双方の各被用者の過失に基因する同一事故によって生じた物的損害に基づく損害賠償債権相互間において民法509条の規定により相殺が許されないことは，当裁判所の判例（最㈢判昭和49年6月28日民集28巻5号666頁）とするところであり，このことは，双方がいずれも運送業を営む会社であっても同様であるというべきである。これと同旨の原審の判断は，正当として是認することができ，原判決に所論の違法はない。」

大塚喜一郎裁判官の反対意見

「私は，当事者双方の過失に起因する同一の交通事故によって生じた物的損害に基づく損害賠償債権相互間においては，相殺が許されると解すべきものと考える。

多数意見は，上告理由第1点について，右債権相互間の相殺は，民法509条の規定により許されないとして，その旨を判示した当裁判所の判例（最㈢判昭和49年6月28日）を引用する。ところで，同条が不法行為債権の債務者は相殺をもって債権者に対抗することができないとする趣旨は，不法行為の被害者に現実の弁済によって損害の填補を受けさせること及び不法行為の誘発を防止することにあるとされており，右判例も，その旨を説示するのであるが，この法理を本件のような双方当事者の過失に起因する同一交通事故によって生じた不法行為（以下，双方的不法行為という。）債権相互間の場合に適用することは果して当を得た解釈といえるであろうか。判例を踏襲する多数意見によるとすれば，双方的不法行為者のうち先に損害賠償請求権を行使した原告は，現実の弁済を受けることができるのに対して，同一事故に基づく損害賠償請求権を有する被告は，原告の右請求に対抗する手段を封ぜられたまま，現実弁済の履行を強制される不合理な結果を生じ，更に，右原告が被告から現実弁済を受けた後に支払能力を喪失した場合には事実上の不公平な結果を生ずることとなる

➡ 解説

（被告は反訴又は別訴の提起によって相殺禁止の不都合を避けられるとして判例を支持する考え方については，被告が反訴又は別訴によって債務名義を得れば，結局，相殺を許す場合とどれほどの径庭もないこととなるであろう。）。

現在多発しつつある自動車事故による不法行為は，一般に，過失によるものとされているが，本件の如く双方的不法行為による反射的な作動による運転ミスの場合，未熟な機械的運転ミスの場合など，伝統的な過失概念ではまかないきれないものがあり，これらの事故は，性質上，損害賠償債権の相殺を許さないことによって誘発を防止することを期待できないものである。したがって，民法509条による新たな不法行為の誘発を防止しようとする法意は，故意または伝統的な概念での過失による不法行為の再発を防止する意味で是認せられるとしても，本件のような双方的不法行為による事故発生を防止する現代的意義を喪失しているというべきである。

もっとも双方的不法行為の場合であっても，それによって生じた損害のうち治療費，逸失利益等による人的損害については，人の生存にかかわるものであるから現実の弁済を受けさせる必要があるとすべきであるが，物的損害にあっては，右のように解すべき合理的理由を見出しえないから，本件のような双方的不法行為によるもので，受働債権が物的損害賠償債権の場合は，民法509条は適用されないと解するのが相当であり，当裁判所の判例は，この限度において変更されるべきである。」（裁判長裁判官　鹽野宜慶　裁判官　大塚喜一郎　栗本一夫　木下忠良　塚本重頼）

解　説

(1)　508条によれば，時効によって消滅した債権についても，①「その消滅以前」に，②相殺適状にあった場合には，当該債権を自働債権とする相殺が認められる。*183*は，同条の意味するところは，①については，消滅時効の援用がなされる以前ではなく，「消滅時効期間が経過する以前」であり，②については，期限の利益の放棄が可能というだけでは足りず，「期限の利益の放棄又は喪失等により，その弁済期が現実に到来していること」を要することを明らかにしたものである。

時効消滅した債権を自働債権とする相殺は，相殺の効力が自働債権が時効消

➡ 解説

滅する以前にまで及ぶという相殺の遡及効を前提として認められうるものであるが，それは，判旨にいう「当事者の相殺に対する期待を保護するという民法508条の趣旨」，すなわち，特に相殺の意思表示をしなくても，相殺適状が生じた時点で対立する債権債務が当然に清算されているものと考える当事者の信頼を保護するものであることから導かれよう。②については，この観点から正当化ができよう。

もっとも，①については，消滅時効の援用前は自働債権は時効消滅していないとすると，消滅時効期間の経過後に相殺適状が生じた場合には，時効の援用前に相殺の意思表示をすれば，508条の適用によらなくても，相殺の一般原則（505条1項）により相殺することは可能ではないか。しかし，*183*はこれを否定する。このことは，少なくとも相殺との関係では，消滅時効期間の経過により自働債権は「時効消滅した債権」として扱われることを意味しよう。この点は，時効完成と時効援用の関係にも関わるが，*183*によれば，時効援用がなければ時効消滅の効果は確定的に生じないと解する（不確定効果説）としても，時効の援用がなされれば，消滅時効期間の経過時に遡って自働債権が確定的に消滅し，その結果，援用前になされた相殺の効力も否定されると捉えることになろう。

⑵　2017年改正前の旧509条は，「債務が不法行為によって生じたとき」には，その債務者は，相殺をもって債権者に対抗することができないと規定していたが，同条の相殺禁止をどのように説明するかについては，難しい問題があった。*184*は，不法行為債権が自働債権である場合には旧509条の射程の外にあるとしたが，不法行為債権が受働債権である場合については，判例は，旧509条の文理を厳格に解釈しており，*185*の事案のような当事者双方の過失に基因する同一事故から生じた物損の賠償債権相互においても相殺を認めない。しかし，このような場合にも，双方に賠償債務を別個に履行させるだけの特別な利益があるのかという問題があり（*185*の反対意見を参照），学説の批判も強かったところである。

そこで，2017年改正では，相殺が禁止される受働債権の範囲が見直され，509条では，①悪意（積極的に他人を害する意思）による不法行為に基づく損害賠償債権と，②人の生命・身体の侵害による損害賠償債権を受働債権とする相

➡ 186

殺のみを禁止している。

［10］ 相殺の担保的機能

186 自働債権の弁済期到来・受働債権の弁済期未到来の場合（1）

最(二)判昭和32年7月19日民集11巻7号1297頁

（最判解〈昭32〉164頁，民商37巻2号203頁，手形小切手百選〈第7版〉150頁，銀行取引百選〈新版〉80頁）

【事実】 XはA会社に対する債務名義に基づき，AのY銀行に対して有する100万円の定期預金債権（満期は1952年5月1日）につき差押・転付命令を受け，上記命令は1952年2月22日にYに送達された。ところが，これより先，YはAに対し1951年2月22日に60万円，1952年1月26日に35万円の各手形上の償還請求権を取得していた。XがYに対して上記転付債権の支払を訴求したところ，Yは，1審の1952年10月27日の口頭弁論期日において，これと上記の各償還請求権とを対当額において相殺する旨の意思表示をした。1審は，Yの自働債権は差押・転付前に弁済期が到来していることを理由にYの相殺を有効と認めて，相殺後の残額5万円についてのみXの請求を一部認容した。原審も，1審と同様の理由でXの控訴を棄却。Xが上告し，相殺された両債権は差押・転付当時には相殺適状になかったのでXに相殺を対抗しえないと主張した。

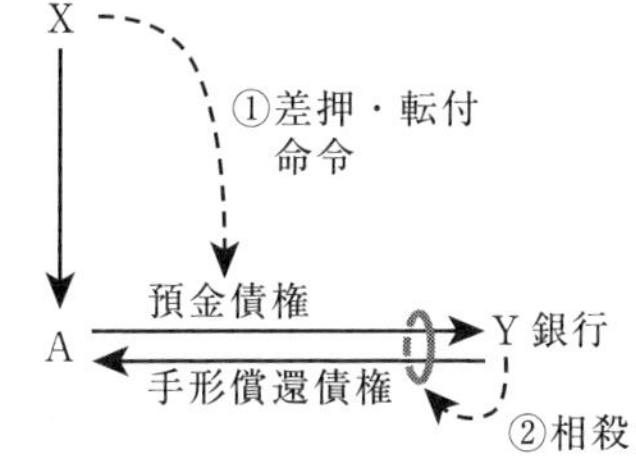

【判決理由】 上告棄却（河村裁判官の補足意見がある）

「受働債権につき譲渡または転付がなされた後債務者が相殺をもって譲受または転付債権者に対抗しうるためには，譲渡の通知または転付命令の送達当時その自働債権が弁済期にあることを要するはもちろん，受働債権もまたひとしく弁済期にあるかまたは少くとも債務者において期限の利益を放棄しうる場合でなければならないということは，大審院判例の繰り返し判示するところであることは所論のとおりである。しかし債務者が債権者に対し債権の譲渡または転付前に弁済期の到来している反対債権を有するような場合には，債務者は自己の債務につき弁済期の到来するを待ちこれと反対債権とをその対当額において相殺すべきことを期待するのが通常でありまた相殺をなしうべき利益を有す

➡ *187*

るものであって，かかる債務者の期待及び利益を債務者の関係せざる事由によって剝奪することは，公平の理念に反し妥当とはいい難い。それ故に，債権の譲渡または転付当時債務者が債権者に対して反対債権を有し，しかもその弁済期がすでに到来しているような場合には，少くとも債務者は自己の債務につき譲渡または転付の存するにかかわらず，なおこれと右反対債権との相殺をもって譲受または転付債権者に対抗しうるものと解するを相当とする。以上の見解に反する前示大審院の判例は採用しない。ところで原審確定の事実によれば……Yの訴外A会社に対する前示償還請求債権の弁済期が本件債権転付命令の送達前であることは明白であるから，右両債権につきなされたYの相殺の意思表示は，前段の説明に徴し少くともこれを有効と認めなければならない。しからばこれと同趣旨に出た原判決は正当であって，論旨はこれを採るをえない。」（河村大助裁判官の補足意見あり）（裁判長裁判官　小谷勝重　裁判官　藤田八郎　池田　克　河村大助　奥野健一）

［関連裁判例］

187 自働債権の弁済期到来・受働債権の弁済期未到来の場合（2）

大判昭和8年5月30日民集12巻1381頁（判民昭和8年度96事件）

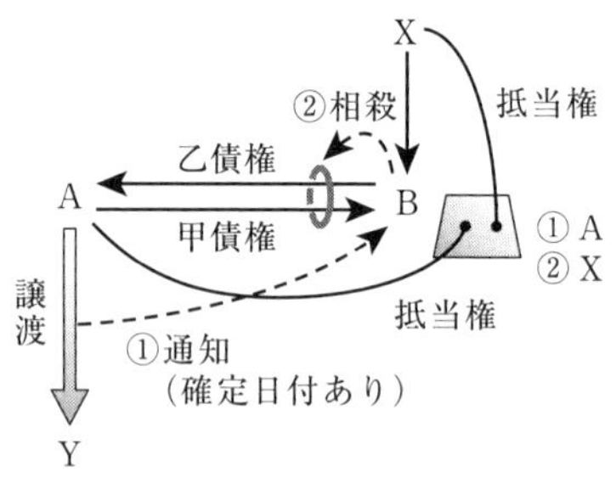

【事実】 AはBに対し1万円を貸し付け（弁済期は大正12年6月25日）（甲債権），B所有の不動産に第1順位の抵当権の設定を受けた。その後，Aは甲債権をYに譲渡し，Bに対し確定日付のある書面により通知を行い，大正12年6月20日に通知はBに到達した。他方，BはAに対し15200円の代金債権（弁済期は大正11年5月11日）（乙債権）を有し，XもBに対し約4500円の貸金債権を有しており，Xは上記不動産に第2順位の抵当権の設定を受けていた。そして，昭和6年2月23日になって，XはBに代位して，BのAに対する乙債権とYが譲り受けた甲債権とを対当額で相殺する旨の意思表示を行なった。ところが，Yは上記抵当権を実行し，裁判所はその売却金全額を第1順位の抵当権者で

➡ 188

あるYに配当する配当表を作成したので，同年3月31日の配当期日に，Xが甲債権の消滅を理由に異議を申し立てたが完結しなかった。そして昭和6年5月14日に，BもYに対し甲債権と乙債権を相殺する旨の通知をした。

以上の事実関係の下で，XはYに対して配当異議の訴えを提起した。原審は，(1)相殺は処分行為に当たるので，XがBに代位してなした相殺は無効である，(2)Bの相殺は配当期日以後の事実であるから異議事由に当たらない，(3)468条2項により，Bが乙債権と甲債権の相殺をなすにはBが譲渡通知を受けるまでに双方の債権が相殺適状にあることが必要だから，甲債権が弁済期未到来である場合には譲渡通知を受けるまでに期限の利益を放棄しなければ，BはYに対し相殺を対抗することはできないと判示して，Xの請求を斥けた。Xが上告。

【判決理由】 破棄差戻し。原審の(1)(2)(3)のいずれも解釈に誤りがあるとしたが，そのうち，(3)については，「相殺適状に在るが為には反対債権は已に弁済期に在ることを必要とするは論無きも，主債権に付きては之を必要とせず。債務者に於て即時に其の弁済を為すの権利ある以上，期限抛棄の意思表示は現に之を為さずとも債務者は直ちに相殺を為すを妨げざるものとす。Xの主張に従へば，BよりAに対する反対債権1万5200円の弁済期は大正11年5月11日にしてAよりBに対する主債権1万円の弁済期は同12年6月25日なるも，債務者たるBに於て期限の利益を抛棄するを得ざる何等かの事由あることは毫も確定せられざるが故に，Bの前記債務は何時にても其の弁済を為すを得るや論を俟たず。従ひてAよりBに対する1万円の債権がYに譲渡せられたることの通知ありたる大正12年6月20日以前に於て，已にBはAに対し有効なる相殺を為し得たる状態なりしに於て，Xの代位に依る相殺の又従ひて有効なるは疑を容る可からず」。

188 自働債権・受働債権ともに弁済期未到来の場合（1）——無制限説

最大判昭和45年6月24日民集24巻6号587頁

（最判解〈昭45上〉461頁，法協89巻1号126頁，百選Ⅱ〈第3版〉94頁，百選Ⅱ〈第5版新法対応補正版〉96頁，百選Ⅱ〈第9版〉66頁，民事執行・保全百選138頁，租税百選〈第3版〉180頁，昭45重判50頁）

【事実】 A会社は497万余円の国税を滞納したが，Y（親和銀行）に対し合計660万余円の定期預金・定期積金債権を有していたので，X（国）は1958年9月4日に上記債権を差し押さえ，Yにその旨通知するとともに弁済期にXに支払うよう

➡ *188*

催告した。ところが，当時YはAに対し合計610万余円の貸付債権を有しており，9月6日，YはAとの相殺予約に基づき，上記貸付債権を自働債権として相殺する旨の意思表示をAに対してなした。そこで，XがYに対し定期預金等の支払を訴求した。1審は，自働債権の弁済期が受働債権の弁済期よりも先に到来する限度でYの相殺の効力を認め，その残額についてXの請求を一部認容した。XY双方から控訴。原審は，Yの相殺の効力を認め，Yの控訴を認容し，Xの請求を棄却した。Xが上告。

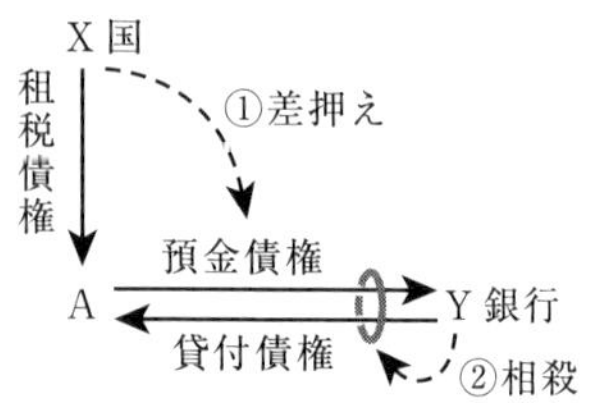

【判決理由】 上告棄却（岩田裁判官の補足意見，松田・色川・大隅裁判官の意見，入江・長部・城戸・田中裁判官の反対意見がある）

「国税債権が一般債権者に対する関係において優先的地位を与えられる場合のあることは所論のとおりであるが，旧国税徴収法（昭和34年法律147号による改正前のもの。以下同じ。）による滞納処分としての債権の差押およびこれに伴う法定取立権の制度は，強制執行による一般の債権の差押および取立命令の制度とその実質において異なるところはなく，第三債務者の相殺権に及ぼす効力についても，国税滞納処分であることまたは旧国税徴収法に基づく法定取立権であることの故に，ことを別異に取り扱うべき実定法上の根拠はない。したがって，その差押が第三債務者の相殺権に及ぼす効力についても，民法の相殺に関する規定の解釈の問題として考慮すれば足りるものというべきである。

ところで，相殺の制度は，互いに同種の債権を有する当事者間において，相対立する債権債務を簡易な方法によって決済し，もって両者の債権関係を円滑かつ公平に処理することを目的とする合理的な制度であって，相殺権を行使する債権者の立場からすれば，債務者の資力が不十分な場合においても，自己の債権については確実かつ十分な弁済を受けたと同様な利益を受けることができる点において，受働債権につきあたかも担保権を有するにも似た地位が与えられるという機能を営むものである。相殺制度のこの目的および機能は，現在の経済社会において取引の助長にも役立つものであるから，この制度によって保護される当事者の地位は，できるかぎり尊重すべきものであって，当事者の一方の債権について差押が行なわれた場合においても，明文の根拠なくして，たやすくこれを否定すべきものではない。

➡ 188

およそ，債権が差し押さえられた場合においては，差押を受けた者は，被差押債権の処分，ことにその取立をすることを禁止され（民訴法 598 条 1 項後段），その結果として，第三債務者もまた，債務者に対して弁済することを禁止され（同項前段，民法 481 条 1 項），かつ債務者との間に債務の消滅またはその内容の変更を目的とする契約，すなわち，代物弁済，更改，相殺契約，債権額の減少，弁済期の延期等の約定などをすることが許されなくなるけれども，これは，債務者の権能が差押によつて制限されることから生ずるいわば反射的効果にすぎないのであって，第三債務者としては，右制約に反しないかぎり，債務者に対するあらゆる抗弁をもって差押債権者に対抗することができるものと解すべきである。すなわち，差押は，債務者の行為に関係のない客観的事実または第三債務者のみの行為により，その債権が消滅しまたはその内容が変更されることを妨げる効力を有しないのであって，第三債務者がその一方的意思表示をもってする相殺権の行使も，相手方の自己に対する債権が差押を受けたという一事によつて，当然に禁止されるべきいわれはないというべきである。

もっとも，民法 511 条は，一方において，債権を差し押えた債権者の利益をも考慮し，第三債務者が差押後に取得した債権による相殺は差押債権者に対抗しえない旨を規定している。しかしながら，同条の文言および前示相殺制度の本質に鑑みれば，同条は，第三債務者が債務者に対して有する債権をもって差押債権者に対し相殺をなしうることを当然の前提としたうえ，差押後に発生した債権または差押後に他から取得した債権を自働債権とする相殺のみを例外的に禁止することによって，その限度において，差押債権者と第三債務者の間の利益の調節を図ったものと解するのが相当である。したがって，第三債務者は，その債権が差押後に取得されたものでないかぎり，自働債権および受働債権の弁済期の前後を問わず，相殺適状に達しさえすれば，差押後においても，これを自働債権として相殺をなしうるものと解すべきであり，これと異なる論旨は採用することができない。

つぎに，原審が確定したところによれば，Y 銀行と訴外 A 会社との間に本件差押前に締結された継続的取引の約定書には，その第 9 条第 1 項本文として『左の場合には，債務の全額につき弁済期到来したるものとし，借主（A をいう）又は保証人の Y 銀行に対する預金その他の債権と弁済期の到否にかかわ

➡ 188

らず，任意相殺されても異議がなく，請求次第債務を弁済する』との条項が，そして同項第3号として『借主又は保証人につき，仮処分差押仮差押の申請，支払停止，破産若くは和議の申立てがあつたとき』との条項が存し，Y銀行は，右特約に基づき，本件差押当日現在Y銀行がAに対して有していた原判示の貸付金債権合計6,106,000円，および同日現在AがY銀行に対して有していた原判示の預金等の債権合計6,503,928円の両者について，本来の弁済期未到来の債権については各弁済期が当日到来したものとして，昭和35年3月21日本件第1審の口頭弁論において，Xに対し，前者を自働債権とし，後者を受働債権として，対当額で相殺する旨の意思表示をしたというのである。

右認定の事実によれば，右特約は，Aまたはその保証人について前記のように信用を悪化させる一定の客観的事情が発生した場合においては，Y銀行のAに対する貸付金債権について，Aのために存する期限の利益を喪失せしめ，一方，同人らのY銀行に対する預金等の債権については，Y銀行において期限の利益を放棄し，直ちに相殺適状を生ぜしめる旨の合意と解することができるのであって，かかる合意が契約自由の原則上有効であることは論をまたないから，本件各債権は，遅くとも，差押の時に全部相殺適状が生じたものといわなければならない。そして，差押の効力に関して先に説示したところからすれば，Y銀行のした前示相殺の意思表示は，右相殺適状が生じた時に遡って効力を生じ，本件差押にかかるAの債権は，右相殺および原審認定の弁済により，全部消滅に帰したものというべきである。

したがって，これと結論を同じくする原審の判断は，結論において正当であり，これと異なる所論は，ひっきょう，独自の見解のもとに原判決を論難するに帰し，採用することができない。なお，相殺と差押の効力，およびいわゆる相殺予約の効力に関し，さきに当裁判所が示した見解（最大判昭和39年12月23日民集18巻10号2217頁）は，右の限度において，変更されるべきものである。

よって，本件上告は，これを棄却すべきものとし，民訴法396条，384条2項，95条，89条に従い，裁判官岩田誠の補足意見，裁判官松田二郎，同色川幸太郎，同大隅健一郎の意見，裁判官入江俊郎，同長部謹吾，同城戸芳彦，同田中二郎の反対意見があるほか，裁判官全員一致の意見により，主文のとおり

➡ 188

判決する。」

岩田誠裁判官の補足意見

「国税徴収法に基く滞納処分としての滞納者の債権の差押も，同法に基くその債権の法定取立権も，本来滞納者の財産から滞納された税を取り立てることを目的とするのであるから，差し押えられた債権が，差押当時から何らかの第三債務者の抗弁に服するようなものであるときは，差押によって第三債務者の右抗弁を剝奪することはできないこと当然である。そうだとすれば，差押債権者と第三債務者との間の利益を調整するため設けられた民法 511 条は，前記大法廷の判決における横田裁判官の反対意見および本件多数意見の如く，その文言どおりに解すべきで，明文を異にするドイツ法と同様の解釈をする必要はないものと信ずる。」

松田二郎裁判官の意見

「㈡　私の解するところによれば，債権を差押えた場合，被差押債権は，差押の時点における状態においていわば差押という拘束を受けるものであるが，差押の一事によって被差押債権の内容自体は何等の変化を受けることはない。……したがって，第三債務者は，差押当時債務者に対し主張し得た抗弁をもって差押債権者に抗弁し得，したがって，又，第三債務者は，差押当時債務者に対し主張し得なかつた抗弁をもって差押債権者に対抗し得ないのである。」

「債権が差押られたとき，第三債務者が債務者に対し，たとえ反対債権を有していたにせよ，「差押の時点」において第三債務者の有する反対債権の弁済期が被差押債権の弁済期より後であるときは，第三債務者は，相殺を主張し得ない。このことは，差押の時点においてのみならず，その時点の以後においても同様であって，被差押債権が取立てられることのないまま，反対債権の弁済期が到来した場合においても，なお，第三債務者は相殺を主張し得ないものと解すべきである。けだし，前述のごとく，被差押債権は，「差押の時点」の状態において拘束されたものとなるからである。

しかるに，もし多数意見によるときは，……差押債権者は，差押の時点において第三債務者より相殺されうる危険がないのにかかわらず，たまたま差押当時，第三債務者が債務者に対し反対債権を有しさえすれば，たとえ，その債権の弁済期が債務者の第三債務者に対して有する債権の弁済期に後れるものであ

➡ *188*

っても，相殺される危険にさらされる。これは，差押といういわば偶然の一事によって，第三債務者が相殺をなし得る範囲が拡大することとなる。そして，このことの不当は，差押債権者が差押と同時に転付を受けた場合を考えることによって，容易に理解し得るところである。」

「㈢　私は，相殺に関する特約については，前示昭和 39 年の判決の際私の書いた反対意見を引用する。」

色川幸太郎裁判官の意見

「裁判官色川幸太郎は，裁判官松田二郎の意見に同調する。」

大隅健一郎裁判官の意見

「㈠　……私は，いまにわかにかかる判例変更をなすべき理由を見出すことができない。その理由は，入江，長部，城戸，田中裁判官の反対意見中のこの点に関する部分と同様であるから，その限りにおいてこれに同調する。」

「㈡　多数意見が，……〔相殺予約〕を有効と解している点については，私も結論において賛成である。しかし，多数意見が，かかる合意が契約自由の原則上有効であることは論をまたないとして，一般的にこの種の合意が有効で，かつ，第三者にも対抗しうるもののごとく述べている点には，疑問をとどめざるをえない。けだし，かかる相殺予約が契約自由の原則上当事者間において有効であることは当然であるとしても，これをもって差押債権者に対抗しうるものとするならば，私人間の合意のみによつて差押の効力を排除しうることとなるばかりでなく，その公示方法を欠く現状においては，一般債権者に不測の損害をもたらすおそれがあることは否定しがたいところであって，一般的にその効力を認めることには躊躇せざるをえないからである。したがって，ここでも，相殺予約をしている第三債務者と差押債権者との間の利益の比較衡量により，問題の解決をはからなければならない。

ところで，およそ商人間に継続的取引関係があり，かつ，相互に債権債務を生ずる関係が存する場合には，その取引上の多数の権利関係に牽連性をもたせ，これを一体的に把握する思想が存することは，交互計算（商法 529 条以下），商事留置権（同法 521 条）などの制度にみられるところであるが，わけても，銀行とその取引先との間においては，銀行の取引先に対する貸付金などの債権と取引先の銀行に対する預金債権とは，相互に密接な牽連関係に立ち，預金債

➡ 188

権は貸付金債権などの担保としての機能を営んでいるのが実情である。そして，銀行取引約定書における前記のような相殺予約は，この預金債権の担保的機能を確保するための手段としてなされるものにほかならなく，銀行はかかる特約を活用することの期待のもとに貸付をしているのである。しかも，銀行取引における上述のごとき事情や，一般に銀行とその取引先との間の取引約定書中にこの種の相殺予約に関する定めがとり入れられていることは，取引界においてはほぼ公知の事実となつているものと認められるのであつて，その定めをもつて差押債権者に対抗しうるものとしても，あながち不当とはいえないと考える。」

「以上のように，私は，相殺と差押の効力については，多数意見に反対であり，昭和39年12月23日の大法廷判決の見解を正当と考えるが，Y銀行と訴外Aとの間の取引約定書における相殺予約については，それが有効で，かつ，これをもってXに対抗しうるものと解するから，結局，原審の判断は結論において正当であり，本件上告を棄却すべきものとする点においては，多数意見と帰結を同じくするわけである。」

入江俊郎，長部謹吾，城戸芳彦，田中二郎裁判官の反対意見

「多数意見は，相殺制度の効用を重視し，民法511条の反対解釈から，第三債務者は，その債権が差押後に取得されたものでないかぎり，自働債権および受働債権の弁済期の前後を問わず，相殺適状に達しさえすれば，差押後においても，これを自働債権として相殺をなしうるものとしている。しかしながら，その弁済期の如何にかかわらず，すべて差押債権者に相殺を対抗し得るものと解することが正当でないことは，当裁判所が先に示した見解のとおりであつて(最大判昭和39年12月23日民集18巻10号2217頁参照)，いまこれを変更すべき理由はない。したがって，本判決に対する反対意見として，以下に付加するほか，右大法廷判決の多数意見を，ここに引用する。

一般に，被差押債権は，反対債権を有する第三債務者の立場からみるときは，右反対債権の担保としての機能を営んでいることは，否定することはできない。しかし，他面，これを差押債権者その他の一般債権者の立場からみるときは，債務者（被差押債権の債権者）の一般財産として，右債権者らの債権のひきあてとなっていることも，また看過すべきではなく，これら差押債権者らの利益

➡ *188*

も，第三債務者の利益と並んで平等に保護すべきものといわなければならない。もし，この後者の点に対する配慮を怠るならば，債権者間の平等を害するのみならず，一般債権の実現を困難にし，ひいては，強制執行制度の実効をも損なうおそれなしとしないのである。したがって，差押債権者に対して第三債務者がどこまで相殺権を対抗しうるかの問題も，この両者の利益を比較衡量して決すべきものであり，民法511条も，ひっきょう，差押の効力が潜脱的に覆滅されることを防止する趣旨の規定と解しえられるから，その文言に拘泥し，同条を，多数意見の如く，第三債務者が差押前に取得した債権であれば，すべてこれによる相殺を差押債権者に対抗しうるものと解すべきいわれはないのである。

およそ，相殺は相対立する債権の弁済期が共に到来したときにはじめてなしうるのであって，第三債務者の有する反対債権の弁済期が被差押債権のそれよりも後に到来するものである場合には，差押債権者は，被差押債権の弁済期到来と同時にその段階においてすでに右債権の弁済を受けうる地位にあるのであるから，第三債務者はもはや右差押債権者の地位を害することをえず，自らの有する反対債権をもつて相殺をなしえないものといわなければならない。けだし，両債権の弁済期の先後が右のような関係にある場合には，第三債務者は，差押当時，自己の有する反対債権をもって，被差押債権と相殺することにより自己の債務を免れるという正当な期待を有しないものというべきであり，同法511条は，かかる場合にも類推適用さるべきものというべきであって，もし，かように解さなければ，第三債務者が，既に弁済期の到来した被差押債権の弁済を拒否しつつ，自己の自働債権の弁済期の到来をまつて，相殺を主張しうることをも認容せざるをえず，かくては，差押債権者の利益に比して，第三債務者の利益を不当に保護する結果を招来するにいたるからである。」

「多数意見は，……〔相殺予約〕を，契約自由の原則上当然に有効なものとしている。しかしながら，差押債権者と第三債務者の利益の比較衡量という観点からすれば，かかる合意も，前記の範囲，すなわち，反対債権の本来の弁済期が被差押債権のそれより先に到来する場合にかぎって，これを有効と解すべきものであって，然らざる場合にまで，これを有効と解すべきではない。けだし，そのような場合にまで右合意を有効とするならば，私人間の合意のみによつて差押の効力を排除しうることになるばかりでなく，物権と異なり，その公

➡ 189

示方法を欠く現状においては，一般債権者は不測の不利益を蒙るおそれなしとせず，他の担保権との均衡をも害するものといわなければならない。当事者間のいかなる合意も，かかる優先権の公示たる機能を果たすものとはいえず，また，債権なるが故に，いかなる契約も自由であるとする見解は，差押債権者に対する関係において，被差押債権が，債務者の一般財産を構成している点を忘れた議論であって，その採りえないことは，前述のとおりである。」（裁判長裁判官　石田和外　裁判官　入江俊郎　草鹿浅之介　長部謹吾　城戸芳彦　田中二郎　松田二郎　岩田　誠　下村三郎　色川幸太郎　大隅健一郎　松本正雄　飯村義美　村上朝一　関根小郷）

［関連裁判例］

189　自働債権・受働債権ともに弁済期未到来の場合（2）——制限説

最大判昭和39年12月23日民集18巻10号2217頁（最判解〈昭39〉502頁，銀行取引百選166頁，租税百選198頁）

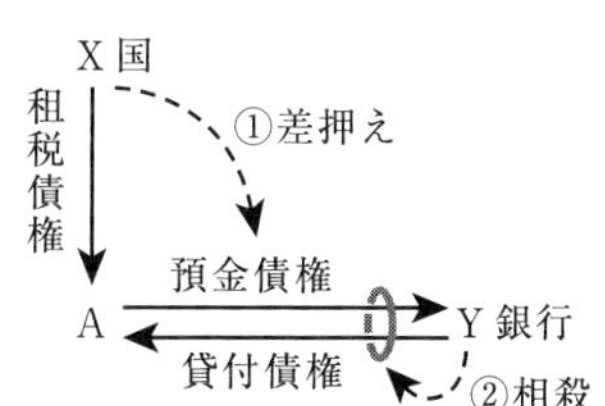

【事実】　昭和28年9月29日，X（国）はAに対する175万余円の滞納税金徴収のため，AがY（静岡銀行）に対して有していた各定期預金・定期積金の払戻債権74万余円を差し押さえ，Yに通知した。ところが，YはAに対し上記差押え前に手形貸付債権を有しており，同年10月9日，YはAとの相殺予約の約定に基づき，AのYに対する上記払戻債権と対当額で相殺する旨の意思表示をした。上記手形貸付債権と払戻債権のいずれも上記差押えの日以降に弁済期が到来するものであった。XがAに代位し，Yに対し預金払戻しを訴求したが，1審および原審ともXの請求を棄却。Xから上告。

【判決理由】　破棄自判（奥野裁判官の補足意見，石坂・山田・横田・草鹿・石田・松田裁判官の反対意見がある）

「旧国税徴収法（昭和34年法律147号による改正前）による債権の差押は強制執行による債権差押と同じく，債務者に対してその履行を禁止し，滞納者に対しては債権の取立その他の処分を禁止する効力を有するものであって，差押の結果，被差押債権の債権者および債務者は右債権につき弁済，取立等一切の

➡ *189*

処分が禁止されるものと解すべきである。従って，別段の規定がなければ第三債務者は相殺を以って差押債権者に対抗することもできないのである。然るに，民法 511 条は『支払の差止を受けたる第三債務者は其後に取得したる債権に依り相殺を以て差押債権者に対抗することを得ず』と規定するが故に，その反対解釈として，差押前に第三債務者が取得した債権による相殺は例外として差押債権者に対抗し得るものとしていると解せられる。そして，その理由は，第三債務者が差押前に取得した債権を有するときは，差押前既にこれを以って被差押債権と相殺することにより，自己の債務を免れ得る期待を有していたのであって，かかる期待利益をその後の差押により剝奪することは第三債務者に酷であるからである。かかる立法趣旨に徴するときは，第三債務者が差押前に取得した債権であるからといって，その弁済期の如何に拘らず，すべて差押債権者に相殺を対抗し得るものと解することは正当ではない。すなわち，差押当時両債権が既に相殺適状にあるときは勿論，反対債権が差押当時未だ弁済期に達していない場合でも，被差押債権である受働債権の弁済期より先にその弁済期が到来するものであるときは，前記民法 511 条の反対解釈により，相殺を以って差押債権者に対抗し得るものと解すべきである。けだし，かかる場合に，被差押債権の弁済期が到来して差押債権者がその履行を請求し得る状態に達した時は，それ以前に自働債権の弁済期は既に到来しておるのであるから，第三債務者は自働債権により被差押債権と相殺することができる関係にあり，かかる第三債務者の自己の反対債権を以ってする将来の相殺に関する期待は正当に保護さるべきであるからである。これに反し反対債権の弁済期が被差押債権の弁済期より後に到来する場合は，相殺を以って差押債権者に対抗できないものと解するのが相当である。けだし，かかる場合に被差押債権の弁済期が到来して第三債務者に対し履行の請求をすることができるに至ったときには，第三債務者は自己の反対債権の弁済期が到来していないから，相殺を主張し得ないのであり，従って差押当時自己の反対債権を以って被差押債権と相殺し自己の債務を免れ得るという正当な期待を有していたものとはいえないのみならず，既に弁済期の到来した被差押債権の弁済を拒否しつつ，自己の自働債権の弁済期の到来をまって相殺を主張するが如きは誠実な債務者とはいいがたく，かかる第三債務者を特に保護すべき必要がないからである。

➡ 189

ところで，債権者債務者間に生じた相対立する債権債務につき将来差押を受ける等の一定の条件が発生した場合に，右双方の債権債務の弁済期如何を問わず，直ちに相殺適殺を生ずるものとし，相殺予約完結の意思表示により相殺を為し得るという原判示の如き相殺の予約は，差押当時現存していた債権につき，差押を契機として，当時相殺適状に達していないのに拘らず，また，両債権の弁済期の前後を問わず，直ちに相殺適状が発生したものとして相殺により被差押債権を消滅せしめんとするものであるが，かかる特約は前示民法 511 条の反対解釈上相殺の対抗を許される場合に該当するものに限ってその効力を認むべきである。すなわち，差押前第三債務者が取得した反対債権につき，その弁済期が受働債権である被差押債権の弁済期より先に到来する関係にある自働債権と受働債権との間においては，前記の如き相殺予約は，第三債務者の将来の相殺に関する期待を正当に保護するものであるから，かかる場合に限り，前記相殺予約は有効に差押債権者に対抗し得るものと解するのが相当であるが，然らざる場合，すなわち，民法 511 条の反対解釈を以ってしても相殺の対抗が許されない場合に該当する相殺予約は，差押債権者に対抗し得ないものといわなければならない。けだし，後者の場合にも右相殺予約の効力を認めることは，私人間の特約のみによって差押の効力を排除するものであつて，契約自由の原則を以ってしても許されないといわねばならない。従って，自働債権の弁済期が受働債権のそれと同じであるかまたはその以前に到来する関係にある債権相互についての右相殺予約は差押債権者に対抗し得るものであるが，然らざる債権相互についての右相殺予約に基づく相殺は差押債権者に対抗し得ないものといわなければならない。

翻って，これを本件について見ると，特に本件各自働債権及び各受働債権のそれぞれにつき当事者により相殺の目的となる債権の指定がなされたことの主張，立証がないから，民法 512 条，489 条に則り順次相殺をすれば，受働債権である昭和 28 年 4 月 22 日預入れの 27,000 円，同じく 23,000 円および同年 5 月 1 日預入れの 50,000 円の各預金債権を除き，その他の預金債権については，その弁済期が自働債権である貸金債権のうちのいずれかの弁済期と同じであるかまたはその後に到来する関係にあるから，前記相殺の予約に基づき，その相殺による消滅を以って差押債権者である X に対抗し得るものと解せられるけ

➡ *189*

れども，右3口の受働債権については，自働債権のうちこれより先に弁済期の到来する関係にある同年8月14日貸付の100,000円の貸金債権が前同様の理由から受働債権である同年4月9日預入れの50,000円および同月17日預入れの50,000円の各預金債権との相殺により消滅に帰する結果，他のすべての自働債権より先に弁済期が到来する関係にあり，従って，この3口の預金債権については前記相殺の予約を援用し，相殺によるその消滅を以って差押債権者であるXに対抗し得ないものといわなければならない。

なお，Yは，原審において，Xが本件差押の際，被差押債権に対するYの質権および前記相殺の予約の存在することを知っていたから，これを以ってXに対抗し得る旨主張し，これにつき原審の判断はなされていないけれども，前記相殺の予約の効力に関して既に述べたところは，差押債権者においてその存在を知っていたと否とを問うものでなく，また，右質権につき第三者に対する法定の対抗要件を具備していなかったことはYの認めているところであるから，Xが右質権設定の事実を知っていたとしても，Yはこれを以ってXに対抗し得ないのである。

従って，原判決が前記相殺の予約を全面的に差押債権者に対抗し得るものとして，前記3口の預金債権の相殺による消滅の抗弁を認容している部分に限り，法令の解釈を誤った違法を犯すものといわざるを得ず，この部分については，論旨は理由があり，原判決は破棄を免れず，その余の部分に対する論旨は理由がない。

よって，民訴408条，396条，386条，384条，89条，96条，92条に従い，裁判官奥野健一の補足意見，裁判官石坂修一，同山田作之助，同横田正俊，同草鹿浅之介，同石田和外，同松田二郎の反対意見があるほか，裁判官全員一致の意見により，主文のとおり判決する。」

奥野健一裁判官の補足意見（省略）

石坂修一裁判官の反対意見

「債権者が複数である場合における債権者相互間の関係は平等であり，担保物権付債権について特別の所遇をうける場合を除いては，その間に優劣差等のないのを原則とする。これ債権平等の原則と称せられるものであって，現代における取引の秩序を支えるところの根本理念である。従って，ある特定の債権者（但し，担保物権を以って支払を保障されて居らない債権者）と債務者との合意を以って当該債権者のみを優遇しようとする特約は，右債権平等の原則に反するものであって，無効のものと解さなければならない。……原審は，債権者であるＹと債務者であるＡとの間の合意，即ち，原判決理由に示すところの，相殺の予約を以って他の債権者を排し，Ｙを特に優遇しようとする契約を有効として是認するものであり，右は少くとも，現代における取引の根本理念である前示債権平等の原則を無視するものであって，明らかに違法のものとなさざるを得ない。されば本上告論旨は結局理由あるに帰し，原判決はこの点において全部破棄を免れないものと思料する。」

山田作之助裁判官の反対意見

「三，この場合，銀行の貸付金と預金とを相殺するという，銀行と預金者間に予め締結されている所謂相殺に関する特約は，取引の実際の便宜からするも，契約自由の原則からするも，はたまた，互に対立関係にある債権者債務者を双方公平に保護する見地からするも，これを無効とすべき理由は一つもないといわなくてはならない。

四，また，銀行は，平素，貸付金等自己の債権の確実なる回収を計る目的で，自己の債権の期限がいまだ到来せざるうちでも，債務者側に，破産の申立を受けたとか，他から差押を受ける等，同人の信用が低下したと認められる事由が発生したときは，そのとき限り，同人に対する自己の債権の期限が到来したと見做しその権利を行使することが出来るとの特約を，債務者との間に取交わし置くことも，常に見られることで，この特約も，また，民法137条が，債務者が破産となったとき，又は担保を毀損したときは当然（特約なくとも），期限の制益を喪失すると規定していることにかんがみ，当事者間の特約をもつて，期限喪失の事由を，前示民法137条所定事項以上，一歩前進または拡大した事項にまで，例えば，同法137条には破産を受けたるときとあるを，破産の申立を受けたるときとし，又は他より差押を受けたるとき等の事由を加えることは，これまた当然為し得るところといわなくてはならない。

五，そして，このように，既に担保に差入れられている（相殺契約に服している）預金について，銀行以外の第三者が，差押をした場合における差押の効果について考えてみると（その債権者が，預金者の滞納税金取立の地位にたつ

➡ 189

国である場合も同様である），……自己が右債務につき主張し得べき，差押以前からもつている取消権，同時履行の抗弁権，反対債権との相殺権等は，差押えられたることによりこれを失うものでなく，差押債権者にも当然対抗し得るものといわなくてはならない。」

「八，されば，如上述べたところと反対の見解にたつて，原判決を攻撃する上告理由は，すべてその理由なく，本件上告はこれを棄却するのを相当とする。」

横田正俊裁判官の反対意見

「㈠　相殺の制度は，互に同種の債権を有する当事者間において，自己の債務については相手方に対し履行をする一方，自己の債権については相手方から任意の履行を受け又はそれがない場合には担保権の実行もしくは強制執行手続により強制的にその満足をうけるという煩さ，かつ迂遠な手続を履むことを避け，相手方に対する一片の意思表示により，双方の債権を対当額において決済する（消滅させる）ことにより，債権，債務の関係を円滑かつ公平に処理することを目的とする合理的な制度である。ことに，債務者の資力が不十分な場合においても，債権者は相殺権を行使することにより，自己の債権については確実かつ十分な弁済を受けたと同様の利益を受けることができるため，受働債権につきあたかも担保権を有するにも似た地位が与えられるのである。その結果，相殺の制度は，当事者間の取引を助長することにも役立つものであるから，この制度によつて保護される当事者の地位は，できうるかぎり尊重されなければならない。

この相殺権による保護は，当事者の一方の債権につき差押が行われた場合においても，みだりに拒否されるべきではない。当事者の一方の債権が差押えられた場合においては，差押を受けた者（債務者）は，債権の処分（相殺も含まれる），ことにその取立をすることを禁止され（民訴 598 条 1 項後段），したがって，第三債務者もまた，債務者に対し弁済することを禁止され（同条同項前段，民法 481 条），かつ債務者との間に債務の消滅又はその内容の変更を目的とする契約（たとえば，代物弁済，更改，相殺契約，債権額の減少，弁済期の延長の約定など）をすることが許されなくなるが，それは，債務者の権能が差押により制限されることによる，いわば反射的効果に過ぎない。差押の効力は

➡ 189

以上に尽きるのであって，第三債務者は，右制約に反しないかぎり，債務者に対して有するあらゆる抗弁をもって差押債権者に対抗することができるのである。すなわち，差押には，債務者の行為に関係のない客観的事実又は第三債務者のみの行為によりその債権が消滅し又はその内容が変更されることを妨げる効力はなんらないのであって，たとえば，差押えられた債権の発生原因となった契約につき解除条件が成就することにより又は第三債務者が法定の解除権，取消権，代金減額請求権（民法 563 条，565 条など）もしくは，約定の解除権等を行使することにより，差押えられた債権が消滅し又はその内容が変更されることがありうるのであって，差押債権者は，当然に，これらの不利益を甘受しなければならないのである。第三債務者がその一方的意思表示をもってする相殺権の行使についても同様であり，相手方の自己に対する債権が差押えられたという一事により，相手方に対する債権による相殺が当然に禁止されるべき本来のいわれはないのである。

しかしながら，債権差押の場合においては，差押債権者の利益もある程度において考慮することを相当とするので，第三債務者の相殺権の行使については，相殺制度の本質を著しく害しない限度において制約を加えることが考えられるのであり，民法 511 条は，正に，この差押債権者と第三債務者の間の利益の調節を図るために設けられた特別の規定であると解される。この規定の解釈については，前述のごとき相殺制度の本質のほか，次のことが考慮されなければならない。

(い) 民法 511 条は，第三債務者は，差押後に取得した債権により相殺をもって差押債権者に対抗しえない旨を規定しているに止まる。すなわち，同条は，第三債務者は，債務者に対して有する債権をもって差押債権者に対し相殺をなしうるということを当然の前提とした上，その例外として，差押後に発生した債権又は差押後に他から取得した債権を自働債権として相殺をすることをえない旨を明らかにしているに過ぎない。

(ろ) 債務者の資力が不十分な場合において第三債務者に許される相殺権の行使についてみるならば，破産手続，和議手続又は会社更生手続（以下，破産手続等という。）においても，相殺権は十分に尊重され，破産債権者，和議債権者又は更生債権者（以下，破産債権者らという。）が，破産宣告，和議開始又

➡ 189

は更生手続開始（以下，破産宣告等という。）の当時，破産者，和議債務者又は更生会社に対し債務を負担する場合においては，破産債権，和議債権又は更生債権（破産宣告後に他から取得したものなど特殊のものを除く）を自働債権として，破産手続等によらないで相殺することができるものとされており（破産法98条以下，和議法5条，会社更生法162条），右によれば，他の一般の債権者にとっては，通常の差押の場合に比し利害関係のより甚大な右破産等の場合においてすら，破産者らに対し反対債権を有する破産債権者らに対しては相殺権の行使が広く認められ，他の一般の債権者に対して優越した地位が与えられていることが知られるのである。

以上の理由により，民法511条は，その文言どおりにこれを解し，第三債務者は，その債権が差押後に取得されたものでないかぎり，相殺適状に達しさえすれば，差押後においても，これを自働債権として相殺をなしうるものと解するのが相当である。

しこうして，国税徴収法による滞納処分としての債権の差押及びこれに伴う法定取立権の制度は，一般の債権の差押及び取立命令の制度とその実質において異なるところはなく（旧法23条の1，1項，2項，23条2項，新法62条2項，67条2項），その差押が第三債務者の相殺権に及ぼす効力についても，国税滞納処分であるが故に又は国税徴収法に基づく決定取立権であるからといってこれを別異に解すべき実法定上の根拠はなんらこれを認めえないので，その差押等については，単に民法511条の問題として，その効力を判定すれば足るのである。されば，所論中，民法の右規定の解釈ないし差押の効力につき，以上と見解を異にする論旨は採用しえない。」

「㈢　所論は，YとAとの間の相殺予約を有効とした原審の判断を非難するが，次の諸点を考慮した上，右契約は有効であり，したがって右契約に基づいてなされたYの意思表示により，本件差押債権は消滅したものと解するのが相当である。

㈠　相対立する債権を有する当事者がその債権（その弁済期のいかん，期限につき当事者の有する利益のいかんを問わない）を相殺する旨の合意，すなわち相殺契約は，契約自由の原則上，有効であり，また，相殺契約の一方的予約，すなわち当事者の一方の完結の意思表示により相殺契約を成立させ，相殺の効

➡ 189

力が生ずる旨の合意も同様に有効であることは論のないところである。もっとも，当事者の一方の債権が差押えられた後においては，差押債務者の処分権が制限されるため，その債権に関し右のごとき契約を締結することは許されなくなるが，債権差押前に締結された相殺契約の一方的予約に基づき第三債務者が有する完結権の行使は，右差押により制限されるものでないこと，差押の効力に関し先に（㈠の前段）説示したとりであるから，第三債務者は，差押債権者の保護に関する前示民法511条に反しない限度において，右完結権行使の結果（差押債権の消滅）をもって差押債権者に対抗しうるものといわなければならない。したがって，本件の場合，Yが本件差押前に締結された前示一方的予約に基づき，Yが差押前から有していた前示債権を反対債権としてなした前示予約完結の意思表示は有効であり，本件差押債権はこれにより消滅したものと解するほかはない。

㈢　所論は，相殺に関する前示契約の内容は，客観性，具体性を欠くものであり，かかる約定を有効とすることは，相殺制度の趣旨を逸脱するばかりでなく，債務者と約定をした相手方にのみ優先弁済権を与える結果となり，他の債権者による執行を免脱させてこれに不測の損害をこうむらせることになり公平の理念に反するから許されるべきでないと主張するが，

㈠　現に一般に行われている相殺に関する契約の内容をできうるかぎり妥当なものとし，銀行側の恣意を封じ，取引の安定性と健全性を確保することが望ましいことはいうまでもないが，債務者につき，その信用を害するごとき法定の事由が生じたときは，債務者は期限の利益を主張しえないことは民法の規定するところでもあるから（137条），当事者間において，その一方の単なる恣意によるのではなく，相手方たる債務者がその財産につき差押を受けるなど，その信用を害するがごとき客観的事実が発生したときは，その一方が，相殺の対象となる債権を特定した上，完結の意思表示をすることにより相殺の効力を生ずるものとする相殺契約の一方的予約は，なんら客観性，具体性を欠くものではないから，本件契約についても少くとも右の限度においてその効力を肯定することは不当ではない。しこうして，Yは，本件差押のあつたことから，右契約に基づく完結の意思表示として，Yの有する債権とYに対する債権を特定した上対当額で相殺する旨の意思表示をしたことは，原審の確定したとこ

➡ *189*

ろであるから，客観性，具体性を欠くとの所論は採用しがたい。

㈺　また，商人間の取引においては，取引上の各種の権利関係の間に牽連性ないし関係性をもたせ，これを一体としては握することが尊ばれていることは，交互計算（商法529条以下），商事留置権（同法521条），一般に行われている包括的な根抵当の制度などにもうかがわれるところであり，銀行業者が，その業務の特質上，その債権の回収を確実にするため，前示のごとき相殺に関する契約を締結することには相当の理由があるのであって，民法の規定による相殺の制度のほかに，右のごとき契約の効力を認めることは，右の観点からもこれを肯認することができ，民法の相殺の制度の趣旨になんら反するものではない。

㈻　物権とは異なり，債権については，その存在ならびに内容を第三者に公示するに適当な一般的な制度は考えられないのであって（有価証券の制度は，正に債権のこの本質的欠点を補うために創設された特殊の制度であると解される。），第三者を保護するための格別の規定（たとえば，民法についていえば466条2項但書，468条1項本文，472条，473条など）がある場合のほかは，債権関係の当事者間における約定は，広く第三者に対しても対抗しうるのが本則であり，したがって当事者間の債権関係について，前述のごとき相殺に関する契約が存在することを知らないで債権の差押をした者が，第三者債務者による予約完結権の対抗により不測の損害をこうむることがあるとしても，それは已むをえないことであり（第三債務者が約定解除権などを行使したため，差押債権が消滅した場合となんら異るところはない。）そのため，約定をした者のみが優先弁済を受けたと同様の利益を受ける結果となるとしても，それは，第三者に対抗しうる約定の効力に基因するものであり，あえて公平の理念に反するものとは断じえない。また，Ｙは，前示のごとき予約を締結するについては，相当の理由をもつていること右㈺で述べたとおりであるから，右契約をもって単に執行の免脱を目的としたものとみることも妥当ではない。

㈣　以上のごとく，ＹとＡとの間の本件相殺に関する契約は，叙上認定の範囲において有効であり，Ｙがした相殺の意思表示は右契約の趣旨に副うものと認められるから，本件被差押債権が右意思表示により全部消滅に帰したことは明らかであるとした原審の判断は正当であり，所論は，ひっきょう，独自の見解の下に原判決を論難するに帰し，採用のかぎりでない。よって本件上告

➡ 189

はこれを棄却すべきものと思料する。

草鹿浅之介，石田和外裁判官の反対意見

「裁判官草鹿浅之介，同石田和外は，裁判官横田正俊の右反対意見に同調する。」

松田二郎裁判官の反対意見

「(一) ……強制執行により債権が差押えられた場合を考えるに，その差押当時，被差押債権と自働債権との両者が既に相殺適状にあるときは勿論，自働債権が差押当時未だ弁済期に達しないでも，被差押債権の弁済期である受働債権の弁済期より先にその弁済期が到来するものであるときは，第三債務者は相殺を以て差押債権者に対抗し得るものと解すべきである。私はこの限りにおいて，多数説と意見を同じくするものである。」

「(二) ……債権につき期限の利益は当事者が合意上抛棄し得るものであり，前示相殺に関する特約はＹとＡとの当事者間においては，契約自由の原則上，有効であることはいうまでもない。

(三) 翻って考えるに，およそ銀行とこれを利用する預金者との関係においては，前者の後者に対する貸付などの各債権は，いわば一体を形成し，後者の前者に対する預金などの各債権もまた一体を形成し，両者は経済上決して無関係のものでなく，継続的に発生しつつ，相互に一種の牽連関係に立ち，ことに預金債権は貸付債権に対して担保的作用を営みつつあるのである。しかして……前示認定の相殺に関する特約は，Ｙがこの担保的作用を法律上実現せしめる手段と認められるのである。換言すれば，Ｙは，この相殺に関する特約を活用することの期待の下に，Ａに対して貸付をなしていたものと認め得るのである。

(四) (1) 思うに，本件においてＸは，いわゆる相殺予約という拘束の既に附着していた債権を差押えたのである。従って，Ｘは，かかる相殺予約を以て対抗されることとなるのである。それは被差押債権に抗弁権の附着しているときと，趣を同じくする。しかるに，もし反対の見解をとるときは，第三債務者たるＹの期待，すなわち，貸付債権を以て預金債権と相殺し得るとの期待は剝奪されることになるのである。」

「(五) 要するに，ＹとＡとの間の本件相殺に関する特約は，Ｘにも対抗し得

➡ 190

るものであり，右特約に基づきＹのした相殺の意思表示によって，本件被差押債権は全部消滅に帰したことは明らかである。従って，これと同趣旨に出た原判決は正当であって，本件上告は理由がないから棄却すべきである。」（裁判長裁判官　横田喜三郎　裁判官　入江俊郎　奥野健一　石坂修一　山田作之助　横田正俊　草鹿浅之介　長部謹吾　城戸芳彦　石田和外　柏原語六　田中二郎　松田二郎）

190　相殺と債権譲渡との優劣

最(一)判昭和50年12月8日民集29巻11号1864頁

（最判解〈昭50〉644頁，民商83巻1号140頁，百選Ⅱ〈第3版〉96頁，百選Ⅱ〈第8版〉58頁）

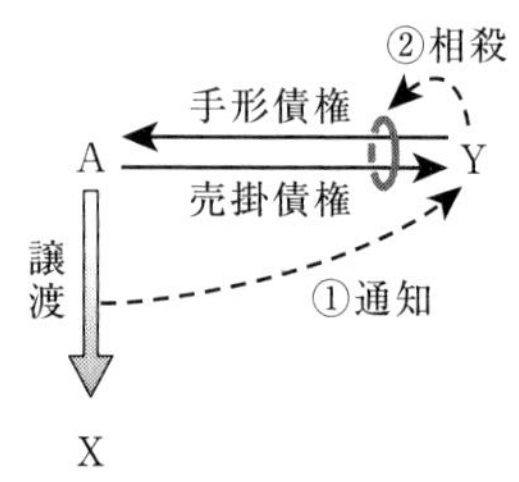

【事実】　Ａ会社はＹに対し，弁済期を昭和42年12月3日とする261万余円の売掛債権を有していたが，Ｙは同売掛債務の支払のため約束手形をＡ宛に振り出し，これをＡの取締役であったＸに交付した。ところが，Ｘが上記約束手形を紛失したためＡに対しその手形金相当額を弁償し，その代償として同年9月14日にＡから上記売掛債権の譲渡を受け，Ｙに同日譲渡通知をした。他方，ＹはＡに対し合計170万円の約束手形債権を有していたが，Ａは昭和43年1月13日に倒産したため，期限の利益の喪失により上記手形債権の弁済期が到来した。そして，ＸがＹに対し上記売掛債権の支払を訴求したところ，1審口頭弁論期日においてＹは上記手形債権をもってＸの上記売掛債権と対当額で相殺する旨の意思表示をした。1審はＸの請求棄却。原審も，ＹのＡに対する反対債権の弁済期がＸの譲受債権の弁済期よりも後に到来する場合には，Ｙは相殺の期待利益を持っていないから，債権譲渡の通知後の相殺をもってＸに対抗することはできないとして，Ｘの請求を認容した。Ｙが上告。

【判決理由】　破棄自判（岸・岸上裁判官の補足意見，藤林・下田裁判官の反対意見がある）

「本件における問題点は，右相殺の許否であるが，原審の確定した以上の事実関係のもとにおいては，Ｙは，本件売掛債権を受働債権とし本件手形債権を自働債権とする相殺をもってＸに対抗しうるものと解すべきである。そして，本訴当事者が弁済の充当をしたことは原審の確定しないところであるから，

➡ 190

民法512条及び491条により，本件手形債権は，先ず本件売掛債権261万4000円に対する昭和42年12月4日から昭和43年1月12日までの年6分の割合による遅延損害金1万7188円に充当され，その残額168万2812円が本件売掛債権に充当されたものというべきである。したがって，XのYに対する本訴請求は，金93万1188円及びこれに対する昭和43年1月13日から商事法定利率である年6分の割合による損害金の支払いを求める限度において正当として是認すべきであり，その余は失当としてこれを棄却すべきものである。

しかるに，原判決は，Yは本件手形債権を自働債権とする相殺をもってXに対抗しえない旨判示し，これと同旨の第1審の判断を是認しているが，右は，民法468条2項の解釈適用を誤ったものというべきであり，その違法は原判決の結論に影響を及ぼすことが明らかであるから，この点の違法をいう論旨は理由があり，1，2審判決中Yに対し金93万1188円及びこれに対する昭和43年1月13日から年6分の割合による金員の範囲を超えてXの本訴請求を認容した部分は，破棄又は取消しを免れず，右部分に関するXの請求は棄却すべきであり，また，その余の部分に関するYの上告は理由がないので，これを棄却すべきである。

よって，民訴法408条，396条，386条，384条，96条，92条に従い，裁判官岸盛一，同岸上康夫の補足意見，裁判官藤林益三，同下田武三の反対意見があるほか，裁判官全員一致の意見で主文のとおり判決する。」

岸上康夫裁判官の補足意見

「相殺の制度は，互いに同種の債権を有する当事者間において，相対立する債権債務を簡易な方法によって決済し，もって両者の債権関係を円滑かつ公平に処理することを目的とする合理的な制度であって，相殺権を行使する債権者の立場からすれば，受働債権につきあたかも担保権を有するにも似た地位が与えられるという機能を営むものであるから，この制度によって保護される当事者の地位は，できるかぎり尊重すべきであることは，最大判昭和45年6月24日民集24巻6号587頁の判示するところである。そして，この判決は，債権が差し押えられた場合に第三債務者に対し有する反対債権をもってした相殺の効力に関する民法511条の解釈を示したものであるが，右法条にいう差押債権者と債権譲渡の場合に関する同法468条2項にいう債権の譲受人とは，いずれ

➡ 190

も当該債権の権利としての積極的利益の取得者であって両者は実質的に異なる立場にあるものではなく，また，債務者は債権が差し押えられた場合と譲渡された場合とにおいて別異な取扱を受くべき理由はないから，右判決によって示された相殺制度の目的及び機能からする相殺権者の保護の要請は，被差押債権の債務者についてのみでなく，被譲渡債権の債務者についてもひとしく妥当するものというべきである。また，民法468条2項の立法趣旨は債務者の意思に関係なく行われる債権譲渡により債務者の地位が譲渡前より不利益になることを防止することにあると考えられるところ，債権者のした債権譲渡によって，債務者が相殺をなしうべき地位を失うことが債務者にとって不利益であることは前示相殺制度の目的及び機能に徴し明らかであるから，債務者が，債権譲渡の通知を受けた時点において，債権者に対し法律上相殺に供しうる反対債権（自働債権）を取得しているときには，これをもって同条項にいう「通知を受くるまでに譲渡人に対して生じたる事由」にあたるものとして，譲受人に対抗することができるものと解するのが相当である。したがって叙上民法の規定及び大法廷判決の趣旨に鑑みるときは，債権の譲渡があった当時債務者が譲渡人に対し反対債権を有する以上，たとえ反対債権の弁済期が，被譲渡債権のそれより後であって，かつ，債権譲渡通知のあった時より後に到来すべきものであっても，債務者は，両債権の弁済期が到来したときには，譲受人に対し，反対債権による相殺を主張しうるものというべきである。

もっとも，以上のように解すると，指名債権の取引の安全を害し，その譲受人の保護に欠けるおそれがあるとの意見があるが，民法は，468条1項により，債務者が，債権譲渡を異議なく承諾したときには，譲渡人に対して主張しえた事由をもって譲受人に対抗しえないものとし，また，同条2項により，債務者が債権譲渡の通知を受けた後に譲渡人に対して生じた事由，本件に即していえば右通知後に譲渡人に対し取得した反対債権による相殺をもって，譲受人に対抗することはできないものとし，右の限度においてのみ，指名債権の取引の安全と譲受人の利益をはかろうとしたに止まるものと解すべきである。

叙上の解釈に照らせば，本件において，Yは，本件売掛債権の譲渡通知を受けた当時，右債権の譲渡人であるAに対し本件手形債権を取得していたのであるから，本件売掛債権を受働債権とし本件手形債権を自働債権とする相殺

➡ 190

をもってXに対抗しうるものというべきである。」

岸盛一裁判官の補足意見

「裁判官岸盛一は，裁判官岸上康夫の補足意見に同調する。」

藤林益三裁判官の反対意見

「本件が右大法廷事件と事案を異にする主要なところは，次の2点であろうと思われる。先ず，右大法廷事件は旧国税徴収法（昭和34年法律第147号による改正前のもの。）による債権の差押，取立事案であったが，本件は債権譲渡事案であるから，債権の帰属主体の変動の有無についての差異があるばかりでなく，一方は差押という強制手段によるものであるのに対し，他方は通常の取引によるものであるという違いがあり，判断の拠るべき法律の規定も，民法511条と468条2項というように，異なることである。次ぎに，大法廷事件は銀行と取引先との間に生じた債権債務に関する事案であったが，本件は通常の取引から生じた債権債務に関するものであるゆえに，継続的商取引から生じた一方の債権が他方の債権の担保的機能を営まなければならないというような要請もなく，また，相殺に対するいわゆる正当な期待利益というようなものも存しないということである。

右のような相異があるから，必ずしも右大法廷判例に対する異見を持ち出すまでもなく，私の結論を導き出すことができるかもしれないが，この際，右判例に対する私の考えを述べておくことは必要と思われる。

私は，銀行と取引先との間においては，被差押債権である預金債権と反対債権である貸付債権とが，相殺適状になって銀行から相殺できる場合は，最大判昭和39年12月23日民集18巻10号2217頁（以下，39年判決という。）が適切に判示するように，「差押当時両債権が既に相殺適状にあるときは勿論，反対債権が差押当時未だ弁済期に達していない場合でも，被差押債権である受働債権の弁済期より先にその弁済期が到来するものであるとき」に限られるべきものと思う。そして，預金者の一般債権者から銀行が防禦する手段は，45年判決によつて認められた相殺予約又はその後の最㈠判昭和45年8月20日裁判集民事100号333頁によつて認められた貸付債権の期限利益喪失約款によれば足りると考えるのである。

前記のように，45年判決は銀行関係の事件について判断を示したものであ

➡ 190

るが，私は，この判決の法定相殺の要件に関する説示はいささか広きに過ぎるおそれがあるものと感じていたところ，本件事案の判断をするにあたって，そのおそれが具体化したように思われてならない。すなわち，金融機関が当事者でない場合，相殺予約が存しない場合，もしくは，債権の発生，対立そのものが偶発的な場合，例えば，自働債権が不法行為に基づく損害賠償請求権であるとか，不当利得返還請求権であるとかいうような場合にまで，右判例は推及されるおそれがある。そこで，これに対しては，差押債権者と反対債権者との利益衡量の見地から，歯止めをかける必要があると思う。

また，本件を考えるにあたつては，前記のように，右大法廷判決は差押，取立事件についてされたものであり，本件は債権譲渡に関する事案であることを念頭におかなければならないが，私は，債権の仮差押，差押，取立命令の場合と債権譲渡，転付の場合とでは，これを分けて考察すべきものと思う。すなわち，仮差押，差押は，被差押債権について民法511条による債権対立の必要的最終時点を画するだけのものであるし，取立命令は，被差押債権について権利主体を変えることなく，被差押債権の代位取立を可能にさせるだけのものである。したがって，取立命令の場合だけに限っていえば，45年判決が示した判断は，私にも理解できないではない。しかし，これを債権譲渡と強制的債権譲渡である転付の場合にまで拡げていくことに，私は賛成することができない。民法468条2項の「其通知を受くるまでに譲渡人に対して生じたる事由」の中に相殺事由をどの程度まで含ませるかは，利益衡量の問題にならざるを得ないが，39年判決の線をもって妥当と考える。そして，債権譲渡の通知又は転付命令の送達時に相殺適状にあるか，反対債権の弁済期が譲受債権の弁済期前に到来する関係にある場合には，譲渡された債権の債務者は，相殺をもつて債権譲受人又は転付債権者に対抗しうるが，これとは反対に，譲受債権の弁済期が反対債権の弁済期よりも先に到来する関係にある場合には，相殺を主張しえないものと考えるのである。

このような考え方で本件をみると，Xは昭和42年9月14日Aから弁済期同年12月3日の本件売掛債権の譲渡を受け，Aは同日Yに対し右債権譲渡の通知をし，その頃右通知はYに到達したというのであり，YのAに対する本件手形債権の弁済期は，昭和43年1月13日Aの倒産による期限利益喪失に

➡ 190

より，同日到来したというのであるから，債権譲渡の通知当時には両債権はいずれも弁済期未到来で相殺適状にはなく，また，Xの譲受債権である本件売掛債権の弁済期は，Yの反対債権である本件手形債権の弁済期よりも先に到来する関係にあったのであるから，YはXに対し相殺を主張しえないものと解するのほかはない。

なお附加して述べておきたいことがある。相殺を広く認めると，反対債権の弁済期が譲受債権の弁済期よりも後に到来する関係にある場合に，不誠実な反対債権者が自己の債務の履行を遅らせておいて，相殺適状を到来させてから相殺を可能にするという不都合な事態を生じさせることがあるとの非難は，従来から存するところであり，私もこれに同感である。これに対し，このような場合には，事情により信義則，公序良俗違反あるいは相殺権の濫用として相殺が無効になり，ときには相殺の抗弁の提出が民訴法139条の時機に遅れた防禦方法とせられて却下されることとなるであろうという議論がある。しかし，このように一般条項を持ち出さなければ救済できないような事態が生じることを見越してまで法定相殺の要件を緩和する必要はない。しかも，この一般条項の要件事実の主張，立証が譲受債権者又は転付債権者の責任においてされるべきものとなるのは公平でなく，また，実務上，この主張，立証責任の負担が訴訟当事者にとって軽易なものでないことは明らかであるから，さらにその感を深くするのである。

以上のごとく，Xの本件売掛債権の請求に対するYの本件手形債権をもってする相殺の主張は，理由のないことが明らかであり，これと同趣旨の原審の判断は，正当として是認すべきものである。よつて本件上告はこれを棄却すべきものである。」

下田武三裁判官の反対意見

「裁判官下田武三は，裁判官藤林益三の右反対意見に同調する。」（裁判長裁判官　団藤重光　裁判官　藤林益三　下田武三　岸　盛一　岸上康夫）

➡ *191*

191 相殺と転付債権者による逆相殺との優劣

最(三)判昭和54年7月10日民集33巻5号533頁
(最判解〈昭54〉260頁，法協97巻2号1073頁，民商82巻5号662頁，百選Ⅱ〈第2版〉94頁，民事執行・保全百選164頁，昭54重判81頁)

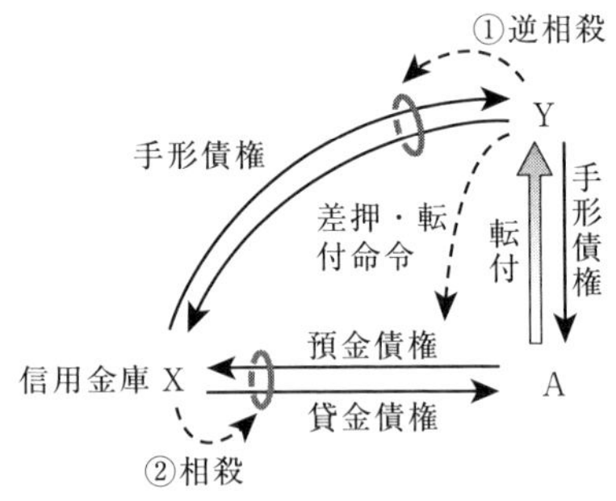

【事実】 X（静岡信用金庫）は，A会社に対し合計8488万余円の貸金債権を有しており，AはXに合計1139万余円の預金債権を有していた。1975年12月2日にAが手形交換所の取引停止処分を受けたので，Xは，1976年2月14日付の書面で，上記貸金債権を自働債権とし，上記預金債権を受働債権として対当額にて相殺する旨の意思表示をしたが，代表者の所在不明のためAに到達しなかった。他方，YはAに対し1052万円の手形債権を有していたが，1976年2月12日，この手形債権に基づく強制執行としてAのXに対する上記預金債権について差押・転付命令を得て，同命令は同年5月24日にXに，同年6月9日にAにそれぞれ送達された。そして，Xがその所持するY振出の約束手形債権の支払をYに対し訴求したところ，Yは同年6月14日の第1審口頭弁論期日において，上記預金債権を自働債権とし，上記約束手形債権を含む616万余円の債権を受働債権として相殺の意思表示をした。その後，XはAに対する1139万余円の貸金債権をもって，AのXに対する右預金債権と相殺する意思表示をしたが，この通知は6月21日Yに到達するとともに，公示送達により同年7月3日にAに到達した。1審は，Yの相殺の意思表示がXの相殺の意思表示より先に到達したことにより効力を生じたとして，Xの請求を棄却したが，原審は，Xが相殺を主張する両債権の相殺適状がYが相殺を主張する両債権の相殺適状より先に生じたのでYの相殺は効力を生じないとして，Xの請求を認容した。Yが上告。

【判決理由】 破棄差戻し「相殺適状は，原則として，相殺の意思表示がされたときに現存することを要するのであるから，いったん相殺適状が生じていたとしても，相殺の意思表示がされる前に一方の債権が弁済，代物弁済，更改，相殺等の事由によって消滅していた場合には相殺は許されない（民法508条はその例外規定である。），と解するのが相当である。また，債権が差し押さえら

➡ 192

れた場合において第三債務者が債務者に対して反対債権を有していたときは，その債権が差押後に取得されたものでない限り，右債権及び被差押債権の弁済期の前後を問わず，両者が相殺適状になりさえすれば，第三債務者は，差押後においても右反対債権を自働債権とし被差押債権を受働債権として相殺することができるわけであるけれども，そのことによって，第三債務者が右の相殺の意思表示をするまでは，転付債権者が転付命令によって委付された債権を自働債権とし，第三債務者に対して負担する債務を受働債権として相殺する権能が妨げられるべきいわれはない。

したがって，本件において，Ｙの相殺の意思表示がＸのそれより先にされたものであっても，Ｙの主張にかかる両債権が相殺適状となった時期がＸの主張にかかる両債権が相殺適状となった時期より後のことであるからＹ主張の相殺の自働債権はさかのぼって消滅したこととなるとして，結局，Ｙの相殺の抗弁を排斥した原判決は，民法505条，506条の解釈適用を誤ったものというべきであり，右法令の解釈適用の誤りは判決に影響を及ぼすことが明らかであるから，論旨は理由がある。

よって，原判決を破棄し，相殺の充当関係につき更に審理を尽くさせるため本件を原審に差し戻すこととし，民訴法407条1項に従い，裁判官全員一致の意見で，主文のとおり判決する。」（裁判長裁判官　髙辻正己　裁判官　江里口清雄　環　昌一　横井大三）

192 三者間の相殺

最(二)判平成28年7月8日民集70巻6号1611頁

(最判解〈平28〉427頁，法協135巻4号912頁，倒産百選〈第6版〉144頁，平28重判152頁)

【事実】 Ｘ（リーマン・ブラザーズ証券株式会社）は，米国法人Ａ（リーマン・ブラザーズ・ホールディングス・インク）の子会社であり，Ｙ（野村信託銀行株式会社）およびＢ（野村證券株式会社）は，いずれもＣ（野村ホールディングス株式会社）の完全子会社である。

Ｘは，平成19年2月1日，Ｙとの間で，基本契約を締結し，通貨オプション取引および通貨スワップ取引を行っていた。本件基本契約には，①一方の当事者

➡ 192

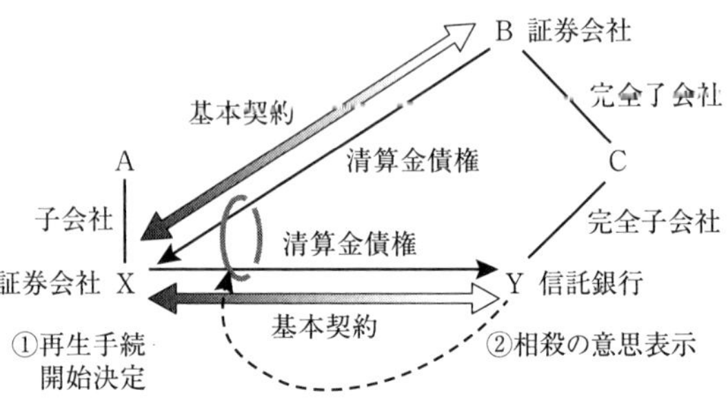

(甲）の信用保証提供者が破産決定その他救済を求める手続の開始を申し立てた場合には，甲につき，期限の利益を喪失する事由に該当することとなるものとし，当事者間に存在するすべての取引は，上記事由の発生に伴い行われる関連手続の開始または申請の直前の時点で終了するものとする，②上記事由が生じ，甲について期限前終了をしたときは，甲が再生債務者となった場合であっても，他方の当事者（乙）は，乙およびその関係会社（直接的または間接的に，乙から支配〔議決権の過半数を所有することをいう〕を受け，乙を支配し，または乙と共通の支配下にある法的主体をいう）が甲に対して有する債権と，甲が乙およびその関係会社に対して有する債権とを相殺することができる旨の定めがあった。

本件基本契約におけるXの信用保証提供者であるAは，平成20年9月15日，米国連邦倒産法第11章の適用申請を行い，本件取引は，上記①の定めにより期限前終了をし，XはYに対し本件基本契約に基づく清算金債権（本件清算金債権。約4億円）を取得した。

他方，Bは，Xとの間で，平成13年11月26日に本件基本契約と同様の基本契約を締結し，取引を行っていたが，同取引が平成20年9月15日に終了したため，Xに対し，同基本契約に基づき，同取引の清算金債権（B清算金債権。約17億円）を取得した。

Xは，平成20年9月19日，再生手続開始の決定を受けた。Yは，再生債権の届出期間内である同年10月2日，Xに対し，上記②の条項に基づき，XがYに対して有する本件清算金債権と，Yの関係会社であるBがXに対して有する清算金債権とを対当額で相殺する旨の意思表示をし，Bは，同日，Xに対し，本件相殺に同意している旨を通知した。

Xは，Yに対し，本件基本契約に基づき，清算金の支払等を求めて訴えた。1審は，Xの請求を棄却した。原審も，本件相殺は，2当事者が互いに債務を負担する場合における相殺ではないが，再生手続開始の時点で再生債権者が再生債務者に対して債務を負担しているときと同様の相殺の合理的期待が存在するものであると認められるから，民事再生法92条により許容されるとして，本件清算金債権は本件相殺によりその全額が消滅したと認め，Xの請求を棄却すべきものとした。Xが

➡ 192

上告受理の申立てをした。

【判決理由】 破棄自判。Xの請求を一部認容（千葉裁判官の補足意見がある）

「相殺は，互いに同種の債権を有する当事者間において，相対立する債権債務を簡易な方法によって決済し，もって両者の債権関係を円滑かつ公平に処理することを目的とする制度であって，相殺権を行使する債権者の立場からすれば，債務者の資力が不十分な場合においても，自己の債権について確実かつ十分な返済を受けたと同様の利益を得ることができる点において，受働債権につきあたかも担保権を有するにも似た機能を営むものである。上記のような相殺の担保的機能に対する再生債権者の期待を保護することは，通常，再生債権についての再生債権者間の公平，平等な扱いを基本原則とする再生手続の趣旨に反するものではないことから，民事再生法92条は，原則として，再生手続開始時において再生債務者に対して債務を負担する再生債権者による相殺を認め，再生債権者が再生計画の定めるところによらずに一般の再生債権者に優先して債権の回収を図り得ることとし，この点において，相殺権を別除権と同様に取り扱うこととしたものと解される（最大判昭和45年6月24日民集24巻6号587頁，最㈡判平成24年5月28日民集66巻7号3123頁参照)。

このように，民事再生法92条は，再生債権者が再生計画の定めるところによらずに相殺をすることができる場合を定めているところ，同条1項は「再生債務者に対して債務を負担する」ことを要件とし，民法505条1項本文に規定する2人が互いに債務を負担するとの相殺の要件を，再生債権者がする相殺においても採用しているものと解される。そして，再生債務者に対して債務を負担する者が他人の有する再生債権をもって相殺することができるものとすることは，互いに債務を負担する関係にない者の間における相殺を許すものにほかならず，民事再生法92条1項の上記文言に反し，再生債権者間の公平，平等な扱いという上記の基本原則を没却するものというべきであり，相当ではない。このことは，完全親会社を同じくする複数の株式会社がそれぞれ再生債務者に対して債権を有し，又は債務を負担するときには，これらの当事者間において当該債権及び債務をもって相殺することができる旨の合意があらかじめされていた場合であっても，異なるものではない。

したがって，再生債務者に対して債務を負担する者が，当該債務に係る債権

➡ 193

を受働債権とし，自らと完全親会社を同じくする他の株式会社が有する再生債権を自働債権としてする相殺は，これをすることができる旨の合意があらかじめされていた場合であっても，民事再生法 92 条 1 項によりすることができる相殺に該当しないものと解するのが相当である。

これを本件についてみると，本件相殺は，再生債務者であるＸに対して本件清算金債権に係る債務を負担するＹが，上記債権を受働債権とし，自らと完全親会社を同じくするＢが有する再生債権であるＢ清算金債権を自働債権として相殺するものであるから，民事再生法 92 条 1 項によりすることができる相殺に該当しないものというべきである。

5　以上によれば，本件相殺が民事再生法 92 条により許容されるとした原審の判断には，判決に影響を及ぼすことが明らかな法令違反があり，論旨は理由がある。そして，以上に説示したところによれば，Ｘの請求は，Ｙに対し，清算金 4 億 3150 万 8744 円並びに期限前終了日である平成 20 年 9 月 15 日から同年 10 月 1 日までの確定約定遅延損害金 16 万 6841 円及び上記清算金に対する同月 2 日から支払済みの前日まで 2% を 365 で除した割合を日利とする各日複利の割合による約定遅延損害金の支払を求める限度で認容し，その余は棄却すべきであり，原判決を主文第 1 項のとおり変更することとする。」（裁判長裁判官　小貫芳信　裁判官　千葉勝美　鬼丸かおる　山本庸幸）

193　資料・みずほ銀行・銀行取引約定書

甲：取引先，乙：銀行

第 5 条（期限の利益の喪失）

① 甲について次の各号の事由が一つでも生じた場合には，乙からの通知催告等がなくても，甲は乙に対する一切の債務について当然期限の利益を失い，直ちに債務を弁済するものとします。

1. 支払いの停止または破産，民事再生手続開始，会社更生手続開始，会社整理開始もしくは特別清算開始の申立があったとき。
2. 手形交換所の取引停止処分を受けたとき。
3. 甲またはその保証人の預金その他の乙に対する債権について仮差押，保全差押または差押の命令，通知が発送されたとき。

➡ 193

4. 甲の責めに帰すべき事由によって，乙に甲の所在が不明となったとき。

② 甲について次の各号の事由が一つでも生じ，乙が債権保全を必要とするに至った場合には，乙からの請求によって，甲は乙に対する一切の債務について期限の利益を失い，直ちに債務を弁済するものとします。

1. 乙に対する債務の一部でも履行を遅滞したとき。
2. 担保の目的物について差押または競売手続の開始があったとき。
3. 乙との約定に違反したとき。
4. 甲の保証人が前項または本項の各号の一つにでも該当したとき。
5. 前各号のほか甲の債務の弁済に支障をきたす相当の事由が生じたとき。

③ 前項において，甲が乙に対する住所変更の届け出を怠るなど甲の責めに帰すべき事由により，乙からの請求が延着しまたは到達しなかった場合には，通常到達すべき時に期限の利益が失われたものとします。

第7条（反社会的勢力の排除）

① 甲は，甲または保証人が，現在，暴力団，暴力団員，暴力団員でなくなった時から5年を経過しない者，暴力団準構成員，暴力団関係企業，総会屋等，社会運動等標ぼうゴロまたは特殊知能暴力集団等，その他これらに準ずる者（以下これらを「暴力団員等」といいます。）に該当しないこと，および次の各号のいずれにも該当しないことを表明し，かつ将来にわたっても該当しないことを確約します。

1. 暴力団員等が経営を支配していると認められる関係を有すること。
2. 暴力団員等が経営に実質的に関与していると認められる関係を有すること。
3. 自己，自社もしくは第三者の不正の利益を図る目的または第三者に損害を加える目的をもってするなど，不当に暴力団員等を利用していると認められる関係を有すること。
4. 暴力団員等に対して資金等を提供し，または便宜を供与するなどの関与をしていると認められる関係を有すること。
5. 役員または経営に実質的に関与している者が暴力団員等と社会的に非難されるべき関係を有すること。

② 甲は，甲または保証人が，自らまたは第三者を利用して次の各号の一に

➡ *193*

でも該当する行為を行わないことを確約します。

1. 暴力的な要求行為
2. 法的な責任を超えた不当な要求行為
3. 取引に関して，脅迫的な言動をし，または暴力を用いる行為
4. 風説を流布し，偽計を用いまたは威力を用いて乙の信用を毀損し，または乙の業務を妨害する行為
5. その他前各号に準ずる行為

③ 甲または保証人が，暴力団員等もしくは第1項各号のいずれかに該当し，もしくは前項各号のいずれかに該当する行為をし，または第1項の規定にもとづく表明・確約に関して虚偽の申告をしたことが判明し，甲との取引を継続することが不適切である場合には，乙からの請求によって，甲は乙に対するいっさいの債務について期限の利益を失い，直ちに債務を弁済するものとします。

④ 甲が乙より手形または電子記録債権の割引を受けた場合，甲または保証人が暴力団員等もしくは第1項各号のいずれかに該当し，もしくは第2項各号のいずれかに該当する行為をし，または第1項の規定にもとづく表明・確約に関して虚偽の申告をしたことが判明し，甲との取引を継続することが不適切である場合には，乙からの請求によって，甲は全部の手形および電子記録債権について，手形面記載の金額または電子記録債権の債権額の買戻債務を負担し，直ちに弁済するものとします。甲がこの債務を履行するまでは，乙は手形所持人または電子記録債権の債権者としていっさいの権利を行使することができるものとします。

⑤ 前2項の規定の適用により，甲または保証人に損害が生じた場合にも，乙になんらの請求をしません。また，乙に損害が生じたときは，甲または保証人がその責任を負います。

⑥ 第3項または第4項の規定により，債務の弁済がなされたときに，本約定は失効するものとします。

第8条（乙による相殺，払戻充当）

① 期限の到来，期限の利益の喪失，買戻債務の発生，求償債務の発生その他の事由によって，甲が乙に対する債務を履行しなければならない場合に

➡ 193

は，乙は，その債務と甲の預金その他の乙に対する債権とを，その債権の期限のいかんにかかわらず，いつでも相殺することができるものとします。

② 前項の相殺ができる場合には，乙は事前の通知および所定の手続を省略し，甲の代わり諸預け金の払戻しを受け，債務の弁済に充当することもできるものとします。この場合，乙は甲に対して充当した結果を通知するものとします。

③ 前2項により乙が相殺または払戻充当を行う場合，債権債務の利息，割引料，保証料，損害金等の計算については，その期間を計算実行の日までとします。また，利率，料率等は甲乙間に別の定めがない場合には乙の定めによるものとし，外国為替相場については乙による計算実行時の相場を適用するものとします。

第9条（甲による相殺）

① 期限の到来その他の事由によって，乙が甲の預金その他の甲に対する債務を履行しなければならない場合には，甲は，その債務と乙の甲に対する債権とを，その債権の期限が未到来であっても，次の各号の場合を除き，相殺することができるものとします。なお，満期時の割引手形について甲が相殺する場合には，甲は手形面記載の金額の買戻債務を負担して相殺することができるものとします。

1. 乙が他に再譲渡中の割引手形について相殺するとき。
2. 弁済または相殺につき法令上の制約があるとき。
3. 甲乙間の期限前弁済を制限する約定があるとき。

② 前項によって甲が相殺する場合には，相殺通知は書面によるものとし，相殺した預金その他の債権の証書，通帳は届出印を押印もしくは届出署名を記入して遅滞なく乙に提出するものとします。

③ 甲が相殺した場合における債権債務の利息，割引料，保証料，損害金等の計算については，その期間を相殺通知の到達の日までとします。また，利率，料率等は甲乙間に別の定めがない場合には乙の定めによるものとし，外国為替相場については乙による計算実行時の相場を適用するものとします。この場合，期限前弁済について別途の損害金，手数料等の定めがあるときは，その定めによるものとします。

➡ 解説

第12条（乙による相殺等の場合の充当指定）

乙が相殺または払戻充当をする場合，甲の乙に対する債務全額を消滅させるに足りないときは，乙は適当と認める順序方法により充当することができるものとし，甲はその充当に対して異議を述べることができないものとします。

第13条（甲による弁済等の場合の充当指定）

① 甲が弁済または相殺する場合，甲の乙に対する債務全額を消滅させるに足りないときは，甲は乙に対する書面による通知をもって充当の順序方法を指定することができるものとします。

② 甲が前項による指定をしなかったときは，乙は適当と認める順序方法により充当することができ，甲はその充当に対して異議を述べることができないものとします。

③ 第1項の指定により乙の債権保全上支障が生じるおそれがあるときは，乙は，遅滞なく異議を述べたうえで，担保，保証の有無，軽重，処分の難易，弁済期の長短，割引手形の決済見込みなどを考慮して，乙の指定する順序方法により充当することができるものとします。この場合，乙は甲に対して充当した結果を通知するものとします。

④ 前2項によって乙が充当する場合には，甲の期限未到来の債務については期限が到来したものとして，また満期前の割引手形については買戻債務を，支払承諾については事前の求償債務を甲が負担したものとして，乙はその順序方法を指定することができるものとします。

解　説

⑴ いわゆる相殺の担保的機能は，判例によって形成された法理であるが，2017年改正では，受働債権について差押え（511条1項）や譲渡（469条1項）がされた場合における相殺との優劣について，判例を踏まえてその明文化が図られたところである。したがって，従前の判例法は，2017年改正によって明文化された各規定の趣旨を理解するうえで意義を有するものといえよう。

⑵ まず，相殺と差押えの優劣に関する一連の判例がある。差押え時に相殺適状が生じていない場合にとくに問題が生ずる。

➡ 解説

第1に，自働債権の弁済期は到来したが，受働債権の弁済期が未到来である場合について。*187* は，期限の利益を放棄して即時に弁済しうる権利があることを理由として，差押え後の相殺の対抗を認めたのに対し，*186* に至ると，債務者が受働債権の弁済期が到来するのを待ってこれと自働債権とを相殺すべきことを期待するのが通常であり，「かかる債務者の期待及び利益を債務者の関係せざる事由によって剝奪することは，公平の理念に反し妥当といい難い」と理由づけており，債務者の相殺に対する期待・利益を正面から承認している点が注意を引く。

第2に，自働債権・受働債権ともに弁済期が未到来である場合について。*189* は自働債権と受働債権の弁済期の先後によって区別する制限説を採ったが，*188*（大法廷判決）は判例変更を行い，自働債権と受働債権の弁済期の先後を問わず，相殺適状に達しさえすれば，その後に相殺によって差押えに対抗しうることを認めた。いわゆる相殺の担保的機能，すなわち，「受働債権につきあたかも担保権を有するにも似た地位が与えられるという機能」を広く承認したものとして重要な意義をもつ。*189* と *188* の各判決において述べられる両説の理由づけを対比したうえで，相殺予約の有効性を含めて，その当否について各自で検討することにより，この問題についての理解を深めることができよう。

これを踏まえて，2017 年改正後の 511 条 1 項は，差押えと相殺の優劣について，自働債権と受働債権の弁済期の先後を問わず，差押えを受けた債権の第三債務者は，差押え前に取得した債権による相殺をもって差押債権者に対抗することができると規定し，無制限説を明文化している。

⑶ 以上は受働債権が差し押さえられたにとどまる場合であるが，次に進んで，受働債権が譲渡された場合や転付がされた場合のように，受働債権が相手方の帰属を離れて第三者に移転した場合にも相殺を対抗しうるのかという問題がある。

190 は，相殺と債権譲渡との関係につき，結論として無制限説を採用したが，その評価は微妙である。5 名の裁判官のうち，一方で，2 名が債権譲渡についても無制限説の立場に立ち（*188* の無制限説の一般論を広く解する），他方で，2 名が銀行取引以外の継続的取引から生じた債権の事案であることから *188* の射程が及ばない（*188* の無制限説を限定的に解する）としたのに対し，残る 1 名

➡ 解説

は本件事案では相殺を認める（債権譲渡といっても譲受人Ｘは相手方Ａの取締役であり，相殺の可能性を知っていたという点に事案の特徴がある）としたもので，必ずしも無制限説が債権譲渡にも適用されたとは断定しえない。

以上のように，債権譲渡と相殺の優劣一般については，判例の立場は必ずしも明確でなかったが，2017 年改正で新設された 469 条 1 項は，債権譲渡と相殺の優劣について，自働債権と受働債権の弁済期の先後を問わず，債務者は，対抗要件具備時より前に取得した譲渡人に対する債権による相殺をもって譲受人に対抗することができると規定し，無制限説を明文化している。

191 は，受働債権について転付がされた場合において，差押債権者が転付命令を得ただけでは相殺を対抗されるが，転付債権者が偶々第三債務者（銀行）に対して反対債権を有していた場合には，転付債権と転付債権者の反対債権とを相殺する権能は妨げられないとしたものである（金融機関の取引先からする相殺を「逆相殺」という）。つまり，その限りで，銀行の有する相殺に対する期待が奪われうることを意味する。相殺の担保的「機能」といっても，受働債権に担保権を設定したのと同一の効力はなく，相殺は担保という法技術としては必ずしも十全なものではないことを示している。

(4) *192* は，いわゆる三者間相殺の効力が争われた事例の 1 つである。Ｘが再生手続開始の決定を受けた後に，Ｙが，再生債務者ＸがＹに対して有する清算金債権を受働債権とし，Ｙと完全親会社を同じくするＢがＸに対して有する再生債権を自働債権とする相殺をしたと主張した事案で，*192* は，民事再生法 92 条 1 項により許容される相殺に当たらないとして相殺の効力を認めず，それが当事者間の合意（相殺予約）に基づくものであっても異ならないと判示したものである。判旨は，その理由として，民事再生法 92 条 1 項が民法 505 条 1 項が規定する 2 人が互いに債務を負担するという「相互性」の要件を採用していることを重視し，相互性を欠く相殺を認めることは，再生債権者間の公平，平等な扱いという基本原則を没却するものであると述べていることが注目される。

平常時における三者間相殺の効力については，*192* の射程が及ぶものではないが，相互性の要件を重視する見地からは，これを二当事者間の相殺に引き直す法的構成ごとに検討することが必要となろう。

判例索引

※［　］内の数字は判例の見出し番号を，行末の数字は頁数を示す。

編者紹介　瀬川信久（せがわ のぶひさ）
北海道大学名誉教授

内田　貴（うちだ たかし）
東京大学名誉教授

森田宏樹（もりた ひろき）
東京大学教授

民法判例集　担保物権・債権総論〔第4版〕

Cases and Matelials Civil Code —— Real security rights and General provisions of the law of obligations（*4th ed.*）

1998年10月30日　初　版第1刷発行
2004年2月28日　第2版第1刷発行
2014年9月30日　第3版第1刷発行
2023年9月30日　第4版第1刷発行

編　者　瀬川信久，内田　貴，森田宏樹
発行者　江草貞治
発行所　株式会社有斐閣
〒101-0051 東京都千代田区神田神保町2-17
https://www.yuhikaku.co.jp/
印　刷　株式会社理想社
製　本　牧製本印刷株式会社
装丁印刷　株式会社亨有堂印刷所

落丁・乱丁本はお取替えいたします。定価はカバーに表示してあります。

Printed in Japan ISBN 978-4-641-23315-7